RESPONSABILIDADE CIVIL NO DIREITO DE FAMÍLIA

Angústias e aflições nas relações familiares

Dados Internacionais de Catalogação na Publicação (CIP)

A447r Almeida, Felipe Cunha de.

Responsabilidade civil no direito de família: angústias e aflições nas relações familiares / Felipe Cunha de Almeida. 2. ed. rev. e atual. de acordo com o Código de Processo Civil (2015) – Porto Alegre: Livraria do Advogado Editora, 2020.

223 p.; 23 cm.

Inclui bibliografia.

ISBN 978-85-9590-089-9

1. Direito de família. 2. Responsabilidade (Direito). 3. Reparação civil. 4. Arbitramento. 5. Dano moral. 6. Direitos fundamentais. 7. Relações familiares. 8. Brasil. Constituição (1988). I. Título.

CDU 347.6
CDD 346.015

Índice para catálogo sistemático:
1. Direito de família 347.6

(Bibliotecária responsável: Sabrina Leal Araujo – CRB 8/10213)

Felipe Cunha de Almeida

RESPONSABILIDADE CIVIL NO DIREITO DE FAMÍLIA

Angústias e aflições nas relações familiares

2ª EDIÇÃO
revista e atualizada de acordo com o
Código de Processo Civil (2015)

livraria DO ADVOGADO editora

Porto Alegre, 2020

(edição finalizada em agosto de 2019)

Capa, projeto gráfico e diagramação
Livraria do Advogado Editora

Revisão
Rosane Marques Borba

Imagem da capa
freepik.com/fotos-vetores-gratis/fundo

Livraria do Advogado Editora
Rua Riachuelo, 1334 s/105
90010-273 Porto Alegre RS
Fone: (51) 3225-3311
editora@doadvogado.com.br
www.doadvogado.com.br

Impresso no Brasil / Printed in Brazil

Este estudo é dedicado, igualmente, àquelas pessoas cujo todo o meu esforço, existência, perseverança e luta se justificam, ou seja: minha esposa, Franciele, minha mãe, Betânia, minha vó Yolanda (*in memoriam*), meu pai, Luiz Carlos, minha irmã, Cristina, sobrinhas Luiza e Ana Laura, meu cunhado, Diego e, com toda a importância do universo, o meu cachorro, Yoda, que, durante muitas noites as quais eu estava escrevendo este livro, subiu no meu colo e fez com que as minhas ideias ficassem ainda mais claras.

Agradecimentos

Acreditamos que as nossas vitórias são alcançadas com muito esforço, dedicação, concentração e foco, bem como devemos, necessariamente, encontrar as portas que nos permitam alcançar os nossos objetivos. Assim, este livro não seria escrito sem a importância das pessoas que aqui são objeto de nossos sinceros agradecimentos.

Inicialmente, o nosso agradecimento especial é à professora Daniela Courtes Lutkzy, que, com sua sabedoria e didática ímpares nos despertou a paixão pela Responsabilidade Civil, já nos tempos de nossa graduação, no então Centro Universitário Ritter dos Reis, em Canoas/RS. Portanto, seus conhecimentos também possibilitaram a elaboração deste livro.

Ditas portas, em nosso caso e como antes referido, necessariamente foram abertas por alguns juristas que, fatal e automaticamente, viriam a ser algumas das nossas grandes influências na vida dentro da academia e, como tal, merecedoras de nossa devida atenção e homenagem. O Professor Daniel Ustárroz foi quem aproximou-nos da docência, das publicações. Foi, se é que podemos resumir a sua importância, aquele que, inicialmente, confiou em nosso trabalho e, mais do que um orientador, mostrou-se um grande amigo, uma referência ímpar, além de um grande exemplo, além de Professor formidável: o seu currículo fala por si só.

Logo em seguida, tivemos a oportunidade de conhecer o Professor Carlos Silveira Noronha, que é, atualmente, nosso orientador no mestrado, pela Universidade Federal do Rio Grande do Sul. Jurista de conhecimentos e experiências infindáveis e que contribuiu de forma direta para a elaboração desta obra. Suas aulas, sugestões, conversas, indicação de bibliografia foram imensamente importantes.

O Dr. Nicolau Carlos Albuquerque Frederes é outra pessoa que possibilitou a elaboração deste trabalho. Além de me ter como sócio em seu Escritório, revelou-se verdadeiro amigo, no sentido de me incentivar à academia, aos escritos.

Após, tivemos o prazer e a honra de conhecer o Professor Gustavo Borges, também nos corredores da Universidade Federal do Rio Grande do Sul. Ele, assim como o Professor Daniel Ustárroz e como o Professor Carlos Silveira Noronha, através da paciência, das dicas, dos conselhos e também pela construção de uma amizade muito forte, faz parte desta contribuição aos estudiosos da Responsabilidade Civil e do Direito de Família. Além do que, os seus ensinamentos são notáveis.

Muitas de nossas contribuições, também, foram pensadas com base nos ensinamentos de Claudia Lima Marques e Bruno Miragem, os quais também têm importância ímpar para o desenvolvimento deste estudo. Os dois autores são merecedores, também, de nossos mais profundos agradecimentos, não só pelos ensinamentos, mas também pela consideração e respeito que temos por eles, e pela fundamental troca de experiência e conhecimentos, e pelo tratamento recebido destes ícones de nosso Direito.

Por último, mas de mesma relevância e importância, queremos deixar os nossos mais sinceros agradecimentos a duas grandes amigas e Professoras, que acompanharam a nossa luta, desde a batalha para a aprovação no processo seletivo do mestrado: Thaís Cesario Nunes da Cunha e Ana Lúcia Feliciani e, da mesma forma, ao Professor Sandro Bentz. Todos aqui nominados, colegas de lutas diárias que a docência nos exige!

Portanto, temos a exata noção e certeza de que, sem a influência e o toque de brilho destes juristas e amigos aqui citados, objeto de nossos mais sinceros agradecimentos, nosso livro não ganharia forma. De tal sorte que, a eles, também somos imensamente gratos!

Nota do autor à segunda edição

É motivo de grande honra e satisfação que recebemos o convite da Livraria do Advogado para darmos continuidade aos estudos acerca da aplicação da Responsabilidade Civil no Direito de Família, com sequência a nossa obra, através desta segunda edição.

Do lançamento da primeira edição até o fechamento da atual, muito mais aprendemos sobre a temática em questão. Vimos novos casos (alguns são objeto de análise neste livro). A matéria, inclusive, foi atualizada sob a sistemática do novo Código de Processo Civil (2015). Diversos trabalhos (monografias, artigos, em nível de graduação e pós-graduação *stricto* e *lato sensu*) fizeram referência a nossa obra, circunstância tal que nos mostra que o caminho escolhido, apesar de árduo, deve continuar. Portanto, seguem os debates a respeito do tema: unindo os vértices entre o Direito de Família e a Responsabilidade Civil.

Prefácio à segunda edição

Ao ser convidado para escrever algumas linhas acerca da obra *Responsabilidade Civil no Direito de Família*, da lavra do Professor Felipe Cunha de Almeida, sinto-me motivado em redigir de forma objetiva e direta aquilo que minha consciência impulsiona.

A uma, declarar a minha satisfação pelo convite, por ter participado, como examinador, da banca de Mestrado do autor, no Programa de Pós-Graduação da Universidade Federal do Rio Grande do Sul. Vi nascer um Mestre em Direito diante de meus olhos.

A duas, na leitura desta obra, verifico uma linguagem clara, agradabilíssima, sem excessos, que colabora para resolução de casos concretos, no quotidiano forense, servindo de consulta obrigatória para advogados, juízes, promotores, que se debruçam sobre o tema. Também, é rica em jurisprudência, colaborando firmemente aos colegas professores da área e sendo fonte de estudo aos nossos estudantes de Direito para que conheçam os posicionamentos acerca da matéria. Os temas são interessantíssimos, relatando inúmeros casos em que é possível se verificar o dever de indenizar, de forma científica, sem desabar para o acento ideológico.

A três, a obra me fez pensar...

A responsabilidade civil, ao tomar um lugar de relevo nas relações familiares, demonstra que danos de toda a ordem, e, neste caso, endógenos, passam a ser experimentados por seus membros, desde o abandono afetivo, agressões físicas e morais, entre outros.

Talvez isto seja um sintoma para nós, seres humanos, que devamos exercer mais fortemente a maternidade, a paternidade, enfim, a fraternidade. E, sobretudo, oportunizá-la ao outro.

O adulto deve voltar seus olhos para a criança, conversar com ela, montar quebra-cabeças, desenhar, brincar, dar aquilo que é mais precioso: o seu tempo. A criança deve ser ensinada a valorizar sua família, como aquele grupo, que é a sua rede protetiva, que, pelo princípio da subsidiariedade, é onde deve receber sua base e sustento material, moral e intelectual.

Professor Felipe! O texto trazido desencadeou-me a optar por escrever fitando mais profundamente os olhos de minha filha, que me fez experimentar esta dimensão relacional, que é a paternidade, a andar às prateleiras de minha biblioteca.

Afinal, ser feliz é uma medida relacional, que depende inarredavelmente do outro.

Parabéns pela obra, Professor Felipe, muito sucesso e uma ótima leitura a todos!

Porto Alegre, junho de 2017.

Prof. Dr. Cristiano Colombo
Doutor em Direito UFRGS

Prefácio à primeira edição

Com muita satisfação, recebi o convite para prefaciar a presente obra do Professor Felipe Cunha de Almeida, na qual o autor se debruça sobre uma questão altamente complexa: a Responsabilidade Civil no Direito de Família.

De pronto, na leitura das primeiras páginas, lembrei-me de uma advertência do Professor André Tunc, no sentido de que uma das principais missões do Direito é delimitar o campo de atuação da Responsabilidade Civil.[1] Isso porque, se o que se busca é a proteção da vítima, com a reparação do dano sofrido, forçoso reconhecer que existem variadas formas de tutela, oferecidas por outros ramos da ciência jurídica.[2] Em não raras oportunidades, estes meios "alternativos" de tutela se mostram mais eficazes e econômicos. Entretanto, aparentemente, no Brasil, o que se postula é a ampliação do espectro da Responsabilidade Civil, com o pretenso escopo de proteger a vítima.[3]

Meditando sobre as "tendências atuais da Responsabilidade Civil", Geneviève Viney destaca a criação de sistemas de indenizações automáticas, fundados numa particular ideia de solidariedade, para a proteção de vítimas aleatórias: (a) acidentes de trabalho e de circulação; (b) acidentes médicos; (c) infecções hospitalares; (d) transfusões de sangue; (e) amianto; (f) delinquência, etc.[4] Em todos esses grupos de caso, observa-se uma preocupação em viabilizar um sistema mais

---

[1] TUNC, André. *La Responsabilité Civile*. 2. ed. Paris: Economica, 1989.

[2] Dentre tantas projeções: (a) modelo de seguro obrigatório, no qual a pessoa lesada postula administrativamente indenização pelo dano sofrido, como o seguro DPVAT, no Brasil; (b) o efeito da redução laborativa pode ser atenuado com o acionamento do sistema de seguridade social; (c) o dano gerado pela atuação ilícita de uma empresa ou de um particular pode ser reparado através de contratos privados de seguro, etc.

[3] A vítima, na ação de responsabilidade civil, aguardará por alguns anos a definição do processo e outros tantos para satisfazer o seu crédito. Contudo, em centenas de casos, um ou outro pedido não será atendido, e ela ficará sem a sonhada reparação. Quando isto acontece, usualmente, só cabe lamentar o triste fado.

[4] As Tendências Atuais do Direito da Responsabilidade Civil. In: *Direito Civil Contemporâneo*. Gustavo Tepedino (org.). São Paulo: Atlas, 2008, p 47.

seguro (menos aleatório) de distribuição do encargo de suportar o dano entre os protagonistas sociais.

Uma pena, portanto, que, no Brasil, majoritariamente, ainda se enfoque o fenômeno da Responsabilidade Civil de forma individualizada e desconectada com o ambiente social. É como se a suposta relação jurídica indicada pela vítima apenas envolvesse outro sujeito: o indigitado agressor. E a sociedade, como um todo, permanecesse alheia. Ainda estamos muito longe de discutir e encontrar uma nova fórmula, socialmente responsável.[5]

Dentro desse contexto, surgem as diversas questões polêmicas apresentadas por Felipe Cunha de Almeida. Como conciliar um ramo que pretende promover o afeto entre as pessoas e outro que, diagnosticando danos, debate meios de reparação? Esse é o desafio proposto, e que o autor tentou resolver, em uma obra que certamente despertará grande interesse dos profissionais.

Com efeito, a comunidade acadêmica já acompanha a caminhada de Felipe Cunha de Almeida, a partir de seus oportunos trabalhos sobre temas atuais do direito.[6] Na área do Direito de Família, merecem destaque os seus estudos sobre: (a) a Responsabilidade Civil pelo

---

[5] Afirma Anderson Schreiber que "a implementação de uma genuína responsabilidade social requer que o resultado das ações de responsabilização passe a ser repartido pela coletividade de agentes potencialmente lesivos ou até, em algumas hipóteses, pela sociedade como um todo. Em lugar de transferir de um indivíduo a outro o ônus reparatório (*loss shifting*), a responsabilidade civil deve assumir a tarefa de diluir o peso da reparação (*loss spreading*), tornando mais efetivo e menos litigioso o amparo à vítima. Tal diluição já vem se operando por meio de iniciativas legislativas pontuais e criações espontâneas da autonomia privada – como o seguro de responsabilidade por danos –, mas convida a reflexões mais abrangentes que conformem o inteiro ramo da responsabilidade civil à sua nova função, que consiste não mais em identificar o culpado, mas em gerir os danos que, inevitavelmente, decorrem da convivência social". *Novos Paradigmas da Responsabilidade Civil*, 3. ed. São Paulo: Atlas, 2011, p. 8.

[6] Dentre a produção bibliográfica do autor, destaco: A legitimidade ativa e a possibilidade de arbitramento do chamado dano por ricochete em relação a terceiro atingido diante de conduta ilícita de autor de crime, em face de sua esposa. In: *Revista jurídica*, Porto Alegre, v. 59, n. 403, p. 125-135, maio 2011; A evicção sobre bem adquirido em hasta pública e o posicionamento doutrinário e jurisprudencial acerca da (des)necessidade sobre denunciação da Lide aos alienantes imediatos e/ou sucessórios. *Revista Jurídica*, v. 419, p. 55-71, set. 2012; Diálogo das fontes: a prescrição nas ações de indenização pelo consumo do cigarro e a interação entre o Código de Defesa do Consumidor e o Código civil, na busca do lapso temporal para a reparação civil. In: *Revista jurídica*, Porto Alegre, v. 59, n. 409, p. 113-126, nov. 2011; Indenização pela teoria da perda de uma chance: a jurisprudência do Superior Tribunal de Justiça.In: *Revista jurídica*, Porto Alegre, v. 62, n. 438, p. 39-58, abr. 2014; A instrumentalidade do processo e a problemática dos recursos em sede de cumprimento de sentença no âmbito dos Juizados Especiais Cíveis. In: *Revista jurídica*, Porto Alegre, v. 61, n. 430, p. 43-58, ago. 2013; A teoria da perda de uma chance e a responsabilidade civil do profissional da saúde sob a ótica do Superior Tribunal de Justiça: que tipo de indenização? In: *Revista jurídica*, Porto Alegre, v. 61, n. 427, p. 73-88, mai. 2013; Aspectos acerca da responsabilidade nos contratos de promessa de compra e venda de bem imóvel: incidência do Código de Defesa do Consumidor e do Código Civil. *Revista da Faculdade de Direito da Universidade Federal do Rio Grande do Sul*, Porto Alegre , v.31, p. 132-161, nov. 2013.

rompimento da relação e da promessa de casamento;[7] (b) a tormentosa questão dos alimentos gravídicos e as formas de reparação diante do pagamento indevido;[8] (c) o tratamento jurídico da inseminação artificial post mortem;[9] (d) as formas de exclusão dos herdeiros na sucessão (pela sua releitura da indignidade e deserdação),[10] dentre outros.

Na construção de suas ideias, inicialmente, o autor percorre as funções da Responsabilidade Civil, cotejando-a com a Constituição Federal, da qual extrai os "princípios protetivos da família" (dignidade da pessoa humana, solidariedade familiar, melhor interesse da criança e do adolescente, afetividade, função social da família, paternidade e a maternidade responsáveis, autonomia privada, etc.). É justamente na Constituição Federal que a presente obra procura amparo para o diálogo entre os distintos ramos da ciência jurídica que são enfocados ao longo do texto, muito especialmente o Direito de Família e o obrigacional. Não à toa, na medida em que Felipe Cunha de Almeida simpatiza desde sempre com o movimento de constitucionalização do direito.

Após identificar e debater o dever de assistência, criação e educação entre os familiares, parte o autor para a difícil missão de estabelecer critérios que permitam extrair reparação civil dos danos oriundos da convivência (ou abandono) familiar. Para tanto, percorre os tradicionais filtros da Responsabilidade Civil, atentando inclusive para peculiaridades processuais, como o aproveitamento da prova pericial, no que se evidencia a sua experiência de advogado.

Nesse mosaico de situações nas quais poderia ser perquirida a Responsabilidade Civil no seio familiar, arrola o autor os seguintes casos, dentre outros: (a) abandono afetivo; (b) agressões físicas ou psicológicas; (c) rompimento de vínculos afetivos, com destaque à promessa de casamento; (d) ressarcimento de alimentos indevidamente prestados; (e) alienação parental; (f) infidelidade e outros "inadimplementos" matrimoniais; (g) transmissão de moléstias contagiosas, etc. Ao final, o autor apresenta os principais critérios utilizados pela jurisprudência para quantificar o dano indenizável.

---

[7] Esponsais: comentários a respeito da responsabilidade civil pelo rompimento da relação e da promessa de casamento (análise do direito comparado e de decisões dos tribunais brasileiros). *Revista jurídica*, v. 59, n. 404, p. 61-74, jun. 2011

[8] Os alimentos gravídicos previstos na Lei nº 11.804/2008 e a possibilidade do ressarcimento dos valores em face do verdadeiro pai, por aquele que pagou em seu lugar. *Revista Jurídica*, v. 433, p. 43-63, nov. 2013

[9] Aspectos controvertidos acerca da inseminação artificial (homóloga) *post mortem* e o direito sucessório, quando ausente autorização para o procedimento: uma visão institucionalista. *Revista da Faculdade de Direito da Universidade Federal do Rio Grande do Sul*, v. 30, p. 160-177, nov. 2012.

[10] Da indignidade à deserdação: formas de exclusão da sucessão na visão da doutrina e da jurisprudência. *Revista jurídica*, Porto Alegre, v. 62, n. 443, p. 37-66, set. 2014.

Nessas dezenas de casos polêmicos, que certamente despertarão críticas e reflexões de seus leitores, visualiza-se a principal preocupação do autor: contemplar, na medida do possível, a autonomia privada da pessoa (fundamental para o sadio desenvolvimento de sua personalidade), sem descurar da mínima proteção dos demais sujeitos envolvidos naquela dada situação jurídica.

Apenas por ilustração, registro o posicionamento do autor acerca da Responsabilidade Civil pela ruptura de noivado. Após contextualizar o problema em sua perspectiva histórica e cultural, bem como enfatizando a solenidade deste vínculo, apresenta o autor as suas ideias a respeito dos critérios que devem ser utilizados para a definição das causas dessa natureza.[11] Felipe Cunha de Almeida descarta a natureza contratual deste vínculo, pois "a promessa não é ato negocial ou contrato preliminar, que obrigaria a um principal em breve", logo "não há como se impor ao esponsal a prática prometida se não subsiste o elo de afetividade e o desejo íntimo de se estabelecer um consórcio de vida". Trilha o caminho da responsabilidade extracontratual subjetiva, com arrimo no art. 186 do Código Civil, impondo ao noivo "demonstrar: a) a existência dos esponsais; b) o rompimento da promessa pelo consorte; c) os danos sofridos". Focaliza o autor a motivação do ato, para logo enveredar na comparação com o tratamento do tema em Alemanha, Itália, Peru e Portugal.

Quanto a este tema específico, arremata Felipe Cunha de Almeida: "entendemos perfeitamente que os esponsais, embora expressamente não previstos em nosso ordenamento jurídico, podem sim ser considerados a título de reparação civil – tanto a título de danos patrimoniais como a título de danos morais –, dependendo das circunstâncias do caso concreto. Inclusive, algumas decisões aqui trazidas demonstram tal possibilidade. Ora, evidente que a autonomia privada e os sentimentos que envolvem os casais devem prevalecer. Pois não é justo manter alguém preso *ad eternum* a determinada relação que não vê mais como promissora no sentido de entidade familiar e amor ao noivo(a). Pois o

---

[11] Narra o autor que "no Direito brasileiro, as esponsais foram previstas pela Lei de 6 de Outubro de 1784 e pela Consolidação das Leis Civis, de 1858, elaboradas por Teixeira de Freitas. Mediante a escritura pública era que se formalizava o negócio jurídico, no qual os pais de ambos os pretendentes deveriam comparecer, ainda que no caso de maiores de vinte e um anos de idade. E, mesmo com a recusa dos pais, ainda assim poderia ser realizada a celebração desde que satisfeito o ofício de obediência e respeito entre os pretendentes. O artigo 86 previa a incidência de multa para a hipótese de injusto repúdio. Na falta de estipulação, caberia ao juiz apreciar as perdas, mediante o prudente arbítrio, considerando as circunstâncias do ato de desistência. Ou seja, o juiz decidia por equidade. Celebrados os esponsais, a escritura era encaminhada ao juiz, em segredo de Justiça e, de acordo com o artigo 83, aquele poderia conceder ou denegar a licença. Após o período de seis meses depois da sentença, os autos eram queimados. A prática era a de que somente em situações de pactos matrimoniais firmados entre os pretendentes usavam-se as escrituras".

rompimento desta relação, quando pautado pela boa-fé, transparência e civilidade, em regra, não pode abrir precedentes indenizatórios no campo do dano moral (em que pese abordaremos, mais a seguir, a questão da Responsabilidade Civil pelo ato lícito). (...) situação diversa, no entanto, é aquela em que uma das partes age com desrespeito ao outro. Quando a intenção é a de provocar uma expectativa desnecessária, de proceder em agressões físicas e psicológicas, de tentativa de enriquecimento ilícito ou qualquer atitude que fuja à normalidade das relações entre casais, aí sim se adentra à esfera da Responsabilidade Civil pelo cometimento de ato ilícito, no campo moral".

Como se observa, nesta e em outras passagens, o autor preocupa-se, inicialmente, em oferecer liberdade ao sujeito, para que escolha o melhor para a sua vida. Ato contínuo, situa o indivíduo em um contexto social, buscando soluções que compatibilizem o exercício dessa autonomia com a expectativa alheia e social. Cada caso narrado parece ter esta marca na sua exposição.

Aliás, ao longo da obra, o leitor encontra um panorama atual da jurisprudência brasileira, mercê da competência do autor na seleção das ementas e dos acórdãos apresentados. Observa-se o seu mérito ao evitar a simples transcrição acrítica dos textos. Felipe Cunha de Almeida aplaude os acórdãos que – na sua visão – acertam na apreensão do fenômeno jurídico, para logo a seguir criticar aqueles que adotam interpretações equivocadas.

Dentro desse contexto, tenho a convicção, em face da polêmica dos temas tratados, da qualidade na sua exposição e na rica pesquisa realizada pelo professor Felipe Cunha de Almeida, que a presente obra motivará grandes debates e trabalhos acadêmicos, quer no rumo proposto pelo autor, quer para traçar outros nortes. Este é um grande mérito do livro. Terá cumprido assim uma das principais missões da doutrina: incitar o diálogo entre as pessoas.

Daniel Ustárroz
Doutor em Direito Privado pela UFRGS
Professor Adjunto de Direito Civil na PUCRS

Sumário

Introdução

Repensar a importância e a aplicação da Responsabilidade Civil no campo do Direito de Família: este é o tema central do presente estudo e que há muito nos preocupa, levando-nos a uma série de reflexões. O abandono afetivo; as agressões físicas e ou psíquicas; a quebra de promessa de noivado (esponsais), bem como situações atinentes ao casamento, como a traição; a exposição dos relacionamentos em redes sociais, a alienação parental, a filiação, os alimentos e a possibilidade de ressarcimento daquele terceiro que pagou no lugar do verdadeiro pai; entre os diversos temas que serão abordados, em conjunto com a questão do dano imaterial, nas relações familiares, é assunto que sempre nos deixou muito intrigados, além de causador de debates e polêmicas, seja em sede da doutrina, seja em sede jurisprudencial. Como se não bastasse e entendemos assim, trata-se, também, de uma questão de colisão entre princípios envolvendo o ramo do Direito de Família e a Constituição Federal, tais como a intimidade, a vida privada, a dignidade da pessoa humana, o dever de assistência, de fidelidade, entre outros, além de sentimentos e situações subjetivas, sentidas caso a caso.

A nossa proposta defende a aplicação da Responsabilidade Civil no âmbito das relações familiares. Entendemos que o campo do Direito não é destoado da responsabilidade no Direito de Família: muito pelo contrário, eis que a família tem proteção constitucional, além de infraconstitucional. De modo que faremos um paralelo entre os ensinamentos da doutrina e da posição jurisprudencial, acerca da aplicação dos conceitos que envolvem a família e suas relações, chegando ao campo da Responsabilidade Civil.

Os argumentos aqui trazidos, sejam a favor ou sejam contrários à Responsabilidade Civil, serão detalhados e enfrentados, especialmente em relação àqueles que entendem que a falta de afeto, a impossibilidade de se exigir que um pai ou uma mãe sejam obrigados, por exemplo, a amar o seu filho, e que o abandono, por si só, não caracteriza ilicitude. De modo que o nosso entendimento para que sejam deferidas as indenizações vão no sentido de busca da comprovação do ato ilícito ou, mesmo que considerada a licitude do fato, com origem em circunstância que foge à realidade, enquanto causadora de danos. A prova do dano, inclusive, será questão abordada quando do enfrentamento de questão que exige a devida perícia, no sentido de atingirmos o real e efetivo acesso à justiça. Assim, a Responsabilidade Civil pelo ato ilícito, pelo abuso de direito e também em decorrência do ato lícito irão nos guiar, servirão de base para o sucesso desta difícil tarefa.

Sabemos das dificuldades existentes. Em que pese a demonstração ao longo do estudo de que parte da doutrina e da jurisprudência admitirem a condenação por danos imateriais no Direito de Família, há também posições em sentido contrário.[1] Evidentemente que todas respeitáveis e merecedoras da devida análise, no sentido de contribuir para o melhor esclarecimento possível do tema. Rolf Madaleno, em referência aos deveres relacionados à convivência afetiva, trazendo a posição de Sergio Gischkow Pereira, alerta que a ocorrência de alguma infração a deveres próprios do casamento ou da união estável "seria prosperar um exagero [...] numa inaceitável e perniciosa monetarização dos relacionamentos", temendo, ainda, o autor citado, "[...] pela paralisação da atividade humana, quando nada mais será feito com receio das pessoas em incidirem em dano moral, pois qualquer incômodo da vida pode ser fato gerador da reparação material".[2]

Como percebemos, o argumento acima é de extrema valia e evidentemente respeitável. Todavia, muitas vezes entendemos como extremamente difícil a diferenciação da situação que expõe o ofendido à situação que supera a lógica do razoável, daquela circunstância do mero dissabor, mero incômodo, eis que o Direito de Família lida com muitas situações subjetivas, particulares. Mas propomo-nos ao enfrentamento do problema. Assim, entendemos que, basicamente, três hipóteses podem responder o nosso problema, quais sejam: a) a condenação por danos imateriais em razão do entendimento da ilicitude de certas condutas (abandono, traição, o modo de rompimento da relação afetiva, omissão da paternidade, etc.); b) indenização em decorrência do

---

[1] CIVIL E PROCESSUAL. AÇÃO DE INVESTIGAÇÃO DE PATERNIDADE. RECONHECIMENTO. DANOS MORAIS REJEITADOS. ATO ILÍCITO NÃO CONFIGURADO. I. Firmou o Superior Tribunal de Justiça que "A indenização por dano moral pressupõe a prática de ato ilícito, não rendendo ensejo à aplicabilidade da norma do art. 159 do Código Civil de 1916 o abandono afetivo, incapaz de reparação pecuniária" (REsp n. 757.411/MG, 4ª Turma, Rel. Min. Fernando Gonçalves, unânime, DJU de 29.11.2005). II. Recurso especial não conhecido. (BRASIL. Superior Tribunal de Justiça. Quarta Turma. REsp nº 514350/SP. Rel. Min: Aldir Passarinho Junior. Julgado em: 28/04/2009. Disponibilizado em: <http://www.stj.jus.br/SCON/jurisprudencia/doc.jsp?livre=abandono+afetivo+e+dano+moral&&b=ACOR&p=true&t=&l=10&i=1>. Acesso em 08 nov. 2011).

[2] MADALENO, Rolf. *Curso de Direito de Família*. 5. ed. Rio de Janeiro: Forense, 2013, p. 362-363.

abuso de direito (a forma do rompimento da relação; omissão quanto a cuidados dos pais em relação aos filhos; cobrança de alimentos em face de terceiro, e não do verdadeiro pai, por exemplo); e c) compensação através da incidência da Responsabilidade Civil pela prática de ato lícito, como exceção às regras da Responsabilidade Civil, como será melhor abordado.

E tais hipóteses têm como ponto em comum a família e a sua proteção constitucional, bem como a relação entre pais e filhos tutelada pelo Código Civil e pelo Estatuto da Criança e do Adolescente. A dignidade da pessoa humana é elevada como um dos fundamentos da República Federativa do Brasil. Portanto, o estudo em questão tem o objetivo de analisar as possibilidades de indenização, no que diz respeito às hipóteses de danos imateriais, de forma a considerar o ordenamento jurídico como um todo, e não de forma isolada, através de uma interpretação sistemática.

O motivo pelo qual escolhemos esse tema é a possibilidade do arbitramento de danos imateriais, no tocante às relações familiares. Assim, serão avaliadas as questões que se referem ao sentimento de cada vítima do evento, bem como a fundamentação e argumentos jurídicos para atribuir uma indenização. O tema também nos chama a atenção pelo fato de, além de ser difícil e controvertido, por haver dificuldades em se estabelecer uma medida, um padrão, ou ajustar-se um termo para se precisar, com eficiência e exatidão, um valor que compense o sofrimento de quem foi abandonado, por exemplo, e também por interferir, diretamente, no subjetivismo de relações entre pais e filhos, entre familiares, entre casais. Mas não é por tal razão, todavia, que as indenizações aqui refletidas, contextualizadas e justificadas, não tenham o devido cabimento.

Obviamente, em se tratando da temática em questão, entendemos ser primordial, para o deferimento das indenizações, em um primeiro plano, a verificação da existência de um dano de esfera psíquica ao lesado para, então, atribuir-se a existência de ato ilícito. A obrigatória constatação do nexo de causalidade entre a conduta, o dano e a ilicitude também é requisito da Responsabilidade Civil. Por meio deste trabalho, então, procuramos uma solução mais justa e equilibrada possível, para, desta maneira, fazer com que a situação volte, sempre que possível, ao *status quo ante*, pois o afeto é questão central, embora o dever de amar inexista em nosso ordenamento jurídico. Frise-se que a questão de compensação pecuniária tem o condão pedagógico, como, entre outras finalidades, esclarece a Responsabilidade Civil. Não se trata, portanto, de monetarização do afeto ou de obrigar alguém a amar outrem, mas sim, de pura incidência dos institutos da Responsabilidade Civil, por exemplo, pelo descumprimento de determinados deveres primordiais, elencados pela nossa Constituição Federal e pelo Código Civil.

O ato ilícito e os institutos da Responsabilidade Civil, como nos ensina Rolf Madaleno, permeiam os vastos campos, tanto do direito, como nas condutas de uma maneira geral. Portanto, a obrigação de indenizar deve também ser aplicada às relações do Direito de Família.[3]

O tema aborda regras contidas no Código Civil além de também princípios constitucional e infraconstitucionalmente previstos e garantidos. O que, a nosso ver, apesar de casos de exceção, já se traduzem em fundamentos para as hipóteses à condenação a título de danos imateriais pelo abandono afetivo, ou pela omissão quanto à verdadeira paternidade, ou então pela traição e as suas nefastas consequências ao lesado. O que deve prevalecer: princípios protetivos da família e da dignidade da pessoa humana, ou regras infraconstitucionais e, muitas vezes, analisadas apenas formalmente? A família vem preservada, protegida, em nível constitucional.[4]

De modo que, da análise dos princípios da Responsabilidade Civil, bem como dos princípios constitucionais que protegem a família, pode ocorrer um conflito de princípios. E tal circunstância, no nosso entendimento, será resolvida através da devida ponderação, na tentativa de encontrar melhor solução para o caso concreto. Inclusive, para reforçar este trabalho, hipóteses de indenização, como os casos de abuso de direito e da Responsabilidade Civil por ato lícito, também serão trazidas e analisadas, como antes mencionado.

Assim, dividimos o nosso trabalho, percorrendo os aspectos sobre a natureza jurídica da família. Em seguida, buscamos a fundamentação, o alicerce, da Responsabilidade Civil, nas normas previstas na Constituição Federal. Abordaremos a questão da Responsabilidade Civil contratual, extracontratual, objetiva e subjetiva para, em seguida, fixar o seu campo de incidência no Direito de Família. Em seguida, é feita uma breve análise dos princípios comuns protetivos do Direito de Família, passando pelos princípios da dignidade da pessoa humana, da

[3] MADALENO, Rolf Haussen. *Direito de Família*: aspectos polêmicos. 2. ed. Porto Alegre: Livraria do Advogado, 1999, p. 138.

[4] Art. 226. A família, base da sociedade, tem especial proteção do Estado. (...) § 7º Fundado nos princípios da dignidade da pessoa humana e da paternidade responsável, o planejamento familiar é livre decisão do casal, competindo ao Estado propiciar recursos educacionais e científicos para o exercício desse direito, vedada qualquer forma coercitiva por parte de instituições oficiais ou privadas. (...). Art. 227. É dever da família, da sociedade e do Estado assegurar à criança, ao adolescente e ao jovem, com absoluta prioridade, o direito à vida, à saúde, à alimentação, à educação, ao lazer, à profissionalização, à cultura, à dignidade, ao respeito, à liberdade e à convivência familiar e comunitária, além de colocá-los a salvo de toda forma de negligência, discriminação, exploração, violência, crueldade e opressão.

solidariedade familiar, da afetividade, do melhor interesse da criança, da função social da família, da proteção integral às crianças, adolescentes e idosos, da paternidade responsável, da autonomia privada, da proteção da infância, com o reconhecimento de direitos fundamentais à criança e ao adolescente, bem como a responsabilidade da família, da sociedade e do Estado, por sua observância, além da atribuição aos pais do dever de assistência, criação e educação dos filhos, da responsabilidade, da intervenção mínima do Estado, somados aos da boa-fé, eticidade, socialidade e concretude, estes como pilares do Código Civil de 2002.

A próxima etapa revela uma análise prática e doutrinária em comparativo com a jurisprudência do Superior Tribunal de Justiça, do Supremo Tribunal Federal e de outros Tribunais estaduais, envolvendo discussões sobre o Direito de Família e os casos de possibilidade de reparação civil. Antes, porém, enfrentando o necessário debate acerca do ato ilícito, da prova do dano e do nexo de causalidade, e o dever de reparação. Inclusive a questão da prova pericial é enfrentada, com o objetivo de reforçar comprovação dos danos causados em face, por exemplo, do abandono afetivo, do rompimento de relações afetivas, através da psicologia. Um estudo elaborado pelo Tribunal de Justiça do Estado do Rio Grande do Sul, denominado *A Perícia Psicológica no Direito de Família*, de 21 de maio de 2007, promovido pelo IBDFAM – Instituto Brasileiro de Direito de Família – Seção Rio Grande do Sul, servirá de base fundamental para a possibilidade de comprovação dos danos a que se busca a reparação civil.[5]

Os casos práticos abordados neste livro iniciam com a discussão acerca do abandono afetivo e responsabilização, das agressões físicas e/ou psicológicas nas relações familiares e os danos causados; sobre a Responsabilidade Civil pelo rompimento da relação, a promessa de casamento e o direito comparado. Enfrentamos também o debate sobre alimentos e o ressarcimento frente ao verdadeiro pai, a responsabilidade dos avós para as ações de alimentos, a alienação parental e a responsabilidade. Após, casos envolvendo o desconhecimento da condição de pai; processo de adoção e da criança devolvida; passando pelo enfrentamento da temática envolvendo a infidelidade (praticada também pela internet) e danos extrapatrimoniais, relacionamentos e redes sociais, pacto antenupcial e cláusula de infidelidade e a transmissão de moléstia contagiosa. Os referidos casos práticos serão analisados no sentido de possibilidade de condenação, a título de danos imateriais. O arbitramento do dano imaterial e o prazo para a devida

[5] Nesta edição, atualizada com o novo Código de Processo Civil (2015).

ação de reparação é questão trabalhada, no sentido de critérios para a sua quantificação, além da prescrição para as ações e, em seguida, uma abordagem sobre o princípio da reparação integral, contextualizado nas relações de família.

A próxima etapa trata de fazer um paralelo, com o objetivo de reforçar a base para a incidência de danos imateriais nas relações familiares, sobre a constitucionalização do Direito Civil. Busca-se, desta forma, o ideal de proteção, em nível de direitos fundamentais nas relações privadas. A análise da Responsabilidade Civil no Direito de Família comparado também será trazida ao estudo, como forma de contribuição ao nosso ordenamento jurídico.

Questões importantíssimas como a Responsabilidade Civil pelo abuso de direito e a Responsabilidade Civil pelo ato lícito são propostas no sentido de autorizar indenizações por danos imateriais, culminando o trabalho com uma crítica em relação à eventual impossibilidade de aplicação dos institutos da Responsabilidade Civil no âmbito familiar, no tópico denominado danos imateriais e a Responsabilidade Civil no Direito de Família: meras recomendações e intocabilidade da culpa?

Ao final, no fechamento deste livro, relacionamos o Direito de Família com seus princípios inerentes, reforçando, ainda mais, a nossa ideia de aplicação da Responsabilidade Civil às relações familiares.

Refletindo acerca da questão, Gustavo Tepedino, em brilhante exposição, alerta para a questão da repersonalização do Direito, mencionando os princípios da dignidade da pessoa humana, da proteção da família e da sua unidade, paternidade e maternidade responsáveis, entre outros.[6]

Esperamos, também, que este livro possa, ao final, esclarecer possíveis dúvidas sobre a matéria colocada em estudo, e que também venha a servir de contribuição para aqueles que, como nós, têm o interesse em ajustar o que foi quebrado, em trazer de volta um sentimento, pelo menos, de Justiça, ou, diminuir ao máximo, uma perda, um sofrimento, estes geradores de humilhações e traumas, de modo a compensar o que foi objeto de um prejuízo, tudo em sintonia e ditames da Constituição Federal, do Código Civil, valorizando, desta forma, a família e a Responsabilidade Civil.

[6] TEPEDINO, GUSTAVO. *Temas de direito civil.* Rio de Janeiro: Renovar, 1999, p. 438.

1. Natureza jurídica da família

Pontes de Miranda, ao ensinar sobre o Direito de Família, afirma que o seu objeto é a exposição de princípios jurídicos que regem as relações familiares, seja a influência dessas relações sobre as pessoas, seja sobre os seus bens. Quanto à divisão do Direito de Família, este se configura em duas partes: a) a que estuda a sociedade conjugal (capacidade, celebração, chefia, etc.) e em suas consequências morais, pessoais e patrimoniais: sucessão do cônjuge, por exemplo; b) a que se destina ao estudo da sociedade parental: normas sobre a fixação dos parentescos, tutela, curatela, ausência, etc.[7] A finalidade da legislação em matéria de Direito de Família é a de regular e proteger a vida dos casais, assegurar a procriação dentro dos limites da lei, fixar o que é parentesco jurídico.[8]

A ideia que vigorava no passado sobre a natureza jurídica da família era a de que formava uma pessoa jurídica. E a base de tal raciocínio fundava-se no aspecto de que a família era a detentora de direitos extrapatrimoniais, tais como o nome e o então pátrio-poder (atualmente, de acordo com o Código Civil de 2002, o poder familiar). Todavia, esse posicionamento foi superado, eis que, segundo a doutrina, muito impreciso o conceito.[9]

José Carlos Moreira Alves ressalta que a acepção família, quando comparada entre o Direito Romano e o moderno, não apresenta diferenças substanciais. É que uma ou outra se constitui pelo casamento bem como revela obrigações pessoais e patrimoniais entre os cônjuges e a prole, com as suas exceções à época existentes.[10]

O Direito brasileiro, bem como na tradição ocidental, entende que a família não pode ser considerada como pessoa jurídica, pois é nítida

---

[7] PONTES DE MIRANDA; Francisco Cavalcanti. *Tratado de Direito de Família*, v. 1, direito matrimonial. ALVES, Vilson Rodrigues (Atual.). Campinas: Bookseller, 2001, p. 75.

[8] Idem, p. 81.

[9] VENOSA, Sílvio de Salvo. *Direito de Família.* 11. ed. São Paulo: Atlas, 2011 p. 7.

[10] MOREIRA ALVES, José Carlos. *Direito romano.* 16. ed. Rio de Janeiro: Forense, 2014, p. 603.

a ausência de capacidade e aptidão para usufruir de direitos e obrigações. Tanto os direitos patrimoniais como os direitos imateriais concernentes à família (poder familiar, nome, por exemplo), traduzem-se nos direitos subjetivos de cada membro. De tal sorte que os titulares de direitos e deveres são os membros considerados de forma individual, e não a família. Sílvio Venosa assevera que a família é conceituada como instituição, ponderando que, apesar de tal posicionamento vir da doutrina majoritária, não reflete posição homogênea.[11]

O Diploma de 2002, adaptado e seguindo a Constituição Federal de 1988, busca aproximar-se da mais igualdade jurídica entre os cônjuges, companheiros, abarcando também a igualdade jurídica entre os filhos, independentemente de sua origem. De forma ao Estado não ficar ausente quanto ao cumprimento permanente da função social de proteção à família, esta como própria *celula mater*, que é.[12] Ainda em tempos do Código Civil de 1916, Silvio Rodrigues já ressaltava a família como constituição da célula básica da sociedade, representando "[...] o alicerce de toda a organização social, sendo compreensível, portanto, que o Estado a queira preservar e fortalecer". Não é por menos que as normas atinentes ao Direito de Família sejam praticamente todas de ordem pública.[13]

Assim, a nossa preocupação em relação à posição da família no ordenamento jurídico pátrio tem, como ponto de partida, a Constituição Federal. Tal instituição deve sim ser protegida pelas normas existentes em nosso Direito e, como não poderia deixar de ser, também ser tutelada pela aplicação da Responsabilidade Civil, pelos seus institutos e princípios. Portanto, em tendo a família importância vital na sociedade, o Estado, quando provocado a se manifestar frente aos casos colocados mais a seguir neste trabalho, desde que provados os danos, deve determinar a indenização, o ressarcimento, a compensação, ou seja, proteger o lesado frente à determinada conduta ilícita (um exemplo pode ser o abandono afetivo), sob pena de premiar aqueles que buscam destruir e/ou desestabilizar ente tão precioso como a família. E o processo civil deve ser o instrumento para tanto e, especificamente quanto ao direito probatório, a devida perícia deve ser produzida.

O Superior Tribunal de Justiça é criterioso ao analisar a questão da proteção da família. Todavia e dependendo da natureza do debate, entende que, em que pese a Constituição Federal vir a consagrar o prin-

[11] VENOSA, Sílvio de Salvo. *Direito de Família.* 11.ed. São Paulo: Atlas, 2011, p. 8.

[12] Idem, p. 9.

[13] RODRIGUES, Silvio. *Direito civil*: volume 6: direito de família. 23. ed. São Paulo: Saraiva, 1998, p. 11.

cípio da proteção à família como base da sociedade brasileira e dever do Estado, nos termos do art. 226, tal tutela pode não se dar de maneira absoluta.[14] Por sua vez o Supremo Tribunal Federal, ao analisar caso envolvendo debate acerca de casais do mesmo sexo, garantiu tratamento igual àqueles, no sentido de vedar qualquer discriminação.[15] Nesta

---

[14] ADMINISTRATIVO. AGRAVO REGIMENTAL NO RECURSO ESPECIAL. SERVIDOR PÚBLICO. REMOÇÃO PARA ACOMPANHAR CÔNJUGE. DESLOCAMENTO NO INTERESSE DA ADMINISTRAÇÃO. REQUISITO NÃO PREENCHIDO. 1. A Constituição Federal consagra o princípio da proteção à família como base da sociedade brasileira e dever do Estado (art. 226). Contudo, a tutela à família não é absoluta. O deslocamento do servidor, nos casos em que a pretensão for negada pela Administração, exige a comprovação do atendimento às hipóteses taxativamente previstas pela legislação. 2. O art. 36, inc. III, alínea *a*, da Lei n. 8.112/1990 ampara o deslocamento para acompanhar cônjuge ou companheiro que também seja servidor e que tenha sido deslocado no interesse da Administração, não sendo este o caso da recorrente. 3. A servidora em questão, quando da posse no cargo de Agente de Polícia Federal, tinha ciência de que poderia não ser lotada no Estado onde seu cônjuge exercia atividade, sendo inviável agora requerer direito não amparado por lei. 4. Incide à presente espécie o disposto na Súmula 83/STJ: "Não se conhece do recurso especial pela divergência, quando a orientação do Tribunal se firmou no mesmo sentido da decisão recorrida". 5. Agravo regimental a que se nega provimento. (AgRg no REsp 643001/CE, STJ, 6ª Turma, Rel. Min. Og Fernandes, julgado em 15/08/2013). Disponível em: <http://www.stj.jus.br/SCON/jurisprudencia/doc.jsp?livre=prote%E7%E3o+da+fam%EDlia&&b=ACOR&p=true&t=JURIDICO&l=10&i=8>. Acesso em 05 dez. 2013.

[15] AGRAVO REGIMENTAL NO RECURSO EXTRAORDINÁRIO. BENEFÍCIO DE PENSÃO POR MORTE. UNIÃO HOMOAFETIVA. LEGITIMIDADE CONSTITUCIONAL DO RECONHECIMENTO E QUALIFICAÇÃO DA UNIÃO CIVIL ENTRE PESSOAS DO MESMO SEXO COMO ENTIDADE FAMILIAR. POSSIBILIDADE. APLICAÇÃO DAS REGRAS E CONSEQUÊNCIAS JURÍDICAS VÁLIDAS PARA A UNIÃO ESTÁVEL HETEROAFETIVA. DESPROVIMENTO DO RECURSO. 1. O Pleno do Supremo Tribunal Federal, no julgamento da ADI 4.277 e da ADPF 132, ambas da Relatoria do Ministro Ayres Britto, Sessão de 05/05/2011, consolidou o entendimento segundo o qual a união entre pessoas do mesmo sexo merece ter a aplicação das mesmas regras e consequências válidas para a união heteroafetiva. 2. Esse entendimento foi formado utilizando-se a técnica de interpretação conforme a Constituição para excluir qualquer significado que impeça o reconhecimento da união contínua, pública e duradoura entre pessoas do mesmo sexo como entidade familiar, entendida esta como sinônimo perfeito de família. Reconhecimento que deve ser feito segundo as mesmas regras e com idênticas consequências da união estável heteroafetiva. 3. O direito do companheiro, na união estável homoafetiva, à percepção do benefício da pensão por morte de seu parceiro restou decidida. No julgamento do RE nº 477.554/AgR, da Relatoria do Ministro Celso de Mello, DJe de 26/08/2011, a Segunda Turma desta Corte, enfatizou que "ninguém, absolutamente ninguém, pode ser privado de direitos nem sofrer quaisquer restrições de ordem jurídica por motivo de sua orientação sexual. Os homossexuais, por tal razão, têm direito de receber a igual proteção tanto das leis quanto do sistema político-jurídico instituído pela Constituição da República, mostrando-se arbitrário e inaceitável qualquer estatuto que puna, que exclua, que discrimine, que fomente a intolerância, que estimule o desrespeito e que desiguale as pessoas em razão de sua orientação sexual. (...) A família resultante da união homoafetiva não pode sofrer discriminação, cabendo-lhe os mesmos direitos, prerrogativas, benefícios e obrigações que se mostrem acessíveis a parceiros de sexo distinto que integrem uniões heteroafetivas". (Precedentes: RE n. 552.802, Relator o Ministro Dias Toffoli, DJe de 24.10.11; RE n. 643.229, Relator o Ministro Luiz Fux, DJe de 08.09.11; RE n. 607.182, Relator o Ministro Ricardo Lewandowski, DJe de 15.08.11; RE n. 590.989, Relatora a Ministra Cármen Lúcia, DJe de 24.06.11; RE n. 437.100, Relator o Ministro Gilmar Mendes, DJe de 26.05.11, entre outros). 4. Agravo regimental a que se nega provimento. (BRASIL. Supremo Ttribunal Federal. Primeira Turma. RE nº 687432 AgR/MG. Rel Min: Luiz Fux. Julgado em: 18/09/2012. Disponível em: <http://www.stf.jus.br/portal/jurisprudencia/listarJurisprudencia.asp?s1=%28prote%E7%E3o+da+fam%EDlia%29&base=baseAcordaos&url=http://tinyurl.com/penhqay>. Acesso em: 05 dez 2013).

outra decisão, a Corte maior ressaltou a família como a base da sociedade, sendo protegida pelo Estado.[16]

Portanto, o Direito de Família tem como principal característica a tutela do ente familiar, dos bens que lhe são próprios, da prole, bem como dos demais interesses afins. E com mais razão acentua Arnaldo Rizzardo que a sua destinação é, de forma prática, colocada como um direito público, ou quase público, eis que, nos termos da Constituição Federal (art. 226), é função do Estado a sua proteção. Inclusive, em decorrência desta circunstância, desta peculiaridade, ensina o autor referido que existe certa limitação em relação à disponibilidade de direitos. De tal sorte que não cabe às partes pactuar de forma diferente da estabelecida em lei, tais como casamento, filiação e alimentos.[17]

Podemos perceber, desde o início de nosso trabalho, a importância que a família tem, seja para a sociedade, seja para o Direito. Tanto é

---

[16] RECURSO EXTRAORDINÁRIO. CONSTITUCIONAL. PROCESSUAL CIVIL. LEGITIMIDADE ATIVA DO MINISTÉRIO PÚBLICO PARA AJUIZAR AÇÃO DE INVESTIGAÇÃO DE PATERNIDADE. FILIAÇÃO. DIREITO INDISPONÍVEL. INEXISTÊNCIA DE DEFENSORIA PÚBLICA NO ESTADO DE SÃO PAULO. 1. A Constituição Federal adota a família como base da sociedade a ela conferindo proteção do Estado. Assegurar à criança o direito à dignidade, ao respeito e à convivência familiar pressupõe reconhecer seu legítimo direito de saber a verdade sobre sua paternidade, decorrência lógica do direito à filiação (CF, artigos 226, §§ 3º, 4º, 5º e 7º; 227, § 6º). 2. A Carta Federal outorgou ao Ministério Público a incumbência de promover a defesa dos interesses individuais indisponíveis, podendo, para tanto, exercer outras atribuições prescritas em lei, desde que compatível com sua finalidade institucional (CF, artigos 127 e 129). 3. O direito ao nome insere-se no conceito de dignidade da pessoa humana e traduz a sua identidade, a origem de sua ancestralidade, o reconhecimento da família, razão pela qual o estado de filiação é direito indisponível, em função do bem comum maior a proteger, derivado da própria força impositiva dos preceitos de ordem pública que regulam a matéria (Estatuto da Criança e do Adolescente, artigo 27). 4. A Lei 8.560/92 expressamente assegurou ao *Parquet*, desde que provocado pelo interessado e diante de evidências positivas, a possibilidade de intentar a ação de investigação de paternidade, legitimação essa decorrente da proteção constitucional conferida à família e à criança, bem como da indisponibilidade legalmente atribuída ao reconhecimento do estado de filiação. Dele decorrem direitos da personalidade e de caráter patrimonial que determinam e justificam a necessária atuação do Ministério Público para assegurar a sua efetividade, sempre em defesa da criança, na hipótese de não reconhecimento voluntárioda paternidade ou recusa do suposto pai. 5. O direito à intimidade não pode consagrar a irresponsabilidade paterna, de forma a inviabilizar a imposição ao pai biológico dos deveres resultantes de uma conduta volitiva e passível de gerar vínculos familiares. Essa garantia encontra limite no direito da criança e do Estado em ver reconhecida, se for o caso, a paternidade. 6. O princípio da necessária intervenção do advogado não é absoluto (CF, artigo 133), dado que a Carta Federal faculta a possibilidade excepcional da lei outorgar o *jus postulandi* a outras pessoas. Ademais, a substituição processual extraordinária do Ministério Público é legítima (CF, artigo 129; CPC, artigo 81; Lei 8.560/92, artigo 2º, § 4º) e socialmente relevante na defesa dos economicamente pobres, especialmente pela precariedade da assistência jurídica prestada pelas defensorias públicas. 7. Caráter personalíssimo do direito assegurado pela iniciativa da mãe em procurar o Ministério Público visando a propositura da ação. Legitimação excepcional que depende de provocação por quem de direito, como ocorreu no caso concreto. Recurso extraordinário conhecido e provido. (BRASIL. Supremo Ttribunal Federal. Segunda Turma. RE nº 248869/SP. Rel. Min: Maurício Corrêa. Julgado em: 07/08/2003. Disponível em: <http://redir.stf.jus.br/paginadorpub/paginador.jsp?docTP=AC&docID=257829>. Acesso em: 13 abr. 2014).

[17] RIZZARDO, Arnaldo. *Direito de Família*. 8. ed. Rio de Janeiro: Forense, 2011, p. 4-5.

verdade que a data de 15 de maio foi instituída, pela Assembleia Geral da Organização das Nações Unidas (ONU) em 1993, como Dia Internacional da Família. E, segundo importante matéria veiculada no site do Instituto Brasileiro de Direito de Família – IBDFAM:[18]

> O objetivo é reforçar a mensagem de união, amor, respeito e compreensão necessários para o bom relacionamento de todos os elementos que compõem a família e chamar a atenção da população para a importância da família como núcleo vital da sociedade e para seus direitos e responsabilidades, entre outros.

Finalizando este tópico, é de extrema relevância lembrar que a família, tem em vista a sua previsão e proteção constitucional. Paulo Lôbo, inclusive, refere como "Constitucionalização das famílias e de seus fundamentos jurídicos", apontando os arts. 226 a 230 da Carta. Explica o mestre que valores como liberdade, justiça e solidariedade "[...] são objetivos supremos que a Constituição Brasileira (art. 3º, I) consagrou para a realização da sociedade feliz [...]". Portanto, trata-se de valores fundantes família na atualidade, com vistas à realização da dignidade da pessoa humana em cada membro que a compõe.[19]

---

[18] Disponível em: <http://ibdfam.org.br/noticias/5634/15+de+maio+%C3%A9+o+Dia+Internacional+da+Fam%C3%ADlia%22>. Acesso em: 21 mai. 2015.

[19] LÔBO, Paulo. *Direito civil*: família. 5. ed. São Paulo: Saraiva, 2014, p. 29.

2. Constituição Federal e a Responsabilidade Civil

Como o estudo em questão trata sobre a possibilidade de indenização nos casos que digam respeito ao Direito de Família, importante, então e de início, estudarmos o conceito do instituto da Responsabilidade Civil, relacionando-o com a Constituição Federal para, em seguida, avançarmos sobre o tema proposto e sobre a sua aplicação no campo das reações familiares.

No item anterior, analisamos a natureza jurídica da família e a sua proteção constitucional. De igual forma, a reparação por danos imateriais também tem previsão constitucional.[20] Assim, a incidência da Responsabilidade Civil no âmbito do Direito de Família parte, tem como base, origem, a Carta Política, de forma que a sua relevância, além de ímpar, tem *status* de direito fundamental e, como tal merece a devida aplicação, quando for o caso.

Resta claro que as normas constitucionais, dotadas e caracterizadas de hierarquia superior, balizam a interpretação e a aplicação da legislação infraconstitucional. Portanto, conclusão lógica a que se chega é a de que as normas, regras, leis, decisões (judiciais e administrativas) enfim, todo o ordenamento jurídico tem de estar em harmonia com a Carta Política.[21]

Pedimos licença para nos utilizarmos dos ensinamentos de Sergio Cavalieri Filho, quando aborda a função da Responsabilidade Civil. Pondera o ilustre jurista que o anseio de buscar a obrigação do causador do dano à devida reparação tem como inspiração o mais elementar

[20] Art. 5º Todos são iguais perante a lei, sem distinção de qualquer natureza, garantindo-se aos brasileiros e aos estrangeiros residentes no País a inviolabilidade do direito à vida, à liberdade, à igualdade, à segurança e à propriedade, nos termos seguintes: (...) V – é assegurado o direito de resposta, proporcional ao agravo, além da indenização por dano material, moral ou à imagem; (...) X – são invioláveis a intimidade, a vida privada, a honra e a imagem das pessoas, assegurado o direito a indenização pelo dano material ou moral decorrente de sua violação; (...).

[21] CAVALIERI FILHO, Sergio. *Programa de responsabilidade Civil*. 8. ed. São Paulo: Atlas, 2009, p. 79.

sentimento de justiça. De sorte que, existindo dano causado pelo ato ilícito, há o rompimento do equilíbrio jurídico-econômico que existia antes, entre o agente e a vítima. Existe uma necessidade fundamental de se ver restabelecido o anterior equilíbrio, recolocando-se o prejudicado no *statu quo ante.* Imperativo é o princípio da *restitutio in integrum,* ou seja, tenta-se, o mais perto do possível, repor a vítima ao estado anterior ao dano causado, pois, segundo o mestre aqui referido, "indenizar pela metade é responsabilizar a vítima pelo resto; limitar a reparação é impor à vítima que suporte o resto dos prejuízos não indenizados".[22] Em igual sentido, trazemos decisão do Superior Tribunal de Justiça.[23] Assim, dependendo da forma como inobservados determinados deveres, tais como de assistência, de criação dos filhos, da boa-fé com o cônjuge ou companheiro (como exemplo deste último, a omissão quanto à verdadeira paternidade, como será abordado mais adiante), a indenização, a compensação, sem dúvida nenhuma é devida.

Trazendo a Responsabilidade Civil para a Constituição Federal, o artigo 5º, *caput,* da Carta política brasileira,[24] de forma expressa e como antes referido, garante aos brasileiros e aos estrangeiros residentes no país o exercício dos direitos e garantias fundamentais, e sem distinção de qualquer natureza. Portanto, entre outros aspectos e dirigindo-se à possibilidade de incidência da Responsabilidade Civil no campo do Direito de Família, o intérprete deve ter, de forma a utilizar como parâmetro, o princípio da igualdade, na consideração dos direitos fundamentais.[25] Continuando, nos casos de violação da integridade pessoal

---

[22] CAVALIERI FILHO, Sergio. *Programa de responsabilidade Civil.* 8. ed. São Paulo: Atlas, 2009, p. 13.

[23] AGRAVO REGIMENTAL NOS EMBARGOS À EXECUÇÃO EM MANDADO DE SEGURANÇA. SERVIDOR PÚBLICO. NULIDADE DA DEMISSÃO. REINTEGRAÇÃO. *STATUS QUO ANTE.* VENCIMENTOS. TERMO INICIAL. DATA DA DEMISSÃO. ADICIONAL DE FÉRIAS. MAJORAÇÃO NÃO COMPROVADA. 1. A anulação do ato de demissão tem como consequência lógica a reintegração do servidor afastado com o restabelecimento do *status quo ante,* vale dizer, assegura-se ao servidor a recomposição integral de seus direitos, inclusive o de receber os vencimentos que deveriam ter sido pagos durante o período em que esteve indevidamente desligado do serviço público, em observância ao princípio da *restitutio in integrum,* não havendo que se falar, portanto, em ofensa à coisa julgada por não ter a ordem sido expressa quanto aos efeitos financeiros, tampouco em excesso de execução por ter sido considerado como termo inicial das parcelas devidas a data do afastamento do servidor dos quadros da Administração. 2. O ônus de provar os fatos alegados na exordial dos embargos incumbe ao embargante, o que, no caso, não ocorreu quanto ao apontado excesso relativo ao adicional de férias. 3. Agravo regimental a que se nega provimento. (BRASIL. Superior Ttribunal de Justiça. Terceira Seção. AgRg nos EmbExe MS nº 14081/DF. Rel. Min: Maria Thereza de Assis Moura. Julgado em: 11/04/2012. Disponível em: <https://ww2.stj.jus.br/revistaeletronica/Abre_Documento.asp?sSeq=1136604&sReg=201101720885&sData=20120417&format o=HTML>. Acesso em: 22 abr. 2014).

[24] Art. 5º Todos são iguais perante a lei, sem distinção de qualquer natureza, garantindo-se aos brasileiros e aos estrangeiros residentes no País a inviolabilidade do direito à vida, à liberdade, à igualdade, à segurança e à propriedade, nos termos seguintes.

[25] BERNARDI, Silvia, Waltrick. *Constituição Federal comentada.* In: JANCZESKI, Célio Armando (Coord). Curitba: Juruá, 2011, p. 48.

do lesado, quanto ao aspecto imaterial, a Constituição Federal prevê a reparação como direito fundamental.[26]

Mas a história da reparação por danos puramente imateriais encontrou algumas objeções. Um dos argumentos, e talvez o principal, era o de que seria imoral a busca de valor monetário à dor, ou então de que seria impossível a determinação dos sujeitos atingidos, sejam pais, irmãos, noivos, etc. A questão da impossibilidade de mensuração da dor também foi questionada. Por outro lado e com o passar dos tempos, tanto a jurisprudência como a doutrina trataram de rechaçar tais óbices.[27]

O Código Civil de 1916, segundo a doutrina de Nelson Nery Junior e Rosa Maria de Andrade Nery, tratava-se de uma legislação a frente do seu tempo. E a prova de tal afirmativa, segundo os mencionados autores, foi quanto à aprovação e à reprovação de muitos dos seus dispositivos. Um dos artigos de lei que Clóvis Beviláqua tinha intenção de que integrasse a legislação revogada era exatamente a possibilidade de condenação a título de danos imateriais. O próprio *caput* do então art. 159 referia que quem violasse direito de outrem, ou causasse prejuízo, tinha o dever de indenizar, ou seja, ficava obrigado a reparar o dano. E, segundo os comentários ao Código pelo próprio Clóvis Beviláqua, a norma não fazia distinção entre danos materiais e imateriais, e não excluía um em relação ao outro. É que a violação de direito poderia se dar tanto na esfera patrimonial como na esfera extrapatrimonial, não havendo, portanto, discriminação sobre qual o direito se tratava, ou seja, se recaía sobre prejuízos econômicos ou sobre questões que compunham a humanidade da pessoa. E resumiu assim Clóvis Beviláqua: "Onde a lei não distingue, não cabe ao intérprete fazê-lo".[28] Rubens Limongi França, no ano de 1958, também sustentava "[...] a necessidade do reconhecimento do princípio da reparação do dano moral como principal elemento de defesa dos direitos de personalidade [...]".[29]

[26] Art. 5º Todos são iguais perante a lei, sem distinção de qualquer natureza, garantindo-se aos brasileiros e aos estrangeiros residentes no País a inviolabilidade do direito à vida, à liberdade, à igualdade, à segurança e à propriedade, nos termos seguintes: (...) V – é assegurado o direito de resposta, proporcional ao agravo, além da indenização por dano material, moral ou à imagem; (...) X – são invioláveis a intimidade, a vida privada, a honra e a imagem das pessoas, assegurado o direito a indenização pelo dano material ou moral decorrente de sua violação; (...).

[27] GONÇALVES, Carlos Roberto. *Direito civil brasileiro*, v. 4: responsabilidade civil. 8. ed. São Paulo: Saraiva, 2013, p. 397.

[28] NERY JUNIOR, Nelson; NERY, Rosa Maria de Andrade. *Código Civil comentado.* 10. ed. São Paulo: Revista dos Tribunais, 2013, p. 454-455.

[29] FRANÇA, R. Limongi. Reparação do dano moral. In: *Doutrinas essenciais: dano moral*: volume I: teoria do dano moral e direitos da personalidade. STOCO, Rui (org.). São Paulo: Revista dos Tribunais, 2015, p. 853.

Na segunda metade do século XX, o Supremo Tribunal Federal passou a admitir indenizações de cunho extrapatrimonial, mas com uma condição: desde que expressamente tal condenação não restasse cumulada com danos patrimoniais e, mesmo assim, o valor da reparação era sempre simbólico, não a tornando efetiva. Já nos anos noventa, o Superior Tribunal de Justiça tratou de admitir reparações, tanto a título de danos patrimoniais como a título de danos imateriais, com origem no mesmo fato.[30]

A reparação a título de danos imateriais, atualmente, representa uma compensação ao lesado, mesmo que pequena, em decorrência da tristeza infligida a alguém, de forma injusta.[31] Temos, ainda, as Súmulas n°s 37 e 387 do Superior Tribunal de Justiça, que tratam da cumulação, respectivamente, de danos imateriais e materiais decorrentes do mesmo fato, bem como da cumulação de reparações de dano estético e dano moral.

Carlos Roberto Gonçalves afirma que a doutrina, de modo geral, entende que a enumeração das hipóteses previstas na Constituição Federal, no tocante aos bens lesados e a configuração do dano imaterial, são de forma exemplificativa. Por outro lado, alerta que o julgador não deve se afastar das diretrizes lá traçadas. O fundamento é que, caso contrário, o dano extrapatrimonial considerará pequenos incômodos e desprazeres, que todos, em razão de uma vida em sociedade, devem suportar.[32] Nesse sentido, trazemos julgamento do Superior Tribunal de Justiça que consideram os meros dissabores, incômodos, como não passíveis de reparação a título de danos imateriais, em razão do referido convívio em sociedade.[33]

---

30 NERY JUNIOR, Nelson; NERY, Rosa Maria de Andrade. *Código Civil comentado.* 10. ed. São Paulo: Revista dos Tribunais, 2013, 455.

31 GONÇALVES, Carlos Roberto. *Direito Civil brasileiro*, v. 4: responsabilidade civil. 8. ed. São Paulo: Saraiva, 2013, p. 397.

32 Idem, p. 385.

33 BRASÍLIA. DIREITO CIVIL. RESPONSABILIDADE CIVIL. COMPRA PELA INTERNET. PRESENTE DE NATAL. NÃO ENTREGA DA MERCADORIA. VIOLAÇÃO A DIREITO DE PERSONALIDADE NÃO COMPROVADA NO CASO CONCRETO. DANOS MORAIS INDEVIDOS. 1.- A jurisprudência desta Corte tem assinalado que os aborrecimentos comuns do dia a dia, os meros dissabores normais e próprios do convívio social não são suficientes para originar danos morais indenizáveis. 2.- A falha na entrega de mercadoria adquirida pela internet configura, em princípio, mero inadimplemento contratual, não dando causa a indenização por danos morais. Apenas excepcionalmente, quando comprovada verdadeira ofensa a direito de personalidade, será possível pleitear indenização a esse título. 3.- No caso dos autos, as instâncias de origem concluíram não haver indicação de que o inadimplemento da obrigação de entregar um "Tablet", adquirido mais de mês antes da data do Natal, como presente de Natal para filho, fatos não comprovados, como causador de grave sofrimento de ordem moral ao Recorrente ou a sua família. 4.- Cancela-se, entretanto, a multa, aplicada na origem aos Embargos de Declaração tidos por protelatórios (CPC, art. 538, parágrafo único). 5.- Recurso Especial a que se dá provimento em parte, tão somente para cancelar a multa. (BRASIL. Superior Tribunal de Justiça. Terceira Turma. REsp nº 1399931/MG.

No Direito de Família, prepondera a ordem pública, incidindo sobre as relações pessoais entre os cônjuges, entre os pais e os filhos, nos regimes matrimoniais, na celebração e dissolução do casamento, entre outros. E dito interesse, de forma permanente e estatal, tem a família como célula básica, portanto, necessitando e dedicando proteção especial,[34] conforme observamos da própria Constituição Federal, em seu artigo 226.[35] Podemos concluir, então, que a Responsabilidade Civil, de forma específica quanto ao Direito de Família, conforme o dispositivo referido, encontra fundamento para a devida incidência.

Pois bem. San Tiago Dantas há muito dizia que o principal objetivo da ordem jurídica é proteger o lícito e reprimir o ilícito. De tal sorte que, para atingir esse fim, a ordem jurídica estabelece deveres e que, dependendo da natureza desses deveres, podem ser positivos, de dar ou fazer; ou negativos, de tolerar ou não fazer algo. Vamos ainda mais longe, ou seja, existe um dever geral de não prejudicar a ninguém, expresso pelo Direito Romano, através da máxima *neminem laedere*.[36]

Quando há situação que viole determinado dever jurídico, resta configurado o ilícito e, como regra, gera, para aquele que o violou, um novo dever jurídico, qual seja, o de reparar o dano. De modo que Sergio Cavalieri Filho assevera que existem dois deveres jurídicos: um originário ou primário e outro sucessivo, ou também chamado de secundário, que será o de reparação quanto aos prejuízos. Quanto ao primeiro, o dever originário, trazemos o exemplo dado pelo Mestre, qual seja, o de que todos têm o dever de respeitar a integridade física do ser humano. Todavia e como referido, aquele que lesa tal direito tem o dever jurídico de repará-lo.[37]

Com base nas premissas acima é que entra a noção da Responsabilidade Civil, que reflete a ideia de obrigação. Melhor explicando: aponta o dever que determinada pessoa tem de reparar o prejuízo causado a outrem, eis que decorrente da violação de um dever jurídico. Resumindo a ideia: a Responsabilidade Civil espelha que o dever jurídico sucessivo surge, emerge, no sentido de recomposição por dano que decorreu de violação de dever jurídico originário.[38]

Rel. Min. Min: Sidnei Beneti. Julgado em: 11/02/2014. Disponível em: <https://ww2.stj.jus.br/revistaeletronica/Abre_Documento.asp?sSeq=1296475&sReg=201302819034&sData=20140306&formato=HTML>. Acesso em: 12 mar. 2014).

[34] VENOSA, Sílvio de Salvo. *Direito de Família*. 11. ed. São Paulo: Atlas, 2011, p. 10.

[35] Art. 226. A família, base da sociedade, tem especial proteção do Estado.

[36] CAVALIERI FILHO, Sergio. *Programa de responsabilidade civil*. 8. ed. São Paulo: Atlas, 2009, p. 1.

[37] Idem, p. 2.

[38] Ibidem.

O direito à vida gera o direito à integridade física e moral, priorizando-se sempre o princípio da dignidade da pessoa humana, este que é fundamento do Estado Democrático de Direito,[39] conforme observamos da leitura de nossa Constituição Federal.[40] Trazendo a teoria supracolocada para a prática, importante a leitura do julgamento trazido. Em que pese a fundamentação no sentido do indeferimento de condenação por danos imateriais no Direito de Família ser a regra, há situações que extrapolam a normalidade, como a violência psíquica e física.[41] Portanto, o dever jurídico originário que foi violado foi a integridade física e psíquica da autora da ação. De modo que, como consequência, há um dever jurídico sucessivo, que é a indenização por danos morais, a qual trata a decisão em análise. O artigo 389 do Código Civil[42] trata do dever

---

[39] BERNARDI, Silvia, Waltrick. *Constituição Federal comentada.* In: JANCZESKI, Célio Armando (Coord.). Curitba: Juruá, 2011, p. 50.

[40] Art. 1º A República Federativa do Brasil, formada pela união indissolúvel dos Estados e Municípios e do Distrito Federal, constitui-se em Estado Democrático de Direito e tem como fundamentos: (...) III – a dignidade da pessoa humana; (...).

[41] APELAÇÃO CÍVEL. DIVÓRCIO. ALIMENTOS. INDENIZAÇÃO POR DANO MORAL. ABUSO E VIOLÊNCIA PSÍQUICA E FÍSICA. GRAVIDADE DOS DANOS SUFICIENTEMENTE PROVADAS. VALOR DA CONDENAÇÃO E VERBA ALIMENTAR MANTIDOS NO PATAMAR POSTO NA SENTENÇA. 1. INDENIZAÇÃO POR DANO MORAL. A gravíssima situação dos autos, em que a autora, desde menina (a partir dos 8 anos de idade), foi submetida a violência física e sexual, tendo, aos 25 anos, se casado com o agressor, configura, à saciedade, a dor, vexame, sofrimento e humilhação que, fugindo à normalidade, interferiram intensamente no comportamento psicológico da apelada, gerando sério desequilíbrio em seu bem-estar. 2. É certo que a jurisprudência em geral – e muito particularmente a deste Tribunal – é justificadamente recalcitrante em deferir danos morais no âmbito das relações familiares, dadas as peculiaridades que as cercam. O caso, porém, extrapola tudo o que se possa cogitar em termos de dano à pessoa, caracterizando dano moral mesmo que abstraída a conjuntura familiar em que foi praticado. 3. VALOR DA CONDENAÇÃO. A intensidade do dano e sequelas emocionais, justificam a quantia – não obstante não haver valor suficiente para recompor as lesões psíquicas ou reparar os traumas e sofrimento vivido pela autora desde criança ("uma vida perdida"). De outro lado, cabia ao recorrente a prova de sua condição financeira e neste sentido foi de todo insuficiente o que trouxe aos autos. Várias foram as oportunidades de dilação probatória, sempre decorrendo o prazo sem manifestação do apelante – até que se encerrou a instrução, também sem inconformidade do demandado. 4. ALIMENTOS. A mesma fundamentação serve para desacolher o pedido de redução da verba alimentar, prevalecendo o valor fixado pela sentença, ou seja, 40% do rendimento líquido da sua folha de pagamento, excetuados somente os descontos obrigatórios. NEGARAM PROVIMENTO. UNÂNIME. (SEGREDO DE JUSTIÇA) (BRASIL. Tribunal de Justiça do Rio Grande do Sul. Oitava Câmara Cível. Apelação Cível nº 70042267179. Rel. Des: Luiz Felipe Brasil Santos. Julgado em: 14/07/2011. Disponível em: <http://google8.tjrs.jus.br/search?q=cache:www1.tjrs.jus.br/site_php/consulta/consulta_processo.php%3Fnome_comarca%3DTribunal%2Bde%2BJusti%25E7a%26versao%3D%26versao_fonetica%3D1%26tipo%3D1%26id_comarca%3D700%26num_processo_mask%3D70042267179%26num_processo%3D70042267179%26codEmenta%3D4249349+APELA%C3%87%C3%83O+C%C3%E7VEL.+DIV%C3%93RCIO.+ALIMENTOS.+INDENIZA%C3%87%C3%83O+POR+DANO+MORAL.+ABUSO+E+VIOL%C3%8ANCIA+PS%C3%E7QUICA+E+F%C3%E7SICA.+&site=ementario&client=buscaTJ&access=p&ie=UTF-8&proxystylesheet=buscaTJ&output=xml_no_dtd&oe=UTF-8&numProc=70042267179&comarca=Viam%E3o&dtJulg=14-07-2011&relator=Luiz+Felipe+Brasil+Santos>. Acesso em: 05 dez. 2012).

[42] Art. 389. Não cumprida a obrigação, responde o devedor por perdas e danos, mais juros e atualização monetária segundo índices oficiais regularmente estabelecidos, e honorários de advogado.

de indenização quando não cumprida determinada obrigação, seja a relação contratual ou extracontratual.[43]

Concluindo este tópico, então: a responsabilidade é dever jurídico sucessivo e tem como consequência a violação de um primeiro dever, ou seja, do dever originário. Utiliza o autor, para melhor ilustrar o tema, as palavras de Larenz: "a responsabilidade é a sombra da obrigação".[44]

2.1. Função da Responsabilidade Civil

Estamos tratando da Responsabilidade Civil, e também da sua aplicabilidade no Direito de Família, portanto, devemos também aprender sobre qual a sua função. Nelson Nery Junior e Rosa Maria de Andrade Nery denominam a Responsabilidade Civil como sendo o:[45]

> [...] mecanismo lógico-jurídico por cujas linhas estruturantes fundamentais busca-se apurar as causas de eventos danosos e, consequentemente, apontar o responsável (imputação civil) por sua ocorrência e/ou reparação, para fazê-lo responder pela indenização, ou pela reparação correspondente, nos termos da lei, ou do contrato, em favor de quem sofreu prejuízo por decorrência de contrariedade ao ordenamento jurídico.

Justiça: a ideia é a de justiça. O anseio de obrigar o causador do dano à devida reparação tem como fonte de inspiração o que Sergio Cavalieri Filho chama de o mais elementar sentimento de justiça. O referido dano causado pelo ilícito faz com que seja rompido o equilíbrio jurídico-econômico que existia antes entre agente e vítima, de tal sorte que surge, então, uma fundamental necessidade de se restabelecer o referido equilíbrio, procurando-se colocar o prejudicado no denominado *status quo ante*,[46] como anteriormente colocado, mas importante ressaltar.

Gustavo Borges leciona que, no século XX, o Direito, em especial o campo da Responsabilidade Civil, foi a área que mais transformações sofreu. E como se não bastasse: não se trata de apenas evolução, mas sim de uma revolução, haja vista a grande produção literária, legislativa e os diversos casos que bateram às portas do Poder Judiciário.[47]

---

[43] CAVALIERI FILHO, Sergio. *Programa de responsabilidade civil*. 8. ed. São Paulo: Atlas, 2009, p. 2-3.

[44] Isem, p. 3.

[45] NERY JUNIOR, Nelson; NERY, Rosa Maria de Andrade. *Instituições de direito civil*: volume II: direito das obrigações. São Paulo: Revista dos Tribunais, 2015, p. 401.

[46] Idem, p. 13.

[47] BORGES, Gustavo. *Erro médico nas cirurgias plásticas*. São Paulo: Atlas, 2014, p. 210.

Sem dúvidas, tais lições contribuem ainda mais para o aprofundamento deste tema.

Ainda temos que a responsabilidade vem dividida em diferentes espécies, que dependem da origem do dever e do elemento subjetivo de determinada conduta. Assim, divide-se a responsabilidade em: a) civil e penal; b) subjetiva e objetiva; c) contratual e extracontratual; d) responsabilidade nas relações de consumo.[48] Por restrição ao nosso tema, abordaremos a responsabilidade subjetiva e extracontratual.

Como estamos trabalhando com a possibilidade de reparação civil por danos extrapatrimoniais no âmbito das relações familiares, a utilização da Responsabilidade Civil é medida impositiva, eis que, reparar o dano "[...] tem na sua gênese a eliminação ou atenuação duma situação desfavorável que se veio a verificar pela violação de direitos merecedores da tutela do direito [...]". Portanto, busca garantir ao lesado a busca do equilíbrio violado por determinada conduta, violação esta que é tutelada pelo Direito.[49]

2.2. Responsabilidade contratual e extracontratual

Temos de posicionar a responsabilidade no campo do Direito de Família, considerando os casos práticos que neste livro serão tratados. Quando a responsabilidade não tem origem por um contrato, temos que ela é de natureza extracontratual e, neste caso, aplica-se o artigo 186 do Código Civil.[50] Também chamada de aquiliana é a responsabilidade que deriva desse ilícito. Nestes tipos de responsabilidade, o autor do dano infringe um dever legal, e nenhum vínculo jurídico existe entre quem causou o dano e a vítima. Já para a hipótese de responsabilidade contratual, por sua vez, existe uma convenção prévia entre as partes, mas que restou não cumprida, não observada. Outra diferenciação importante entre a responsabilidade contratual e a responsabilidade extracontratual é no que diz respeito às fontes. Na responsabilidade contratual, a sua origem é em uma convenção e, por sua vez, quanto à responsabilidade extracontratual, esta se dá pela não observância do dever genérico de não lesar, de não causar dano a ninguém (*neminem laedere)*, conforme prevê o já referido artigo 186 do Código Civil.[51]

---

[48] CAVALIERI FILHO, op. cit., p. 13-17.

[49] RANGEL, Rui Manuel de Freitas. *A reparação judicial dos danos na responsabilidade civil*: um olhar sobre a jurisprudência. 3. ed. Coimbra: Almedina, 2006, p. 17.

[50] Art. 186. Aquele que, por ação ou omissão voluntária, negligência ou imprudência, violar direito e causar dano a outrem, ainda que exclusivamente moral, comete ato ilícito.

[51] GONÇALVES, Carlos Roberto. *Responsabilidade civil.* 14. ed. São Paulo: Saraiva, 2012, p. 62-63.

Sergio Cavalieri Filho, também comentando o tema e diferenciando a responsabilidade contratual da responsabilidade extracontratual, assevera que, quem infringe um dever jurídico e que de tal conduta resulte dano, fica obrigado a indenizar. E o dever em questão pode ter como fonte uma relação jurídica obrigacional preexistente, ou seja, um dever com origem em um contrato, ou pode ter como causa geradora em uma obrigação imposta por preceito geral de Direito, ou ainda em decorrência da própria lei. De tal sorte que, segundo as palavras do autor, é com base na dicotomia mencionada que a doutrina divide a Responsabilidade Civil em contratual e extracontratual, de acordo com a qualidade da violação que ocorreu. De modo que, em existindo um vínculo obrigacional preexistente, o dever de indenizar surge em decorrência do inadimplemento, acarretando em responsabilidade contratual, que também é chamada de ilícito contratual ou relativo. Todavia, se o dever surgir em virtude de lesão a direito subjetivo, mas que não exista, entre o ofensor e o ofendido, qualquer relação jurídica que preexista, estamos diante da responsabilidade extracontratual, ou também denominada de ilícito aquiliano ou absoluto. Resumindo: "Ilícito extracontratual é, assim, a transgressão de um dever jurídico imposto pela lei, enquanto que ilícito contratual é a violação de dever jurídico criado pelas partes no contrato".[52]

Importante registrar que, tanto na responsabilidade extracontratual como na responsabilidade contratual, existe um dever jurídico violado preexistente, contudo, a diferença está na sede do dever. Haverá a responsabilidade contratual quando determinado dever jurídico violado (inadimplemento ou ilícito contratual) for previsto em contrato. A norma ajustada, por assim dizer, determina o comportamento dos contratantes e o dever específico que deve ser observado e cumprido. Estabelecendo o contrato um vínculo jurídico entre os contratantes, diz-se que na responsabilidade contratual já existe uma relação jurídica preexistente entre as partes (acentua Sergio Cavalieri Filho: "relação jurídica, e não dever jurídico, preexistente, porque este sempre se faz presente em qualquer espécie de responsabilidade"). Por outro lado, existirá a responsabilidade extracontratual no caso de o dever jurídico violado não estiver previsto em contrato, mas na lei ou então na ordem jurídica.[53] Esta última hipótese amolda-se ao nosso estudo, ou seja, à Responsabilidade Civil nas relações familiares.

Para fins de maior elucidação referente à responsabilidade contratual e a responsabilidade extracontratual, tal divisão, no ordenamento

[52] CAVALIERI FILHO, Sergio. *Programa de responsabilidade civil.* 8. ed. São Paulo: Atlas, 2009, p. 15.
[53] Idem

jurídico brasileiro, não é estanque. Existe uma simbiose entre esses dois tipos de responsabilidade, haja vista que o Código Civil prevê regras aplicadas tanto para a responsabilidade contratual como para a extracontratual, conforme os artigos 393,[54] 402,[55] e 403.[56] Entretanto, há crítica, pelos adeptos da teoria unitária ou monista, em relação a essa dicotomia, pois entendem que pouco importam "os aspectos sobre os quais se apresente a Responsabilidade Civil no cenário jurídico, já que os seus efeitos são uniformes. Contudo, nos códigos dos países em geral, inclusive no Brasil, tem sido acolhida a tese dualista ou clássica".[57]

A diferenciação é importante entre essas duas espécies de responsabilidade. Ambas, é verdade, quando verificadas, fatalmente levarão à reparação civil, contudo, Silvio Rodrigues entende pertinente a diferenciação entre uma e outra espécie, especialmente no campo da prova, merecendo a transcrição de seus ensinamentos, neste ponto:[58]

> Em matéria de prova, por exemplo, na responsabilidade contratual, demonstrado pelo credor que a prestação foi descumprida, o *onus probandi* se transfere para o devedor inadimplemente, que terá que evidenciar a inexistência de culpa de sua parte, ou a presença de força maior, ou outra excludente da responsabilidade capaz de eximi-lo do dever de indenizar, enquanto, se for aquiliana a responsabilidade, caberá a vítima o encargo de demonstrar a culpa do agente causador do dano.

Para o nosso estudo, a aplicação da Responsabilidade Civil no Direito de Família envolve o tipo subjetivo, ou seja, deve ser demonstrada a culpa do agente para fins de indenização e/ou ressarcimento. Ensina José de Aguiar Dias que a responsabilidade extracontratual assenta no princípio da culpa, com fundamentação no art. 186 Código Civil.[59]

Entendemos que, embora se tratem as relações familiares, quando buscadas indenizações, pela responsabilidade subjetiva, a pura ausência de contrato, por si só, não afasta os deveres preexistentes, e que existem sim. Afinal, se a própria Constituição elege a família, o casamento, como merecedores da devida tutela em razão da qualidade que

---

[54] Art. 393. O devedor não responde pelos prejuízos resultantes de caso fortuito ou força maior, se expressamente não se houver por eles responsabilizado. Parágrafo único. O caso fortuito ou de força maior verifica-se no fato necessário, cujos efeitos não era possível evitar ou impedir.

[55] Art. 402. Salvo as exceções expressamente previstas em lei, as perdas e danos devidas ao credor abrangem, além do que ele efetivamente perdeu, o que razoavelmente deixou de lucrar.

[56] Art. 403. Ainda que a inexecução resulte de dolo do devedor, as perdas e danos só incluem os prejuízos efetivos e os lucros cessantes por efeito dela direto e imediato, sem prejuízo do disposto na lei processual.

[57] CAVALIERI FILHO, Sergio. *Programa de responsabilidade civil*. 8. ed. São Paulo: Atlas, 2009, p. 16.

[58] RODRIGUES, Silvio. *Direito civil*: volume 4: responsabilidade civil. 20. ed. São Paulo: Saraiva, 2008, p. 11.

[59] AGUIAR DIAS, José de. *Da responsabilidade civil*. 12. ed. Rio de Janeiro: Lumen Juris, 2012, p. 477.

têm, mesmo em se tratando da prova da culpa, deveres e obrigações decorrem da sua inobservância, inclusive também tutelados pelo próprio Código Civil.

Todavia, são importantes as lições de Conrado Paulino da Rosa, Dimas Messias de Carvalho e Douglas Phillips Freitas, quando abordam a questão da responsabilidade subjetiva no Direito de Família, as quais concordamos integralmente: "Esclareça-se que as peculiaridades próprias do vínculo familiar não admitem a incidência pura e simples das regras da Responsabilidade Civil, exigindo uma filtragem, sob pena de desvirtuar a natureza peculiar (e existencial) da relação de Direito das Famílias. A aplicação das regras da Responsabilidade Civil na seara familiar, portanto, dependerá da ocorrência de um ato ilícito, devidamente comprovado".[60]

[60] ROSA, Conrado Paulino da; CARVALHO, Dimas Messias de; FREITAS, Douglas Phillips. *Dano moral & direito das famílias*. 2. ed. Belo Horizonte: Del Rey, 2012, p. 40.

3. Princípios protetivos da família

Princípios, segundo a doutrina de Robert Alexy "[...] são normas que ordenam que algo seja realizado na maior medida possível dentro das possibilidades jurídicas e fáticas existentes". São dotados de graus variados.[61]

Ensinando sobre os princípios, Humberto Ávila afirma que a atividade do intérprete (seja o julgador, seja o cientista) não consiste em apenas descrever o significado prévio constante em determinado(s) dispositivo(s). Mas a sua atividade "consiste em constituir esses significados". Continuando com as lições do mestre em referência, este pondera que:[62]

> [...] *interpretar é construir a partir de algo*, por isso significa reconstruir: a uma, porque utiliza como ponto de partida os textos normativos, que oferecem limites à construção de sentidos; a duas, porque manipula a linguagem, à qual são incorporados *núcleos de sentidos*, que são, por assim dizer, constituídos pelo uso, e preexistem ao processo interpretativo individual".

De modo que conclui o mestre que o ordenamento jurídico estabelece a realização de determinados fins, busca a preservação de valores e a manutenção ou então a busca por determinados bens jurídicos, estes que são essenciais à realização daqueles fins e à preservação de valores. Portanto, não pode o intérprete desprezar esses pontos de partida; aí, então, reside a sua atividade de interpretação em uma atividade de reconstrução, com o objetivo de explicitar as suas versões de significado, em sintonia com os fins e os valores que não são mostrados completamente na linguagem constitucional.[63] Assim, os diversos princípios que iremos analisar buscam proteger a família, os seus integrantes e as suas relações.

---

[61] ALEXY, Robert. *Teoria dos direitos fundamentais*. 2. ed. SILVA, Virgílio Afonso da (trad). São Paulo: Malheiros, 2012, p. 90.

[62] ÁVILA, Humberto. *Teoria dos princípios*: da definição à aplicação dos princípios jurídicos. 15. ed. São Paulo: Malheiros, 2014, p. 52-54.

[63] Ibidem.

A família tem proteção integral. Como leciona o Professor Doutor Carlos Silveira Noronha, analisando e discorrendo sobre a evolução da família, perante o direito divino e o direito canônico, aquela é considerada pelas Escrituras como entidade de direito divino, e tem origem exclusivamente no casamento. A finalidade, também, era de santificar a união indissolúvel do homem e da mulher. O caráter sacramental do matrimônio (casamento religioso) foi reafirmado pela Igreja, no Concílio de Trento, realizado entre 1545 e 1563. De tal sorte que o casamento é solidificado na *cellula mater*.[64]

Antônio Chaves há muito já ressaltava a importância da família. Portanto, os princípios protetivos que aqui trazemos confirmam a atualidade da doutrina do mestre em referência:[65]

> Desnecessário realçar o relevo da família como célula fundamental de qualquer nação bem organizada.
>
> Ela constitui mesmo – na observação de Fernando Fueyio Laneri – a base e a pedra angular do ordenamento social não somente porque compõe o grupo natural e irredutível que tem por missão especial garantir a *reprodução* e a *integração* da humanidade por gerações e séculos, mas porque também em seu seio se formam e desenvolvem os mais elevados sentimentos.

Segundo Maria Berenice Dias, é no direito das famílias que mais se sente o reflexo dos princípios trazidos pela Constituição Federal, e estão intimamente ligados ao atual conceito de família, portanto, desta não podem distanciar-se. Inclusive, para a sua devida aplicação, alguns foram transformados em direito positivo.[66]

Ainda, é reconhecida, tanto pela doutrina como pela jurisprudência, a existência de princípios implícitos, sendo ressaltado que, em matéria de princípios, não há hierarquia entre aqueles e os explícitos. No entanto, há dificuldade em se quantificar ou tentar nominar todos os princípios atinentes ao direito das famílias. Alguns não estão escritos nos textos da lei, mas têm seu fundamento ético baseado no espírito dos ordenamentos jurídicos, visando a possibilitar a vida em sociedade.[67]

Continuando, cada autor apresenta uma quantidade diferente dos princípios. É clara a dificuldade de se encontrar um número mínimo em que exista consenso. Todavia, Maria Berenice Dias, em referência a Francisco Amaral, elenca onze princípios fundamentais que dizem

---

[64] NORONHA, Carlos Silveira. Fundamentos e evolução histórica da família na ordem jurídica. *Direito & Justiça*, v. 20, ano XXI, 1999, p. 58-60.

[65] CHAVES, Antônio. *Tratado de direito civil*: volume 5: Direito de Família: tomo I. São Paulo: Revista dos Tribunais, 1991, p. 20.

[66] DIAS, Maria Berenice. *Manual de direito das famílias*. 6. ed. Porto Alegre: Revista dos Tribunais, 2010, p. 61.

[67] Ibidem.

respeito à organização e à proteção da família, da criança, do idoso e do adolescente, que assim seguem: a) reconhecimento da família como instituição básica e como objeto especial da proteção do Estado (CF 226);[68] b) existência e permanência do casamento, civil ou religioso, como base, embora sem exclusividade, da família; c) a competência da lei civil para regular os requisitos, celebração e eficácia do casamento e sua dissolução; d) igualdade jurídica dos cônjuges (CF 226 § 5º);[69] e) reconhecimento, para fins de proteção do Estado, da entidade familiar formada pela união estável de homem e mulher, assim como da comunidade formada por qualquer dos pais e seus descendentes (CF 226 §§ 3º e 4º);[70] f) possibilidade de dissolução do vínculo matrimonial pelo divórcio (CF 226, § 6º);[71] g) direito de constituição e planejamento familiar, fundado nos princípios da paternidade responsável, competindo ao Estado propiciar recursos educacionais e científicos para o seu exercício (art. 226 § 7º);[72] h) igualdade jurídica dos filhos, proibidas quaisquer designações discriminatórias (CF 227 § 6º);[73] i) proteção da infância, com o reconhecimento de direitos fundamentais à criança e ao adolescente, e responsabilidade da família, da sociedade e do Estado por sua observância (CF 227); j) atribuição aos pais do dever de assistência, criação e educação dos filhos (CF 229);[74] e k) proteção do idoso (CF 230).[75] [76] Nesta edição trazemos outros princípios com base

[68] Art. 226. A família, base da sociedade, tem especial proteção do Estado.

[69] (...) § 5º Os direitos e deveres referentes à sociedade conjugal são exercidos igualmente pelo homem e pela mulher. (...).

[70] (...) § 3º Para efeito da proteção do Estado, é reconhecida a união estável entre o homem e a mulher como entidade familiar, devendo a lei facilitar sua conversão em casamento. § 4º Entende-se, também, como entidade familiar a comunidade formada por qualquer dos pais e seus descendentes.(...).

[71] (...) § 6º O casamento civil pode ser dissolvido pelo divórcio. (...).

[72] [...] § 7º Fundado nos princípios da dignidade da pessoa humana e da paternidade responsável, o planejamento familiar é livre decisão do casal, competindo ao Estado propiciar recursos educacionais e científicos para o exercício desse direito, vedada qualquer forma coercitiva por parte de instituições oficiais ou privadas.

[73] Art. 227. É dever da família, da sociedade e do Estado assegurar à criança, ao adolescente e ao jovem, com absoluta prioridade, o direito à vida, à saúde, à alimentação, à educação, ao lazer, à profissionalização, à cultura, à dignidade, ao respeito, à liberdade e à convivência familiar e comunitária, além de colocá-los a salvo de toda forma de negligência, discriminação, exploração, violência, crueldade e opressão. (...) § 6º Os filhos, havidos ou não da relação do casamento, ou por adoção, terão os mesmos direitos e qualificações, proibidas quaisquer designações discriminatórias relativas à filiação. (...).

[74] Art. 229. Os pais têm o dever de assistir, criar e educar os filhos menores, e os filhos maiores têm o dever de ajudar e amparar os pais na velhice, carência ou enfermidade.

[75] Art. 230. A família, a sociedade e o Estado têm o dever de amparar as pessoas idosas, assegurando sua participação na comunidade, defendendo sua dignidade e bem-estar e garantindo-lhes o direito à vida.

[76] DIAS, Maria Berenice. *Manual de direito das famílias.* 6. ed. São Paulo: Revista dos Tribunais, 2010, p. 61.

nas lições de Rodrigo da Cunha Pereira, em especial os princípios da responsabilidade e da mínima intervenção do Estado, cuja análise fica mais ao final deste subcapítulo.

Continuando, perspicaz a lição de Maria Berenice Dias quando os princípios gerais são aplicados a qualquer ramo do Direito, trazendo exemplos como os princípios da dignidade, da igualdade, da liberdade, da proteção integral da criança e do adolescente. E, independentemente das situações que se verifiquem, serão sempre prevalentes, e não somente no campo do direito das famílias. Verifica-se, também, a existência de princípios especiais, próprios das relações familiares, que devem nortear a apreciação de qualquer questão que envolva o direito das famílias.[77]

Com base nos ensinamentos trazidos acima e por certeiros ao trabalho pretendido, tomamos como ponto de partida alguns princípios trazidos por Maria Berenice Dias, que a seguir serão explorados nos subcapítulos que se seguem. Todavia e concordando integralmente com a autora, não temos qualquer pretensão de limitar os princípios e nem de esgotar o seu elenco, mas, sim, torná-los parte integrante do tema, pela importância e pertinência que têm, para a análise e solução dos casos que envolvem as hipóteses de Responsabilidade Civil no ramo do Direito de Família.

3.1. Princípio da dignidade da pessoa humana

Antonio Junqueira de Azevedo aduz que a expressão *dignidade da pessoa humana*, para o estudo do Direito, é recente. Isto não quer dizer muitas civilizações não se utilizassem de tal expressão, especialmente direcionadas a heróis e santos de certos povos. Contudo, quando ganhou relevo e contorno jurídico, aí sim foi dado passo notável ao significado da dignidade da pessoa humana.[78]

Mostra-se tarefa complexa a explicação do significado do princípio da pessoa humana. Segundo Narciso Leandro Xavier, ao comentar o artigo 1° da Constituição Federal, não há consenso acerca desse significado, bem como sobre a extensão do seu conteúdo, sinalizando, todavia, que a compreensão de tal significado seja relativamente fácil.[79]Ainda, outro fator que pode causar dificuldades na compreensão

---

[77] DIAS, Maria Berenice. *Manual de direito das famílias*. 6. ed. São Paulo: Revista dos Tribunais, 2010, p. 61.

[78] AZEVEDO, Antonio Junqueira de. Caracterização da dignidade da pessoa humana. In: *Revista dos Tribunais*: ano 91: volume 797, março de 2002. São Paulo: Revista dos Tribunais, 2002, p. 11.

[79] BAEZ, Narciso Leandro Xavier; JANCZESKI, Célio Armando (Coord). In: *Constituição Federal comentada*. Juruá: Curitiba, 2011, p. 20.

do estudado princípio é a confusão que se estabelece entre o princípio da dignidade da pessoa humana e o da dignidade humana. Veja-se: não são sinônimos, e explica-se. O primeiro, princípio da dignidade da pessoa humana, é atributo de uma pessoa, sendo considerada de forma individual; por sua vez, a dignidade humana representa, de forma abstrata, atributo reconhecido à humanidade como um todo.[80]

Maria Berenice Dias, ao comentar sobre o princípio em questão, caracteriza-o como princípio maior, fundante do Estado Democrático de Direito: é valor nuclear da ordem constitucional. Ainda, aduz a autora que a sua essência é difícil de ser capturada em palavras, todavia, incide sobre uma infinidade de situações que dificilmente podem ser elencadas de antemão. Mas aponta como possivelmente identificado o princípio em questão como sendo a manifestação primeira dos valores constitucionais, carregado de valores e emoções. Como todos os outros princípios, é sentido e experimentado no plano dos afetos.[81] Em relação ao afeto mencionado por Maria Berenice Dias, importante é o julgamento do Superior Tribunal de Justiça, no ponto que abordou tema referente às uniões estáveis paralelas, eis que relevado o princípio da dignidade da pessoa humana. O Relator considerou que:[82]

---

80 BAEZ, Narciso Leandro Xavier; JANCZESKI, Célio Armando (Coord). In: *Constituição Federal comentada*. Juruá: Curitiba, 2011, p. 20.

81 DIAS, Maria Berenice. *Manual de direito das famílias*. 6. ed. São Paulo: Revista dos Tribunais, 2010, p. 63.

82 Direito civil. Família. Paralelismo de uniões afetivas. Recurso especial. Ações de reconhecimento de uniões estáveis concomitantes. Casamento válido dissolvido. Peculiaridades. – Sob a tônica dos arts. 1.723 e 1.724 do CC/02, para a configuração da união estável como entidade familiar, devem estar presentes, na relação afetiva, os seguintes requisitos: (i) dualidade de sexos; (ii) publicidade; (iii) continuidade; (iv) durabilidade; (v) objetivo de constituição de família; (vi) ausência de impedimentos para o casamento, ressalvadas as hipóteses de separação de fato ou judicial; (vii) observância dos deveres de lealdade, respeito e assistência, bem como de guarda, sustento e educação dos filhos. – A análise dos requisitos ínsitos à união estável deve centrar-se na conjunção de fatores presente em cada hipótese, como a *affectio societatis* familiar, a participação de esforços, a posse do estado de casado, a continuidade da união, a fidelidade, entre outros. – A despeito do reconhecimento na dicção do acórdão recorrido da união estável entre o falecido e sua ex-mulher, em concomitância com união estável preexistente, por ele mantida com a recorrente, certo é que já havia se operado entre os ex-cônjuges a dissolução do casamento válido pelo divórcio, nos termos do art. 1.571, § 1º, do CC/02, rompendo-se, em definitivo, os laços matrimoniais outrora existentes entre ambos. A continuidade da relação, sob a roupagem de união estável, não se enquadra nos moldes da norma civil vigente art. 1.724 do CC/02 , porquanto esse relacionamento encontra obstáculo intransponível no dever de lealdade a ser observado entre os companheiros. – O dever de lealdade implica franqueza, consideração, sinceridade, informação e, sem dúvida, fidelidade. Numa relação afetiva entre homem e mulher, necessariamente monogâmica, constitutiva de família, além de um dever jurídico, a fidelidade é requisito natural (Veloso, Zeno apud Ponzoni, Laura de Toledo. Famílias simultâneas: união estável e concubinato. Disponível em <http://www.ibdfam.org.br/?artigos&artigo=461>. Acesso em abril de 2010). – Uma sociedade que apresenta como elemento estrutural a monogamia não pode atenuar o dever de fidelidade que integra o conceito de lealdade para o fim de inserir no âmbito do Direito de Família relações afetivas paralelas e, por consequência, desleais, sem descurar que o núcleo familiar contemporâneo tem como escopo a busca da realização de seus integrantes, vale dizer, a busca da felicidade. – As uniões afetivas

Ao analisar as lides que apresentam paralelismo afetivo, deve o juiz, atento às peculiaridades multifacetadas apresentadas em cada caso, decidir com base na dignidade da pessoa humana, na solidariedade, na afetividade, na busca da felicidade, na liberdade, na igualdade, bem assim, com redobrada atenção ao primado da monogamia, com os pés fincados no princípio da eticidade.

É o princípio da dignidade da pessoa humana o mais universal de todos os outros princípios. Trata-se de um macroprincípio, eis que dele se irradiam todos os demais, tais como a liberdade, a autonomia privada, a cidadania, a igualdade e a solidariedade. O Direito de Família, então, tem íntima ligação com os direitos humanos; estes, por sua vez, têm a sua base centrada no princípio da dignidade da pessoa humana e significam igual dignidade para todas as entidades familiares. Portanto, é indigno, por exemplo, dar tratamento diferenciado às várias formas de filiação ou de constituição de família.[83] Todavia, encontramos no julgamento mais abaixo trazido a exceção que estamos lidando, para o deferimento dos danos extrapatrimoniais, que foi concedida com base em caso envolvendo debate sobre abandono afetivo, fato este que feriu o princípio mencionado.[84]

A Constituição Federal, ao elencar diversos princípios, elegeu o princípio da dignidade da pessoa humana como fundamento da República Federativa do Brasil, em razão da sua relevância e importância.

---

plúrimas, múltiplas, simultâneas e paralelas têm ornado o cenário fático dos processos de família, com os mais inusitados arranjos, entre eles, aqueles em que um sujeito direciona seu afeto para um, dois, ou mais outros sujeitos, formando núcleos distintos e concomitantes, muitas vezes colidentes em seus interesses. – Ao analisar as lides que apresentam paralelismo afetivo, deve o juiz, atento às peculiaridades multifacetadas apresentadas em cada caso, decidir com base na dignidade da pessoa humana, na solidariedade, na afetividade, na busca da felicidade, na liberdade, na igualdade, bem assim, com redobrada atenção ao primado da monogamia, com os pés fincados no princípio da eticidade. – Emprestar aos novos arranjos familiares, de uma forma linear, os efeitos jurídicos inerentes à união estável, implicaria julgar contra o que dispõe a lei; isso porque o art. 1.727 do CC/02 regulou, em sua esfera de abrangência, as relações afetivas não eventuais em que se fazem presentes impedimentos para casar, de forma que só podem constituir concubinato os relacionamentos paralelos a casamento ou união estável pré e coexistente. Recurso especial provido. (BRASIL. Superior Tribunal de Justiça. Terceira Turma. REsp nº 1157273/RN. Rel. Min: Nancy Andrighi. Julgado em: 18/05/2010. Disponível em: <https://ww2.stj.jus.br/revistaeletronica/Abre_Documento.asp?sSeq=973541&sReg=200901892230&sData=20100607&formato=HTML>. Acesso em: 28 mar. 2014).

[83] DIAS, Maria Berenice. *Manual de direito das famílias*. 6. ed. São Paulo: Revista dos Tribunais, 2010, p. 62.

[84] INDENIZAÇÃO DANOS MORAIS – RELAÇÃO PATERNO-FILIAL – PRINCÍPIO DA DIGNIDADE DA PESSOA HUMANA – PRINCÍPIO DA AFETIVIDADE. A dor sofrida pelo filho, em virtude do abandono paterno, que o privou do direito à convivência, ao amparo afetivo, moral e psíquico, deve ser indenizável, com fulcro no princípio da dignidade da pessoa humana. (BRASIL. Tribunal de Alçada de Minas Gerais. Sétima Câmara Cível. Apelação Cível nº 2.0000.00.408550-5/000 (1). Rel. Des: Unias Silva. Julgado em: 01/04/2004. Disponível em: em: <http://www.tjmg.jus.br/juridico/jt_/inteiro_teor.jsp?tipoTribunal=2&comrCodigo=0&ano=0&txt_processo=408550&complemento=0&sequencial=0&palavrasConsulta=408.550-5%2520&todas=&expressao=&qualquer=&sem=&radical=>. Acesso em: 10 nov. 2011).

E, segundo a doutrina de Alexandre Moraes, tamanha é a magnitude do princípio da dignidade humana, que tem caráter espiritual e moral inerente à pessoa. E se manifesta na autodeterminação consciente e responsável da própria vida e que traz consigo a pretensão ao respeito de todos, constituindo-se um mínimo invulnerável que todo o estatuto jurídico deve assegurar. De modo que, somente de forma excepcional, possam ser feitas limitações ao exercício dos direitos fundamentais, mas nunca menosprezando a necessária estima de que são merecedoras todas as pessoas enquanto seres humanos.[85] E, como se percebe do voto trazido e comparando-o com os ensinamentos de Alexandre de Moraes, aquela decisão se utilizou dos ditames da Carta Maior para proteger aquele que sofreu o abandono afetivo.

Importante também é esclarecer e mencionar o entendimento de Regina Beatriz Tavares da Silva quando analisa o princípio da dignidade da pessoa humana. Segundo os seus ensinamentos, a orientação deve vir com fundamento no ordenamento máximo, balizando o entendimento quanto à questão importantíssima da família e da preservação dos seus valores.[86] Portanto, sem qualquer margem de dúvidas, concordamos com a doutrina mencionada, merecedora dos mais belos elogios, quando aponta que a interpretação infraconstitucional não pode afastar-se dos princípios oriundos de nossa Constituição. Para o nosso estudo, a interpretação é da plena possibilidade da aplicação da Responsabilidade Civil no âmbito das relações familiares.

Vejamos o entendimento do Superior Tribunal de Justiça a respeito do princípio da dignidade da pessoa humana. Neste caso, a discussão travada envolvia o direito ao reconhecimento à filiação, e o princípio da dignidade da pessoa humana foi utilizado como fundamento, para viabilizar o pedido de investigação de paternidade. A possibilidade de tal investigação está centrada no valor supremo da dignidade da pessoa humana e no direito do recorrido à sua identidade genética.[87] Neste

---

[85] MORAES, Alexandre de. *Direito constitucional*. 23. ed. Atlas: São Paulo, p. 21-22.

[86] SILVA, Regina Beatriz Tavares da. *A emenda constitucional do divórcio*. São Paulo: Saraiva, 2011, p. 70-71.

[87] FAMÍLIA. FILIAÇÃO. CIVIL E PROCESSO CIVIL. RECURSO ESPECIAL. AÇÃO DE INVESTIGAÇÃO DE PATERNIDADE. VÍNCULO BIOLÓGICO. PATERNIDADE SOCIOAFETIVA. IDENTIDADE GENÉTICA. ANCESTRALIDADE. ARTIGOS ANALISADOS: ARTS. 326 DO CPC E ART. 1.593 DO CÓDIGO CIVIL. 1. Ação de investigação de paternidade ajuizada em 25.04.2002. Recurso especial concluso ao Gabinete em 16/03/2012. 2. Discussão relativa à possibilidade do vínculo socioafetivo com o pai registrário impedir o reconhecimento da paternidade biológica. 3. Inexiste ofensa ao art. 535 do CPC, quando o tribunal de origem pronuncia-se de forma clara e precisa sobre a questão posta nos autos. 4. A maternidade/paternidade socioafetiva tem seu reconhecimento jurídico decorrente da relação jurídica de afeto, marcadamente nos casos em que, sem nenhum vínculo biológico, os pais criam uma criança por escolha própria, destinando-lhe todo o amor, ternura e cuidados inerentes à relação pai-filho. 5. A prevalência da paternidade/maternidade socioafetiva frente à biológica tem como principal fundamento o interesse do próprio menor,

outro julgamento proferido pela mesma Corte, novamente foi ressaltado o princípio da dignidade da pessoa humana. Restou consignado, ao final, que "assegurar a dignidade da pessoa humana, entendida como núcleo central dos direitos fundamentais".[88]

---

ou seja, visa garantir direitos aos filhos face às pretensões negatórias de paternidade, quando é inequívoco (i) o conhecimento da verdade biológica pelos pais que assim o declararam no registro de nascimento e (ii) a existência de uma relação de afeto, cuidado, assistência moral, patrimonial e respeito, construída ao longo dos anos. 6. Se é o próprio filho quem busca o reconhecimento do vínculo biológico com outrem, porque durante toda a sua vida foi induzido a acreditar em uma verdade que lhe foi imposta por aqueles que o registraram, não é razoável que se lhe imponha a prevalência da paternidade socioafetiva, a fim de impedir sua pretensão. 7. O reconhecimento do estado de filiação constitui direito personalíssimo, indisponível e imprescritível, que pode ser exercitado, portanto, sem qualquer restrição, em face dos pais ou seus herdeiros. 8. Ainda que haja a consequência patrimonial advinda do reconhecimento do vínculo jurídico de parentesco, ela não pode ser invocada como argumento para negar o direito do recorrido à sua ancestralidade. Afinal, todo o embasamento relativo à possibilidade de investigação da paternidade, na hipótese, está no valor supremo da dignidade da pessoa humana e no direito do recorrido à sua identidade genética. 9. Recurso especial desprovido. (BRASIL Superior Ttribunal de Justiça. Terceira Turma. REsp nº 1401719/MG. Rel. Min: Nancy Andrighi. Julgado em: 08/10/2013. Disponível em: <https://ww2.stj.jus.br/revistaeletronica/Abre_Documento.asp?sSeq=1271960&sReg=201200220351&sData=20131015&formato=HTML>. Acesso em 28 mar. 2014).

[88] ADMINISTRATIVO. AÇÃO CIVIL PÚBLICA. DIREITO À EDUCAÇÃO. ART. 13 DO PACTO INTERNACIONAL SOBRE DIREITOS ECONÔMICOS, SOCIAIS E CULTURAIS. DEFENSORIA PÚBLICA. LEI 7.347/85. PROCESSO DE TRANSFERÊNCIA VOLUNTÁRIA EM INSTITUIÇÃO DE ENSINO. LEGITIMIDADE ATIVA. LEI 11.448/07. TUTELA DE INTERESSES INDIVIDUAIS HOMOGÊNEOS. 1. Trata-se na origem de Ação Civil Pública proposta pela Defensoria Pública contra regra em edital de processo seletivo de transferência voluntária da UFCSPA, ano 2009, que previu, como condição essencial para inscrição de interessados e critério de cálculo da ordem classificatória, a participação no Enem, exigindo nota média mínima. Sentença e acórdão negaram legitimação para agir à Defensoria. 2. O direito à educação, responsabilidade do Estado e da família (art. 205 da Constituição Federal), é garantia de natureza universal e de resultado, orientada ao "pleno desenvolvimento da personalidade humana e do sentido de sua dignidade" (art. 13, do Pacto Internacional sobre Direitos Econômicos, Sociais e Culturais, adotado pela XXI Sessão da Assembleia Geral das Nações Unidas, em 19 de dezembro de 1966, aprovado pelo Congresso Nacional por meio do Decreto Legislativo 226, de 12 de dezembro de 1991, e promulgado pelo Decreto 591, de 7 de julho de 1992), daí não poder sofrer limitação no plano do exercício, nem da implementação administrativa ou judicial. Ao juiz, mais do que a ninguém, compete zelar pela plena eficácia do direito à educação, sendo incompatível com essa sua essencial, nobre, indeclinável missão interpretar de maneira restritiva as normas que o asseguram nacional e internacionalmente. 3. É sólida a jurisprudência do STJ que admite possam os legitimados para a propositura de Ação Civil Pública proteger interesse individual homogêneo, mormente porque a educação, mote da presente discussão, é da máxima relevância no Estado Social, daí ser integral e incondicionalmente aplicável, nesse campo, o meio processual da Ação Civil Pública, que representa "contraposição à técnica tradicional de solução atomizada" de conflitos (REsp 1.225.010/PE, Rel. Ministro Mauro Campbell Marques, Segunda Turma, DJe 15.3.2011). 4. A Defensoria Pública, instituição altruísta por natureza, é essencial à função jurisdicional do Estado, nos termos do art. 134, caput, da Constituição Federal. A rigor, mormente em países de grande desigualdade social, em que a largas parcelas da população – aos pobres sobretudo – nega-se acesso efetivo ao Judiciário, como ocorre infelizmente no Brasil, seria impróprio falar em verdadeiro Estado de Direito sem a existência de uma Defensoria Pública nacionalmente organizada, conhecida de todos e por todos respeitada, capaz de atender aos necessitados da maneira mais profissional e eficaz possível. 5. O direito à educação legitima a propositura da Ação Civil Pública, inclusive pela Defensoria Pública, cuja intervenção, na esfera dos interesses e direitos individuais homogêneos, não se limita às relações de consumo ou à salvaguarda da criança e do idoso. Ao certo, cabe à Defensoria Pública a tutela de qualquer interesse individual homogêneo, coletivo *stricto sensu* ou difuso, pois sua legitimidade *ad causam*,

Miguel Reale, em mais uma de suas brilhantes lições, conecta a pessoa humana à justiça, quando afirma que esta "[...] funda-se no valor da pessoa humana, valor-fonte de todos os valores". A justiça, finaliza o mestre, é "[...] condicionante de todos os valores jurídicos".[89]

3.2. Princípio da função social da família

Flávio Tartuce ensina que a família é a *celula mater* da sociedade e que, apesar de expressão antiga, revela-se apropriada e atual. Menciona o autor, para reforçar tal argumento, o *caput* do art. 226[90] da Constituição Federal. Ainda, aduz o professor, em referência a Pablo Stolze Gagliano e Rodolfo Pamplona, que a família não é mais um fim em si mesmo, mas sim o meio social para a busca da felicidade nas relações com os outros.[91]

Vejamos o entendimento do Superior Tribunal de Justiça, no sentido de também entender a família como a base da sociedade, nos termos do art. 226 da Constituição Federal. O debate, neste caso, girou em torno de a Constituição Federal consagrar o princípio da proteção à família como base da sociedade brasileira e dever do Estado.[92]

---

no essencial, não se guia pelas características ou perfil do objeto de tutela (= critério objetivo), mas pela natureza ou *status* dos sujeitos protegidos, concreta ou abstratamente defendidos, os necessitados (= critério subjetivo). 6. "É imperioso reiterar, conforme precedentes do Superior Tribunal de Justiça, que a legitimatio *ad causam* da Defensoria Pública para intentar ação civil pública na defesa de interesses transindividuais de hipossuficientes é reconhecida antes mesmo do advento da Lei 11.448/07, dada a relevância social (e jurídica) do direito que se pretende tutelar e do próprio fim do ordenamento jurídico brasileiro: assegurar a dignidade da pessoa humana, entendida como núcleo central dos direitos fundamentais" (REsp 1.106.515/MG, Rel. Ministro Arnaldo Esteves Lima, Primeira Turma, DJe 2.2.2011). 7. Recurso Especial provido para reconhecer a legitimidade ativa da Defensoria Pública para a propositura da Ação Civil Pública. (BRASIL. Superior Tribunal de Justiça. Segunda Turma. REsp nº 1264116/RS. Rel. Min: Herman Benjamin. Julgado em: 18/10/2011. Disponível em: <https://ww2.stj.jus.br/revistaeletronica/Abre_Documento.asp?sSeq=1097533&sReg=201101565299&sData=20120413&formato=HTM>. Acesso em: 28 mar. 2014).

[89] REALE, Miguel. *Lições preliminare de direito.* 27. ed. São Paulo: Saraiva, 2002, p. 377.

[90] Art. 226. A família, base da sociedade, tem especial proteção do Estado.

[91] TARTUCE, Flávio. *Manual de direito civil.* Volume único. 3. ed. São Paulo: GEN/Método, 2013, p. 1064-1065.

[92] ADMINISTRATIVO. AGRAVO REGIMENTAL NO RECURSO ESPECIAL. SERVIDOR PÚBLICO. REMOÇÃO PARA ACOMPANHAR CÔNJUGE. DESLOCAMENTO NO INTERESSE DA ADMINISTRAÇÃO. REQUISITO NÃO PREENCHIDO. 1. A Constituição Federal consagra o princípio da proteção à família como base da sociedade brasileira e dever do Estado (art. 226). Contudo, a tutela à família não é absoluta. O deslocamento do servidor, nos casos em que a pretensão for negada pela Administração, exige a comprovação do atendimento às hipóteses taxativamente previstas pela legislação. 2. O art. 36, inc. III, alínea "a", da Lei n. 8.112/1990 ampara o deslocamento para acompanhar cônjuge ou companheiro que também seja servidor e que tenha sido deslocado no interesse da Administração, não sendo este o caso da recorrente. 3. A servidora em questão, quando da posse no cargo de Agente de Polícia Federal, tinha ciência de que poderia não ser lotada no Estado onde seu cônjuge exercia atividade, sendo inviável agora requerer direito

3.3. Princípio da afetividade

Arnaldo Rizzardo, em sua obra intitulada *Responsabilidade Civil*, em tópico denominado "Responsabilidade por Danos à Afetividade e no Direito de Família e União Estável", aborda a importância, a relevância, dos sentimentos de afetividade como valores protegidos pela ordem jurídica. São suas as palavras:[93]

> De todos é conhecida a importância da afetividade, que envolve o vasto mundo de uma subjetividade decisiva na estrutura psíquica da pessoa, não podendo ser desligada de seu crescimento e formação. É incontestável que o afeto desempenha um papel essencial na vida psíquica e emotiva do ser humano. A afetividade é uma condição necessária na constituição do mundo interior.

A Constituição Federal apresenta um extenso rol quanto a direitos individuais e sociais, com o objetivo de garantir dignidade a todos. Como se não bastasse, o Estado impõe a si obrigações para com os seus cidadãos. Esse compromisso assumido, segundo os ensinamentos de Maria Berenice Dias, é o de assegurar o afeto, e o primeiro a ser obrigado a assegurar o afeto deve ser o próprio Estado, em que pese a palavra *afeto* não constar no texto constitucional. A união estável é característica marcante do afeto, tanto que adquiriu reconhecimento e foi inserida no ordenamento jurídico. E mais: o afeto, segundo a autora, foi consagrado em nível de direito fundamental, e tal consequência é, por exemplo, a igualdade entre irmãos biológicos e adotivos.[94]

O afeto não guarda origem na biologia. Os seus laços, tanto de afeto quanto de solidariedade, derivam sim da convivência em família, e não do sangue. A título de exemplo, a posse de estado de filho traduz-se no reconhecimento jurídico do afeto, objetivando, deste modo, garantir a felicidade, esta como direito de ser almejado. E mais: o afeto não é somente um laço que envolve integrantes de uma mesma família, ele tem uma conotação externa, entre as famílias.[95]

Não é por menos, inclusive, que desde o nascimento revelam-se indispensáveis o carinho, a atenção, no sentido do crescimento e desenvolvimento sadio e normal do ser humano. Por outro lado, a ausên-

não amparado por lei. 4. Incide à presente espécie o disposto na Súmula 83/STJ: "Não se conhece do recurso especial pela divergência, quando a orientação do Tribunal se firmou no mesmo sentido da decisão recorrida". 5. Agravo regimental a que se nega provimento. (BRASIL. Superior Ttribunal de Justiça. Sexta Turma. AgRg no REsp nº 643001/CE. Rel. Min: Og Fernandes. Julgado em: 15/08/2013. Disponível em: <https://ww2.stj.jus.br/revistaeletronica/Abre_Documento.asp?sSeq=1255331&sReg=200400301231&sData=20130830&formato=HTML>. Acesso em: 29 mar. 2014).

93 RIZZARDO, Arnaldo. *Responsabilidade civil*. 6. ed. Rio de Janeiro: Forense, 2013, p. 681.

94 DIAS, Maria Berenice. *Manual de Direito das Famílias*. 6. ed. São Paulo: Revista dos Tribunais, 2010, p. 70.

95 Ibidem.

cia do tratamento afetivo, do carinho, pode acarretar em insegurança, rebeldia e sentimentos de revolta na criança. Tal fato, como alerta Arnaldo Rizzardo, pode evoluir para desajustes sociais, para traumas, na medida em que se dá o crescimento se se alcança a idade adulta. Importantes são as lições do mestre em referência acerca do afeto:[96]

> O tratamento afetivo, carinhoso, amoroso, atencioso, cuidadoso, de constante presença e acompanhamento, é indispensável para a personalidade normal e ajustada, para a adaptação ao meio social, e para a integração no campo das atividades.

O Superior Tribunal de Justiça, ao analisar demanda envolvendo pedido de ação negatória de paternidade, direciona-se no mesmo sentido do acima exposto, quando, em sua fundamentação, o Relator assevera que: "O estado de filiação decorre da estabilidade dos laços construídos no cotidiano do pai e do filho (afetividade) ou da consanguinidade".[97]

---

[96] RIZZARDO, Arnaldo. *Responsabilidade civil*. 6. ed. Rio de Janeiro: Forense, 2013, p. 681.

[97] RECURSO ESPECIAL. DIREITO CIVIL E PROCESSUAL CIVIL. FAMÍLIA. AÇÃO NEGATÓRIA DE PATERNIDADE. LEGITIMIDADE ORDINÁRIA ATIVA. AÇÃO DE ESTADO. DIREITO PERSONALÍSSIMO E INDISPONÍVEL DO GENITOR (ART. 27 DO ESTATUTO DA CRIANÇA E DO ADOLESCENTE). SUB-ROGAÇÃO DOS AVÓS. IMPOSSIBILIDADE. EXAME DE DNA. RESULTADO DIVERSO DA PATERNIDADE REGISTRAL. AUSÊNCIA DE VÍNCULO DE PARENTESCO ENTRE AS PARTES. FILIAÇÃO AFETIVA NÃO CONFIGURADA. ESTADO DE FILIAÇÃO RECONHECIDO VOLUNTARIAMENTE PELO PAI BIOLÓGICO. SUPREMACIA DO INTERESSE DO MENOR. VERDADE REAL QUE SE SOBREPÕE À FICTÍCIA. ART. 511, § 2º, DO CPC. AUSÊNCIA DE NULIDADE. *PAS DE NULLITÉ SANS GRIEF*. REEXAME DE MATÉRIA FÁTICO-PROBATÓRIA. INVIABILIDADE. SÚMULAS Nos 83, 211, 7/STJ E 284/STF. INCIDÊNCIA. 1. A legitimidade ordinária ativa da ação negatória de paternidade compete exclusivamente ao pai registral por ser ação de estado, que protege direito personalíssimo e indisponível do genitor (art. 27 do ECA), não comportando sub-rogação dos avós, porquanto direito intransmissível, impondo-se manter a decisão de carência de ação (art. 267, VI, do CPC), mormente quando o interesse dos recorrentes não é jurídico, mas meramente afetivo e patrimonial. 2. O estado de filiação decorre da estabilidade dos laços construídos no cotidiano do pai e do filho (afetividade) ou da consanguinidade. 3. A realização do exame pelo método DNA apto a comprovar cientificamente a inexistência do vínculo genético confere ao marido a possibilidade de obter, por meio de ação negatória de paternidade, a anulação do registro ocorrido com vício de consentimento. 4. O erro a que foi induzido o pai registral de criança nascida na constância do seu casamento com a genitora, com quem o suposto pai não estreitou afetividade suficiente para que desfrutasse da paternidade socioafetiva (posse de estado de filho), desafia a eficácia constitutiva negativa de estado pleiteada na inicial, com a consequente alteração do registro público de nascimento da criança, para fazer constar o nome do pai biológico, excluindo-se, consectariamente, o nome dos avós registrais paternos. 5. O registro público tem por princípio conferir segurança jurídica às relações civis e deve espelhar a verdade real e não fictícia. 6. É consectário da dignidade humana que os documentos oficiais de identificação reflitam a veracidade dos fatos da vida, desde que a retificação não atente contra a ordem pública. 7. O princípio da supremacia do interesse do menor impõe que se assegure seu direito ao reconhecimento do verdadeiro estado de filiação, que já é voluntariamente exercida pelo pai biológico. 8. Não há falar em negativa de prestação jurisdicional se o tribunal de origem motiva adequadamente sua decisão, solucionando a controvérsia com a aplicação do direito que entende cabível à hipótese, apenas não no sentido pretendido pela parte. 9. A ausência de prequestionamento da matéria suscitada no recurso especial, a despeito da oposição de embargos declaratórios, impede o conhecimento do recurso especial (Súmula nº 211/STJ). 10. A mera circunstância de não haver o "visto" do revisor que recebe os autos em seu gabinete, pede dia para julgamento e participa plenamente da sessão não contraria o art. 511, § 2º, do Código de Processo Civil,

3.4. Princípio da solidariedade familiar

Entende-se como solidariedade o que cada um deve ao outro, e tem origem esse princípio nos vínculos afetivos. Compreende a fraternidade e a reciprocidade, e sua base é constitucional, conforme o preâmbulo da Constituição Federal.[98] Ainda, é imposto aos pais, quando do dever de assistência aos filhos, e o amparo às pessoas idosas, dentre outros, como a comunhão de vida, para o casamento, e no caso de alimentos.[99] Em relação a este último, o Superior Tribunal de Justiça considerou que: "Os alimentos decorrem da solidariedade que deve haver entre os membros da família ou parentes, visando garantir a subsistência do alimentando, observadas sua necessidade e a possibilidade do alimentante".[100]

à falta de nulidade processual e da demonstração de qualquer prejuízo às partes (*pas de nullité sans grief*). 11. A reforma do julgado demandaria interpretação de matéria fático-probatória, procedimento vedado na estreita via do recurso especial, a teor da Súmula nº 7/STJ. 12. A perfeita harmonia entre o acórdão recorrido e a jurisprudência dominante desta Corte impõe a aplicação, à hipótese dos autos, do enunciado nº 83 da Súmula do Superior Tribunal de Justiça. 13. A divergência jurisprudencial com fundamento na alínea *c* do permissivo constitucional, nos termos do art. 541, parágrafo único, do Código de Processo Civil e do art. 255, § 1º, do Regimento Interno do Superior Tribunal de Justiça, requisita comprovação e demonstração, esta, em qualquer caso, com a transcrição dos trechos dos acórdãos que configurem o dissídio, a evidenciar a similitude fática entre os casos apontados e a divergência de interpretações. 14. Tendo sido interposto à moda de apelação, ou seja, deixando de indicar especificamente de que forma teria o acórdão incorrido na violação de dispositivos legais sequer apontados para configurar suposta nulidade processual, o recurso especial encontra-se inviabilizado nesta instância especial, a teor da Súmula nº 284 do Supremo Tribunal Federal. 15. Recurso especial parcialmente conhecido, e nesta parte, desprovido. (BRASIL. Superior Tribunal de Justiça. Terceira Turma. REsp nº 1328306/DF. Rel. Min: Ricardo Villas Bôas Cueva. Julgado em: 14/05/2013. Disponível em: <https://ww2.stj.jus.br/revistaeletronica/Abre_Documento.asp?sSeq=1233935&sReg=201201206577&sData=20130520&formato=HTML>. Acesso em: 28 mar. 2014).

[98] Nós, representantes do povo brasileiro, reunidos em Assembleia Nacional Constituinte para instituir um Estado Democrático, destinado a assegurar o exercício dos direitos sociais e individuais, a liberdade, a segurança, o bem-estar, o desenvolvimento, a igualdade e a justiça como valores supremos de uma sociedade fraterna, pluralista e sem preconceitos, fundada na harmonia social e comprometida, na ordem interna e internacional, com a solução pacífica das controvérsias, promulgamos, sob a proteção de Deus, a seguinte CONSTITUIÇÃO DA REPÚBLICA FEDERATIVA DO BRASIL.

[99] DIAS, Maria Berenice. *Manual de direito das famílias*. 6. ed. São Paulo: Revista dos Tribunais, 2010, p. 67.

[100] DIREITO DE FAMÍLIA E PROCESSUAL CIVIL. RECURSO ESPECIAL. OMISSÃO E CONTRADIÇÃO. INEXISTÊNCIA. ALIMENTOS. DECORREM DA NECESSIDADE DO ALIMENTANDO E POSSIBILIDADE DO ALIMENTANTE. DEVER QUE, EM REGRA, SUBSISTE ATÉ A MAIORIDADE DO FILHO OU CONCLUSÃO DO CURSO TÉCNICO OU SUPERIOR. MOLDURA FÁTICA, APURADA PELA CORTE LOCAL, APONTANDO QUE A ALIMENTANDA TEM CURSO SUPERIOR, 25 ANOS DE IDADE, NADA HAVENDO NOS AUTOS QUE INFIRME SUA SAÚDE MENTAL E FÍSICA. DECISÃO QUE, EM QUE PESE O APURADO, REFORMA A SENTENÇA, PARA RECONHECER A SUBSISTÊNCIA DO DEVER ALIMENTAR. DESCABIMENTO. 1. Os alimentos decorrem da solidariedade que deve haver entre os membros da família ou parentes, visando garantir a subsistência do alimentando, observadas sua necessidade e a possibilidade do alimentante. Com efeito, durante a menoridade, quando os filhos estão sujeitos ao poder familiar

O princípio da solidariedade familiar, ao gerar deveres recíprocos entre os integrantes do grupo familiar, retira do Estado o encargo de prover toda a gama de direitos assegurados constitucionalmente ao cidadão. Exemplo desse raciocínio é o de que, em se tratando de crianças e adolescentes, é atribuição da família, em um primeiro momento, os cuidados e deveres para tanto, conforme art. 227 da Constituição Federal.[101]

Vejamos mais um pouco da aplicação prática, pela jurisprudência, do princípio da solidariedade familiar. Ao apreciar o referido princípio, o Tribunal de Justiça do Estado do Rio Grande do Sul, em ação de alimentos ajuizada em face dos avós do alimentando, decidiu que a obrigação de alimentos somente será repassada a outros parentes, incluindo aqueles, excepcionalmente, quando comprovada a total incapacidade dos genitores, a quem incumbe primeiramente esse dever, decorrente do poder familiar, sob pena de subversão do princípio da solidariedade familiar.[102] Este outro julgamento também foi no mesmo sentido da decisão comentada.[103]

– na verdade, conjunto de deveres dos pais, inclusive o de sustento – há presunção de dependência dos filhos, que subsiste caso o alimentando, por ocasião da extinção do poder familiar, esteja frequentando regularmente curso superior ou técnico, todavia passa a ter fundamento na relação de parentesco, nos moldes do artigo 1.694 e seguintes do Código Civil. Precedentes do STJ. 2. "Os filhos civilmente capazes e graduados podem e devem gerir suas próprias vidas, inclusive buscando meios de manter sua própria subsistência e limitando seus sonhos – aí incluídos a pós-graduação ou qualquer outro aperfeiçoamento técnico-educacional – à própria capacidade financeira". (REsp 1218510/SP, Rel. Ministra NANCY ANDRIGHI, TERCEIRA TURMA, julgado em 27/09/2011, DJe 03/10/2011). 3. Portanto, em linha de princípio, havendo a conclusão do curso superior ou técnico, cabe à alimentanda – que, conforme a moldura fática, por ocasião do julgamento da apelação, contava 25 (vinte e cinco) anos de idade, "nada havendo nos autos que deponha contra a sua saúde física e mental, com formação superior" – buscar o seu imediato ingresso no mercado de trabalho, não mais subsistindo obrigação (jurídica) de seus genitores de lhe proverem alimentos. 4. Recurso especial provido para restabelecer a sentença. (BRASIL. Superior Ttribunal de Justiça. Quarta Turma. REsp nº 1312706/AL. Rel. Min. Luis Felipe Salomão. Julgado em: 21/02/2013. Disponível em: <https://ww2.stj.jus.br/revistaeletronica/Abre_Documento.asp?sSeq=1210887&sReg=201200467820&sData=20130412&formato=HTML>. Acesso em: 28 mar. 2014).

101 DIAS, Maria Berenice. *Manual de direito das famílias*. 6. ed. Porto Alegre: Revista dos Tribunais, 2010, p. 67.

102 APELAÇÃO CÍVEL. ALIMENTOS AVOENGOS. OBRIGAÇÃO RESIDUAL. AUSÊNCIA DE PROVA ACERCA DA INCAPACIDADE DOS GENITORES. DEVER ALIMENTAR DOS PAIS NÃO AFASTADO. INTELIGÊNCIA DOS ARTS. 1.694, *CAPUT*, 1.697 E 1.698 DO CCB. PRECEDENTE. SENTENÇA PROFERIDA EM AUDIÊNCIA. AGRAVO RETIDO INTERPOSTO DA SENTENÇA. NÃO CONHECIMENTO. A obrigação de alimentos somente será repassada a outros parentes, incluindo os avós, excepcionalmente, quando comprovada a total incapacidade dos genitores, a quem incumbe primeiramente esse dever, decorrente do poder familiar, sob pena de subversão do princípio da solidariedade familiar. APELO PROVIDO. (BRASIL. Tribunal de Justiça do Rio Grande do Sul. Sétima Câmara Cível. Apelação Cível nº 70056004682. Rel. Des: Sandra Brisolara Medeiros. Julgado em: 03/09/2013. Disponível em: <http://www.tjrs.jus.br/busca/?q=PRINC%CDPIO+DA+SOLIDARIEDADE+FAMILIAR&tb=jurisnova&pesq=ementario&partialfields=tribunal%3ATribunal%2520de%2520Justi%25C3%25A7a%2520do%2520RS.%28TipoDecisao%3Aac%25C3%25B3rd%25C3%25A3o%7CTipoDecisao%3Amonocr%25C3%25A1tica%7CTipoDecisao%3Anull%29&requiredfields=&as_q=>. Acesso em: 11 set. 2013).

3.5. Princípio do melhor interesse da criança

Tal princípio aponta para o integral desenvolvimento da personalidade da criança e do adolescente. Além do mais, "é diretriz solucionadora de questões conflitivas advindas da separação judicial ou divórcio dos genitores, relativas à guarda, ao direito de visita, etc.".[104]

O Superior Tribunal de Justiça também aplica em seus julgamentos o princípio do melhor interesse da criança. Nesta decisão, a Corte considerou que, em discussão envolvendo cadastro de adoção, a observância do cadastro de adotantes, ou seja, a preferência das pessoas cronologicamente cadastradas para adotar determinada criança não é absoluta. A regra comporta exceções determinadas pelo princípio do melhor interesse da criança. A justificativa do Tribunal, portanto, foi no sentido de que, quando já formado forte vínculo afetivo entre a criança e o pretendente à adoção, ainda que no decorrer do processo judicial, a criança já convivia com os recorrentes há um ano quando da concessão da liminar, permanecendo até os dias atuais. Tal convívio foi ressaltado no sentido de estabelecer o vínculo de afetividade da menor com os pais adotivos.[105] Neste outro feito, foi ressaltado o sistema da proteção

---

[103] APELAÇÃO CÍVEL. PEDIDO DE ALIMENTOS POR IRMÃO. OBRIGAÇÃO RESIDUAL DOS COLATERAIS EM RELAÇÃO AOS ASCENDENTES E DESCENDENTES DO ALIMENTANDO. DEVER ALIMENTÍCIO ASCENDENTE NÃO AFASTADO. INTELIGÊNCIA DOS ARTS. 1.694, *CAPUT*, 1.697 E 1.698 DO CCB. PRECEDENTES. A obrigação de alimentos somente será repassada a outros parentes quando comprovada a total incapacidade dos genitores, a quem incumbe primeiramente esse dever, sob pena de subversão do princípio da solidariedade familiar. Na hipótese, a autora é maior de idade, cabendo a ela fazer prova da necessidade de receber alimentos dos irmãos. Além disso, informando a existência de genitora, deve provar de que esta não tem condições de suportar o encargo alimentar. A obrigação de alimentos não pode ser transferida aos colaterais, havendo ascendentes ou descendentes vivos e cuja preferência para a exigência da obrigação não seja afastada mediante prova cabal de sua impossibilidade de prestar alimentos, dada a subsidiariedade da obrigação dos irmãos em relação à obrigação dos genitores e também dos filhos. RECURSO DESPROVIDO. (BRASIL. Tribunal de Justiça do rio Grande do Sul. Sétima Câmara Cível. Apelação Cível nº 70053667887. Rela. Des: Liselena Schifino Robles Ribeiro. Julgado em: 24/04/2013. Disponível em: <http://www.tjrs.jus.br/busca/?q=PRINC%CDPIO+DA+SOLIDARIEDADE+FAMILIAR&tb=jurisnova&pesq=ementario&partialfields=tribunal%3ATribunal%2520de%2520Justi%25C3%25A7a%2520do%2520RS.%28TipoDecisao%3Aac%25C3%25B3rd%25C3%25A3o%7CTipoDecisao%3Amonocr%25C3%25A1tica%7CTipoDecisao%3Anull%29&requiredfields=&as_q=&ini=10>. Acesso em: 11 set. 2013).

[104] DINIZ, Maria Helena. *Curso de direito civil brasileiro*. v. 5. Direito de Família. 27. ed. São Paulo: Saraiva, 2012, p. 35-36.

[105] RECURSO ESPECIAL – ADOÇÃO – CADASTRO DE ADOTANTES – RELATIVIDADE – PRINCÍPIO DA PREVALÊNCIA DO INTERESSE DO MENOR – VÍNCULO AFETIVO DA MENOR COM CASAL DE ADOTANTES DEVIDAMENTE CADASTRADOS – PERMANÊNCIA DA CRIANÇA POR APROXIMADAMENTE DOIS ANOS, NA SOMATÓRIA DO TEMPO ANTERIOR E DURANTE O PROCESSO – ALBERGAMENTO PROVISÓRIO A SER EVITADO – ARTIGO 197-E, § 1º, DO ECA – PRECEDENTES DESTA CORTE – RECURSO ESPECIAL PROVIDO. 1.- A observância do cadastro de adotantes, ou seja, a preferência das pessoas cronologicamente cadastradas para adotar determinada criança, não é absoluta. A regra comporta exceções determinadas pelo princípio do melhor interesse da criança, base de todo o sistema de proteção. Tal hipótese confi-

integral em face da criança e do adolescente, estes na condição de sujeitos de direitos, e invocados, ainda, os princípios da absoluta prioridade e do melhor interesse da criança.[106]

Assim fazemos a seguinte a indagação, com base no forte vínculo afetivo referido na decisão ora comentada, para os casos de abandono afetivo: pode sair ileso, no sentido do indeferimento de compensações,

---

gura-se, por exemplo, quando já formado forte vínculo afetivo entre a criança e o pretendente à adoção, ainda que no decorrer do processo judicial. Precedente. 2.- No caso dos autos, a criança hoje com 2 anos e 5 meses, convivia com os recorrentes há um ano quando da concessão da liminar (27.10.2011), permanecendo até os dias atuais. Esse convívio, sem dúvida, tem o condão de estabelecer o vínculo de afetividade da menor com os pais adotivos. 3.- Os Recorrentes, conforme assinalado pelo Acórdão Recorrido, já estavam inscritos no CUIDA – Cadastro Único Informatizado de Adoção e Abrigo o que, nos termos do artigo 197-E, do ECA, permite concluir que eles estavam devidamente habilitados para a adoção. Além disso, o § 1°, do mesmo dispositivo legal afirma expressamente que "A ordem cronológica das habilitações somente poderá deixar de ser observada pela autoridade judiciária nas hipóteses previstas no § 13 do art. 50 desta Lei, quando comprovado ser essa a melhor solução no interesse do adotando". 4.- Caso em que, ademais, a retirada do menor da companhia do casal com que se encontrava há meses devia ser seguida de permanência em instituição de acolhimento, para somente após, iniciar-se a busca de colocação com outra família, devendo, ao contrário, ser a todo o custo evitada a internação, mesmo que em caráter transitório. 5.- A inobservância da preferência estabelecida no cadastro de adoção competente, portanto, não constitui obstáculo ao deferimento da adoção quando isso refletir no melhor interesse da criança. 6.- alegações preliminar de nulidade rejeitadas. 7.- Recurso Especial provido. (BRASIL. Superior Ttribunal de Justiça. Terceira Turma. REsp n° 1347228/SC. Rel. Min: Sidnei Beneti, julgado em: 06/11/2012. Disponível em: <https://ww2.stj.jus.br/revistaeletronica/Abre_Documento.asp?sSeq=1192115&sReg=201200965571&sData=20121120&formato=HTML>. Acesso em: 28 mar. 2014).

[106] ADMINISTRATIVO. PROCESSUAL CIVIL. PROTEÇÃO DE INTERESSE DIFUSO. SISTEMA DA PROTEÇÃO INTEGRAL. CRIANÇA E ADOLESCENTE. SUJEITOS DE DIREITOS. PRINCÍPIOS DA ABSOLUTA PRIORIDADE E DO MELHOR INTERESSE DA CRIANÇA. NOTÍCIA DE VULNERABILIDADE SOCIAL. NECESSIDADE DE ATUAÇÃO URGENTE DO PODER JUDICIÁRIO NO SENTIDO DE DETERMINAR A ADOÇÃO DE TODAS AS MEDIDAS CABÍVEIS E NECESSÁRIAS PARA A PROTEÇÃO DOS MENORES ENVOLVIDOS. PRECEDENTE DO STJ. 1. Não há que se falar nos óbices recursais mencionados pela parte ora agravante tendo em vista que a tese suscitada no recurso especial, além de ter sido devidamente prequestionada, não depende da análise do conjunto fático e probatório constante dos autos. Isso porque não se discute aspectos fáticos da quaestio, mas tão somente a necessidade de exaurimento de instâncias junto ao Conselho Tutelar para recorrer ao Poder Judiciário, o que evidentemente é questão de direito passível de ser conhecida em recurso especial. 2. No mérito, quanto à necessidade de exaurimento das instâncias administrativas junto ao Conselho Tutelar para, então, poder recorrer ao Juizado da Infância e Juventude, verifica-se que este Sodalício possui o entendimento de que o artigo 153 do Estatuto da Criança e do Adolescente permite ao Juiz, até mesmo de ofício, ouvido o Ministério Público, adequar o procedimento às peculiaridades do caso, ordenando as providências necessárias para assegurar a proteção integral da criança e do adolescente. Precedente do STJ. 3. Deve ser mantida, a toda evidência, a decisão agravada, considerando a gravidade da situação, que relata a existência de notícia de fatos concretos que possam comprometer a integridade dos menores envolvidos – envolvimento com tráfico de drogas e evasão escolar. Por essa razão, ratifica-se que o presente recurso especial deve ser provido a fim de que sejam determinadas as medidas necessárias para superação desta situação de vulnerabilidade social pelo Juízo de Primeiro Grau, que está mais próximo dos fatos e portanto está mais habilitado para a tomada de todas as medidas necessárias em articulação com o Poder Executivo e demais instâncias competentes. 4. Agravo regimental a que se nega provimento. (BRASIL. Superior Tribunal de Justiça. Segunda Turma AgRg no REsp n° 1323470/SE. Rel. Min: Mauro Campbell Marques. Julgado em: 04/12/2012. Disponível em: <https://ww2.stj.jus.br/revistaeletronica/Abre_Documento.asp?sSeq=1200530&sReg=201200872971&sData=20121210&formato=HTML>. Acesso em: 28 mar. 2014).

quem pratica tal conduta? A nossa resposta é negativa, e os argumentos serão abordados mais a seguir.

3.6. Proteção integral a crianças, adolescentes e idosos

Os direitos das crianças e dos adolescentes estão na condição de direitos fundamentais, conforme art. 227 da Constituição Federal. Existe a doutrina da proteção integral, que alterou sensivelmente os vínculos de filiação. O princípio aqui estudado não se trata de uma recomendação ética, mas está na condição de diretriz dominante nas relações que venham a envolver a criança, o adolescente e os seus pais, com a sua família, com a sociedade e com o Estado. Como se não bastasse, para aqueles menores de dezoito anos, por estarem em condição de desenvolvimento, revela-se maior vulnerabilidade e fragilidade desses cidadãos, de tal sorte surge daí a consagração do princípio da prioridade absoluta. Tal princípio, por assim dizer, repercute de forma imediata sobre o comportamento da administração pública, para entregar, deixar em condições de uso, às crianças e aos adolescentes, quanto aos direitos fundamentais específicos que lhes são colocados constitucionalmente.[107]

O referido art. 227 da Carta Política[108] assegura diversos direitos às crianças e aos adolescentes, conforme leciona Maria Berenice Dias.[109] Com base em tais ensinamentos e da gama de direitos colocados à disposição dessas pessoas, indagamos: em havendo discriminação, não observação da convivência familiar (por exemplo, casos de abandono afetivo), não teríamos margens para a incidência da Responsabilidade Civil no campo do Direito de Família? Pois bem, esta é a pergunta que estamos tentando responder e que, mais adiante, revelará resposta positiva.

Sustentamos o raciocínio com base na existência da convivência familiar, no sentido de se buscar o fortalecimento dos vínculos familiares e a manutenção no seio da família. Todavia, tais valores muitas vezes não são preservados, ocorrendo, inclusive, a destituição do poder familiar e a entrega da criança à adoção.[110] Entendemos como

---

107 DIAS, Maria Berenice. *Manual de direito das famílias*. 6. ed. São Paulo: Revista dos Tribunais, 2010, p. 68.

108 Art. 227. É dever da família, da sociedade e do Estado assegurar à criança, ao adolescente e ao jovem, com absoluta prioridade, o direito à vida, à saúde, à alimentação, à educação, ao lazer, à profissionalização, à cultura, à dignidade, ao respeito, à liberdade e à convivência familiar e comunitária, além de colocá-los a salvo de toda forma de negligência, discriminação, exploração, violência, crueldade e opressão.

109 DIAS, Maria Berenice. *Op. cit.*, p. 68.

110 Idem, p. 69.

gravíssima tal atitude, eis que passível de gerar sérios danos à pessoa. E assim, nova pergunta faz-se pertinente: É possível deixar tais condutas dos pais frente aos filhos passarem à margem de nosso ordenamento jurídico? Nossa resposta imediata e firme é negativa: o Estado tem de intervir, ou seja, o ordenamento jurídico está à disposição para que a devida responsabilidade seja atribuída aos autores dos danos dessa natureza. Podemos, ainda, exemplificar a aplicação forense deste princípio, trazendo julgamento proferido pelo Superior Tribunal de Justiça, que faz, inclusive, referência ao mencionado art. 227 da Constituição Federal.[111]

3.7. Princípio da paternidade responsável

Rodrigo da Cunha Pereira explica que o princípio da paternidade responsável interessa não só às relações privadas, mas também ao Estado, "[...] na medida em que a irresponsabilidade paterna, somadas

---

111 DIREITOS DA CRIANÇA E DO ADOLESCENTE. RECURSO ESPECIAL. PROMOTORIA DE JUSTIÇA QUE, EM QUE PESE O DISPOSTO NA CONSTITUIÇÃO FEDERAL E NOS ARTIGOS 4° E 201 DO ESTATUTO DA CRIANÇA E DO ADOLESCENTE, NÃO DISPÕE DE PROFISSIONAIS PARA A REALIZAÇÃO DE ESTUDO PSICOSSOCIAL ENVOLVENDO CRIANÇA QUE, SEGUNDO O CONSELHO TUTELAR, SOFRE MAUS TRATOS. REQUERIMENTO À VARA DA INFÂNCIA E DA JUVENTUDE. POSSIBILIDADE. INTERESSE DE AGIR. EXISTÊNCIA. APLICAÇÃO DO PRINCÍPIO DA PROTEÇÃO INTEGRAL DA CRIANÇA E DO ADOLESCENTE. 1. A Constituição Federal acolhe a doutrina da proteção integral da criança e do adolescente, conferindo à família e ao Estado o dever legal de efetivar os direitos menoristas, consagrados em normas constitucional e infraconstitucionais interdependentes que impõem ao Ministério Público o papel de agente de transformação social e um comprometimento de "todos os agentes – Judiciário, Ministério Público, Executivo, técnicos, sociedade civil, família – em querer mudar e adequar o cotidiano infanto-juvenil a um sistema garantista". 2. Em vista do princípio da prioridade absoluta – que impõe ao Estado e, pois, ao Ministério Público o dever de tratar com prioridade a defesa dos direitos menoristas insculpido no artigo 227 da Constituição Federal e 4° e 100, parágrafo único, II, do Estatuto da Criança e do adolescente – é inconcebível que a Promotoria de Justiça que cuida da matéria não esteja dotada da mínima estrutura indispensável para o exercício de seu importante mister, isto é, que não conte com os serviços profissionais de assistente social e psicólogo. 3. Todavia, estando em jogo direitos indisponíveis, fica clara a existência do binômio necessidade-utilidade da medida e a consequente imprescindibilidade da prestação jurisdicional para propiciar a elaboração do estudo psicossocial para avaliação da medida mais adequada à tutela dos direitos da menor. 4. Ademais, o artigo 153 do Estatuto da Criança e do Adolescente permite ao juiz, até mesmo de ofício, ouvido o Ministério Público, adequar o procedimento às peculiaridades do caso, ordenando as providências necessárias para assegurar a proteção integral da criança e do adolescente, sendo descabida a extinção do procedimento, sem averiguação que infirme os graves fatos apontados pela autoridade tutelar. 5. O artigo 201, VI e VII, do Estatuto da Criança e do Adolescente, que atribui ao Ministério Público instaurar procedimentos administrativos e sindicâncias, podendo expedir notificações para colher depoimentos ou esclarecimentos, requisitar informações, exames, perícias, dentre outros, tem o fito inequívoco de ampliar a proteção estatal à criança e ao adolescente, por isso não pode servir de fundamento para a recusa da prestação jurisdicional. 6. Recurso especial provido. (BRASIL. Superior Tribunal de Justiça. Quarta Turma. REsp n° 1308666/MG. Rel. Min: Luis Felipe Salomão. Julgado em: 06/09/2012". Disponível em: <https://ww2.stj.jus.br/revistaeletronica/Abre_Documento.asp?sSeq=1176490&sReg=201101048022&sData=20121016&formato=HTML>. Acesso em: 28 mar. 2014).

às questões econômicas, tem gerado milhares de crianças de rua e na rua". É princípio revestido, também, de caráter político e social, ocupando-se do exercício responsável da paternidade, eis que, se assim o é, se assim o procede, provavelmente índices de criminalidade e de gravidez na adolescência seriam em menor escala. Além disso, a paternidade/maternidade responsável é desdobramento do princípio da dignidade da pessoa humana: "Ela é fundante do sujeito". Portanto, a criação dos filhos é mais do que atribuição aos pais: constitui-se em verdadeiro dever no que diz respeito aos interesses dos filhos.[112]

Alexandre de Moraes explica que, em razão da relatividade dos direitos e garantias fundamentais, igualmente aplicando-se os princípios da convivência das liberdades públicas e da concordância das normas constitucionais, invoca o princípio da paternidade responsável previsto pela Carta Política. Ensina o autor que este deve ser compatibilizado com o princípio da dignidade da pessoa humana. E contextualiza a aplicação dos referidos princípios para os casos de investigação de paternidade.[113]

O Superior Tribunal de Justiça trata da paternidade responsável em discussão envolvendo ação negatória de paternidade. No voto, restou decidido que "o Supremo Tribunal Federal admitiu, em caráter excepcionalíssimo, a relativização da coisa julgada, com base no artigo 27 do ECA – que estabelece que o reconhecimento do estado de filiação é imprescritível –, assim também com arrimo no direito fundamental à filiação e no artigo 226, § 7º, da Constituição Federal, que impõe a paternidade responsável. Ficou consignado no voto condutor que, no que tange ao investigante, trata-se de 'corolário lógico de seu direito de personalidade, em discussão quando do ajuizamento de um tal tipo de demanda, de ver reconhecida a verdade sobre sua origem genética, emanação natural do estado da pessoa'".[114]

---

[112] PEREIRA, Rodrigo da Cunha. *Princípios fundamentais norteadores do direito de família*. 2. ed. São Paulo: Saraiva, 2012, p. 243-245.

[113] Art. 226. A família, base da sociedade, tem especial proteção do Estado. [...] § 7º – Fundado nos princípios da dignidade da pessoa humana e da paternidade responsável, o planejamento familiar é livre decisão do casal, competindo ao Estado propiciar recursos educacionais e científicos para o exercício desse direito, vedada qualquer forma coercitiva por parte de instituições oficiais ou privadas. [...].

[114] AÇÃO NEGATÓRIA DE PATERNIDADE. RECURSO ESPECIAL. PATERNIDADE DECLARADA EM AÇÃO DE INVESTIGAÇÃO. RELATIVIZAÇÃO DA COISA JULGADA. DESCABIMENTO. OS FUNDAMENTOS UTILIZADOS PELO STF, NO RE N. 363.889/DF, COM CARACTERÍSTICA DE REPERCUSSÃO GERAL, SÃO TODOS NO INTERESSE DAQUELE QUE PERSEGUE A DECLARAÇÃO DA PATERNIDADE, REFERINDO-SE O PRECEDENTE À IMPRESCRITIBILIDADE DO RECONHECIMENTO DO ESTADO DE FILIAÇÃO E À PATERNIDADE RESPONSÁVEL. PROTEÇÃO À COISA JULGADA. IMPRESCINDIBILIDADE QUE DECORRE DO PRÓPRIO ESTADO DEMOCRÁTICO DE DIREITO. 1. Há precedente deste Colegiado – proferido antes mesmo do *leading case* do STF – reconhecendo a possibilidade de repropositura de ação de investigação de paternidade;

Podemos observar, então, a relevância e importância do princípio da paternidade responsável.

3.8. Princípio da autonomia privada

Francisco dos Santos Amaral Neto destaca a relevância da autonomia privada "[...] como princípio fundamento do Direito privado". O Direito Civil tutela interesses e as relações jurídicas de natureza privada. Há uma esfera individual de soberania, "[...] cujas principais manifestações são a liberdade, com referência à pessoa; a propriedade, com referência aos bens; e o contrato, com referência à atividade econômica dos indivíduos". Conclusão a que se chega, portanto, é a de que é o ramo que reconhece aos indivíduos regularem os seus próprios interesses.[115]

Rolf Madaleno ensina que a possibilidade de se exercer com amplitude a autonomia privada não se caracteriza um poder absoluto, sem limites. Tal circunstância seria impensável, haja vista que nenhuma pessoa age completamente livre ou com total autonomia.[116]

O autor referido assevera que é comum se associar a autonomia da vontade ao princípio da autonomia privada, e à capacidade que podem os entes privados firmar acordos bilaterais ou manifestações unilaterais de vontade. Todavia, a afirmação é de que são conceitos distintos, mas interligados. A autonomia privada guarda relação com o exercício pleno da liberdade da pessoa em decorrência, inclusive, da dignidade humana. Ainda, quanto ao Direito de Família, sempre houve uma maior intervenção do Estado nas relações familiares, circunstância esta que acaba impondo restrições à liberdade de ação dos cidadãos, com o

---

caso, na primeira demanda, diante da precariedade da prova e inexistência de exame de DNA, tenha havido julgamento de improcedência. Todavia, a leitura do RE 363.889/DF, relator Ministro Dias Toffoli, permite concluir que, dentre outros fundamentos, o Supremo Tribunal Federal admitiu, em caráter excepcionalíssimo, a relativização da coisa julgada, com base no artigo 27 do ECA – que estabelece que o reconhecimento do estado de filiação é imprescritível –, assim também com arrimo no direito fundamental à filiação e no artigo 226, § 7º, da Constituição Federal, que impõe a paternidade responsável. Ficou consignado no voto condutor que, no que tange ao investigante, trata-se de "corolário lógico de seu direito de personalidade, em discussão quando do ajuizamento de um tal tipo de demanda, de ver reconhecida a verdade sobre sua origem genética, emanação natural do estado da pessoa". 2. No caso ora em julgamento, pretende-se relativizar a coisa julgada para afastar, em ação negatória, a paternidade declarada em decisão sob o manto da coisa julgada material. Ademais, a Súmula 301/STJ orienta que, em ação investigatória, a recusa do suposto pai em submeter-se ao exame de DNA induz presunção *juris tantum* de paternidade. 3. Recurso especial provido. (BRASIL. Superior Ttribunal de Justiça. Quarta Turma. REsp nº 1188280/SC. Rel. Min: Luis Felipe Salomão. Julgado em: 20/06/2013. Disponível em: <https://ww2.stj.jus.br/revistaeletronica/Abre_Documento.asp?sSeq=1193871&sReg=201000598538&sData=20130916&formato=HTML>. Acesso em: 24 abr. 2014).

[115] AMARAL NETO, Francisco dos Santos. Autonomia privada. In: *Revista CEJ*: Conselho da Justiça Federal: Centro de Estudos Judiciários; nº 1 (1997). Brasília: CJF, 1997, p. 26.

[116] MADALENO, Rolf. *Curso de Direito de Família.* 5. ed. Rio de Janeiro: Forense, 2013, p. 91.

objetivo de defesa da célula familiar, esta como valor maior a justificar a dignidade da pessoa humana.[117]

O Código Civil de 2002, na esteira da Constituição Federal de 1988, esta que elevou a preocupação com a preservação da dignidade da pessoa humana em face de interesses patrimoniais, passou por uma revisão dos seus conceitos e institutos, no sentido de uma despatrimonialização das relações familiares. Houve, portanto, uma maior valorização do indivíduo e suas conexões jurídicas.[118]

No campo do Direito de Família, em sua evolução, Rolf Madaleno explica que houve um afrouxamento "das amarras que marcaram um intenso predomínio das normas de aplicação imperativa". Os exemplos trazidos, a título de ilustração cuja ampliação da autonomia privada se revela, são a atual possibilidade de alteração do regime de bens, mesmo submetida à fiscalização judicial, circunstância esta que o anterior Código Civil vedava. A possibilidade de separação e divórcio extrajudiciais, a elevação da união estável a entidade familiar, de acordo com a Constituição Federal.[119]

Conclui Rolf Madaleno que tudo leva à conclusão do crescimento da liberdade de ação dos cônjuges e conviventes, considerados individualmente como pessoas. Não devem, é claro, negligenciar dos fundamentos basilares do núcleo familiar, de "ponderação maior e, cujos princípios sempre podem ser judicialmente solucionados quando surgir algum inconciliável conflito entre a pessoa e a sua célula familiar".[120] Esta conclusão de Rolf Madaleno também nos autoriza pela condenação de danos imateriais no Direito de Família. Acrescentamos que a liberdade que tem o cidadão de exercer deve, por outro lado, ser freada e censurada, quando do cometimento de excessos e exposição acima do tolerável do outro, seja este o cônjuge, companheiro, filho, noivo, enfim, aquele cidadão merecedor da tutela protetiva no âmbito familiar.

3.9. Proteção da infância, com o reconhecimento de direitos fundamentais à criança e ao adolescente, e responsabilidade da família, da sociedade e do estado por sua observância

Tal princípio é também extremamente relevante e merecedor da devida aplicação. Trazemos como ótimo exemplo prático a proteção

[117] MADALENO, Rolf. *Curso de Direito de Família*. 5. ed. Rio de Janeiro: Forense, 2013, p. 91.

[118] Idem, p. 91.

[119] Idem, p. 91-92.

[120] Ibidem.

constitucional da criança e do adolescente pela posição do Superior Tribunal de Justiça. No caso ora comentado, o Relator foi pontual e criterioso quanto à proteção referida: "A Constituição Federal alterou o anterior Sistema de Situação de Risco então vigente, reconhecendo a criança e o adolescente como sujeitos de direitos, protegidos atualmente pelo Sistema de Proteção Integral. O corpo normativo que integra o sistema então vigente é norteado, dentre eles, pelos Princípios da Absoluta Prioridade (art. 227, *caput*, da CF) e do Melhor Interesse da Criança e do Adolescente".[121]

Portanto, a tutela referida, ou seja, a aplicação da Responsabilidade Civil no Direito de Família, não deve ser deixada de lado, não deve ser inobservada por aqueles que têm o dever legal de cumpri-la.

3.10. Atribuição aos pais do dever de assistência, criação e educação dos filhos e destes para com os pais

Maria Berenice Dias esclarece que "a pessoa só existe quando coexiste".[122] Podemos assim, então, comprovar a importância dos deveres

[121] ADMINISTRATIVO. PROCESSUAL CIVIL. RECURSO ESPECIAL. COMPETÊNCIA. JUÍZO DA INFÂNCIA E DA JUVENTUDE. CONSTITUIÇÃO FEDERAL. SISTEMA DA PROTEÇÃO INTEGRAL. CRIANÇA E ADOLESCENTE. SUJEITOS DE DIREITOS. PRINCÍPIOS DA ABSOLUTA PRIORIDADE E DO MELHOR INTERESSE DA CRIANÇA. INTERESSE DISPONÍVEL VINCULADO AO DIREITO FUNDAMENTAL À EDUCAÇÃO. EXPRESSÃO PARA A COLETIVIDADE. COMPETÊNCIA ABSOLUTA DA VARA DA INFÂNCIA E DA JUVENTUDE. RECURSO PROVIDO. 1. A Constituição Federal alterou o anterior Sistema de Situação de Risco então vigente, reconhecendo a criança e o adolescente como sujeitos de direitos, protegidos atualmente pelo Sistema de Proteção Integral. 2. O corpo normativo que integra o sistema então vigente é norteado, dentre eles, pelos Princípio da Absoluta Prioridade (art. 227, *caput*, da CF) e do Melhor Interesse da Criança e do Adolescente. 3. Não há olvidar que, na interpretação do Estatuto e da Criança "levar-se-ão em conta os fins sociais a que ela se dirige, as exigências do bem comum, os direitos e deveres individuais e coletivos, e a condição peculiar da criança e do adolescente como pessoas em desenvolvimento" (art. 6º). 4. Os arts. 148 e 209 do ECA não excepcionam a competência da Justiça da Infância e do Adolescente, ressalvadas aquelas estabelecidas constitucionalmente, quais sejam, da Justiça Federal e de competência originária. 5. Trata-se, in casu, indubitavelmente, de interesse de cunho individual, contudo, de expressão para a coletividade, pois vinculado ao direito fundamental à educação (art. 227, caput, da CF), que materializa, consequentemente, a dignidade da pessoa humana. 6. A disponibilidade (relativa) do interesse a que se visa tutelar por meio do mandado de segurança não tem o condão de, por si só, afastar a competência da Vara da Infância e da Juventude, destinada a assegurar a integral proteção a especiais sujeitos de direito, sendo, portanto, de natureza absoluta para processar e julgar feitos versando acerca de direitos e interesses concernentes às crianças e aos adolescentes. 7. Recurso especial provido para reconhecer a competência da 16ª Vara Cível da Comarca de Aracaju (Vara da Infância e da Juventude) para processar e julgar o feito. (BRASIL. Superior Ttribunal de Justiça. Primeira Turma. REsp nº 1199587/SE. Rel. Min: Arnaldo Esteves Lima. Julgado em: 21/10/2010. Disponível em: <https://ww2.stj.jus.br/revistaeletronica/Abre_Documento.asp?sSeq=1014807&sReg=201001013075&sData=20101112&formato=HTML>. Acesso em: 20 mai. 2014).

[122] DIAS, Maria Berenice. *Manual de direito das famílias.* 6. ed. São Paulo: Revista dos Tribunais, 2010, p. 67.

impostos tanto aos pais para com os filhos, como destes para com os pais. De tal sorte que a sua inobservância pode sim fazer incidir a Responsabilidade Civil no âmbito do Direito de Família, eis que a Carta Política refere a expressão *dever*[123] e, como tal, no caso de não observado, entendemos que podem sim surgir as sanções inerentes, haja vista que, descumprida a obrigação, surge o dever de indenizar, conforme exaustiva doutrina de Sergio Cavalieri Filho trazida e analisada em tópicos anteriores.

Ainda, completa Silvio Venosa, ao comentar o art. 1.694 do Código Civil,[124] que o ser humano, desde o seu nascimento até a sua morte, precisa, necessita, do amparo dos seus semelhantes e de bens essenciais necessários para a sobrevivência.[125] Ainda, ressaltamos que o abandono afetivo pode sim ter fundamento, também neste dever de assistência, criação e educação.

3.11. Princípio da responsabilidade

O princípio da responsabilidade é de importância ímpar para a continuidade do desenvolvimento deste livro. Tal assertiva é reforçada pelas lições de Rodrigo da Cunha Pereira: "Assim como a cidadania, a responsabilidade tornou-se uma palavra de ordem da contemporaneidade. Em tudo e por tudo ela se presentifica".[126] Continuando as lições do mestre, a responsabilidade é, além de valor jurídico, "[...] princípio jurídico fundamental e norteador das relações familiares e que traz uma nova concepção sobre os atos e fatos jurídicos que, inclusive, está atrelada à liberdade que, por sua vez, encontra sentido na ética da liberdade". Portanto, tendo em vista as premissas aqui colocadas, mostra-se necessária a intervenção do Estado quando são desrespeitadas a dignidade da pessoa humana e a solidariedade, inclusive ressaltando o autor que tanto liberdade quanto responsabilidade estão ligadas à ideia de democracia, ou seja: "[...] quanto mais liberdade se conquista, com redução consequente do *quantum* despótico, mais responsabilidade se impõe a quem a exerce".[127]

---

123 Art. 229. Os pais têm o dever de assistir, criar e educar os filhos menores, e os filhos maiores têm o dever de ajudar e amparar os pais na velhice, carência ou enfermidade.

124 Art. 1.694. Podem os parentes, os cônjuges ou companheiros pedir uns aos outros os alimentos de que necessitem para viver de modo compatível com a sua condição social, inclusive para atender às necessidades de sua educação.

125 VENOSA, Silvio de Salvo. *Código Civil interpretado.* São Paulo: Atlas, 2010, p. 1.538.

126 PEREIRA, Rodrigo da Cunha. *Princípios fundamentais norteadores do Direito de Família.* 2. ed. 3. tir. São Paulo: Saraiva, 2013, p. 233.

127 Idem, p. 234.

Rodrigo da Cunha Pereira é brilhante em seus comentários acerca da responsabilidade, mencionando os pressupostos da Responsabilidade Civil no sentido de reparação, como a ação, o dano e o nexo de causalidade, nos termos dos arts. 186[128] e 927[129] do Código Civil. Em relação às relações parentais, o princípio da Responsabilidade Civil apresenta-se, especialmente, nas relações entre pais e filhos, aqueles responsáveis pela educação, criação, sustento material e afetivo. Como exemplo, invoca artigos do Estatuto da Criança e do Adolescente (arts. 4º,[130] 22,[131] 33[132]) e do Código Civil (arts. 1.566, IV,[133] 1.634[134]). Para o caso de descumprimento do sustento, por exemplo, deve incidir regra a impor sanção.[135]

[128] Art. 186. Aquele que, por ação ou omissão voluntária, negligência ou imprudência, violar direito e causar dano a outrem, ainda que exclusivamente moral, comete ato ilícito.

[129] Art. 927. Aquele que, por ato ilícito (arts. 186 e 187), causar dano a outrem, fica obrigado a repará-lo.
Parágrafo único. Haverá obrigação de reparar o dano, independentemente de culpa, nos casos especificados em lei, ou quando a atividade normalmente desenvolvida pelo autor do dano implicar, por sua natureza, risco para os direitos de outrem.

[130] Art. 4º É dever da família, da comunidade, da sociedade em geral e do poder público assegurar, com absoluta prioridade, a efetivação dos direitos referentes à vida, à saúde, à alimentação, à educação, ao esporte, ao lazer, à profissionalização, à cultura, à dignidade, ao respeito, à liberdade e à convivência familiar e comunitária. Parágrafo único. A garantia de prioridade compreende: a) primazia de receber proteção e socorro em quaisquer circunstâncias; b) precedência de atendimento nos serviços públicos ou de relevância pública; c) preferência na formulação e na execução das políticas sociais públicas; d) destinação privilegiada de recursos públicos nas áreas relacionadas com a proteção à infância e à juventude.

[131] Art. 22. Aos pais incumbe o dever de sustento, guarda e educação dos filhos menores, cabendo-lhes ainda, no interesse destes, a obrigação de cumprir e fazer cumprir as determinações judiciais. Parágrafo único. A mãe e o pai, ou os responsáveis, têm direitos iguais e deveres e responsabilidades compartilhados no cuidado e na educação da criança, devendo ser resguardado o direito de transmissão familiar de suas crenças e culturas, assegurados os direitos da criança estabelecidos nesta Lei.

[132] Art. 33. A guarda obriga a prestação de assistência material, moral e educacional à criança ou adolescente, conferindo a seu detentor o direito de opor-se a terceiros, inclusive aos pais. (Vide Lei nº 12.010, de 2009) Vigência. § 1º A guarda destina-se a regularizar a posse de fato, podendo ser deferida, liminar ou incidentalmente, nos procedimentos de tutela e adoção, exceto no de adoção por estrangeiros. § 2º Excepcionalmente, deferir-se-á a guarda, fora dos casos de tutela e adoção, para atender a situações peculiares ou suprir a falta eventual dos pais ou responsável, podendo ser deferido o direito de representação para a prática de atos determinados. § 3º A guarda confere à criança ou adolescente a condição de dependente, para todos os fins e efeitos de direito, inclusive previdenciários. § 4º Salvo expressa e fundamentada determinação em contrário, da autoridade judiciária competente, ou quando a medida for aplicada em preparação para adoção, o deferimento da guarda de criança ou adolescente a terceiros não impede o exercício do direito de visitas pelos pais, assim como o dever de prestar alimentos, que serão objeto de regulamentação específica, a pedido do interessado ou do Ministério Público. (Incluído pela Lei nº 12.010, de 2009) Vigência.

[133] Art. 1.566. São deveres de ambos os cônjuges: [...] IV – sustento, guarda e educação dos filhos; [...].

[134] Art. 1.634. Compete a ambos os pais, qualquer que seja a sua situação conjugal, o pleno exercício do poder familiar, que consiste em, quanto aos filhos: (Redação dada pela Lei nº 13.058, de 2014) I – dirigir-lhes a criação e a educação; [...].

[135] PEREIRA, Rodrigo da Cunha. *Princípios fundamentais norteadores do Direito de Família*. 2. ed. 3. tir. 2013. São Paulo: Saraiva, 2013, p. 237-328.

O autor em referência leciona que, em sede de relações conjugais,

> [...] o princípio da Responsabilidade Civil é o grande responsável pela compreensão e eliminação da discussão da culpa pelo fim do casamento. Somado ao princípio da menor intervenção estatal, o Estado entende que o fim da relação tem como atores os próprios envolvidos, eis que são aqueles os protagonistas de sua relação, de suas escolhas amorosas, não cabendo, por assim dizer, ao Ente interferir nestas relações.[136]

Com o maior respeito ao mestre, nossa posição é diferente e, como se verá ao longo desta obra, defendemos sim a hipótese da Responsabilidade Civil nas relações conjugais, quando for o caso, eis que os deveres de fidelidade recíproca e de lealdade podem não restar observados e, então, dada a ilicitude da conduta, causar dano, ensejando a devida ação de reparação.

3.12. Princípio da mínima intervenção do Estado

Este princípio leva-nos à premissa de que, em sede de organização familiar, de sua condução, podemos dizer, as suas regras devem ser estabelecidas pelos seus próprios integrantes, seus interessados. Assim explica Rodrigo da Cunha Pereira:[137]

> Desta órbita interna exsurgem disposições que farão com que a sociedade e o Estado respeitem e reconheçam tanto a família, enquanto unidade, como os seus membros individualizadamente.

Segue o mestre ensinando que, em razão de a Constituição Federal de 1988 ter elencado o ser humano como centro da família e também da sociedade, a família se despatrimonializou, surgindo, então, a necessidade de imposição de limites à atuação do Estado, sobretudo na questão da intimidade de seus integrantes. Inclusive temos no Código Civil, art. 1.513,[138] a visualização desta liberdade.[139] Portanto, finaliza Rodrigo da Cunha Pereira aduzindo que é importante que se conciliem as normas de ordem pública com as normas inerentes ao próprio Direito de Família, no sentido da atuação do Estado, mas apenas para fins de proteção.[140]

---

136 PEREIRA, Rodrigo da Cunha. *Princípios fundamentais norteadores do Direito de Família*. 2. ed. 3. tir. São Paulo: Saraiva, 2013, p. 241-242.

137 Idem, p. 179.

138 Art. 1.513. É defeso a qualquer pessoa, de direito público ou privado, interferir na comunhão de vida instituída pela família.

139 PEREIRA, Rodrigo da Cunha. *Op. cit.*, p. 180-181.

140 Idem, p. 189.

3.13. Princípios basilares do Código Civil de 2002: eticidade, socialidade, concretude e boa-fé objetiva

Os tópicos anteriores trataram de princípios que dão alicerce e proteção às relações familiares. Devem ser complementados também por outros princípios basilares quem estão previstos no Código Civil, a saber: os princípios da eticidade, socialidade, operabilidade e boa-fé objetiva. Trata-se, assim, de paradigmas ou diretrizes inerentes à legislação civil brasileira.[141] "Em cada grande família do direito privado há uma reserva para a sua aplicação".[142]

Vejamos as lições de Miguel Reale acerca da elaboração do então Projeto de Código Civil. Três pilares, princípios fundamentais, foram adotados à legislação civil de 2002, a saber: a eticidade, a socialidade e a operabilidade. Em relação à eticidade, explica Miguel Reale que, embora preservadas as conquistas das técnicas jurídicas, optou-se por:[143]

> [...] *normas genéricas* ou *cláusulas gerais*, sem a preocupação de excessivo rigorismo conceitual, a fim de possibilitar a criação de modelos jurídicos hermenêuticos, quer pelos advogados, quer pelos juízes, para continua atualização dos preceitos legais.

Miguel Reale, acerca de tal princípio, exemplifica com os arts. 113, 187, 422, ressaltando a probidade e a boa-fé.[144]

Em relação ao princípio da socialidade, a sua criação foi com base na superação do "manifesto caráter individualista" presente no então Código Civil de 1916, elaborado, redigido, para um país "eminentemente agrícola, com cerca de 80% da população no campo". Com o passar dos tempos e logo na entrada em vigor do atual Código Civil, "vive o povo brasileiro nas cidades, na mesma proporção de 80%, o que representa uma alteração de 180% na mentalidade reinante". O predomínio do social sobre o individual foi notado. Como exemplo desse princípio é a natureza social da posse no sentido de redução do prazo para a usucapião, ressaltando o mestre o poder expropriatório do juiz.[145]

A seu turno, o princípio da operabilidade veio no sentido de "estabelecer soluções normativas de modo a facilitar sua interpretação e

---

[141] FARIAS, Cristiano Chaves, de; ROSENVALD, Nelson. *Curso de direito civil:* volume 1: parte geral e LINDB. 13. ed. São Paulo: Atlas, 2015, p. 21.

[142] Idem, p. 99-100.

[143] REALE, Miguel. Visão geral do novo código civil. In: *Novo código civil brasileiro*: Lei 10.406 de 10 de janeiro de 2002: estudo comparativo com o código civil de 1916: constituição federal: legislação codificada e extravagante. 3. ed. São Paulo: Revista dos Tribunais, 2003, p. 12.

[144] Ibidem.

[145] Idem, p. 13-14.

aplicação pelo operador do Direito". Assim, houve a preocupação com a eliminação de dúvidas, como por exemplo, entre a prescrição e a decadência. Como se não bastasse, o Direito dever ser considerado em sua concretude, e não de forma abstrata.[146] Carlos Roberto Gonçalves leciona sobre os princípios acima identificados:[147]

> O princípio da *socialidade* reflete a prevalência dos valores coletivos sobre os individuais, sem perda, porém, do valor fundamental da pessoa humana.
>
> O princípio da *eticidade* funda-se no valor da pessoa humana como fonte de todos os demais valores. Prioriza-se a equidade, a boa-fé, a justa causa e demais critérios éticos.
>
> O princípio da *operabilidade*, por fim, leva em consideração que o direito é feito para ser efetivado, para ser executado [...]. No bojo da operabilidade está implícito o da *concretude*, que é a obrigação que tem o legislador de não legislar em abstrato, mas, tanto quanto possível, legislar para o indivíduo situado: para o homem; para a mulher enquanto esposa; para o filho enquanto um ser subordinado ao poder familiar.

Os princípios acima trazidos somam-se, sem sombra de dúvidas, ao princípio da boa-fé objetiva. Sobre tal instituto, ensina Daniel Ustárroz que a Codificação de 2002 é de grande inovação em relação à legislação civil de 1916, no tocante ao abuso do direito. É que, naquela época, a ilicitude "[...] vinha caracterizada mais pelo seu aspecto subjetivo [...]. Atualmente, a ilicitude, nos termos do art. 187 do Código Civil surge de forma objetiva, com olhos voltados a maneira que decorre determinado exercício de direito".[148] A conduta, então, também é analisada sob o prisma da boa-fé.

Temos, portanto, diversos deveres previstos pelo ordenamento jurídico. O seu cumprimento tem de ser pautado pelos princípios acima trazidos, sob pena de ofensa à ordem jurídica, que deve reagir quanto ofendida. Caio Mário da Silva Pereira assevera que o referido ordenamento é recheado de deveres, dos mais variáveis, inclusive: "[...] do cidadão para com a sua Pátria, na órbita política; do indivíduo para com o grupo, na ordem social; de um para com os outros, dentro do organismo familiar; de uma pessoa para com a outra, na vida civil". Portanto, conclui o mestre, independentemente de onde esteja o ser humano, da sua atuação, experiência, podem resultar em situações que venham a refletir em deveres, imposições e obrigações.[149]

---

146 REALE, Miguel. Visão geral do novo código civil. In: *Novo código civil brasileiro:* Lei 10.406, de 10 de janeiro de 2002: estudo comparativo com o código civil de 1916: constituição federal: legislação codificada e extravagante. 3. ed. São Paulo: Revista dos Tribunais, 2003, p. 16.

147 GONÇALVES, Carlos Roberto. *Direito civil brasileiro*: volume I: parte geral. São Paulo: Saraiva, 2013, p. 43-44.

148 USTÁRROZ, Daniel.*Temas atuais de direito contratual*: a boa-fé objetiva: a responsabilidade contratual e o inadimpmento contratual. Sapucaia do Sul: Notadez, 2010, p. 29.

149 PEREIRA, Caio Mário da Silva. *Instituições de direito civil*: volume II: teoria geral das obrigações. 26. ed. GAMA, Guilherme Calmon Nogueira da (atual.). Rio de Janeiro: Forense, 2014, p. 03.

4. Direito de Família e os casos de possibilidade de reparação civil

Enfrentadas as questões como a Responsabilidade Civil e os princípios protetivos do Direito de Família, os quais todos estão interligados e conectados por nossa Constituição Federal, elegemos, mais a seguir, alguns pontos específicos (casos práticos), cuja possibilidade de indenização em decorrência do cometimento de ato ilícito é medida que se impõe, em que pese a exata noção de posicionamentos contrários, como anteriormente referimos. Afinal, estamos sustentando que o campo do Direito de Família não pode ser visto e compreendido como um campo alheio ao estudo e aplicação da Responsabilidade Civil. Ato ilícito é ato ilícito, e as normas de proteção devem ser impostas e utilizadas também nas questões familiares. Todavia, é preciso e entendemos assim, saber separar a regra da exceção no tocante às reparações, eis que temos a noção de que determinadas questões estão tocadas pelo subjetivismo, pelo íntimo das pessoas[150] e que, quando se fala em Responsabilidade Civil, em ato ilícito nas relações familiares, todo o cuidado é pouco. Todavia, a intimidade e o subjetivismo não podem servir de fundamento para a prática de atos injustos, contrários ao Direito. A questão, como se percebe, revela-se extremamente delicada.

[150] AGRAVO INTERNO. AÇÃO DE SEPARAÇÃO JUDICIAL LITIGIOSA. CULPA. REGIME DE COMUNHÃO UNIVERSAL DE BENS. PARTILHA. Diante do casamento pelo regime da comunhão universal de bens, comunica-se entre o casal todo o patrimônio, inclusive as dívidas contraídas em prol da família. Inteligência dos artigos 1667 e 1668 ambos do CC. Não há mais a perquirição da culpa na dissolução da sociedade conjugal, sob pena de violação a liberdade, a intimidade e a vida privada do casal. Agravo interno desprovido. (SEGREDO DE JUSTIÇA) (BRASIL. Tribunal de Justiça do Rio Grande do Sul. Sétima Câmara Cível. Agravo nº 70045439494. Rel. Des: Jorge Luís Dall'Agnol. Julgado em: 09/11/2011. Disponível em: <http://google8.tjrs.jus.br/search?q=cache:www1.tjrs.jus.br/site_php/consulta/consulta_processo.php%3Fnome_comarca%3DTribunal%2Bde%2BJusti%25E7a%26versao%3D%26versao_fonetica%3D1%26tipo%3D1%26id_comarca%3D700%26num_processo_mask%3D70045439494%26num_processo%3D70045439494%26codEmenta%3D4444184+fam%C3%ADlia+e+separa%C3%A7%C3%A3o+e+culpa+e+intimidade&site=ementario&client=buscaTJ&access=p&ie=UTF-8&proxystylesheet=buscaTJ&output=xml_no_dtd&oe=UTF-8&numProc=70045439494&comarca=Camaqu%E3&dtJulg=09-11-2011&relator=Jorge+Lu%EDs+Dall%27Agnol>. Acesso em: 30 jun. 2014).

O ordenamento apresenta diversos deveres inerentes às relações familiares. Como exemplos: dever de fidelidade recíproca entre os cônjuges; deve de lealdade em relação à união estável; dever de criação e assistência. Assim indagamos: eventual descumprimento desses deveres implica responsabilidade? Aprofundamos o tema em relação, especificamente ao descumprimento do dever de fidelidade recíproca entre os cônjuges, mas que pode ser, por analogia, aplicado aos demais deveres antes mencionados. Tais considerações foram objeto de estudo em artigo publicado na Revista Civilística. Devemos, portanto, separar os campos de abrangência em relação a descumprimento de deveres, ou seja, as suas consequências podem refletir no Direito das Obrigações, no Direito de Família e na Responsabilidade Civil. Há obrigações em sentido amplo que são os deveres inerentes ao Direito de Família, por exemplo. Há também obrigações em sentido técnico ou restrito: fazer, não fazer, entregar coisa, inerente ao Direito das Obrigações. Tanto as obrigações em sentido amplo como restrito (descumprimento) podem dar margem à reparação civil, por danos imateriais, como aqui estamos tratando. Lá trouxemos a distinção entre obrigação, dever, sujeição e ônus.[151]

> Ao dever jurídico é imposta a necessidade de seguir determinado comportamento, ou seja, "[...] é a contrapartida de todo direito subjetivo", sendo, também, genérico, eis que recai sobre a coletividade. A obrigação *stricto sensu*, a seu turno, trata de dever jurídico de forma especializada e individualizada. Decorre, tem origem, em prestações de dar, fazer ou não fazer, tratando-se de dever jurídico de prestação: "Distingue-se da obrigação porque corresponde genericamente a qualquer situação passiva de uma relação jurídica patrimonial e relativa". A sujeição, por sua vez, é ligada à categoria dos direitos potestativos. Estes, os direitos potestativos, agem diretamente na parte contrária, na forma de verdadeiro poder, ou seja, uma delas encontra-se na posição de poder (potestade) e, a outra, na condição ou estado de submissão. Podem, portanto, "[...] alterar a situação do outro [...]", de forma unilateral, por ela mesma ou então judicialmente, que não tem como se opor ao direito. O divórcio é exemplo de exercício de direito potestativo.[152]

Evidentemente que quando se fala em deveres de fidelidade recíproca, lealdade, cuidado, assistência, criação, por exemplo, o sentido que se tem para com a palavra *obrigação* não é aquele oriundo do Direito das Obrigações. Assim ensina Arnaldo Rizzardo, ressaltando a pre-

---

[151] ALMEIDA, Felipe Cunha de. Obrigação de não fazer e dever de fidelidade: a conduta do amante sob a perspectiva do direito das obrigações, do Direito de Família e da responsabilidade civil. In: *Civilística.com*. Disponível em <http://civilistica.com/?s=felipe+cunha+de+almeida>. Acesso em: 02 jun. 2017.

[152] FARIAS, Cristiano Chaves de; ROSENVALD, Nelson. *Curso de direito civil*: volume 2: obrigações. São Paulo: Atlas, 2015,

sença de credor e devedor, de crédito e débito, de caráter patrimonial que o Direito das Obrigações é cercado.[153]

Em relação às relações afetivas, Rolf Madaleno nos apresenta algumas opiniões pelo deferimento de danos imateriais naquele âmbito. Em referência a José de Castro Bigi, este autor nos coloca importante questionamento, qual seja: no caso de prática de ato antijurídico que causasse dano injusto, por um consorte ao outro, a separação e a pensão alimentícia simplesmente apagariam tal ilicitude? Já Graciela Medina afirma que não existe qualquer prerrogativa doméstica que permita que um membro da família venha a causar dano (culposo ou doloso) a outro membro familiar e ainda possa eximir-se de qualquer responsabilidade. Arnaldo Marmitt assevera que agressões físicas e/ou psíquicas entre os cônjuges, bem como propagação de inverdades, extrapolam a normalidade, sendo merecedoras da devida indenização. Belmiro Pedro Welter ensina que a unidade familiar já não mais carrega a marca da silenciosa e sofrida resignação. Há, inclusive, o Projeto de Lei de nº 6.960/2002, de parte do deputado Ricardo Fiuza, que busca acrescentar um segundo parágrafo ao art. 927 do Código Civil com a seguinte redação: "os princípios da Responsabilidade Civil aplicam-se também às relações de família".[154] Todavia e pelas informações conferidas no *site* da Câmara, o Projeto foi arquivado em 31/01/2007.[155]

Rolf Madaleno apresenta doutrina restritiva aos danos imateriais no Direito de Família, que preconiza que tais condenações não devem se dar de forma indistinta e indiscriminada, mas sim limitada às causas excepcionais de elevada gravidade. Como exemplo, surge o adultério, eis que repercute de forma forte no âmbito social. Existem atitudes conjugais que tão somente demonstram a perda do vínculo afetivo e, assim, a indenização só teria cabimento nas hipóteses de evidente agravo para o cônjuge. De tal sorte que a violação de dever de vida em comum que a torne insuportável deve causar dano efetivo, real e certo, e sem a incidência de culpas recíprocas que se anulariam. Outra justificativa é que o desamor tem previsão legal, bem como só há obrigação de fazer ou de deixar de fazer senão em virtude de lei. Como se não bastasse, há argumento de que o casamento, de acordo com o art. 1.511, só é reconhecido como existente quando verificada a comunhão plena de vida.[156]

---

153 RIZZARDO, Arnaldo. *Direito das obrigações.* 8. ed. Rio de Janeiro: Forense, 2015, p. 04.

154 MADALENO, Rolf. *Curso de Direito de Família.* 5. ed. Rio de Janeiro: Forense, 2013, p. 345-347.

155 Disponível em: <http://www.camara.gov.br/proposicoesWeb/fichadetramitacao?idProposicao=56549>. Acesso em 25 jun. 2014.

156 MADALENO, op. cit., p. 358-359.

Pois bem. Quanto à possibilidade de reparação civil no âmbito do Direito de Família, trazemos julgado do Supremo Tribunal Federal. Nesta decisão, especificamente quanto ao pedido de indenização por danos imateriais em decorrência de abandono afetivo, a Corte ressaltou a impossibilidade de análise do dever familiar previsto no art. 229 da Constituição Federal, bem como pela impossibilidade de análise da garantia constitucional da reparação por danos morais, com base no reexame do conjunto fático-probatório, eis que já debatido pelas instâncias ordinárias e exaurido pelo Superior Tribunal de Justiça, incidindo, desta maneira, a Súmula 279 do Supremo Tribunal Federal.[157] Observamos que em decorrência de questão processual, eventual direito à parte sequer foi analisado, o que, sempre respeitando os Ministros que assim decidiram, causa sérios prejuízos ao jurisdicionado. Nosso raciocínio, para tanto, é o de que a Corte máxima de nosso país perde a oportunidade de aplicar e interpretar normas oriundas da Constituição Federal no caso concreto, deixando de fazer a devida justiça; e mais: perde a oportunidade de derramar os efeitos de sua posição aos demais casos.

Ainda em relação aos princípios trazidos e analisados, de extrema importância é o julgamento do Superior Tribunal de Justiça acerca de alguns deles, relacionando-os com o Direito de Família. Nesta decisão, restou consignado que: "Deve o juiz, ao analisar as lides de família que apresentam paralelismo afetivo, de acordo com as peculiaridades multifacetadas apresentadas em cada caso, decidir com base na dignidade da pessoa humana, na solidariedade, na afetividade, na busca da felicidade, na liberdade, na igualdade, bem assim, com redobrada atenção ao primado da monogamia, com os pés fincados no princípio da eticidade".[158] Portanto, a Corte fundamenta a necessidade de julgamento

[157] CONSTITUCIONAL. EMBARGOS DE DECLARAÇÃO EM RECURSO EXTRAORDINÁRIO. CONVERSÃO EM AGRAVO REGIMENTAL. ABANDONO AFETIVO. ART. 229 DA CONSTITUIÇÃO FEDERAL. DANOS EXTRAPATRIMONIAIS. ART. 5º, V E X, CF/88. INDENIZAÇÃO. LEGISLAÇÃO INFRACONSTITUCIONAL E SÚMULA STF 279. 1. Embargos de declaração recebidos como agravo regimental, consoante iterativa jurisprudência do Supremo Tribunal Federal. 2. A análise da indenização por danos morais por responsabilidade prevista no Código Civil, no caso, reside no âmbito da legislação infraconstitucional. Alegada ofensa à Constituição Federal, se existente, seria de forma indireta, reflexa. Precedentes. 3. A ponderação do dever familiar firmado no art. 229 da Constituição Federal com a garantia constitucional da reparação por danos morais pressupõe o reexame do conjunto fático-probatório, já debatido pelas instâncias ordinárias e exaurido pelo Superior Tribunal de Justiça. 4. Incidência da Súmula STF 279 para aferir alegada ofensa ao artigo 5º, V e X, da Constituição Federal. 5. Agravo regimental improvido. (BRASIL. Supremo Ttribunal Federal. Segunda Turma. RE nº 567164 ED/MG. Rel. Min: Ellen Gracie. Julgado em: 18/08/2009. Disponível em: <http://redir.stf.jus.br/paginadorpub/paginador.jsp?docTP=AC&docID=602396>. Acesso em: 16 abr. 2014).

[158] Direito civil. Família. Paralelismo de uniões afetivas. Recurso especial. Ação de reconhecimento de união estável post mortem e sua consequente dissolução. Concomitância de casamento válido. Peculiaridades. – Ainda que a coabitação não constitua requisito essencial para o reconhecimento de união estável, sua configuração representa dado relevante para se determinar a intenção de

com base nos princípios já trazidos e que, como podemos conferir da decisão, são de extrema relevância para a justiça no caso concreto.

4.1. Danos imateriais e direitos de personalidade

Os estudos de R. Limongi França acerca dos direitos de personalidade levam em consideração o campo de incidência das relações jurídicas: "Portanto, Direitos da Personalidade dizem-se as faculdades jurídicas cujo objeto são os diversos aspectos da própria pessoa do sujeito {...] ", suas emanações, seus prolongamentos.[159] Bruno Miragem ensina que o Direito vai no sentido de tutelar a pessoa humana, tem como fim tal desiderato. Em nosso ordenamento, segue o mestre asseverando que a Constituição Federal "[...] deve ser considerada o marco

---

construir uma família, devendo a análise, em processos dessa natureza, centrar-se na conjunção de fatores presente em cada hipótese, como a affectio societatis familiar, a participação de esforços, a posse do estado de casado, a fidelidade, a continuidade da união, entre outros, nos quais se inclui a habitação comum. – Nos termos do art. 1.571, § 1°, do CC/02, que referendou a doutrina e a jurisprudência existentes sob a vigência da legislação civil anterior, o casamento válido não se dissolve pela separação judicial; apenas pela morte de um dos cônjuges ou pelo divórcio. Por isso mesmo, na hipótese de separação judicial, basta que os cônjuges formulem pedido para retornar ao *status* de casados. Já, quando divorciados, para retornarem ao status quo ante, deverão contrair novas núpcias. – A ausência de comprovação da posse do estado de casados, vale dizer, na dicção do acórdão recorrido, a ausência de prova da intenção do falecido de com a recorrente constituir uma família, com aparência de casamento, está intimamente atrelada ao fato de que, muito embora separados judicialmente, houve a continuidade da relação marital entre o falecido e sua primeira mulher, que perdurou por mais de cinquenta anos e teve seu término apenas com a morte do cônjuge varão, o que vem referendar a questão de que não houve dissolução do casamento válido. – Considerada a imutabilidade, na via especial, da base fática tal como estabelecida no acórdão recorrido, constando expressamente que muito embora tenha o falecido se relacionado com a recorrente por longo período – 30 anos – com prole comum, em nenhum momento o cônjuge varão deixou a mulher, ainda que separados judicialmente – mas não de fato –, o que confirma o paralelismo das relações afetivas mantidas pelo falecido, deve ser confirmado o quanto decidido pelo TJ/PR, que, rente aos fatos, rente à vida, verificou a ausência de comprovação de requisitos para a configuração da união estável, em especial, a posse do estado de casados. – Os arranjos familiares, concernentes à intimidade e à vida privada do casal, não devem ser esquadrinhados pelo Direito, em hipóteses não contempladas pelas exceções legais, o que violaria direitos fundamentais enfeixados no art. 5°, inc. X, da CF/88 – o direito à reserva da intimidade assim como o da vida privada –, no intuito de impedir que se torne de conhecimento geral a esfera mais interna, de âmbito intangível da liberdade humana, nesta delicada área de manifestação existencial do ser humano. – Deve o juiz, ao analisar as lides de família que apresentam paralelismo afetivo, de acordo com as peculiaridades multifacetadas apresentadas em cada caso, decidir com base na dignidade da pessoa humana, na solidariedade, na afetividade, na busca da felicidade, na liberdade, na igualdade, bem assim, com redobrada atenção ao primado da monogamia, com os pés fincados no princípio da eticidade. Recurso especial não provido. (BRASIL. Superior Ttribunal de Justiça. Terceira Turma. REsp n° 1107192/PR. Rel. Min: Massami Uyeda, Rel. para o Acórdão: Min. Nancy Andrighi. Julgado em: 20/04/2010. Disponível em: <https://ww2.stj.jus.br/revistaeletronica/Abre_Documento.asp?sSeq=949237&sReg=200802832430&sData=20100527&formato=HTML>. Acesso em: 25 abr. 2014).

[159] FRANÇA, R. Limongi. Direitos privados da personalidade: subsídio para a sua especificação e sistematização. In: *Doutrinas essenciais*: dano moral: volume I: teoria do dano moral e direitos da personalidade. STOCO, Rui (org.). São Paulo: Revista dos Tribunais, 2015, p. 260.

do reconhecimento da pessoa humana, de sua dignidade (a dignidade da pessoa humana), assim como os direitos fundamentais de que é titular", tal e qual previsto no art. 1º, inciso III, da Carta.[160]

Carlos Roberto Gonçalves define os danos imateriais como aqueles que atingem o ofendido como pessoa que é, não lesando, desta forma, o seu patrimônio. E explica: "É lesão de bem que integra os direitos de personalidade, como a honra, a dignidade, a intimidade, a imagem, o bom nome etc., como se infere dos arts. 1º, III, e 5º, V e X, da Constituição Federal, e que acarreta ao lesado dor, sofrimento, tristeza, vexame e humilhação".[161]

José Afonso da Silva ressalta que a Constituição "[...] realçou o valor da moral individual, tornando-a mesmo um bem indenizável (art. 5º, V e X)". É que a moral, ressalta o mestre, sintetiza a honra, o bom nome a fama, a reputação: integra a vida humana no formato de uma dimensão imaterial. Assim é o que o respeito à moral assume caráter de direito fundamental, merecendo a máxima proteção.[162]

A dor, a angústia, o desgosto, a aflição espiritual, a humilhação, ou seja, o complexo que a vítima sofre em decorrência da ofensa, não propriamente, o dano moral, mas sim as consequências do ato. Assim como exemplo, a dor dos pais pela perda do filho, a humilhação de quem foi vítima de injúria, publicamente, tais circunstâncias são estados de espírito, e ainda variáveis em cada caso, eis que cada um as sentem de seu modo peculiar e particular. Todavia, o Direito não repara qualquer dor, padecimento ou aflição, mas sim aquilo decorrente da privação de determinado bem jurídico, bem esse o qual o ofendido tem determinado interesse reconhecido pela ordem jurídica. Portanto, Carlos Roberto Gonçalves, utilizando-se da doutrina de Sergio Cavalieri Filho, conclui que "[...] só se deve reputar como dano moral a dor, vexame, sofrimento ou humilhação que, fugindo à normalidade, interfira intensamente no comportamento psicológico do indivíduo, causando-lhe aflições, angústia e desequilíbrio em seu bem estar [...]".[163]

A dignidade pessoa humana acima trazida está intimamente ligada aos direitos de personalidade. É a frase de Pablo Stolze Gagliano e Rodolfo Pamplona Filho, precisa e elucidadora: "O homem não deve ser protegido somente em seu patrimônio, mas, principalmente, em sua

---

[160] MIRAGEM, Bruno. *Direito civil*: responsabilidade civil. São Paulo: Saraiva, 2015, p. 176-177.

[161] GONÇALVES, Carlos Roberto. *Direito civil brasileiro*, volume 4: responsabilidade civil. 8. ed. São Paulo: Saraiva, 2013, p. 384.

[162] SILVA, José Afonso da. *Curso de direito constitucional positivo*. 29. ed. São Paulo: Malheiros, 2007, p. 201.

[163] GONÇALVES, Carlos Roberto. *Op. cit.*, p. 384-386.

essência". Por esta razão o Código Civil de 2002 destina, em sua parte geral, um capítulo próprio aos direitos de personalidade, afastando-se do perfil patrimonial que a legislação de 1916 apresentava, preocupando-se o ordenamento atual, de forma substancial, com o indivíduo, sintonizando-se com a Constituição Federal.[164]

O Código Civil prevê a proteção dos direitos de personalidade no artigo 11.[165] Sílvio Venosa Ensina que os direitos de personalidade compreendem "um conjunto de direitos e obrigações que denominamos patrimônio, que é a projeção econômica da personalidade". Em relação à personalidade, há direitos que a afetam de forma direta, não possuindo conteúdo econômico imediato e direto.[166]

O autor suprarreferido aponta que existem direitos personalíssimos eis que refletem, incidem, sobre bens imateriais ou incorpóreos, tais como o direito à vida[167] e outros também elencados e que apontamos anteriormente, com base na doutrina de Carlos Roberto Gonçalves.

Por sua vez, o artigo 12,[168] também da codificação civil, dispõe que "Aquele que for ameaçado ou lesado em seus direitos de personalidade, honra, nome, liberdade, recato etc., poderá exigir que cesse a ameaça ou lesão e reclamar perdas e danos [...]", culminado, ainda, com outras sanções, ressaltando Sílvio Venosa que, em razão do seu caráter pessoal ou personalíssimo, "Em princípio, cabe apenas à própria pessoa atingida na sua incolumidade moral tomar as medidas acautelatórias, preventivas e repressivas que a situação quer". Ainda, tais direitos, em decorrência dessa pessoalidade, extinguem-se com a morte, contudo, não significa dizer que resquícios não podem ocorrer, como, por exemplo, uma ofensa à honra de quem já faleceu, que pode atingir os seus familiares.[169]

No mesmo sentido, julgamento do Tribunal de Justiça do Estado do Rio Grande do Sul que, ao apreciar discussão envolvendo rescisão contratual e, especificamente abordando pleito de danos morais,

[164] GAGLIANO, Pablo Stolze; PAMPLONA FILHO, Rodolfo. *Novo curso de direito civil*: volume I: parte geral. 16. ed. São Paulo: Saraiva, 2014, p. 185.

[165] Art. 11. Com exceção dos casos previstos em lei, os direitos da personalidade são intransmissíveis e irrenunciáveis, não podendo o seu exercício sofrer limitação voluntária.

[166] VENOSA, Sílvio de Salvo. *Código civil comentado.* São Paulo: Atlas, 2010, p. 20.

[167] Idem, p. 23-24.

[168] Art. 12. Pode-se exigir que cesse a ameaça, ou a lesão, a direito da personalidade, e reclamar perdas e danos, sem prejuízo de outras sanções previstas em lei. Parágrafo único. Em se tratando de morto, terá legitimação para requerer a medida prevista neste artigo o cônjuge sobrevivente, ou qualquer parente em linha reta, ou colateral até o quarto grau.

[169] VENOSA, Sílvio de Salvo. *Código civil comentado.* São Paulo: Atlas, 2010, p. 22.

decidiu que: "Para fazer jus à indenização a título de danos morais é preciso que haja situação aflitiva em grau significativo, sendo que meros dissabores vividos em face do descumprimento do contrato de promessa de compra e venda pelos réus não podem ensejar ressarcimento indenizatório, por não haver, no caso, ofensa a direitos da personalidade".[170]

Segundo Anderson Schreiber, "os direitos de personalidade consistem em atributos essenciais da pessoa humana, cujo reconhecimento jurídico resulta de uma continua marcha de conquistas históricas". Explica o autor que, no passar dos últimos séculos, os direitos de personalidade foram abordados, tratados, sob diferentes perspectivas, com distintas denominações. A Assembleia Constituinte francesa, em 1789, referiu-se aos Direitos do Homem e do Cidadão; a Declaração da Nações Unidas, a seu turno, utilizou-se da expressão *Direitos Humanos*; já a Constituição Federal brasileira adotou a expressão *Direitos e Garantias Fundamentais*.[171]

Como visto, existe uma variedade de expressões: *Direitos humanos, direitos fundamentais* e *direitos da personalidade.* Mas Anderson Schreiber pondera que esta ampla variedade não deve ser objeto de confusões. Todas essas designações destinam-se a considerar os atributos da personalidade humana dignos da tutela jurídica. Assim, o que muda é apenas o plano em que a personalidade se manifesta. Então, *direitos humanos* é expressão mais utilizada no plano internacional, independentemente do modo que como os estados nacionais regulem a matéria. *Direitos fundamentais,* a seu turno, são utilizados, normalmente, para designar direitos positivados da constituição de determinado país. Por último, a expressão *direitos de personalidade* é utilizada como menção aos atributos do ser humano, e que exigem a proteção especial no campo das relações privadas, ou seja, entre particulares, não obstante encon-

---

170 PROMESSA DE COMPRA E VENDA. AÇÃO DE INDENIZAÇÃO A TÍTULO DE DANOS MORAIS E MATERIAIS. RECONVENÇÃO. Mantida a ilegitimidade de Luís Felipe Vieira Correa de Oliveira e Emir José Parisotto para figurarem no polo passivo da relação jurídico-processual. Não há falar em pagamento de diárias em face da não desocupação do imóvel se os reconvintes deram causa à permanência da reconvinda nele, em razão do inadimplemento da obrigação de pagar os valores a ela devidos. Para fazer jus à indenização a título de danos morais é preciso que haja situação aflitiva em grau significativo, sendo que meros dissabores vividos em face do descumprimento do contrato de promessa de compra e venda pelos réus não podem ensejar ressarcimento indenizatório, por não haver, no caso, ofensa a direitos da personalidade. Apelação dos réus desprovida e apelo da autora provido em parte e, em consequência, julgado improcedentes os pedidos formulados na reconvenção. (BRASIL. Tribunal de Justiça do Rio Grande do Sul. Décima Nona Câmara Cível. Apelação Cível nº 70058972720. Rel. Des: Voltaire de Lima Moraes. Julgado em: 10/07/2014. Disponível em: <http://google8.tjrs.jus.br/search?q=cache:www1.tjrs.jus.br/site_php/consulta/consulta_processo.php%3Fnome_comarca%3DTribunal%2Bde%2BJusti%25E7a%26versao%3D%26versao_fonetic>.. Acesso em: 14 jul. 2014).

171 SCHREIBER, Anderson. *Direitos da personalidade.* 2. ed. São Paulo: Atlas, 2013, p. 13.

trar fundamento constitucional e também proteção nas esferas nacional e internacional.[172]

Violados os direitos de personalidade, a reparação por danos imateriais tem o seu lugar. Portanto, além de direitos apreciáveis economicamente, existem outros inerentes à pessoa, e a ela conectados de forma perpétua e, como se não bastasse, direitos inalienáveis. A personalidade é o primeiro bem jurídico que pertence ao ser humano, destinando-se, também, ao resguardo da dignidade da pessoa humana, inclusive, também, contra terceiros.[173]

Os direitos de personalidade e os danos imateriais, segundo o Superior Tribunal de Justiça, vêm no sentido de que: "O dano moral é resultado de lesão aos direitos da personalidade, isto é, à honra, à imagem, à integridade física, ao nome, à liberdade de pensamento, entre outros. Trata-se de direitos indisponíveis, isto é, intransmissíveis e inalienáveis".[174]

Daniela Courtes Lutzky refere que os estágios da reparação de danos levam, principalmente, à manutenção da harmonia e do equilíbrio que orientam o Direito. Em decorrência disso é que não se mostra possível, até os dias atuais, estabelecer-se uma teoria unitária e permanente da Responsabilidade Civil. De tal sorte que sugere a autora uma tentativa de nova roupagem à reparação de danos, mais forte e mais segura, com base e fundamento na Constituição Federal. E tal raciocínio leva à conclusão de que aquele que causa dano à personalidade do outro tem de cumprir com a sua parte, inclusive, em decorrência da proteção à dignidade humana, ressaltado, ainda, a aplicabilidade imediata dos direitos da personalidade como direito fundamental.[175]

---

[172] SCHREIBER, Anderson. *Direitos da personalidade.* 2. ed. São Paulo: Atlas, 2013, p. 13.

[173] LUTZKY, Daniela Courtes. *A reparação de danos imateriais como direito fundamental.* Porto Alegre: Livraria do Advogado, 2012, p. 73-74.

[174] RECURSO ESPECIAL. DIREITO CIVIL. CONTA CONJUNTA. CHEQUES FRAUDULENTOS. DESCONTO IRREGULAR. INSCRIÇÃO DO NOME DO CORRENTISTA NOS CADASTROS DE PROTEÇÃO AO CRÉDITO. EXECUÇÃO. PENHORA DE BENS. ESTORNO DOS VALORES PELA INSTITUIÇÃO FINANCEIRA. QUITAÇÃO DADA POR UM DOS CORRENTISTAS. REPARAÇÃO POR DANOS MORAIS PLEITEADA PELO OUTRO. POSSIBILIDADE. DIREITOS DA PERSONALIDADE. INDISPONIBILIDADE POR ATO DE OUTREM. DISSÍDIO JURISPRUDENCIAL. AUSÊNCIA DE SIMILITUDE FÁTICA ENTRE OS ARESTOS CONFRONTADOS. 1. [...]. 5. O dano moral é resultado de lesão aos direitos da personalidade, isto é, à honra, à imagem, à integridade física, ao nome, à liberdade de pensamento, entre outros. Trata-se de direitos indisponíveis, isto é, intransmissíveis e inalienáveis. [...]. 9. Recurso especial conhecido em parte e não provido. (BRASIL. Superior Tribunal de Justiça. Quarta Tirma. REsp 669914/DF. Relator: Min. Raul Araújo. Julgado em: 25/03/2014. Disponível em: <https://ww2.stj.jus.br/revistaeletronica/Abre_Documento.asp?sSeq=1308254&sReg=200400806586&sData=20140404&formato=HTML>. Acesso em: 14 jul. 2014).

[175] LUTZKY, Daniela Courtes. *A reparação de danos imateriais como direito fundamental.* Porto Alegre: Livraria do Advogado, 2012, p. 198-199.

4.2. Ato ilícito, a prova do dano (imaterial e material), nexo de causalidade e o dever de reparação

Antes de adentrarmos nas questões práticas referentes aos casos a serem estudados, importantíssimo é o enfrentamento deste tópico, ou seja, o significado e conteúdo do que seja ato ilícito, da prova do dano alegado, seja material e/ou imaterial, e do nexo de causalidade, para a devida reparação. Portanto, os pressupostos da responsabilidade civil devem ser alcançados para se cogitar sobre ação de reparação de danos.

É aqui que reside um dos pontos mais controvertidos acerca da possibilidade, ou não, quanto às condenações a título de danos extrapatrimoniais envolvendo o Direito de Família. A nossa posição é pela plena possibilidade de reparação nesse sentido, desde que se faça a prova, como estamos sustentando. Mas, para tanto, o caso concreto deve ser amplamente analisado pelo magistrado e, em contrapartida, deve haver a devida e legítima provocação pelo interessado, desde a petição inicial, passando por requerimentos como oitiva das partes, depoimentos testemunhais, requerimento de perícias, esta última no sentido de acompanhamentos psicológicos por profissionais da área. O magistrado, entendemos, deve esgotar a produção da prova nesse sentido. Por isso o conceito de dano imaterial e a prova do nexo de causalidade são importantes para a continuidade deste estudo.

Os pressupostos acima mencionados e que logo abaixo serão objeto de análise vão se transportar para o campo do direito processual, ou seja, para a esfera do ônus da prova. Nesse sentido, ensina Artur Carpes: "Quanto ao ônus da prova no processo civil brasileiro, pode-se defini-lo como a exigência que se impõe à parte, por determinação da lei, de demonstrar a veracidade (ou falsidade) de determinado enunciado fático". Tal ônus, segue o processualista, vem estampado no art. 373[176] do novo Código de Processo Civil.[177] Assim, como as hipóteses aqui

[176] Art. 373. O ônus da prova incumbe: I – ao autor, quanto ao fato constitutivo de seu direito; II – ao réu, quanto à existência de fato impeditivo, modificativo ou extintivo do direito do autor. § 1º Nos casos previstos em lei ou diante de peculiaridades da causa relacionadas à impossibilidade ou à excessiva dificuldade de cumprir o encargo nos termos do caput ou à maior facilidade de obtenção da prova do fato contrário, poderá o juiz atribuir o ônus da prova de modo diverso, desde que o faça por decisão fundamentada, caso em que deverá dar à parte a oportunidade de se desincumbir do ônus que lhe foi atribuído. § 2º A decisão prevista no § 1º deste artigo não pode gerar situação em que a desincumbência do encargo pela parte seja impossível ou excessivamente difícil. § 3º A distribuição diversa do ônus da prova também pode ocorrer por convenção das partes, salvo quando: I – recair sobre direito indisponível da parte; II – tornar excessivamente difícil a uma parte o exercício do direito. § 4º A convenção de que trata o § 3º pode ser celebrada antes ou durante o processo.

[177] CARPES, Artur. Direito probatório. In: *Primeiras linhas de direito processual civil*: volume 2: processo I. DALL´ALBA, Felipe Camilo; FORSTER, João Paulo Kulczynski (Coord). Porto Alegre: Livraia do Advogado, 2017, p. 114.

tratadas (as ações) versam sobre ato ilícito ocorrido na espécie de responsabilidade subjetiva, cabe ao autor a demonstração dos fatos constitutivos do seu direito, nos termos do *caput* do referido art. 373. António Menezes Cordeiro sintetiza muito bem a questão, no ponto, quando ensina que:[178]

> [...] na falta de uma obrigação específica prévia, a eventualidade da responsabilidade civil (aquiliana) é gravosa para as pessoas e para a sua liberdade. [...]. Por isso, cabe ao lesado provar os diversos elementos constitutivos da invocada responsabilidade, incluindo os factos de onde se retire o juízo de culpa. [...].

Estamos tratando das hipóteses reparação por danos extrapatrimoniais no campo do Direito de Família e, como imperativo, devemos buscar os pressupostos da Responsabilidade Civil, como já referido. O art. 186 do Código Civil[179] direciona-nos para o referido princípio do *neminem laedere*, ou seja, o dever geral de não lesar a ninguém. O referido dispositivo aponta, então, para os pressupostos da Responsabilidade Civil, a saber: a) conduta humana (positiva ou negativa); b) a culpa; c) dano ou prejuízo; d) nexo de causalidade.[180]

Apenas o homem, seja por si, seja pela pessoa jurídica, pode ser civilmente responsável, eis que o núcleo fundamental relativo à (a) conduta humana é a voluntariedade, "que resulta exatamente da liberdade de escolha do agente imputável, com discernimento necessário para ter consciência daquilo que faz".[181] De tal sorte que:[182]

> Nesse contexto, fica fácil entender que a ação (ou omissão) humana voluntária é pressuposto necessário para a configuração da Responsabilidade Civil. Trata-se, em outras palavras, da conduta humana, positiva ou negativa (omissão), guiada pela vontade do agente, que desemboca no dano ou prejuízo.

A conduta propriamente dita, como primeiro pressuposto a ser alcançado, pode classificar-se em positiva e negativa. A primeira revela-se através de um comportamento ativo; a segunda guarda a relação com uma abstenção que venha a causar dano.[183] Além do mais, Sergio Cavalieri Filho ressalta que, em sede de responsabilidade subjetiva, deve exigir que a conduta seja culpável, ou seja, reprovável, "[...] pas-

---

[178] MENEZES CORDEIRO, António. *Tratado de direito civil português*: volume II: direito das obrigações: tomo III: gestão de negócios: enriquecimento sem causa: responsabilidade civil. Coimbra: Almedina, 2010, p. 392.

[179] Art. 186. Aquele que, por ação ou omissão voluntária, negligência ou imprudência, violar direito e causar dano a outrem, ainda que exclusivamente moral, comete ato ilícito.

[180] GAGLIANO, Pablo Stolze; PAMPLONA FILHO, Rodolfo. *Novo curso de direito civil*: volume 3: responsabilidade civil. 13. ed. São Paulo: Saraiva, 2015, p. 69.

[181] Idem, p. 73.

[182] Idem, p. 73.

[183] Aqui, por exemplo, poder residir a responsabilidade por abandono afetivo, como mais adiante será enfrentado.

sível de juízo de censura". Avalia-se, portanto, se o causador do dano deveria e poderia ter agido de outro modo; de modo que o juízo de reprovação deve ser analisado sob a circunstância de:[184]

> [...] que o agente, no momento em que agiu, tenha capacidade de entender o que está fazendo e determinar-se de acordo com esse entendimento; 2. que a sua conduta tenha se desviado do comportamento dele exigível. O primeiro momento nos leva à imputabilidade, o segundo à culpa.

A voluntariedade revela a noção de conduta humana é núcleo fundamental, "[...] que resulta exatamente na liberdade de escolha do agente imputável, com discernimento necessário para ter a consciência daquilo que faz". A conduta tem presente o elemento volitivo.[185] Martinho Garcez Neto explica que, historicamente, tradicionalmente, o fundamento da responsabilidade civil era de cunho estritamente subjetivo, enraizado na ideia da culpa (b). É a denominada teoria clássica, adotada, segundo o autor, pela imensa maioria das codificações. Assim era entendido: "O homem não deve responder senão pelas ações verdadeiras e perfeitamente humanas e pelas consequências destas". Faltando a culpa, portanto, o efeito é semelhante à das forças da natureza ou de um animal.[186]

Assim finaliza César Fiuza acerca da responsabilidade, então, subjetiva: "[...] só seria responsável pela reparação do dano aquele cuja conduta se provasse culpável [...]", ou seja, parte-se, para a reparação, considerando o elemento subjetivo, culpabilidade.[187] No mesmo sentido, aduz Miguel Reale: "Não bastam, pois, nos termos de nossa lei Civil, a ação e a omissão pura e simples, porquanto o legislador as qualifica rigorosamente, dizendo que devem ser ação ou omissão *voluntária*, por negligência ou imprudência", culpa, portanto, ou então a presença do dolo.[188]

Deve ser alertado que, para além da Responsabilidade Civil por ato próprio, existem casos em que o Código Civil reconhece a denominada responsabilidade indireta, ou seja, para os casos de ato de terceiro;[189]

---

184 CAVALIERI FILHO, Sergio. *Programa de responsabilidade civil*. 11. ed. São Paulo: Atlas, 2014, p. 39.

185 GAGLIANO, Pablo Stolze; FILHO, Rodolfo Pamplona. *Novo curso de direito civil*: volume 3: responsabilidade civil. 13. ed. ver. e atual. São Paulo: Saraiva: 2015, p. 73.

186 GARCEZ NETO, Martinho. *Responsabilidade civil no direito comparado*. São Paulo: Renovar, 2000, p. 85-87.

187 FIUZA, César. *Direito civil*: curso completo. Belo Horizonte: DelRey, 2009, p. 735.

188 REALE, Miguel. *Lições preliminares de direito*. 27. ed. São Paulo: Saraiva, 2002, p. 205.

189 Art. 932. São também responsáveis pela reparação civil: I – os pais, pelos filhos menores que estiverem sob sua autoridade e em sua companhia; II – o tutor e o curador, pelos pupilos e curatelados, que se acharem nas mesmas condições; III – o empregador ou comitente, por seus empregados, serviçais e prepostos, no exercício do trabalho que lhes competir, ou em razão dele; IV – os donos de hotéis, hospedarias, casas ou estabelecimentos onde se albergue por dinheiro, mesmo para fins

fato de animal[190] e fato da coisa.[191] Todavia, alertam Pablo Stolze Gagliano e Rodolfo Pamplona Filho que, mesmo para essas hipóteses, não se pode cogitar da ausência de voluntariedade, haja vista que "ocorreriam omissões ligadas a deveres jurídicos de custódia, vigilância ou má eleição de representantes, cuja responsabilização é imposta por norma legal".[192]

De irrelevância ímpar para a continuidade da aplicação da Responsabilidade Civil no Direito de Família é o estudo sobre o (c) nexo de causalidade. Orlando Gomes ao ensinar sobre o nexo causal referia que "Para o ato ilícito ser fonte da obrigação de indenizar é preciso uma relação de *causa* e *efeito* entre o ato (fato) e o dano. A essa relação chama-se nexo causal". Portanto, revela-se necessário, para fins de reparação, que o dano seja consequência de quem o produziu.[193] Paulo Nader, por sua vez, adverte que não são suficientes para a caracterização do ato ilícito "a conduta antijurídica, a culpa ou o risco e dano". É de igual relevância à presença da relação de causa e efeito entre a conduta e o dano causado, ou seja, que os prejuízos sofridos sejam consequências da ação ou da omissão do agente, esta em contrariedade ao dever jurídico.[194]

Partindo-se da necessidade que deve existir a relação de causalidade entre a conduta e o dano, deve-se apurar qual o fato decisivo, determinante, para o evento lesivo, quando acontecem várias causas, de forma sucessiva ou então simultâneas. Três teorias são colocadas: 1) equivalência das condições; 2) causalidade adequada; 1) causalidade imediata.[195]

Para a teoria da equivalência das condições (1), qualquer fato que tenha contribuído para o dano pode ser entendido como causa eficiente, ou seja, mesmo que não seja a causa imediata, é condição *sine qua non* para produção do evento lesivo. A crítica a tal teoria vem no sentido de que " [...] é por demais abrangente levando a uma cadeia infindável

---

de educação, pelos seus hóspedes, moradores e educandos; V – os que gratuitamente houverem participado nos produtos do crime, até a concorrente quantia.

190 Art. 936. O dono, ou detentor, do animal ressarcirá o dano por este causado, se não provar culpa da vítima ou força maior.

191 Art. 937. O dono de edifício ou construção responde pelos danos que resultarem de sua ruína, se esta provier de falta de reparos, cuja necessidade fosse manifesta. Art. 938. Aquele que habitar prédio, ou parte dele, responde pelo dano proveniente das coisas que dele caírem ou forem lançadas em lugar indevido.

192 GAGLIANO, Pablo Stolze; FILHO, Rodolfo Pamplona. *Novo curso de direito civil*: volume 3: responsabilidade civil. 13. ed. ver. e atual. São Paulo: Saraiva: 2015, p. 75-76.

193 GOMES, Orlando. *Responsabilidade civil*. BRITO, Evaldo (atual.). Rio de Janeiro: Forense, 2011, p. 79.

194 NADER, Paulo. *Curso de direito civil: responsabilidade civil*: volume 7. 5. ed. Rio de Janeiro: Forense, 2014, p. 111-112.

195 GOMES, Orlando. *Op. cit.*, p. 79.

de causas, sem qualquer lógica de entendimento razoável".[196] Nelson Nery Junior e Rosa Maria de Andrade Nery ensinam que se considera como causa toda a condição de que não se pode abstrair sem que o resultado deixe-se de verificar. Melhor explicando, todas as condições que se coloquem como determinantes para um efeito equivalem-se. De tal sorte que toda a condição, por mais longe que se encontre na cadeia do processo de causalidade do evento danoso, é considerada causa. A crítica a tal teoria é a de que consequências ilógicas ferem a sensatez do equilíbrio jurídico, eis que se permite que se chegue a verdadeiros absurdos, tais como a atribuição de responsabilidade ao industrial que, anos antes, tenha fabricado uma telha que caiu de uma construção, atingindo determinada pessoa. Tais exageros são contidos pela doutrina, limitando a extensão da ideia através do conceito de culpa. Por esse viés da teoria da equivalência, só poderia ser considerado responsável aquele que tivesse condições de prever o resultado danoso como consequência possível de sua conduta.[197]

Em relação à teoria da causalidade adequada (2), segundo os ensinamentos de Sergio Cavalieri Filho, consiste aquela em se fazer uma distinção entre causa e condição, entre os antecedentes que tiveram maior ou menor relevância, ou seja: a causa será apenas aquela que foi mais determinante para a ocorrência do ilícito; consequência: desconsideram-se as demais.[198]

Mas a problemática nem sempre se resolve pela teoria acima trazida. É que nem sempre a apuração da responsabilidade vai se ligar à realização de uma conduta, já que existe a responsabilidade objetiva, como, por exemplo, a responsabilidade pelo risco da atividade. Assim, para esses tipos de casos, a pergunta "a quem deu causa" não se mostra necessária e nem útil. A responsabilidade do agente deve relevar, apenas e tão somente, a culpa pelo próprio fato, e não com relação a todas as demais consequências efetivamente verificadas em razão do ato ilícito. Assim, a teoria da causalidade adequada é aquela adotada pelos sistemas jurídicos português e brasileiro. A apuração da responsabilidade lida com a ideia de probabilidade, não sendo qualquer condição do processo causal que virá ser a causa. Esta, por sua vez, é a condição que se revela apta a produzir o resultado de cuja lesividade se indaga.[199]

---

196 AZEVEDO, Álvaro Villaça. *Teoria geral das obrigações e responsabilidade civil*: direito civil. 12. ed. São Paulo: Atlas, 2011, p. 253.

197 NERY JUNIOR, Nelson; NERY, Rosa Maria de Andrade. *Código Civil comentado*. 10. ed. São Paulo: Revista dos Tribunais, 2013, p. 453-454.

198 CAVALIERI FILHO, Sergio. *Programa de responsabilidade civil*. 11. ed. São Paulo: Saraiva, 2014, p. 65.

199 NERY JUNIOR, op. cit., p. 454.

Já a teoria dos causalidade imediata (3) prevê que se excluam os danos remotos, cujos efeitos não são diretos e imediatos, nos termos, inclusive, do art. 403 do Código Civil.[200] Esta teoria também é, segundo Álvaro Villaça Azevedo, denominada de teoria dos danos diretos e imediatos.[201] É o que também ensina Flávio Tartuce: "[...] somente devem ser reparados os danos que decorrem como efeitos necessários da conduta do agente".[202]

Trazendo o problema do nexo causal à possibilidade de reparação no campo do Direito de Família, procuramos responder as seguintes perguntas, especialmente em relação aos danos imateriais: o abandono afetivo pode ser a causa de tal dano, podendo ser considerado como um ilícito civil? A ruptura das relações entre casais pode ingressar nesta admissibilidade de reparação?

Praticado determinado ato ilícito, o lesado é colocado em posição de buscar a recuperação, a satisfação do seu direito, da forma mais ampla e completa possível, no sentido de ver o seu patrimônio perdido ou avariado recomposto. Assim, responde o devedor com o seu patrimônio, sujeitando-se aos limites da lei. E tal reparação pode-se dar de diversas formas, sendo a maneira mais comum, a reparação da perda sofrida, em dinheiro. Mas também se fala em restituição da coisa perdida (restauração, reintegração, indenização) específica, ou por equivalente ou por compensação (reparação). Quanto a esta última variante, o seu cabimento vai de encontro quando o ilícito ataca a esfera moral da vítima (não econômica), e como tal infungível, através de uma soma pecuniária.[203]

O Tribunal de Justiça do Rio Grande do Sul negou provimento a recurso de apelação em sede de discussão envolvendo abandono afetivo. Para o Relator, o referido abandono não guarda nexo de causalidade em relação aos danos alegados.[204] Neste outro julgado do referido

---

[200] GOMES, Orlando. *Responsabilidade civil*. BRITO, Evaldo (atual.). Rio de Janeiro: Forense, 2011, p. 80.

[201] AZEVEDO, Álvaro Villaça. *Teoria geral das obrigações e responsabilidade civil*: direito civil. 12. ed. São Paulo: Atlas, 2011, p. 253.

[202] TARTUCE, Flávio. *Direito civil*: volume 2: direito das obrigações e responsabilidade civil. 9. ed. São Paulo: Método, 2014, p. 374.

[203] NERY JUNIOR, Nelson; NERY, Rosa Maria de Andrade. *Código Civil comentado*. 10. ed. São Paulo: Revista dos Tribunais, 2013, p. 454.

[204] APELAÇÃO CÍVEL. AÇÃO INDENIZATÓRIA DECORRENTE DE ABANDONO AFETIVO. INOCORRÊNCIA. A responsabilidade civil no Direito de Família é subjetiva, de modo que o dever de indenizar pressupõe o ato ilícito e nexo de causalidade. Nesse passo, não se pode reconhecer como ato ilícito o alegado abandono afetivo que, por sua vez, não guarda nexo de causalidade com os danos alegadamente sofridos pela autora. NEGARAM PROVIMENTO AO APELO. (BRASIL. Tribunal de Justiça do Rio Grande do Sul. Oitava Câmara Cível. Apelação Cível nº 70054827019. Rela. Des: Alzir Felippe Schmitz. Julgado em: 26/09/2013. Disponível em: <http://google8.tjrs.

Tribunal, e também envolvendo a questão do abandono afetivo, a decisão que desproveu o apelo foi no sentido de que: "Inexistindo a comprovação da existência de danos morais em decorrência da conduta do demandado – aqui, ressalto, sem adentrar no mérito, em tese, da temática acerca da configuração deste comportamento como sendo, ou não, um ato ilícito –, afasta-se, de plano, a pretensão da reparação civil".[205]

No estado do Rio de Janeiro, a questão da culpa foi afastada. O Relator, ao analisar o caso, decidiu que "[...] discussão acerca da culpa na separação judicial ou no divórcio viola os direitos e garantias fundamentais, em especial à dignidade da pessoa humana. Eventuais sanções da dita separação com culpa, hoje não encontram suporte fático constitucional".[206] Vamos explorar mais o abandono afeito em tópico próprio, mais adiante.

---

jus.br/search?q=cache:www1.tjrs.jus.br/site_php/consulta/consulta_processo.php%3Fnome_comarca%3DTribunal%2Bde%2BJusti%25E7a%26versao%3D%26versao_fonetica%3D1%26tipo%3D1%26id_comarca%3D700%26num_processo_mask%3D70054827019%26num_processo%3D70054827019%26codEmenta%3D5474146+direito+de+fam%C3%ADlia+e+nexo+de+causalidade&site=ementario&client=buscaTJ&access=p&ie=UTF-8&proxystylesheet=buscaTJ&output=xml_no_dtd&oe=UTF-8&numProc=70054827019&comarca=Comarca+de+Seberi&dtJulg=26-09-2013&relator=Alzir+Felippe+Schmitz>. Acesso em: 13 abr. 2014).

[205] APELAÇÃO CÍVEL. ECA. AÇÃO DE INDENIZAÇÃO POR DANO EXTRAPATRIMONIAL. ABANDONO AFETIVO. EXISTÊNCIA DE DANOS MORAIS NÃO COMPROVADA. ÔNUS QUE INCUMBE À PARTE AUTORA, CONFORME ART. 333, INC. DO CPC. 1. No Direito de Família a reparação por danos extrapatrimoniais é, em tese, cabível. No entanto, imprescindível que haja a configuração de um ato ilícito praticado com culpa, a existência de um dano e a demonstração do nexo causal entre o ato ilícito e o dano experimentado. 2. Como ensina a doutrina de Sergio Cavalieri Filho, somente pode ser reputado como dano moral o vexame, sofrimento ou humilhação que, de forma extrema e fugindo à normalidade, interfira intensamente no comportamento psicológico do indivíduo, causando-lhe aflições, angústia e desequilíbrio em seu bem-estar. 3. Não tendo o autor se desincumbido do ônus que lhe competia, conforme o art. 333, inc. I, do Código de Processo Civil, ao deixar de comprovar sobejamente a existência de dano ou sofrimento que venha a autorizar a indenização pretendida, imperiosa a manutenção da sentença de improcedência. NEGARAM PROVIMENTO. UNÂNIME. (BRASIL. Tribunal de Justiça do Rio Grande do Sul. Oitava Câmara Cível. Apelação Cível nº 70054858345. Rel. Des: Luiz Felipe Brasil Santos: Julgado em: 29/08/2013. Disponível em: <http://google8.tjrs.jus.br/search?q=cache:www1.tjrs.jus.br/site_php/consulta/consulta_processo.php%3Fnome_comarca%3DTribunal%2Bde%2BJusti%25E7a%26versao%3D%26versao_fonetica%3D1%26tipo%3D1%26id_comarca%3D700%26num_processo_mask%3D70054858345%26num_processo%3D70054858345%26codEmenta%3D5430176+direito+de+fam%C3%ADlia+e+nexo+de+causalidade&site=ementario&client=buscaTJ&access=p&ie=UTF-8&proxystylesheet=buscaTJ&output=xml_no_dtd&oe=UTF-8&numProc=70054858345&comarca=Comarca+de+Pelotas&dtJulg=29-08-2013&relator=Luiz+Felipe+Brasil+Santos>. Acesso em: 13 abr. 2014).

[206] Por se tratar de processo tramitando por meio eletrônico, é necessário, segundo o site do TJRJ, uma senha para acesso ao inteiro teor da decisão: "Separação Litigiosa. Indenização. Dano moral. Alegação de adultério. Lide ajuizada pelo cônjuge virago. Pedido julgado procedente em parte. I – Necessidade de adequação do Direito aos novos conceitos de família instalados na sociedade, que não podem ser alijados do amparo jurídico em função da interpretação literal de dispositivos legais ainda não adaptados aos novos paradigmas sociais. A discussão acerca da culpa na separação judicial ou no divórcio viola os direitos e garantias fundamentais, em especial à dignidade da pessoa humana. Eventuais sanções da dita separação com culpa, hoje não encontram suporte fático constitucional. II – Após a Emenda Constitucional n. 66/2010, a dissolução da sociedade conjugal pres-

Por último, devemos ter como pressuposto a inafastável presença do (d) dano. As lições de Clóvis do Couto e Silva são fundamentais para que se possa compreender o conceito de dano e, por consequência, a sua devida reparação, conforme podemos perceber pelos seus ensinamentos: "Sem que se estabeleça a noção de dano, não se pode ter uma ideia exata da Responsabilidade Civil num determinado país".[207] O mestre referido aduz que o dano, que a sua noção, especificamente quanto ao dano patrimonial, é a mais antiga, sendo os prejuízos de ordem moral, recentes.[208]

Caio Mário da Silva Pereira, discorrendo sobre o pressuposto dano, ensina que o ordenamento, através de vários meios, impõe sanções penais, civis, e até simultaneamente, aquelas duas. A primeira é consequência de condutas que ferem os interesses da sociedade, ou seja, "[...] atos atentatórios da ordem jurídica social", estabelecendo punições. Por outro lado, pode acontecer a hipótese de que o ato lesivo tenha interesse apenas individual, o que acarreta a Responsabilidade Civil. Ainda, pode acontecer que determinado ato venha a romper tanto o equilíbrio social como o individual, fazendo com que a responsabilidade criminal venha associada à Responsabilidade Civil.[209]

O mestre suprarreferido, e considerando a norma do art. 186 do Código Civil, assevera que o dano é "[...] a circunstância elementar da Responsabilidade Civil". Existe, por conseguinte, uma obrigação de reparar o dano, este que é elemento, requisito essencial, para a Responsabilidade Civil. Pois não há lugar para aquela sem a presença, a identificação do dano.[210] Sergio Cavalieri Filho, por sua vez, acentua que "O dano é o grande vilão da Responsabilidade Civil, encontra-se no centro da obrigação de indenizar", portanto, não se cogita de indenização, de ressarcimento, sem dano. Conclui o mestre ensinando

---

cinde de requisito maior, bastando a tal fim a condição de casado e a vontade da ruptura do vínculo conjugal. Precedentes deste Egrégio Tribunal conforme transcritos na fundamentação. III – Separação de um casal implica frustração, decepção e mágoa entre as Partes, até porque são inerentes à própria dissolução do casamento. IV – Ausência de comprovação da conduta adulterina imputada ao Cônjuge Varão pela Autora, desautorizando a verba moral postulada. Autora que não desincumbiu de demonstrar os fatos constitutivos do direito perseguido. Exegese do inciso I do artigo 333 da Lei de Ritos Civil. V – R. Sentença ultimando pela procedência dos pedidos que merece prestígio. VI – Recurso que se apresenta manifestamente improcedente. Aplicação do caput do art. 557 do C.P.C. c.c. art. 31, inciso VIII, do Regimento Interno deste E. Tribunal. Negado Seguimento. (BRASIL. Tribunal de Justiça do Rio de Janeiro. Quarta Câmara Cível. Apelação Cível nº 0011970-93.2009.8.19.0028. Rel. Des: Reinaldo P. Alberto Filho. Julgado em: 26/02/2014. Acesso em: 13 abr. 2014).

[207] SILVA, Clóvis do Couto E. O conceito de dano no direito brasileiro e comparado. In: *Revista dos Tribunais*, ano 80: maio de 1991: vol. 667. São Paulo: 1991, p. 07.

[208] Ibidem.

[209] PEREIRA, Caio Mário da Silva. *Responsabilidade civil.* 10. ed. TEPEDINO, Gustavo (atual.). Rio de Janeiro: GZ Editora, 2012, p. 53.

[210] Idem, p. 54-56.

que "[...] a obrigação de indenizar pressupõe o dano e sem ele não há indenização devida".[211] Rui Stoco, comentando os ensinamentos acima, prefere "[...] dizer que a 'chave' ou a 'senha' para surgir a obrigação de indenizar está na existência do dano".[212]

Cristiano Chaves de Farias, Felipe Peixoto Braga Netto e Cristiano Chaves, ao abordarem a temática relativa ao dano, são categóricos:[213]

> O dano é o fato jurídico desencadeador da Responsabilidade Civil. Não há Responsabilidade Civil sem dano. Aliás – ao contrário do que se verificava em passado recente –, pode mesmo se cogitar de reparação do dano sem a constatação de ato ilícito, da culpa, ou mesmo em casos extremos, do nexo causal. Todavia, o dano é elemento que dispara o mecanismo ressarcitório. Enfim, inexiste Responsabilidade Civil sem dano, ainda que ele possa assumir formas diferenciadas, como o dano reflexo ou a perda de uma chance.

Os autores acima referidos ainda alertam que o Código Civil não conceitua o dano, e nem também o delimita no sentido de quais seriam as lesões tuteladas pelo ordenamento jurídico. O que acontece, em verdade, é que "[...] prevalece uma cláusula geral de reparação de danos".[214]

Arnaldo Rizzardo leciona sobre os pressupostos da Responsabilidade Civil, sendo estes, resumidamente (como já analisado), a ação ou omissão do agente que, "[...] investindo contra alguém, ou deixando de atuar [...]" fere direito ou patrimônio de alguém. A culpa, na responsabilidade subjetiva é perquirida; já para os casos envolvendo a responsabilidade objetiva, essa discussão não é relevante para a busca da indenização. O nexo causal, por sua vez, tem de revelar a violação da norma e o dano; o liame entre eles. Já o dano deve ser indenizável, deve refletir negativamente no patrimônio da vítima, na forma de um prejuízo, deve ser bem tutelado pela ordem jurídica.[215]

Carlos Roberto Gonçalves assevera que indenizar significa reparar o dano causado à vítima, integralmente. Se possível, restaurando o *satus quo ante*, isto é, devolvendo-se ao estado em que se encontrava antes da ocorrência do ilícito.[216] Orlando Gomes ensinava que o dano é definido como sendo:[217]

---

211 CAVALIERI FILHO, Sergio. *Programa de responsabilidade civil.* 11. ed. São Paulo: Saraiva, 2014, p. 92.

212 STOCO, Rui. *Tratado de responsabilidade civil*: doutrina e jurisprudência. 10. ed. São Paulo: Revista dos Tribunais, 2014, p. 1660.

213 FARIAS, Cristiano Chaves de; NETTO, Felipe Peixoto Braga; ROSENVALD, Nelson. *Novo tratado de responsabilidade civil.* São Paulo: Atlas, 2015, p. 227.

214 Idem, p. 229.

215 RIZZARDO, Arnaldo. *Responsabilidade civil.* 6. ed. Rio de Janeiro: Forense, 2013, p. 31-32.

216 GONÇALVES, Carlos Roberto. *Direito civil brasileiro*: volume 4: responsabilidade civil. 8. ed. São Paulo: Saraiva, 2013, p 363.

217 GOMES, Orlando. *Responsabilidade civil.* BRITO, Evaldo (atual.). Rio de Janeiro: Forense, 2011, p. 75.

> [...] a diminuição ou subtração de um bem jurídico (Formica), a lesão de um interesse (Trabucchi). Para haver *dano*, é preciso, intuitivamente, que a diminuição se verifique contra a vontade do prejudicado.
>
> O *dano* consiste na diferença entre o estado atual do patrimônio que o sofre e o que teria se o fato danoso não se tivesse produzido (*id quod interest*).

Mas em que pese possamos cogitar da responsabilidade sem culpa, não se pode cogitar da responsabilidade sem dano, eis que uma ação de indenização sem dano "é pretensão sem objeto", mesmo que haja a violação de um dever jurídico, com ou sem culpa, com ou sem dolo do infrator: "Se, por exemplo, o motorista comete várias infrações de trânsito, mas não atropela nenhuma pessoa nem colide com outro veículo, nenhuma indenização será devida, malgrado a ilicitude de sua conduta". Ainda, não será devida qualquer indenização se o dano não for atual e certo, o que afasta, inclusive, a possibilidade de reparação de dano hipotético ou eventual.[218] Fernando Noronha é preciso em suas lições:[219]

> O dano pode ser caracterizado simplesmente como sendo o prejuízo resultante de uma lesão antijurídica de bem alheio. Numa noção mais esclarecedora, poderá dizer-se que é o prejuízo, econômico ou não econômico, de natureza individual ou coletiva, resultante de ato ou fato antijurídico que viole qualquer valor inerente à pessoa humana, ou atinja coisa do mundo externo que seja juridicamente tutelada.

Arnoldo Wald e Brunno Pandori Giancoli ensinam que a palavra *dano* "vem etimologicamente do vocábulo latino *demere*, que significa tirar ou diminuir". O dano, assim entendido, é a pedra angular para a configuração da Responsabilidade Civil; de tal sorte que determinada conduta, mesmo que irregular, que não acarrete prejuízo concreto, não autoriza a responsabilidade, ocorrendo, no máximo, a invalidade do ato".[220] Todavia, os autores citados alertam que existe a possibilidade de Responsabilidade Civil sem dano, para os casos de cláusula penal[221] acertadas em contrato, pelo caso de inadimplemento, mesmo que esse não tenha ocasionado qualquer dano.[222] O conceito de dano pode ser entendido, também, em uma perspectiva física e jurídica:[223]

> Do ponto de vista físico significa o aniquilamento ou alteração de uma situação favorável de um indivíduo ou grupo num determinado espaço-tempo. Já do ponto de vista jurídico

[218] GONÇALVES, Carlos Roberto. *Direito civil brasileiro*: volume 4: responsabilidade civil. 8. ed. São Paulo: Saraiva, 2013, p. 363-364.

[219] NORONHA, Fernando. *Direito das obrigações*. 4. ed. São Paulo: Saraiva, 2013, p. 579.

[220] WALD, Arnoldo; GIACOLI, Brunno Pandori. *Direito civil*: responsabilidade civil: volume 7. 2. ed. São Paulo: Saraiva, 2012, p. 85.

[221] Art. 416. Para exigir a pena convencional, não é necessário que o credor alegue prejuízo.

[222] WALD, Arnoldo; GIACOLI, Brunno Pandori. *Op. cit.*, p. 85.

[223] Idem, p. 86.

ele se verifica em razão da inobservância de uma norma, a qual, para conceder um efeito favorável ao prejudicado, estabelece um determinado comportamento.

De forma que a conclusão que se chega a respeito do dano como sendo "[...] a lesão a um interesse jurídico tutelado (com efeito patrimonial ou não) causado por uma conduta de um agente imputável".[224] Contudo, para o dano ser objeto da reparação civil, devemos nos debruçar sobre os seus requisitos.

O dano, a sua existência, a sua prova, é fundamental para surgir a obrigação de repará-lo. Todavia, não são todos os danos para com os quais o ordenamento se preocupa: ele deve, portanto, para ser objeto da ordem jurídica, apresentar requisitos que autorizem a sua reparação.

Clóvis do Couto e Silva ressalta que nem sempre é fácil a tarefa "de estabelecer a extensão do prejuízo indenizável, vale dizer, quais são os efeitos do dano que devem ser indenizados". Portanto, continua o mestre salientando que, em termos de Direito brasileiro, somente os danos diretos e imediatos podem ser reparáveis.[225] Vamos mais abaixo, então, à análise dos requisitos do dano indenizável.

Para ser entendido como objeto da reparação, necessária a conjugação de quatro requisitos: a) violação de um interesse jurídico protegido: ou seja, a diminuição ou destruição de um bem jurídico, patrimonial ou não; b) certeza: somente o dano certo, efetivo, é indenizável, afastando-se, como consequência, obrigações de indenizar por danos abstratos ou hipotéticos. Verifica-se a sua certeza, portanto, através da sua existência; c) subsistência: deve subsistir no momento em que é exigido; assim, se foi reparado pelo responsável, o prejuízo não é subsistente, mas se foi pela vítima, a lesão subsiste pela quantia reparada, mesmo que paga por um terceiro, que se sub-rogará no direito do prejudicado; por fim: d) a imediatidade do dano: a regra, pelo art. 403 do Código Civil é que somente devem ser indenizados os danos diretos e imediatos, ressalvada a hipótese de danos reflexos ou por ricochete.[226]

Portanto, somados à certeza, à subsistência e à imediatidade, os danos ainda devem ser tutelados, protegidos, sob pena de insucesso de determinada ação de Responsabilidade Civil.

Já o ato ilícito, na doutrina de Sergio Cavalieri Filho, consiste em um duplo aspecto, qual seja: ato ilícito em sentido estrito e em sentido

---

[224] WALD, Arnoldo; GIACOLI, Brunno Pandori. *Direito civil*: responsabilidade civil: volume 7. 2. ed. São Paulo: Saraiva, 2012, p. 87.

[225] SILVA, Clóvis do Couto E. O conceito de dano no direito brasileiro e comparado. In: *Revista dos Tribunais*, ano 80: maio de 1991: vol. 667, p. 7. São Paulo: 1991, p. 18.

[226] WALD, Arnoldo; GIACOLI, Brunno Pandori. *Op. cit.*, p. 88-87.

amplo. Para o primeiro, o ato ilícito é o conjunto dos pressupostos da responsabilidade, ou da obrigação de indenizar. Como vimos, o art. 186 do Código Civil exige que, para a responsabilidade subjetiva, são necessários, além da conduta ilícita, a culpa, o dano e o nexo causal. Como a Responsabilidade Civil revela fenômeno complexo, oriunda de requisitos intimamente ligados, essa responsabilidade surge quando os seus elementos se integram. Já em sentido amplo, o ato ilícito apenas indica a ilicitude do fato, a conduta humana antijurídica, contrária ao direito, sem qualquer referência ao elemento subjetivo ou psicológico. O ato ilícito em sentido amplo, por sua vez, é demonstrado a partir do art. 187 do Código Civil (abuso de direito), no qual a culpa não configura como elemento que o integra, e sim os limites impostos pela boa-fé, bons costumes e o fim econômico ou social do direito. O abuso de direito, assim, é caracterizado como ato ilícito dentro de uma visão objetiva, pois a boa-fé, por exemplo, em conjunto com os bons costumes e o fim econômico ou social, traduz-se em "[...] valores ético-sociais consagrados pela norma em defesa do bem comum, que nada tem a ver com a culpa".[227]

Fernando Noronha explica que o dano pode ser caracterizado como "[...] sendo o prejuízo resultante de uma lesão antijurídica de bem alheio [...] é o prejuízo, econômico ou não econômico, de natureza individual ou coletiva, resultante de ato ou fato antijurídico que viole qualquer valor inerente à pessoa humana, ou atinja coisa no mundo externo que seja juridicamente tutelada".[228] Mesmo já enfrentada a questão do dano é sempre importante relembrar tais lições.

Continuando com os ensinamentos de Fernando Noronha, o mestre, ao apreciar o dano e o nexo de causalidade, vai mais adiante, fazendo distinções entre o dano, o bem lesado e o interesse lesado. Em relação aos bens, esses são coisas do mundo externo, corpóreos ou incorpóreos, bem como na condição de qualidade interna das pessoas, de natureza biológica, espiritual ou afetiva. O interesse, a seu turno, é definido como uma relação que liga uma pessoa aos bens, sendo essa ligação a objetivos econômicos (patrimoniais), mas podendo ser também de natureza ideal. Seja em um caso, seja em outro, alerta o autor que o interesse deve ser caracterizado como legítimo. Já o dano, por sua vez, é o prejuízo gerado em determinado bem, seja em uma coisa, no corpo ou na alma de determinado indivíduo.[229]

---

[227] CAVALIERI FILHO, Sergio. *Programa de responsabilidade civil*. 8. ed. São Paulo: Atlas, 2009, p. 11-12.

[228] NORONHA, Fernando. *Direito das obrigações*. 4. ed. São Paulo: Saraiva, 2013, p. 579.

[229] Idem, p. 579-580.

Arnoldo Wald leciona que o Código Civil define o ato ilícito como sendo a ação ou a omissão voluntária, negligência ou a imprudência, e que viola direito ou causa prejuízo a alguém. Portanto, o ato ilícito pressupõe, sempre, segundo o mestre em referência, uma relação jurídica originária lesada e a sua consequência, que é determinada responsabilidade, ou seja, traduz-se no dever de indenizar ou ressarcir o dano causado pelo inadimplemento do dever jurídico existente na relação jurídica originária. De modo que o não cumprimento do dever na relação jurídica, pelo sujeito passivo, acarreta lesão ao direito do sujeito ativo; este que, por sua vez, pode recorrer ao Estado, para que, além de obter a prestação devida, busque o ressarcimento pelos prejuízos a que foi vítima.[230]

A doutrina acima pode exemplificar a aplicação da Responsabilidade Civil nos casos de abandono afetivo, de ignorância do cônjuge ou companheiro à situação do outro, em relação aos deveres de fidelidade, de boa-fé, de assistência, de sustento, em conjunto com todos os princípios até aqui trazidos. Portanto e reforçando: a aplicação da Responsabilidade Civil para essas situações tem sim incidência, e de forma imediata, ou seja, as indenizações, compensações, merecem deferimento. Portanto e com base na doutrina de Carlos Roberto Gonçalves, o dano moral atinge a esfera do ofendido como pessoa, de modo a não lesar o seu patrimônio. A lesão dá-se em face dos direitos de personalidade, tais como a honra, o nome, a dignidade, a imagem, nos termos da Constituição Federal, mais precisamente pelos artigos 1º, inciso III, e 5º, incisos V e X. Deve o dano acarretar à vítima, portanto, dor, sofrimento, tristeza, vexame e humilhação. Mas é importante referir que não se trata de reparação de qualquer dano. A dor, a angústia, a aflição a humilhação, ou seja, este complexo que sofre a vítima, trata de estado de espírito, ou melhor, a consequência do dano, cujos contingentes são variáveis em cada caso, eis que cada pessoa sente a sua maneira.[231]

O Direito, por assim dizer, não repara qualquer padecimento, dor, aflição, mas assim aquilo que for decorrente da privação de determinado bem jurídico, este cujo lesado teria interesse reconhecido juridicamente.[232]

Ao abordarem o dolo, a culpa e a ilicitude, ensinam Nelson Nery Junior e Rosa Maria Andrade Nery que a vontade deliberada, seja por

---

230 WALD, Arnoldo. Direito Civil: *Introdução e parte geral*, vol. 1. 13. ed. São Paulo: Saraiva, 2011, p. 292-293.

231 GONÇALVES, Carlos Roberto. *Direito Civil brasileiro*, v. 4: Responsabilidade Civil. 8. ed. São Paulo: Saraiva, 2013, p. 384.

232 Ibidem.

ação ou omissão, com objetivo de violar direito e causar dano, importa em ato ilícito doloso. Por sua vez, o ato ilícito culposo verifica-se quando da ocorrência da imperícia, da negligência ou da imprudência do agente. Neste último caso, a intenção é quanto ao ato, mas não quanto ao resultado.[233]

Também é importante acrescentar que, em decorrência da prática de determinado ato ilícito, a vítima tem a oportunidade de buscar o que recuperou, de forma mais ampla possível a satisfação do seu direito. O causador do dano, por sua vez, responde com o seu patrimônio, nos limites da lei. A forma mais comum é a reparação do equivalente à perda sofrida, em dinheiro. Há outras formas, também, como a restituição da coisa perdida. Pontes de Miranda já afirmava que a ordem jurídica contém princípio de que não se tira de outra pessoa o que é dela. De tal sorte que ninguém pode se locupletar ocasionando danos aos outros.[234]

Quando da análise sobre o eventual dever de reparar alguém por determinado dano sofrido, devemos atentar para o que já estudamos sobre o nexo de causalidade, este como critério de identificação, ou seja, por quem e a favor de quem é devida a referida reparação, bem como em que medida. Devemos buscar o vínculo de se imputar algo a alguém por ter dado causa a uma situação nefasta. E é com base nessa prerrogativa que surge a indagação acerca de o que seria causa juridicamente relevante pelo qual a Ciência do Direito poderia imputar a alguém a responsabilidade pela ocorrência de determinado fato.[235]

4.3. Prova pericial em Direito de Família e o efetivo acesso à justiça

A prova é motivo de grandes discussões no processo civil. Sua relevância é ímpar para o êxito de determinada demanda, em especial às pontuações que trata esta obra. Vejamos as considerações a respeito da prova por parte do processualista gaúcho João Paulo Kulczynski Forster, ensinando que a prova apresenta "[...] conceito instrumental dos mais variados ramos do conhecimento científico e, dependendo do ramo que se trate, poderá deter conceito diferenciado. Portanto, deve-se

[233] NERY JUNIOR, Nelson; NERY, Rosa Maria de Andrade. *Código Civil comentado.* 10. ed. São Paulo: Revista dos Tribunais, 2013, p. 453.
[234] Idem, p. 454.
[235] Idem, p. 25.

apurar qual o conceito é que se apresenta relevante do ponto de vista jurídico e, especialmente, processual".[236]

Luiz Guilherme Marinoni, Sérgio Cruz Arenhart e Daniel Mitidiero também explicam que a prova pericial é admissível pela necessidade de demonstração de fato que dependa de conhecimento especial, ou seja, daquilo que não se pode esperar que não seja próprio de um "juiz médio". Mas é importante referir que, em que pese tal prova venha ser elucidada por perito, este "[...] não traz ao juiz fatos, mas sim opiniões técnicas e científicas a respeito dos fatos".[237]

Em alguns casos discutindo reparação por danos imateriais, para a sua comprovação no sentido de melhor convencimento do magistrado da causa quanto aos possíveis danos objeto de determinada ação, entendemos que a melhor alternativa é a prova pericial, elaborada por profissional habilitado para tanto, através de laudo psicológico. Quanto a este, Jorge Trindade refere que, em perspectiva:[238]

> [...] jurídico-processual, o Laudo destina-se a fazer prova de uma situação ou condição psicoloógica, cujo conhecimento é importante para fundamentar a tomada de decisão do órgão julgador ou, preliminarmente, instruir uma ação ou contestação.

Serve-nos de base para tal raciocínio um estudo elaborado pelo Tribunal de Justiça do Estado do Rio Grande do Sul, denominado de Jornada – A Perícia Psicológica no Direito de Família, de 21 de maio de 2007, promovida pelo IBDFAM – Instituto Brasileiro de Direito de Família – Seção Rio Grande do Sul.[239]

A prova pericial sobre a qual estamos falando e relevada pelo dito estudo vem prevista no Código de Processo Civil (1973), mais especificamente nos arts. 420, 429, 431-B, 433 e parágrafo único. Já na legislação processual vigente (2015), a perícia vem regulada nos arts. 464,[240] 473, III,[241]

---

[236] FORSTER, João Paulo Kulczynski. Direito probatório. In: *Primeiras linhas de direito processual civil*: volume 2: processo I. DALL´ALBA, Felipe Camilo; FORSTER, João Paulo Kulczynski (Coord.). Porto Alegre: Livraria do Advogado, 2017, p. 97.

[237] MARINONI, Luiz Guilherme; ARENHART, Sérgio Cruz; MITIDIERO, Daniel. *Novo curso de processo civil*: volume 2: tutela dos direitos mediante procedimento comum. São Paulo: Revista dos Tribunais, 2015, p. 397.

[238] TRINDADE, Jorge. *Manual de psicologia jurídica para operadores do direito.* 7. ed. Porto Alegre: Livraria do Advogado, 2014, p. 626.

[239] O conteúdo integral desta jornada pode ser conferido em: <https://www.tjrs.jus.br/export/poder_judiciario/tribunal_de_justica/centro_de_estudos/doutrina/doc/pericia_direito_familia.pdf>. Acesso em 25 abr. 2014.

[240] Art. 464. A prova pericial consiste em exame, vistoria ou avaliação.

[241] Art. 473. O laudo pericial deverá conter: [...] III – a indicação do método utilizado, esclarecendo-o e demonstrando ser predominantemente aceito pelos especialistas da área do conhecimento da qual se originou; [...].

475[242] e 477,[243] dentre os quais os destacamos. O Código Civil, por sua vez, também a refere: art. 212, inciso V.[244] Tais dispositivos de lei também são objeto do documento disponibilizado no já mencionado *site* do Tribunal de Justiça do Rio Grande do Sul.

Regina Beatriz Tavares da Silva, ao analisar caso envolvendo pedido de danos extrapatrimoniais em decorrência do abandono afetivo, é precisa em suas lições também em relação à perícia: "A perícia psicológica feita no processo concluiu que a ausência do pai causou o desenvolvimento de sintomas psicopatológicos no filho". O caso discutia abandono do pai em relação ao filho, a partir dos seis anos de idade. Consta nos autos que até completar quinze anos de idade, o menino tentou manter contato com o pai, mas todas as suas tentativas não deram resultado. O pai ficou ausente até mesmo em aniversários e aprovação no vestibular do filho.[245] Portanto, podemos concluir pela real necessidade de produção deste tipo de prova.

O Tribunal de Justiça do Estado do Rio Grande do Sul, em ação que debatia a questão da alienação parental, assim se posicionou sobre a prova pericial, nos termos em que estamos postulando pela sua realização:[246]

> [...] a demanda de alienação parental, cujo trâmite é prioritário, nos termos no art. 4º da Lei 12.318/2010, demandará instrução diferenciada, na medida em que deverá ser pro-

---

[242] Art. 475. Tratando-se de perícia complexa que abranja mais de uma área de conhecimento especializado, o juiz poderá nomear mais de um perito, e a parte, indicar mais de um assistente técnico.

[243] Art. 477. O perito protocolará o laudo em juízo, no prazo fixado pelo juiz, pelo menos 20 (vinte) dias antes da audiência de instrução e julgamento.

[244] Art. 212. Salvo o negócio a que se impõe forma especial, o fato jurídico pode ser provado mediante: [...]. V – perícia.

[245] Disponível em: <http://www.reginabeatriz.com.br/academico/artigos/artigo.aspx?id=203>. Acesso em 25 abr. 2014.

[246] AGRAVO DE INSTRUMENTO. INCIDENTE DE ALIENAÇÃO PARENTAL. AÇÃO ORDINÁRIA. DESAPENSAMENTO. Embora haja identidade de partes, não há identidade de pedido e causa de pedir entre as demandas, não se justificando o apensamento. Ademais, a demanda de alienação parental, cujo trâmite é prioritário, nos termos no art. 4º da Lei 12.318/2010, demandará instrução diferenciada, na medida em que deverá ser procedida a realização de perícias psicológica e/ou psiquiátrica para verificar a ocorrência de tais atos. Na demanda ordinária, a agravante postula a retirada das redes sociais de informações e fotos da menor, utilizadas pelas agravadas (tia e avó paternas), sem a devida autorização, bem como dano moral. DERAM PROVIMENTO. UNÂNIME. (SEGREDO DE JUSTIÇA) (BRASIL. Tribunal de Justiça do Rio Grande do Sul. Oitava Câmara Cível. Agravo de Instrumento nº 70056012792. Rel. Des: Luiz Felipe Brasil Santos. Julgado em: 28/11/2013. Disponível em: <http://google8.tjrs.jus.br/search?q=cache:www1.tjrs.jus.br/site_php/consulta/consulta_processo.php%3Fnome_comarca%3DTribunal%2Bde%2BJusti%25E7a%26versao%3D%26versao_fonetica%3D1%26tipo%3D1%26id_comarca%3D700%26num_processo_mask%3D70056012792%26num_processo%3D70056012792%26codEmenta%3D5574111+aliena%C3%A7%C3%A3o+parental+e+dano+moral&site=ementario&client=buscaTJ&access=p&ie=UTF-8&proxystylesheet=buscaTJ&output=xml_no_dtd&oe=UTF-8&numProc=70056012792&comarca=Pelotas&dtJulg=28-11-2013&relator=Luiz+Felipe+Brasil+Santos>. Acesso em: 24 jun. 2014).

cedida a realização de perícias psicológica e/ou psiquiátrica para verificar a ocorrência de tais atos.

Para fundamentar ainda mais a questão da necessidade de realização da perícia que estamos propondo, valemo-nos também das lições de Antonio Carlos de Araújo Cintra, Ada Pellegrini Grinover e Cândido Rangel Dinamarco, quando mencionam a importantíssima questão do acesso à justiça; ou melhor: do real acesso à justiça.

Referem os autores acima mencionados que o acesso à justiça é muito mais do que a simples admissão do processo ou a possibilidade de os interessados virem a juízo. Tal acesso é o que converge "toda a oferta constitucional e legal" em relação a diversos princípios e garantias.[247] Por tal razão, entendemos que a prova pericial deve ser deferida, inclusive, para os casos aqui tratados e que envolvem fortes discussões no âmbito do Direito de Família. Afinal e segundo Rui Portanova: "Erige-se o acesso à justiça como princípio informativo da ação e da defesa, na perspectiva de se colocar o Poder Judiciário como local onde todos os cidadãos podem fazer valer seus direitos individuais e sociais".[248]

Carlos Alberto Alvaro de Oliveira e Daniel Mitidiero explicam que a prova é o objeto do direito probatório. Inclusive referem os autores sobre o direito fundamental à prova e o perfil constitucional do direito probatório, acarretando no que denominam de processo justo, até porque, inclusive, o sistema jurídico brasileiro pauta-se pela busca da maior aproximação possível da verdade. Daí que não existe a possibilidade de julgamento justo apartado da verdade das alegações de fato.[249]

Existe uma dinâmica de princípios e garantias processuais com o fim de pacificação com justiça. A efetividade do processo, no sentido de plena consecução de sua missão social de eliminação de conflitos e realização da justiça, também busca a eliminação de óbices que por ventura venham a interferir nesta realização, através do que denomina a doutrina de pontos sensíveis: a) admissão do processo, com objetivo de se eliminar barreiras econômicas (art. 5º, inciso LXXXIV, da Constituição Federal), ou seja, a justiça não deve ser tão cara ao ponto de que o seu custo seja desproporcional aos benefícios buscados pelo jurisdicionado; b) o modo de ser do processo: observação do devido processo legal, do contraditório e o necessário diálogo das partes com o

---

[247] CINTRA, Antonio Carlos de Araújo; GRINOVER, Ada Pellegrini; DINAMARCO, Cândido Rangel. *Teoria geral do processo.* 29. ed. São Paulo: Malheiros Editores, 2013, p. 42.

[248] PORTANOVA, Rui. *Princípios do processo civil.* 7. ed. Porto Alegre: Livraria do Advogado, 2008, p. 113.

[249] MITIDIERO, Daniel; OLIVEIRA, Carlos Alberto Alvaro. *Curso de processo civil*: processo de conhecimento, v. 2. São Paulo: Atlas, 2012, p. 55-57.

juiz, na busca de elementos inerentes à própria instrução do processo e, em referência ao magistrado, este deve atuar como protagonista, e não como espectador dos atos processuais das partes; c) a justiça das decisões: atrela-se à apreciação da prova, ao enquadrar os fatos às normas e categorias jurídicas e à interpretação do direito positivo. Até porque a exigência de uma prova muito precisa e exaustiva dos fatos pode impedir o exercício do direito material, em razão da impossibilidade de demonstração dos fatos; d) efetividade das decisões: todo o processo deve dar a quem tem um direito tudo aquilo e precisamente aquilo tenha direito de obter. Ou seja, tal máxima serve de alerta a decisões e tomadas de medidas acanhadas ou inúteis, pois deixam resíduos de injustiça.[250]

As lições de Arnaldo Rizzardo, considerando o autor as explicações de psicólogos, vão neste sentido: "[...] no decorrer do desenvolvimento humano, seja em virtude das condições maturacionais, seja em virtude das características sociais de cada idade, a criança estabelece diferentes níveis de relações sociais e estas interferem na construção do campo afetivo. Por exemplo, no estágio personalista, as relações sociais da criança são intensas e sua autonomia é conquistada nos conflitos que mantém com o outro. No bojo dessas relações, vão sendo despertados sentimentos e paixões, manifestações afetivas que parecem estar diretamente relacionadas a um outro indivíduo".[251]

A afetividade é valor inerente à vida humana; a própria realização e felicidade depende da afetividade. Portanto, impedir a sua plena realização ou então não oportunizar a sua expansão, ou então "[...] violentar ferindo, desprezando, menosprezando sentimentos que fazem parte da natureza humana, importa em amputar a pessoa na sua esfera espiritual e moral, cerceando a sua plena realização". Assim funda-se a justificativa de Arnaldo Rizzardo: a de que o Direito, considerando toda a questão de extrema importância que tem a afetividade, "[...] não pode passar ao largo de certos estados pelos quais passa a pessoa, sem dar-lhe proteção, ou procurar ou reconstituir a ordem abalada ou afetada". A responsabilidade passa, necessariamente, aos olhos dessas questões.[252]

Em um ambiente que revela os mais diferentes tipos de sentimentos, como ocorre no Direito de Família, o processo civil tem papel

---

[250] CINTRA, Antonio Carlos de Araújo; GRINOVER, Ada Pellegrini; DINAMARCO, Cândido Rangel. *Teoria geral do processo.* 29. ed. São Paulo: Malheiros, 2013, p. 42-43.

[251] RIZZARDO, Arnaldo. *Responsabilidade civil.* Rio de Janeiro: Forense, 2013, p. 681-682.

[252] Idem, p. 682.

fundamental para a resolução do conflito. A família, alerta José Carlos Teixeira Giorgis:[253]

> [...] é o oceano onde navegam as caravelas dos afetos, mas porto onde desembarcam os golpes da decepção e da crueldade; pois o amor também se desarranja, desafeiçoa-se, fica impiedoso; e suas feridas exalam desilusão e ressentimentos, afetando a melodia da congruência do tecido humano.

Inclusive é de se destacar a inovação que o novo Código de Processo Civil apresenta, de forma expressa: "Art. 488. Desde que possível, o juiz resolverá o mérito sempre que a decisão for favorável à parte a quem aproveitaria eventual pronunciamento nos termos do art. 485". A redação do dispositivo ora transcrito revela opção expressa pela preferência quanto ao julgamento de mérito, especialmente para as hipóteses de sentenças extintivas, mas que estariam aptas a propiciar o pronto julgamento do mérito, e quando favorável a quem aproveitaria a extinção do feito sem a análise da matéria, como ensina José Tadeu Neves Xavier. Contudo, ressalta o Professor, com toda a propriedade, que tal dispositivo "[...] não tem a força de afastar as implicações típicas das questões de ordem pública que caracterizam casos de nulidade absoluta", como nas hipóteses de coisa julgada e litispendência.[254] Portanto, a prova pericial deve ser atendida de modo a propiciar uma análise técnica sobre os fatos e suas consequências, decidindo de uma vez o litígio.

4.4. Abandono afetivo e responsabilização

A nossa intenção, a partir deste momento, é quanto aos casos que entendemos que podem ser alvos de indenização por danos extrapatrimoniais. Iniciaremos, então, com a discussão envolvendo o abandono afetivo. Mas, como se não bastasse o nosso firme entendimento sobre a aplicação do sistema da Responsabilidade Civil no âmbito do Direito de Família, tal pretensão encontra amparo também no entendimento do Superior Tribunal de Justiça, mais abaixo enfrentada.

O tema em relação ao abandono de família, abandono afetivo, é assunto polêmico e controverso, tanto na doutrina como na jurisprudência e, pela relevância social e individual que possui, entendemos como o primeiro tópico a ser esmiuçado. Até porque, em decisão que logo será abordada, o Superior Tribunal de Justiça condenou pai ao

[253] GIORGIS, José Carlos Teixeira. *Direito de Família contemporâneo*. Porto Alegre: Livraria do Advogado, 2010, p. 69.

[254] XAVIER, José Tadeu Neves. Anotações aos arts. 485 a 488. In: *Novo código de processo civil anotado*. Porto Alegre: Ordem dos Advogados do Brasil: Seção do Rio Grande do Sul, 2015, p. 372-373.

pagamento, a título de danos imateriais, quantia para compensar a filha em razão do abandono afetivo.

O problema fundamental a ser resolvido, assim entendemos, quando da verificação de abandono, da falta de afeto é, em um primeiro momento, a ocorrência de ato ilícito e, por segundo, se guarda relação com o abandono em si a natureza dos danos imateriais por quem os alega ter sofrido. Gostaríamos de ressaltar, contudo, que a procedência ou improcedência da ação não pode ter como fundamentação a falta de amor, ou seja: não há a obrigação de amar, mas sim de cuidado, assistência, por exemplo.

Ainda, a problemática envolve, também, a questão de como se dará a forma da reparação, caso admitida. Pois as reparações buscadas a título de danos imateriais postulam condenação em valor pecuniário, em moeda, de modo que, segundo alguns entendimentos, os efeitos acarretam em uma monetarização dos sentimentos, das relações de afeto, fato este que seria vedado pela jurisprudência.[255]

Por outro lado, estamos, sem qualquer sombra de dúvidas, amparados pela Constituição Federal, como já anteriormente referido, em relação aos danos extrapatrimoniais, por pelo menos dois incisos do artigo 5º (incisos V e X), que são expressos em admitir a reparabilidade do dano imaterial, e, mais ainda: na qualidade de direito fundamental. Ainda, a Carta Magna prevê proteção à família, como observamos da dicção do artigo 226, quando tratamos dos princípios e da proteção à família. O Código Civil de 2002, em seus artigos 186 e 927, também

---

[255] APELAÇÃO CÍVEL. RESPONSABILIDADE CIVIL. AÇÃO DE INDENIZAÇÃO. DISTANCIAMENTO ENTRE PAI E FILHA NA INFÂNCIA. ABANDONO MATERIAL NÃO CARACTERIZADO. DANO MORAL NÃO RECONHECIDO. DEMANDA IMPROCEDENTE. Comprovado nos autos que o réu, desde o momento em que declarada a paternidade, presenciou o crescimento da autora em termos materiais, passando esta a contar com o sobrenome paterno, não restando caracterizada ofensa aos direitos inerentes à personalidade da filha, inexiste o dever de indenizar. Ausência de ilícito civil, mormente quando verificado que o réu em nenhum momento excedeu os limites balizados pela boa-fé e bons costumes. Impossível a monetarização do afeto, sob pena de se estar permitindo a reparação do diminuto ou exagerado amor, ausência de afeto ou afeto desmedido. Prova técnica que não atribui a ocorrência de traumas ou carência afetiva especificamente à ausência do pai na infância, mas a situação de pais separados. Distanciamento entre pai e filha que não se mostra capaz, por si só, de ensejar indenização por dano extrapatrimonial. Pressupostos da responsabilidade civil ausentes, no caso. Sentença de improcedência mantida por seus próprios e jurídicos fundamentos. APELAÇÃO IMPROVIDA. (BRASIL. Tribunal de Justiça do Rio Grande do Sul. Décima Câmara Cível. Apelação Cível nº 70021687520. Rel. Des: Paulo Roberto Lessa Franz. Julgado em: 29/11/2007. Disponível em: <http://google8.tjrs.jus.br/search?q=cache:www1.tjrs.jus.br/site_php/consulta/consulta_processo.php%3Fnome_comarca%3DTribunal%2Bde%2BJusti%25E7a%26versao%3D%26versao_fonetica%3D1%26tipo%3D1%26id_comarca%3D700%26num_processo_mask%3D70021687520%26num_processo%3D70021687520%26codEmenta%3D2177529+afeto+e+monetariza%C3%A7%C3%A3o&site=ementario&client=buscaTJ&access=p&ie=UTF-8&proxystylesheet=buscaTJ&output=xml_no_dtd&oe=UTF-8&numProc=70021687520&comarca=Comarca+de+Passo+Fundo&dtJulg=29-11-2007&relator=Paulo+Roberto+Lessa+Franz>. Acesso em: 12 mar. 2014).

prevê a hipótese de indenização em decorrência do ato ilícito. Portanto, tentamos buscar, com base neste estudo, uma efetiva solução para o cometimento do ato ilícito e consequente responsabilização, no tocante aos casos de abandono afetivo, bem como para demais casos que serão tratados adiante.

Na falta de critérios objetivos à configuração do dano imaterial, entendemos que se deve ponderar, ter prudência e bom-senso prático para a sua aferição, no sentido da busca do seu reconhecimento e das consequências de tanto. Ocorre o dano imaterial quando a dignidade da pessoa humana é agredida, não bastando, desta forma, qualquer contrariedade para configurar abalo. Já trouxemos o posicionamento de Carlos Roberto Gonçalves nesse sentido. A relevância dever ser dada ao caso concreto quando a exposição da vítima foge à normalidade, quando interfira intensamente no comportamento psicológico do indivíduo, causando-lhe aflições, angústia e desequilíbrio em seu bem-estar. Os meros dissabores, aborrecimentos, mágoas ou irritações estão fora da órbita do dano extrapatrimonial, pelo motivo de fazerem parte da normalidade do dia a dia da rotina de convivência das pessoas.[256]

No início da elaboração deste livro, sabíamos das dificuldades que o tema relativo às reparações em decorrência do chamado abandono afetivo nos revela, ainda mais para aqueles que, como nós, entendem como plenamente cabíveis tais condenações, em razão de o ordenamento jurídico, como um todo, em que pesem posições contrárias, possibilitar e determinar. E, como se não bastasse, o sistema de normas vem chancelar tal posição, mesmo que na condição de exceção à regra pelas não condenações, como toda a gama de normas e princípios até este momento trazidos e que fundamentam e sustentam o nosso raciocínio.

O nosso entendimento é que, aquele que abandona o filho, ou o filho que abandona o pai[257] (valendo, inclusive, para as relações entre cônjuges ou companheiros) que simplesmente dá de ombros à relação familiar e a toda uma gama de direitos e princípios garantidos constitucional e infraconstitucionalmente como vimos até o momento, deve receber a devida sanção. A falta de responsabilidade é gritante. Nossa posição em relação à caracterização do dano imaterial não é apenas

---

256 CAVALIERI FILHO, Sergio. *Programa de responsabilidade civil*. 8. ed. São Paulo: Atlas, 2009, p. 83.

257 A Constituição Federal, em seu art. 229, ampara a premissa trazida: Art. 229. Os pais têm o dever de assistir, criar e educar os filhos menores, e os filhos maiores têm o dever de ajudar e amparar os pais na velhice, carência ou enfermidade. A seu turno, o Estatuto do Idoso: Art. 3º É obrigação da família, da comunidade, da sociedade e do Poder Público assegurar ao idoso, com absoluta prioridade, a efetivação do direito à vida, à saúde, à alimentação, à educação, à cultura, ao esporte, ao lazer, ao trabalho, à cidadania, à liberdade, à dignidade, ao respeito e à convivência familiar e comunitária.

o ato ilícito em si mesmo, mas sim a repercussão que ele possa ter, as nefastas consequências do seu cometimento em face da vítima.

Indagando, como seria possível medir, ponderar, dor e sofrimento decorrentes de abandono e, simultaneamente, condenar aquele que cometeu tal ato, em razão da falta de afeto? Observamos que o Superior Tribunal de Justiça negou, nesta decisão, reparação para este tipo de debate.[258] Entendemos, todavia, que não se obriga ao afeto por si só (como já referimos), mas sim aos deveres inobservados, de cuidado, assistência, etc.

Todavia e passados alguns anos, a polêmica aqui debatida teve desfecho favorável àqueles que entendem caber a reparação, a título de danos imateriais, como nos casos de abandono afetivo, conforme se observa do seguinte julgado proferido pelo Superior Tribunal de Justiça, cuja repercussão na mídia e sociedade alcançou grandes níveis, como não poderia deixar de ser.[259]

Ressaltamos que a decisão ora comentada, proferida pelo Superior Tribunal de Justiça, ainda estava pendente de julgamento em sede de embargos de divergência. Todavia, como podemos notar da informação publicada no *site* da Corte, os embargos foram rejeitados, mas

---

[258] RESPONSABILIDADE CIVIL. ABANDONO MORAL. REPARAÇÃO. DANOS MORAIS. IMPOSSIBILIDADE. 1. A indenização por dano moral pressupõe a prática de ato ilícito, não rendendo ensejo à aplicabilidade da norma do art. 159 do Código Civil de 1916 o abandono afetivo, incapaz de reparação pecuniária. 2. Recurso especial conhecido e provido. (BRASIL. Superior Tribunal de Justiça. Quarta Turma. REsp nº 757411/MG. Rel. Min. Fernando Gonçalves. Julgado em: 29/11/2005. Disponível em: <https://ww2.stj.jus.br/revistaeletronica/Abre_Documento.asp?sSeq=595269&sReg=200500854643&sData=20060327&formato=HTML>. Acesso em: 12 mar. 2014).

[259] CIVIL E PROCESSUAL CIVIL. FAMÍLIA. ABANDONO AFETIVO. COMPENSAÇÃO POR DANO MORAL. POSSIBILIDADE. 1. Inexistem restrições legais à aplicação das regras concernentes à responsabilidade civil e o consequente dever de indenizar/compensar no Direito de Família. 2. O cuidado como valor jurídico objetivo está incorporado no ordenamento jurídico brasileiro não com essa expressão, mas com locuções e termos que manifestam suas diversas desinências, como se observa do art. 227 da CF/88. 3. Comprovar que a imposição legal de cuidar da prole foi descumprida implica em se reconhecer a ocorrência de ilicitude civil, sob a forma de omissão. Isso porque o *non facere,* que atinge um bem juridicamente tutelado, leia-se, o necessário dever de criação, educação e companhia – de cuidado – importa em vulneração da imposição legal, exsurgindo, daí, a possibilidade de se pleitear compensação por danos morais por abandono psicológico. 4. Apesar das inúmeras hipóteses que minimizam a possibilidade de pleno cuidado de um dos genitores em relação à sua prole, existe um núcleo mínimo de cuidados parentais que, para além do mero cumprimento da lei, garantam aos filhos, ao menos quanto à afetividade, condições para uma adequada formação psicológica e inserção social. 5. A caracterização do abandono afetivo, a existência de excludentes ou, ainda, fatores atenuantes – por demandarem revolvimento de matéria fática – não podem ser objeto de reavaliação na estreita via do recurso especial. 6. A alteração do valor fixado a título de compensação por danos morais é possível, em recurso especial, nas hipóteses em que a quantia estipulada pelo Tribunal de origem revela-se irrisória ou exagerada. 7. Recurso especial parcialmente provido. (BRASIL. Superior Ttribunal de Justiça. Terceira Turma. REsp nº 1.159.242 – SP (2009/0193701-9). Rel. Min: Nancy Andrighi. Julgado em: 24/04/2012. Disponível em: <https://ww2.stj.jus.br/processo/jsp/revista/abreDocumento.jsp?componente=ITA&sequencial=1067604&num_registro=200901937019&data=20120510&formato=HTML>. Acesso em: 05 fev. 2014).

com a ressalva de que: "Conforme os ministros, a decisão da Terceira Turma ressalvou expressamente a peculiaridade do caso julgado pelo TJSP, de forma que o precedente não serve para debate de uma tese jurídica mais geral".[260]

A decisão que manteve a condenação do pai ao pagamento de quantia por danos extrapatrimoniais à filha, em decorrência do abandono afetivo, foi criteriosa e pontual, senão vejamos: "O cuidado como valor jurídico objetivo está incorporado no ordenamento jurídico brasileiro não com essa expressão, mas com locuções e termos que manifestam suas diversas desinências, como se observa do art. 227 da CF/88. Comprovar que a imposição legal de cuidar da prole foi descumprida implica em se reconhecer a ocorrência de ilicitude civil, sob a forma de omissão. Isso porque o *non facere*, que atinge um bem juridicamente tutelado, leia-se, o necessário dever de criação, educação e companhia – de cuidado – importa em vulneração da imposição legal, exsurgindo, daí, a possibilidade de se pleitear compensação por danos morais por abandono psicológico. Apesar das inúmeras hipóteses que minimizam a possibilidade de pleno cuidado de um dos genitores em relação à sua prole, existe um núcleo mínimo de cuidados parentais que, para além do mero cumprimento da lei, garantam aos filhos, ao menos quanto à afetividade, condições para uma adequada formação psicológica e inserção social".

Por outro lado, encontramos julgamento ocorrido no Tribunal de Justiça do Rio Grande do Sul que, ao enfrentar situação por abandono afetivo pela ausência do pai, entendeu por não restar configurada

---

[260] Por maioria, a Segunda Seção do Superior Tribunal de Justiça (STJ) rejeitou o cabimento dos embargos de divergência em recurso especial contra decisão da Terceira Turma que concedeu indenização de dano moral a uma filha, por ter sido vítima de abandono afetivo por parte do pai. Com isso, fica mantida a decisão anterior no caso, que admitiu a compensação à filha, no valor de R$ 200 mil, em razão do abandono afetivo. O valor foi fixado em 2012, quando a Terceira Turma, seguindo o voto da ministra Nancy Andrighi, reconheceu a possibilidade de ser concedida a indenização. Naquele julgamento, a Turma diferenciou a obrigação jurídica de cuidar, como dever de proteção, de uma inexistente obrigação de amar. A Turma apenas ajustou o valor da condenação que havia sido imposta pelo Tribunal de Justiça de São Paulo (TJSP), baixando a compensação de R$ 400 mil para R$ 200 mil. Divergência como em 2005 a Quarta Turma do STJ, que também julga matérias de Direito de Família, havia negado o cabimento desse tipo de indenização, o pai apresentou embargos de divergência no recurso especial. Esse tipo de recurso serve para uniformizar o entendimento do tribunal sobre uma mesma tese jurídica, de forma a ser aplicado o mesmo direito ao mesmo fato. Por isso, o julgamento dos embargos é de responsabilidade do colegiado que reúne os membros das duas Turmas especializadas no tema – no caso, a Segunda Seção. Porém, ao analisar as decisões supostamente conflitantes, a maioria dos ministros da Seção entendeu que elas não podem ser comparadas. Conforme os ministros, a decisão da Terceira Turma ressalvou expressamente a peculiaridade do caso julgado pelo TJSP, de forma que o precedente não serve para debate de uma tese jurídica mais geral. Disponível em: <https://www.facebook.com/notes/superior-tribunal-de-justi%C3%A7a-stj/segunda-se%C3%A7%C3%A3o-rejeita-embargos-%C3%A0-decis%C3%A3o-que-concedeu-dano-moral-por-abandono-af/10154053834765397>. Acesso em 10 abr. 2014.

hipótese para a condenação por danos imateriais. Como se observa do julgamento em comentário, restou decidido que o mero distanciamento afetivo entre pais e filhos não constitui, por si, situação capaz de gerar dano extrapatrimonial e/ou ofensa ao princípio da dignidade da pessoa humana. Constitui, antes, um fato da vida. Inclusive ressaltou o Relator a vulgarização do princípio da dignidade humana. Em relação ao debate envolvendo o questionamento das raízes do afeto ou do amor, e da negação destes, as razões íntimas do distanciamento ocorrido entre as partes implicam indébita invasão do campo jurídico ao terreno conceitual impreciso que avança pelo mundo da medicina, da biologia e da psicologia.[261]

Outro debate importante, também já pacificado pelo Superior Tribunal de Justiça é o de que, via de regra, não cabe reparação civil por abandono afetivo por momento anterior ao reconhecimento de paternidade, eis que não há qualquer negligência:[262]

[261] ALIMENTOS CUMULADA COM INDENIZAÇÃO POR DANO MORAL. ABALO EMOCIONAL PELA AUSÊNCIA DO PAI. 1. O pedido de reparação por dano moral é juridicamente possível, pois está previsto no ordenamento jurídico pátrio. 2. A contemplação do dano moral exige extrema cautela e a apuração criteriosa dos fatos, ainda mais no âmbito do Direito de Família. 3. O mero distanciamento afetivo entre pais e filhos não constitui, por si, situação capaz de gerar dano moral, nem implica ofensa ao (já vulgarizado) princípio da dignidade da pessoa humana, e constitui antes um fato da vida. 4. Afinal o questionamento das raízes do afeto ou do amor, e da negação destes, leva a perquirir as razões íntimas do distanciamento havido entre pai e filho, que perpassam necessariamente as categorias do imanente e do transcendente e implicam indébita invasão do campo jurídico ao terreno conceitual impreciso que avança pelo mundo da medicina, da biologia e da psicologia. 5. Embora se viva num mundo materialista, onde os apelos pelo compromisso social não passam de mera retórica política, nem tudo pode ser resolvido pela solução simplista da indenização, pois afeto não tem preço, e valor econômico nenhum poderá restituir o valor de um abraço, de um beijo, enfim de um vínculo amoroso saudável entre pai e filho, sendo essa perda experimentada tanto por um quanto pelo outro. Recurso desprovido. (BRASIL. Tribunal de Justiça do Rio Grande do Sul. Sétima Câmara Cível. Apelação Cível nº 70057020083. Rel. Des: Sergio Fernando de Vasconcellos Chaves. Julgado em: 29/01/2014. Disponível em: <http://google8.tjrs.jus.br/search?q=cache:www1.tjrs.jus.br/site_php/consulta/consulta_processo.php%3Fnome_comarca%3DTribunal%2Bde%2BJusti%25E7a%26versao%3D%26versao_fonetica%3D1%26tipo%3D1%26id_comarca%3D700%26num_processo_mask%3D70057020083%26num_processo%3D70057020083%26codEmenta%3D5633138+direito+de+fam%C3%ADlia+e+danos+morais&site=ementario&client=buscaTJ&access=p&ie=UTF-8&proxystylesheet=buscaTJ&output=xml_no_dtd&oe=UTF-8&numProc=70057020083&comarca=Comarca+de+Santa+Rosa&dtJulg=29-01-2014&relator=S%E9rgio+Fernando+de+Vasconcellos+Chaves>. Acesso em: 12 mar. 2014).

[262] CIVIL E PROCESSUAL CIVIL. AGRAVO REGIMENTAL NO AGRAVO EM RECURSO ESPECIAL. NOVO CPC. INAPLICABILIDADE. FAMÍLIA. INVESTIGAÇÃO DE PATERNIDADE. ALIMENTOS. AFERIÇÃO DO BINÔMIO NECESSIDADE/POSSIBILIDADE. IMPOSSIBILIDADE. SÚMULA Nº 7 DO STJ. PRECEDENTES. HONORÁRIOS ADVOCATÍCIOS. *QUANTUM*. EQUIDADE NA FIXAÇÃO. REEXAME DAS PREMISSAS DE FATO ADOTADAS PELO TRIBUNAL DE ORIGEM. IMPOSSIBILIDADE. SÚMULA Nº 7 DO STJ. DISSÍDIO JURISPRUDENCIAL INVIABILIZADO EM RAZÃO DE ÓBICE SUMULAR. PRECEDENTES. ALEGADO ABANDONO AFETIVO ANTES DO RECONHECIMENTO DA PATERNIDADE. INOCORRÊNCIA. PRECEDENTES. AGRAVO REGIMENTAL NÃO PROVIDO. 1. Inaplicabilidade do NCPC ao caso concreto ante os termos do Enunciado nº 1 aprovado pelo Plenário do STJ na sessão de 9/3/2016: Aos recursos interpostos com fundamento no CPC/1973 (relativos a decisões publicadas até 17 de março de 2016) devem ser exigidos os requisitos de admissibilidade na forma nele prevista, com as

[...] 2. O desconhecimento da paternidade e o abandono a anterior ação de investigação de paternidade por mais de vinte anos por parte do investigante e de seus representantes, sem nenhuma notícia ou contato buscando aproximação parental ou eventual auxílio material do investigado, não pode configurar abandono afetivo por negligência. [...].

É importante frisar que a situação do abandono (neste caso material) pode ter consequências no poder familiar e sua destituição. Assim manifestou-se o Superior Tribunal de Justiça. A situação desenhou-se tão grave que a própria Súmula nº 07, que impede a reavaliação de provas em sede de Recurso Especial foi relativizada no sentido, inclusive, de provimento do recurso:[263]

[...] Via de regra, "o sopesar dos elementos probatórios que definem a conveniência ou necessidade de adoção da medida extrema de destituição do poder familiar, não estão sob o crivo do STJ, na estreita via do recurso especial, por força do óbice da Súmula 7/STJ". Todavia, "dados objetivos que alteram a conjuntura podem e devem ser

interpretações dadas até então pela jurisprudência do Superior Tribunal de Justiça. 2. Em recurso especial não é possível a revisão do valor fixado pela instância a título de alimentos com base na aferição do binômio necessidade do alimentando e possibilidade do alimentante, pois demandaria necessariamente o reexame de conjunto fático-probatório. Óbice da Súmula nº 7 do STJ. 3. Excepcionalmente, o STJ admite a revisão da verba honorária fixada pelo critério da equidade quando o valor fixado destoar da razoabilidade, revelando-se irrisório ou exagerando, circunstância não verificada no caso. 4. A jurisprudência desta Corte é firme no sentido de que a majoração do valor arbitrado a título de honorários advocatícios enseja o revolvimento de matéria fático-probatória, além das peculiaridades do caso concreto, salvo quando o valor se revelar irrisório ou exorbitante, o que não se verifica no presente caso. 5. O STJ tem orientação no sentido de que não é possível o conhecimento do recurso especial interposto pela divergência jurisprudencial, na hipótese em que o dissídio é apoiado em fatos da causa e não na interpretação da lei federal. Isso porque a Súmula nº 7 do STJ também se aplica aos recursos especiais interpostos pela alínea c, do permissivo constitucional. Precedentes. 6. A Terceira Turma já proclamou que antes do reconhecimento da paternidade não há se falar em responsabilidade por abandono afetivo. Precedentes. 7. Agravo regimental não provido. (BRASIL. Superior Tribunal de Justiça. Terceira Turma. AgRg no AREsp nº 766159/MS. Rel. Min: Moura Ribeiro. Julgado em: 02/06/2016. Disponível em: <https://ww2.stj.jus.br/processo/revista/documento/mediado/?componente=ITA&sequencial=1516725&num_registro=201502091741&data=20160609&formato=HTML>. Acesso em: 17 mai. 2017).

[263] RECURSO ESPECIAL. CIVIL E PROCESSUAL CIVIL. DIREITO DE FAMÍLIA. DESTITUIÇÃO DO PODER FAMILIAR. MAUS-TRATOS E GRAVE SITUAÇÃO DE RISCO IDENTIFICADOS QUANDO DO AJUIZAMENTO DA AÇÃO. MENORES INSERIDAS EM FAMÍLIA SUBSTITUTA. PARADEIRO ATUAL DA MÃE BIOLÓGICA DESCONHECIDO. PREVALÊNCIA DO MELHOR INTERESSE DAS CRIANÇAS. RECURSO ESPECIAL PROVIDO. 1. Identificando-se no início da ação, situação grave de risco e abandono e não subsistindo, atualmente, nenhuma comprovação de capacidade da genitora para cuidar das filhas, nem existência de vínculo afetivo entre elas, deve prevalecer o interesse das menores, já inseridas em família substituta. 2. Nos termos da jurisprudência desta Corte, "inobstante os princípios inscritos na Lei n. 8.069/90, que buscam resguardar, na medida do possível, a manutenção do pátrio poder e a convivência do menor no seio de sua família natural, procede o pedido de destituição formulado pelo Ministério Público estadual quando revelados, nos autos, a ocorrência de maus tratos, o abandono e o injustificado descumprimento dos mais elementares deveres de sustento, guarda e educação da criança por seus pais" (REsp 245.657/PR, Rel. Ministro ALDIR PASSARINHO JUNIOR, QUARTA TURMA, julgado em 25/03/2003, DJ de 23/06/2003). 3. Recurso especial provido para julgar procedente o pedido de destituição do poder familiar. (BRASIL. Superior Tribunal de Justiça. Quarta Turma. REsp nº 1480488/RS. Rel. Min: Raul Araújo. Julgado em: 01/12/2016. Disponível em: <https://ww2.stj.jus.br/processo/revista/inteiroteor/?num_registro=201200825653&dt_publicacao=15/12/2016>. Acesso em: 17 mai. 2017).

avaliados, sempre na busca do atendimento ao melhor interesse dos menores" (REsp 1.627.609/MS, Rel. Ministra NANCY ANDRIGHI, Terceira Turma, julgado em 04/10/2016, DJe de 14/10/2016).

Na espécie, os elementos dos autos são evidentes em demonstrar a negligência da genitora e a situação de risco e maus-tratos vivida pelas menores enquanto em poder da mãe biológica, não havendo necessidade de se reexaminar fatos ou provas. A situação fática já está bem delineada: as crianças foram abrigadas em 2007 (filha mais velha) e 2009 (filha mais nova), ocasião em que foram encontradas em péssimo estado de saúde, desnutridas, mal cuidadas, com sarnas, lesões e doenças causadas pelo acúmulo de lixo e falta dos mais elementares cuidados de higiene.

Embora tudo isso estivesse bem fundamentado nos autos, a sentença de procedência do pedido foi reformada pelo Tribunal de origem, por entender que tais elementos não seriam suficientes para ensejar a drástica e excepcional medida de destituição do poder familiar.

Todavia, o abandono material e a despreocupação da mãe biológica em relação à prole foram confirmados pelo decurso do tempo. Apesar do alegado interesse em permanecer com as filhas, a genitora encontra-se, até a presente data, com o paradeiro desconhecido, deixando as filhas sob os cuidados da pretensa família substituta na qual estão inseridas e plenamente adaptadas desde 2009.

Não há controvérsia sobre o fato de as menores terem sido vítimas de negligência e de maus-tratos (descuido) e terem se encontrado em situação de risco enquanto viviam com a genitora. Identificando-se, no início da ação, situação grave de risco e abandono, e não subsistindo, atualmente, nenhuma comprovação de capacidade da genitora para cuidar das filhas, nem havendo vínculo afetivo entre elas com a mãe biológica, deve prevalecer o melhor interesse das menores, já inseridas em família substituta. [...].

Mas relevante também é a questão do amor, do afeto. Anderson Schreiber explica que a legislação não impõe um dever de amor dos pais para com os filhos. Todavia, ressalta que tanto o Estatuto da Criança e do Adolescente (art. 22) como o Código Civil (art. 1.634, incisos I e II) impõem aos pais, respectivamente, um dever de sustento, guarda e educação dos filhos menores, como os deveres de dirigir a educação dos filhos, tê-los em sua companhia e guarda. E vai mais longe o autor: diz que tais deveres " [...] somente em uma visão reducionista podem ser compreendidos de forma exclusivamente patrimonial [...]", que resulte apenas em obrigações de arcar com os custos da criação dos filhos. Portanto, a tutela, em abstrato, merecedora em decorrência do abandono afetivo, traduz-se em interesse com base no " [...] dever normativo expresso dos pais de educarem e criarem seus filhos".[264]

O raciocínio acima é fundamental e preciso para o deferimento de condenações nesse sentido e reforça o nosso entendimento sobre a aplicação da Responsabilidade Civil ao Direito de Família. As relações familiares não podem ser pautadas pela irresponsabilidade e, em

---

[264] SCHREIBER, Anderson. *Novos paradigmas da responsabilidade civil*: da erosão dos filtros à diluição dos danos. São Paulo: Atlas, 2013, p. 181.

que pese o argumento trazido de que a intimidade e inviolabilidade da vida privada impedem de que se entrem em questões sobre a culpa, por exemplo, tais ponderações, embora respeitáveis, não podem chancelar ilícitos e injustiças. De tal sorte que, pesando tais princípios com o princípio da dignidade da pessoa humana, este deve prevalecer, sem sombra de dúvidas.

Atualizando o tema à luz do entendimento do STJ, trazemos outros julgados que analisaram o abandono afetivo. Em sua maioria, já por a questão ter sido decidida pelos Tribunais de origem e afastada qualquer pretensão de reparação civil, a Corte manteve o julgamento, inclusive com base no impedimento da Súmula nº 7.[265]

4.5. Agressões físicas e/ou psicológicas nas relações familiares e os danos causados

Entendemos como de vital importância o enfrentamento do tópico em questão, eis que trata de situações cujas agressões físicas e/ou psíquicas podem ocasionar traumas irreversíveis às vítimas. Assim, com base em laudos técnicos elaborados por profissionais da psicologia, da psiquiatria (inclusive já abordado em tópico sobre a prova pericial), existe plena possibilidade de melhor convencimento do magistrado que julga determinada demanda desta natureza, acerca da existência dos danos sofridos, e consequente dever, responsabilidade, pelo autor do fato,[266] conforme o entendimento jurisprudencial.[267]

---

265 STJ, REsp 1493125/SP, Rel. Min. Ricardo Villas Bôas Cueva, 3ª Turma, j. 23/02/2016, DJe 01/03/2016; STJ, REsp REsp 1557978/DF, Rel. Min. Moura Azevedo, 3ª Turma, j. 03/11/2015, DJe 17/11/2015.

266 RESPONSABILIDADE CIVIL. LESÃO CORPORAL. VIOLÊNCIA DOMÉSTICA. DANO MORAL. A legítima defesa é causa que exclui a ilicitude da conduta, a teor do art. 188, I, do CC. No caso dos autos, as testemunhas, inclusive as de defesa, não mencionaram qualquer atitude violenta da autora para com o demandado ou outra pessoa. A presença de prova em relação à autoria, nexo de causalidade e ao dano, sem justificativa pelo ato cometido, fornecem sustentação à obrigação de indenizar. No caso, a autora foi agredida pelo réu, seu ex-marido, o qual admitiu a agressão. O dano moral estabelecido deve corresponder ao sofrimento imposto à vítima. Sentença mantida. Apelações não providas. (BRASIL. Tribunal de Justiça do Rio Grande do Sul. Décima Câmara Cível. Apelação Cível nº 70051834075. Rel. Des: Marcelo Cezar Muller. Julgado em: 07/02/2013). Disponível em: <http://www.tjrs.jus.br/busca/?q=viol%EAncia+dom%E9stica+e+danos+morais&tb=jurisnova&pesq=ementario&partialfields=tribunal%3ATribunal%2520de%2520Justi%25C3%25A7a%2520do%2520RS.%28TipoDecisao%3Aac%25C3%25B3rd%25C3%25A3o%7CTipoDecisao%3Amonocr%25C3%25A1tica%7CTipoDecisao%3Anull%29&requiredfields=&as_q=>. Acesso em 13 abr. 2013).

267 APELAÇÃO CÍVEL. AÇÃO DE RECONHECIMENTO E DISSOLUÇÃO DE UNIÃO ESTÁVEL. EXISTÊNCIA DE UNIÃO ESTÁVEL. DEMONSTRAÇÃO DOS REQUISITOS DO ART. 1.723 DO CÓDIGO CIVIL. PARTILHA DE BENS. MANUTENÇÃO DA SENTENÇA. INDENIZAÇÃO POR DANO MORAL, EM VIRTUDE DE VIOLÊNCIA DOMÉSTICA. CABIMENTO. ÔNUS DE SUCUMBÊNCIA. REDIMENSIONAMENTO. 1. Demonstrados os elementos caracte-

Carlos Roberto Gonçalves, ao comentar o art. 949 do Código Civil, afirma que, no caso de haver lesões corporais leves, de natureza transitória, que não deixam marcas, as despesas de tratamento serão pagas pelo causador do dano, inclusive os lucros cessantes, em existindo, também são devidos. Além do mais, os danos imateriais também podem ser pleiteados com base no dispositivo comentado.[268]

Ao contrário do Código Civil anterior, que trazia a lesão grave, a atual codificação trata a lesão corporal de forma genérica, em seu art. 949 anteriormente referido. Portanto, a norma atual contempla tanto a lesão de natureza leve quanto a lesão de natureza grave, prevendo, ainda, lucros cessantes, despesas de tratamento médico, além de outros prejuízos que o lesado prove ter sofrido.[269]

Mas há casos em que a violência doméstica se estende aos filhos, além da esposa ou companheira. De tal sorte que a reparação por danos extrapatrimoniais também deve abranger estes tipos de situações. No caso em tela, restou comprovado que "[...] a violência doméstica praticada pelo varão contra a ex-mulher e os filhos do casal, o dano moral, via de regra, constitui decorrência lógica de tal atitude; devendo, pois, ser indenizado".[270]

---

rizadores essenciais da alegada união estável entre a autora e o réu, quais sejam, publicidade, continuidade, estabilidade e objetivo de constituição de família (art. 1.723 do Código Civil), correto o reconhecimento havido na origem. 2. Nada a reparar na sentença que determinou a partilha de 15% do valor decorrente da edificação da casa (7,5% para cada uma das partes), adequadamente levando em consideração os recursos provenientes de sub-rogação, de doações e de herança paterna do recorrente, bem como dos bens móveis e eletrodomésticos adquiridos no período de 01.01.2005 a 16.11.2007. 3. Na espécie, demonstrado o nexo de causalidade entre a conduta do recorrente e o dano sofrido pela recorrida, restou caracterizado ato ilícito passível de indenização, consistente em agressão física perpetrada pelo varão contra o rosto de sua mulher, de que resultou fratura e prejuízo a reparo estético anteriormente realizado. 4. Considerado o decaimento experimentado pela autora, impõe-se a redistribuição da sucumbência, possibilitada a compensação de honorários advocatícios, nos termos da orientação da Súmula nº 306 do Superior Tribunal de Justiça. APELAÇÃO PARCIALMENTE PROVIDA. (BRASIL. Tribunal de Justiça do Rio Grande do Sul. Oitava Câmara Cível.Apelação Cível nº 70045456266. Rel. Des: Ricardo Moreira Lins Pastl. Julgado em :29/03/2012. Disponível em:<http://www.tjrs.jus.br/busca/?q=viol%EAncia+dom%E9stica+e+danos+morais&tb=jurisnova&pesq=ementario&partialfields=tribunal%3ATribunal%2520de%2520Justi%25C3%25A7a%2520do%2520RS.%28TipoDecisao%3Aac%25C3%25B3rd%25C3%25A3o%7CTipoDecisao%3Amonocr%25C3%25A1tica%7CTipoDecisao%3Anull%29&requiredfields=&as_q=>. Acesso em: 15 abr. 2013).

[268] GONÇALVES, Carlos Roberto. *Direito Civil brasileiro*, v. 4: responsabilidade civil. 8. ed. São Paulo: Saraiva, 2013, p. 447-448.

[269] Idem, p. 448.

[270] REGIME DA SEPARAÇÃO TOTAL DE BENS. PROVA DE ESFORÇO COMUM NA AQUISIÇÃO DO PATRIMÔNIO. NECESSIDADE DE RECONHECIMENTO DE DIREITOS. VEDAÇÃO DO ENRIQUECIMENTO ILÍCITO. Em que pese as partes tenham adotado o regime da separação total de bens, revela-se impositivo reconhecer à virago direito a montante correspondente a 50% do patrimônio amealhado na vigência do casamento, porquanto manifestamente comprovada sua efetiva contribuição para a aquisição dos bens, sob pena de enriquecimento ilícito de um cônjuge em detrimento do outro. VIOLÊNCIA DOMÉSTICA. DANO MORAL. Comprova-

Inclusive, a própria Lei Maria da Penha protege a ofensa a danos de natureza extrapatrimonial, conforme decisão do Superior Tribunal de Justiça.[271]

4.6. Responsabilidade Civil pelo rompimento da relação, a promessa de casamento e o Direito comparado

O capítulo em questão tem por objetivo o estudo referente ao instituto das esponsais[272] e relacioná-lo com o Direito brasileiro e com o Direito comparado (no sentido de apuração da Responsabilidade Civil), fazendo um paralelo com as decisões de nossos tribunais que, como veremos, embora tal matéria não seja prevista pelo Código Civil de 2002, desdobramentos e consequências muitos importantes são verificados a partir do rompimento do noivado, do casamento, conforme expressam alguns julgamentos, bem como a doutrina, mais a seguir trazida e analisada.

---

da a violência doméstica praticada pelo varão contra a ex-mulher e os filhos do casal, o dano moral, via de regra, constitui decorrência lógica de tal atitude; devendo, pois, ser indenizado. ALIMENTOS DEVIDOS À EX-CÔNJUGE. Faz jus a alimentos a mulher que, atualmente com 51 anos de idade, não tem formação profissional e, durante todo o casamento, dedicou-se diuturnamente às empresas familiares que atualmente se encontram sob a administração exclusiva do varão. Por maioria, provido em parte o apelo da virago, vencido o Des. Ricardo Raupp Ruschel, que o provia em menor extensão. À unanimidade, desprovido o apelo do varão e decretado o divórcio das partes. (SEGREDO DE JUSTIÇA) (BRASIL. Tribunal de Justiça do Rio Grande do Sul. Sétima Câmara Cível. Apelação Cível nº 70016610651, Sétima Câmara Cível. Rel. Desa. Maria Berenice Dias. Julgado em: 11/04/2007. Disponível em: http://www.tjrs.jus.br/busca/?q=viol%EAncia+dom%E9stica+e+danos+morais&tb=jurisnova&pesq=ementario&partialfields=tribunal%3ATribunal%2520de%2520Justi%25C3%25A7a%2520do%2520RS.%28TipoDecisao%3Aac%25C3%25B3rd%25C3%25A3o%7CTipoDecisao%3Amonocr%25C3%25A1tica%7CTipoDecisao%3Anull%29&requiredfields=&as_q=&ini=20. Acesso em: 15 abr. 2013).

[271] *HABEAS CORPUS*. PROCESSUAL PENAL. ART. 129, § 9º, DO CÓDIGO PENAL. CRIME PRATICADO CONTRA CUNHADA DO RÉU. INCIDÊNCIA DA LEI MARIA DA PENHA. ART. 5º, INCISO II, DA LEI Nº 11.340/06. ORDEM DENEGADA. 1. A Lei nº 11.340/2006, denominada Lei Maria da Penha, tem o intuito de proteger a mulher da violência doméstica e familiar que lhe cause morte, lesão, sofrimento físico, sexual ou psicológico e dano moral ou patrimonial, sendo que o crime deve ser cometido no âmbito da unidade doméstica, da família ou em qualquer relação íntima de afeto. 2. Na espécie, apurou-se que a Vítima, irmã da companheira do Acusado, vivendo há mais de um ano com o casal sob o mesmo teto, foi agredida por ele. 3. Nesse contexto, inarredável concluir pela incidência da Lei nº 11.343/06, tendo em vista a ocorrência de ação baseada no gênero causadora de sofrimento físico no âmbito da família, nos termos expressos do art. 5º, inciso II, da mencionada legislação. 4. "Para a configuração de violência doméstica, basta que estejam presentes as hipóteses previstas no artigo 5º da Lei 11.343/2006 (Lei Maria da Penha) (...)" (BRASIL. Superior Tribunal de Justiça. Quinta Turma. HC 115.857/MG. Rel. Min. Jane Silva (Desembargadora Convocada do TJ/MG), DJe de 02/02/2009). 5. Ordem denegada. HC nº 172634/DF. Rel. Min: Laurita Vaz. Julgado em: 06/03/2012. Disponível em: <https://ww2.stj.jus.br/revistaeletronica/Abre_Documento.asp?sSeq=1128131&sReg=201000875350&sData=20120319&formato=HTML>. Acesso em: 26 mar. 2014).

[272] O presente tópico já foi objeto de artigo por nós elaborado e publicado na *Revista Jurídica* nº 404, Junho/2011, p. 61-74.

As relações envolvendo a promessa de casamento estão espalhadas por todo o planeta, bem como enraizadas culturalmente nos seres humanos, desde os mais primitivos povos até as sociedades mais modernas. De modo que importantíssima é a sua análise, bem como o estudo dos aspectos jurídicos que as cercam, como a responsabilidade, seja patrimonial ou extrapatrimonial, quando verificado determinado tipo de rompimento.

Inicialmente, para elucidarmos o assunto, necessário trazer ao presente estudo o conceito de Esponsais para, em um segundo momento, analisarmos o contexto histórico do surgimento do instituto.

São os esponsais a popular denominação de noivado, podendo ser definido, então, como a promessa recíproca entre homem e mulher para se casarem, em determinado prazo.[273] Segundo os ensinamentos de Paulo Nader, os esponsais são a referência e a promessa de futuras núpcias.[274]

Pela relevância que tem o casamento em seu aspecto social e particular, e também a sua importância como instituição, é solene o negócio jurídico que o institui, exigindo dos nubentes a declaração formal da vontade, perante o representante do Estado. Mas, por outro lado, antes da celebração do ato, é prática comum e costumeira entre os pretendentes a cerimônia da promessa de casamento. Fato social, assim, enraizado nos costumes de nossas vidas.[275]

Continuando, homem e mulher declaram a sua pretensão, perante as suas famílias reunidas, de, em um determinado momento, que se frise, não exige prazo definido, prefixado, casarem-se.

É o noivado, de terminologia jurídica, esponsais. Tal período é destinado ao melhor conhecimento da personalidade do casal e à preparação das bodas. Mister referir, também, que a tal promessa pode subsistir ainda, em razão de outras evidências, que não a cerimônia, quando esta não ocorrer, tais como ações de ambos os pretendentes no sentido de futura união. Por não ser instituição jurídica, a celebração dos esponsais não depende de qualquer requisito ou capacidade. E não se trata de um negócio jurídico, bem como não previsto no ordenamento jurídico pátrio, embora relevante para o mundo jurídico.[276]

---

[273] MONTEIRO, Washington de Barros. *Curso de direito civil*, v. 2. Direito de Família. 38. ed. São Paulo: Saraiva, 2007, p. 69.

[274] NADER, Paulo. *Curso de direito civil*, v. 5, Direito de Família. 3. ed. Rio de Janeiro: Forense, 2006, p. 50-51.

[275] Ibidem.

[276] Idem, p. 51.

No Direito Romano, preliminarmente ao casamento, já havia a figura dos esponsais, que eram firmados diretamente pelos noivos ou pelo *pater familias*. Na época de Justiniano, exigia-se, como requisito, apenas a idade mínima de sete anos, enquanto no Direito Clássico, bastava apenas o discernimento. De modo que, nesta fase, não poderia haver a desistência unilateral de um dos noivos para assumir outro compromisso, sob pena de infâmia. Portanto, para o término da relação, se aceito, era necessário o consentimento do homem e da mulher. A infidelidade passou a caracterizar o adultério, e o injuriado podia valer-se da *actio iniuriarum*, em decorrência da influência dos ideais cristãos e orientais que permeavam à época.[277]

Washington Monteiro de Barros acrescenta que o contrato era verbal, denominado *sponsio*, e que o seu rompimento autorizava a interposição de ação postulando perdas e danos em razão do fato ocorrido. A denominada *actio de sponsu*.[278]

Segundo Pontes de Miranda, a simples existência da *copula carnalis* transformava os esponsais em casamento, sem que fosse relevante qualquer manifestação de vontade, situação esta verificada, de acordo com o notável autor, em um primeiro momento da história do Direito Romano. Em todo o caso, o Direito Canônico procurava explicações que fugissem aos dados históricos. É que já havia se considerado elemento essencial o *consensum de praesenti*, de modo que se solvia a dificuldade recorrendo-se à ideia de casamentos presumidos, presunção absoluta, com a intenção assim a de tirar à cópula, ainda que forçada, todo o caráter de fornicação.[279] O Direito Canônico também autoriza a ação de perdas e danos pela quebra das esponsais, pela chamada ação *reparatio damnorum*.[280]

Já no Direito brasileiro, as esponsais foram previstas pela Lei de 6 de outubro de 1784 e pela Consolidação das Leis Civis, de 1858, elaboradas por Teixeira de Freitas. Mediante a escritura pública era que se formalizava o negócio jurídico, no qual os pais de ambos os pretendentes deveriam comparecer, ainda que no caso de maiores de vinte e um anos de idade. E, mesmo com a recusa dos pais, ainda assim poderia ser realizada a celebração desde que satisfeito o ofício de obediência e respeito entre os pretendentes. O artigo 86 previa a incidência de multa

[277] NADER, Paulo. *Curso de direito civil*, v. 5, Direito de Família. 3. ed. Rio de Janeiro: Forense, 2006, p. 51

[278] MONTEIRO, Washington de Barros. *Curso de direito civil*, v. 2, Direito de Família. 38. ed. São Paulo: Saraiva, 2007, p. 69.

[279] PONTES DE MIRANDA, Francisco Cavalcanti. *Tratado de Direito de Família*. Campinas: Book-Seller, 2001, p. 87.

[280] Ibidem.

para a hipótese de injusto repúdio. Na falta de estipulação, caberia ao juiz apreciar as perdas, mediante o prudente arbítrio, considerando as circunstâncias do ato de desistência. Ou seja, o juiz decidia por equidade.[281]

Celebrados os esponsais, a escritura era encaminhada ao juiz, em segredo de Justiça, e, de acordo com o artigo 83, aquele poderia conceder ou denegar a licença. Após o período de seis meses depois da sentença, os autos eram queimados. A prática era a de que somente em situações de pactos matrimoniais firmados entre os pretendentes usavam-se as escrituras.[282]

Na parte Dos Contratos de Casamento, foram confirmados os esponsais: artigos 1.237 a 1.253. Além de esponsalícios, poderiam também incluir em seu objeto a instituição do regime de bens, doações entre os esponsais sobre bens presentes ou futuros e quaisquer outros acordos não vedados em lei e não atentatórios aos costumes, como previa o artigo 1.231.[283]

Trazendo o instituto das esponsais para o período mais recente de nossa história, tanto o Código Civil de 1916 como o de 2002 não estabeleceram qualquer norma explícita a respeito do tema. De modo que tal prática é inserida apenas no âmbito dos costumes e das tradições. O acordo que firmam os pretendentes, por si só, não tem o condão de induzir à prática matrimonial. Para o matrimônio, este deve resultar de livre manifestação de consciência, sem qualquer influência que possa macular a pureza das declarações dos pretendentes, pois, assim, a promessa não é ato negocial ou contrato preliminar, que obrigaria a um principal em breve. Uma vida cercada de comunhão e amor, mesmo que na expectativa gerada pelos esponsais, não pode ser comparada, por exemplo, às obrigações de fazer. Pois, não há como se impor ao esponsal a prática prometida se não subsiste o elo de afetividade e o desejo íntimo de se estabelecer um consórcio de vida. Além do mais, a natureza jurídica do casamento não constitui um contrato, porque, entre outras razões, não espelha conteúdo econômico, embora não se possa desconsiderar a questão patrimonial. Portanto, não se enquadra nos artigos 462 a 464 do Código Civil de 2002.[284]

Por outro lado, como visto, embora não constitua negócio jurídico, os fatos atinentes à promessa de casamento podem sim caracterizar

---

[281] NADER, Paulo. *Curso de direito civil*, v. 5, Direito de Família. 3. ed. Rio de Janeiro: Forense, 2006, p. 52.

[282] Ibidem.

[283] Ibidem

[284] Idem, p. 53.

ato ilícito e, como consequência, passível a reparação através do ajuizamento de ação de perdas e danos, extrapatrimoniais e materiais. Assim, conforme a forma em que se rompeu o noivado, possível que o fato ensejador da ruptura reúna os requisitos que caracterizem o ilícito civil, previsto no art. 186 do Código Civil atual. De modo que, para tanto, a responsabilidade a ser apurada é a subjetiva, impondo-se ao noivo(a) preterido(a) o ônus da prova, o qual cumpre demonstrar: a) a existência dos esponsais; b) o rompimento da promessa pelo consorte; c) os danos sofridos. Para a reparação, deve ser feita a prova de que a ruptura não decorreu de justo motivo, bem como a demonstração de existência de danos imateriais e ou materiais.[285]

Por se tratar de questão inerente ao Direito de Família, mas, como já referido, não sofrer medidas protetivas e reguladoras, expressamente, a questão pode ser resolvida, também, no campo do direito das obrigações. Assim, desde que inofensivo aos bons costumes, não há óbice, no Direito brasileiro das obrigações, o contrato esponsalício e, dependendo das circunstâncias que o cercar, a indenização por ato ilícito, como bem mencionamos.[286]

É inerente a dor do ser humano quando do término de um relacionamento, ainda mais no caso de noivado, em que as expectativas acerca do casamento são grandes, sejam elas, além dos noivos, como de parentes, amigos; enfim, a sociedade como um todo. No entanto, rompida a relação, a questão patrimonial envolvida deve ser resolvida, posto que recursos foram colocados à disposição para uma situação futura que não mais irá acontecer, qual seja, a do casamento. Como vimos, o noivado, embora cause expectativas, não obriga ao casamento.

Mas embora o ordenamento jurídico brasileiro há muito não trate dos esponsais, questão relevante, também, é a do abandono do noivo (a) na porta da igreja, ou então às vésperas da celebração. Não está a se negar que a dor e o sofrimento não sejam intensos e profundos, mas, ainda assim, não são sentimentos que se comportam no conceito jurídico de dano extrapatrimonial, segundo Maria Berenice Dias. De modo que, quando rompido um noivado, tais consequências são restritas a um sentimento de vontade de casar que cessou. Todavia, quando tal fato ocorre às vésperas da celebração ou até às portas da igreja, situação completamente diversa se apresenta.[287] De igual modo, deve ser

[285] NADER, Paulo. *Curso de direito civil*, v. 5, Direito de Família. 3. ed. Rio de Janeiro: Forense, 2006, p. 53.

[286] PONTES DE. MIRANDA, Francisco Cavalcanti. *Tratado de Direito de Família.* Campinas: Book-Seller, 2001, p. 86-87.

[287] DIAS, Maria Berenice. *Manual de direito das famílias.* São Paulo: 6. ed. Revista dos Tribunais, 2010, p. 124.

comprovada a relação de causa e efeito entre culpa e prejuízo, impondo ao lesado que a resolução da promessa de casamento foi determinante para o resultado lesivo.[288]

Como pudemos observar, o Direito brasileiro, com exceção às longínquas Ordenações, não trata da matéria de modo expresso, quer no anterior Código Civil, quer no atual. Entretanto, como passaremos a ver, a doutrina estrangeira preocupa-se com o instituto em questão, e inseriu em suas codificações, legislação acerca da matéria.

Iniciando pela Alemanha, este país, em seu Código Civil de 1896, mais precisamente em seus arts. 1.297 a 1.302, tratou do instituto. Embora os esponsais não obriguem ao casamento e nem obriguem a eventual cláusula penal, aquele ordenamento jurídico abre a possibilidade de o pretendente postular reparação quando o outro descumpre, sem justo motivo, a promessa. E os legitimados, além do lesado, podem ser os pais ou terceiro que, no lugar destes, efetuaram as despesas inerentes à celebração e/ou ajuda aos pretendentes. A obrigação subsiste, ainda, ao esponsal que der causa à desistência. Em havendo coabitação durante o período de noivado, o esponsal prejudicado poderá postular indenização a título de danos imateriais e, quanto às doações recebidas em razão da promessa, ambos os noivos podem pedir a restituição dos bens. Lembrando que o prazo prescricional é de dois anos.[289]

No mesmo sentido, o Código Civil italiano trata da matéria, em seus artigos 79 a 81. Igualmente ao Código alemão, não obriga ao casamento as esponsais, tampouco impõe cláusula penal. Permite a legislação o pedido de devolução das doações realizadas em razão da promessa, impondo-se prazo decadencial de um ano, contado a partir do momento da efetivação da recusa ao casamento. Refere ainda que, desde que a promessa tenha se dado por escritura pública, o noivo preterido poderá pleitear, no prazo de um ano da recusa, *"risarcimento dei danni"*, independentemente da configuração de dolo ou culpa. Por último, a questão quanto ao ressarcimento das despesas, o limite leva em consideração as condições das partes, sujeitando-se à obrigação não apenas quem rompe o noivado, mas ainda quem dá motivo para a desistência do outro.[290]

É a orientação geral do Código Civil português, de 1966, pelos artigos 1.561 a 1.595, a mesma dos Códigos civis alemão e italiano. Contudo, alguma regras são acrescentadas quanto à restituição, em caso de

---

[288] RIZZARDO, Arnaldo. *Direito de Família*. 4. ed. Rio de Janeiro: Forense, 2006, p. 929.

[289] NADER, Paulo. *Curso de direito civil*, v. 5, Direito de Família. 3. ed. Rio de Janeiro: Forense, 2006, p. 56.

[290] Ibidem.

morte de um dos esponsais, a saber: a) quem sobreviveu não se obriga à devolução dos bens recebidos, todavia, fica impedido de reaver as que fizera; b) é possível a conservação dos retratos e correspondências que estavam em seu poder e exigir as que estavam com o *de cujus*; c) o direito de indenização caberá ao preterido, quando sem justa causa, pelos seus pais ou quem arcou com as despesas do casamento; d) também é cabível o ressarcimento quando não se realiza o casamento pela incapacidade de um dos noivos, dolo de sua parte ou de seus pais. O prazo decadencial para a propositura da ação é de um ano.[291]

O Código Civil peruano, de 1984, em seus artigos 239 e 240, também segue as orientações das codificações aqui mencionadas. Ainda, inclui a possibilidade de, sendo impossível a restituição das doações revogadas, esta será feita por espécie.[292] Por último, o Código Canônico de Direito de 1983, no cânon 1.062, § 2º, dispõe que não cabe ação da promessa de matrimônio para exigir a sua celebração; entretanto, cabe ação de reparação dos danos, quando devida.[293]

Superadas as questões atinentes aos esponsais, como conceito, evolução histórica, a doutrina e legislação brasileira, bem como o enfrentamento da matéria pelo Direito comparado, interessante explicitar alguns posicionamentos de nossos tribunais. Assim, por questões didáticas, escolhermos iniciar a referida análise através de decisões que não autorizam o deferimento de reparações.

A primeira decisão a ser estudada determinou a partilha, em igual proporção, referentes aos bens adquiridos no período de conduta. No entanto, quanto ao dano extrapatrimonial, em que pese não desconsiderados os sentimentos de dor e humilhação sofridos pela noiva, ponderou o julgamento que esses se restringem ao estado de espírito humano, de modo que não passíveis de qualquer reparação.[294]

---

291 NADER, Paulo. *Curso de direito civil*, v. 5, Direito de Família. 3. ed. Rio de Janeiro: Forense, 2006, p. 56.

292 Ibidem.

293 Ibidem.

294 CIVIL. ROMPIMENTO DE NOIVADO. ESPONSAIS. RESPONSABILIDADE CIVIL. ATO ILÍCITO. DIREITO À LIBERDADE E À AUTONOMIA DA VONTADE. BOA-FÉ OBJETIVA. DANOS MATERIAIS E MORAIS. DEVERES DOS CÔNJUGES. 1. O ordenamento jurídico pátrio nada dispõe sobre os esponsais, incumbindo à teoria da responsabilidade civil regular eventuais conflitos que se atinam à promessa de casamento. 2. A análise da responsabilidade civil deve perpassar por três elementos: conduta comissiva ou omissiva de ato ilícito, dano e nexo causal. 3. A ruptura da promessa de casamento, por si só, não configura ato ilícito, pois consiste em expressão do direito fundamental à liberdade e à autonomia da vontade, conforme art. 1.514, 1.535 e 1.538 do Diploma Civil de 2002. 4. Porém, o direito à liberdade e à autonomia da vontade não configura o único bem jurídico contido na promessa de casamento, devendo ser ponderado, à luz do princípio da boa fé objetiva, com eventuais direitos patrimoniais e morais lesados em razão de seu exercício. 5. O dano material consiste na "lesão concreta que afeta um interesse relativo ao patrimônio da vítima consistente na perda ou deterioração, total ou parcial, dos bens materiais que lhe pertencem". No caso

No próximo caso, a situação fática dos pretendentes, embora noivos, de não residirem juntos, também levam à inexistência de efeitos jurídicos aos esponsais.[295]

Neste outro julgamento, o indeferimento de danos imateriais pelo rompimento do noivado, mesmo que sério, prolongado e causador de expectativas de futuro casamento, tanto ao preterido como nos seus familiares, considerou que o caso é mero fato da vida. E, quando inexistente violência física, moral, ofensa à honra e dignidade da pessoa, não há como o Judiciário intervir na manifestação de vontade das pessoas.[296]

---

vertente, presumidas a capacidade civil, a normalidade do estado psíquico e a boa-fé e de ambas as partes, que consentiram, com antecipação, em contrair matrimônio, que não ocorreu em razão de decisão do apelado por motivo de mero desentendimento, inconteste o abuso do direito de liberdade e de autonomia da vontade, e, portanto, a ilicitude do ato do apelado, conforme art. 187 do Diploma Civil de 2002. Logo, em razão do benefício que ambas as partes iriam obter da festa do casamento e do apartamento em que iriam residir, mister que as despesas referentes ao matrimônio, à sua celebração e à vida conjugal, no período em que houve consenso, sejam compartilhadas entre as p artes, sob pena de enriquecimento ilícito do apelado 6. O dano moral consiste na ofensa injusta de bens jurídicos extrapatrimoniais da pessoa, ou seja, aqueles de valor patrimonial não quantificável, mas valores outros tutelados juridicamente, o que enseja indenização. 7. Não restam dúvidas sobre o sentimento de dor e de humilhação da apelada. No entanto, tais sentimentos não configuram dano moral, mas estados de espírito consequentes do dano, variáveis em cada pessoa. Fazem jus à indenização por danos morais aqueles que demonstrarem haverem sido privados de um bem jurídico sobre o qual teriam interesse reconhecido juridicamente. 8. Mesmo após reconhecidas outras entidades familiares, como a união estável, a legislação infraconstitucional confere ao casamento segurança jurídica distinta, o que é observado, *verbi gratia*, no que diz respeito à sucessão *mortis causa*. Essa a razão por que se exige maior formalidade e se impõem obrigações aos noivos/casados, desde a constituição da sociedade conjugal, devendo apresentar habilitação para o casamento, até sua dissolução, devendo obedecer a períodos mínimos de separação de fato e outros requisitos para o divórcio. Tamanha importância jurídica justifica-se por exigir-se, de ambas as partes, capazes, máxima vontade e certeza da decisão de contrair matrimônio, instituto que possui implicações em todos os âmbitos da vida de cada indivíduo, até mesmo antes de concretizar. 9. Deu-se parcial provimento ao apelo, para condenar, com fundamento no princípio da boa-fé objetiva, o recorrido ao pagamento da metade das despesas realizadas para a celebração do casamento e o início da vida conjugal pela apelante. Em razão da procedência parcial do pedido, condenou-se o apelado ao pagamento das custas processuais e dos honorários advocatícios, atentando-se para os preceitos da Lei nº 1.060/50. No restante, manteve-se incólume a r. Sentença. Conhecer e dar parcial provimento, unânime. (BRASIL. Tribunal de Justiça do Distrito Federal e dos Territórios. Primeira Turma Cível. Apelação Cível nº 1181969200880700005. Rel. Des. Flávio Rostirola.. Julgado em: 10/03/2010. Disponível em: <http://www.Jusbrasil.Com.Br/jurisprudencia/8533386/apelacao-civel-apl-11819692008807005-df-0011819-6920088070005-tjdf>. Acesso em: 18 set. 2010).

295 DIREITO CIVIL. DIREITO DE FAMÍLIA. UNIÃO ESTÁVEL ENTRE NOIVOS RESIDENTES EM ENDEREÇOS DISTINTOS. O Direito Civil brasileiro não reconhece efeito jurídico aos esponsais, ainda que estabelecido o noivado com um certo grau de estabilidade. No noivado não comparecem os pressupostos da união estável, que se caracteriza pela convivência diária, prolongada, com dedicação recíproca e colaboração de ambos os companheiros no sustento do lar. Negar provimento, unânime (Apelacao Civel nº 20070610033393 DF, Relator: Waldir Leôncio Júnior, 2ª Turma Cível, julgado em 27/08/2008). Disponível em: <http://www.jusbrasil.com.br/jurisprudencia/2483764/apelacao-civel-apc-20070610033393-df-tjdf>. Acesso em 18 set. 2010.

296 DANO MORAL. INDENIZAÇÃO. ROMPIMENTO DE NOIVADO PROLONGADO. 1. Não se pode desconhecer que inúmeros fatos da vida são suscetíveis de provocar dor, de impor sofrimento, nem se olvida que qualquer sentimento não correspondido pode produzir mágoas e decepção. E nada impede que as pessoas, livremente, possam alterar suas rotas de vida, quer antes, quer mesmo depois de casadas. 2. Descabe indenização por dano moral decorrente da ruptura, quan-

No mesmo sentido, igual decisão.[297] Por outro lado, veremos decisões que autorizam a indenização por danos materiais[298] e também extrapatrimoniais. "Os constrangimentos pelos quais a noiva passou ultrapassam os meros dissabores, comuns aos fatos cotidianos, dentre outros argumentos pelo Relator, serviram de fundamentação para a condenação referida".[299] No mesmo sentido, julgamento que analisou a ruptura

---

do o fato não é marcado por episódio de violência física ou moral e também não houve ofensa contra a honra ou a dignidade da pessoa. 3. Não tem maior relevância o fato do namoro ter sido prolongado, sério, ter havido relacionamento próximo com a família e a ruptura ter causado abalo emocional, pois são fatos próprios da vida. Recurso desprovido. (BRASIL. Tribunal de Justiça do Rio Grande do Sul. Sétima Câmara Cível. Apelação Cível nº 70012349718. Rela. Des: Sergio Fernando de Vasconcellos Chaves. Julgado em: 07/12/2005). Disponível em: <http://google8.tjrs.jus.br/search?q=cache:www1.tjrs.jus.br/site_php/consulta/consulta_processo.php%3Fnome_comarca%3DTribunal%2Bde%2BJusti%25E7a%26versao%3D%26versao_fonetica%3D1%26tipo%3D1%26id_comarca%3D700%26num_processo_mask%3D70012349718%26num_processo%3D70012349718%26codEmenta%3D1269468+DANO+MORAL.+INDENIZA%C3%87%C3%83O.+ROMPIMENTO+DE+NOIVADO+PROLONGADO.&site=ementario&client=buscaTJ&access=p&ie=UTF-8&proxystylesheet=buscaTJ&output=xml_no_dtd&oe=UTF-8&numProc=70012349718&comarca=Santa+Maria&dtJulg=07-12-2005&relator=S%E9rgio+Fernando+de+Vasconcellos+Chaves>. Acesso em: 19 set. 2010).

297 RESPONSABILIDADE CIVIL. DANO MATERIAL E MORAL. ROMPIMENTO DE NOIVADO. Preliminar de incompetência recursal rejeitada. Voto vencido. A ruptura do compromisso de casamento somente dá direito ao ressarcimento do dano material quando houver demonstração de que a parte reclamante contribuiu para a aquisição dos bens. Caso em que a autora não produziu prova convincente nesse sentido. Embora inegável a dor e o sofrimento decorrentes do término do relacionamento afetivo e da frustração quanto ao enlace matrimonial, não há como imputar, ao réu, a prática de ato ilícito. O rompimento é decisão relacionada ao sentimento de cada pessoa, não cabendo ao Judiciário valorá-la. Apelo desprovido. (BRASIL.Tribunal de Justiça do Rio Grande do Sul. Quinta Câmara Cível. Apelação Cível nº 70006731715. Rela. Des: Leo Lima. Julgado em: 18/09/2003. Disponível em: <http://google8.tjrs.jus.br/search?q=cache:www1.tjrs.jus.br/site_php/consulta/consulta_processo.php%3Fnome_comarca%3DTribunal%2Bde%2BJusti%25E7a%26versao%3D%26versao_fonetica%3D1%26tipo%3D1%26id_comarca%3D700%26num_processo_mask%3D70006731715%26num_processo%3D70006731715%26codEmenta%3D702030+RESPONSABILIDADE+CIVIL.+DANO+MATERIAL+E+MORAL.+ROMPIMENTO+DE+NOIVADO.+&site=ementario&client=buscaTJ&access=p&ie=UTF-8&proxystylesheet=buscaTJ&output=xml_no_dtd&oe=UTF-8&numProc=70006731715&comarca=COMARCA+DE+CAXIAS+DO+SUL&dtJulg=18-09-2003&relator=Leo+Lima>. Acesso em: 19 set. 2010).

298 DOACAO ESPONSAIS. BENS ADQUIRIDOS POR UM DOS NOIVOS E GUARDADOS NA RESIDÊNCIA DO OUTRO. Rompido o noivado, devem ser restituidos ao adquirente os bens que, por sua natureza e destinação (fogao, refrigerador), encaminham-se a vida em comum. Aplicação da regra do Art. 1173 do Código Civil. Apelo improvido. (BRASIL. Tribunal de Alçada do Rio Grande do Sul. Terceira Câmara Cível. Apelação Cível nº 184022598. Rel. Des: Luiz Fernando Koch. Julgado em: 06/06/1984. Disponível em: <http://www.jusbrasil.com.br/jurisprudencia/5200266/apelacao-civel-ac-184022598-rs-tjrs>. Acesso em: 18 set. 2010).

299 RESPONSABILIDADE CIVIL – INDENIZAÇÃO – DANO MORAL – ARTIGO 5º INCISO V DA CARTA MAGNA – ROMPIMENTO DE RELACIONAMENTO AMOROSO – POSSIBILIDADE – LIGAÇÃO AFETUOSA E COM VISTAS A UM FUTURO CASAMENTO – CIRCUNSTÂNCIAS GRAVEMENTE INJURIOSAS ENVOLVIDAS – RUPTURA DESMOTIVADA – FATO QUE GERA A RESPONSABILIDADE CIVIL – RECURSO PROVIDO. A manifestação livre e espontânea da vontade dos noivos de se unirem formalmente. Inteligência do art. 1.514 do CC. 4. Impende destacar que a ruptura de noivado por si só não determina a responsabilidade do desistente, o que pode ensejar a reparação são as circunstâncias em que a outra parte foi comunicada de seu intento. 5. A prova produzida no feito atesta que a ruptura do noivado se deu em circunstâncias que causaram grandes dissabores e abalos à demandante. Inicialmente, insta destacar que os fatos se deram no dia do "chá

do noivado, concedendo a reparação por danos imateriais dadas as circunstâncias do caso.[300]

Pelo que se depreende da tarefa aqui desenvolvida, entendemos perfeitamente que os esponsais, embora expressamente não previstos em nosso ordenamento jurídico, podem sim ser considerados a título de reparação civil – tanto a título de danos patrimoniais como a título de danos imateriais –, dependendo das circunstâncias do caso concreto. Inclusive, algumas decisões aqui trazidas demonstram tal possibilidade.

Ora, evidente que a autonomia privada e os sentimentos que envolvem os casais devem prevalecer. Pois não é justo manter alguém preso *ad eternum* a determinada relação que não vê mais como promissora no sentido de entidade familiar e amor ao noivo (a). Pois o rompimento desta relação, quando pautado pela boa-fé, transparência e civilidade,

---

de panelas" da autora, o que demonstra a surpresa que tal notícia causou à requerente, bem como o sofrimento e a desesperança por esta suportados. 6. Ademais, os convites para o enlace matrimonial já haviam sido distribuídos, de sorte que a autora teve que comunicar a todos os convidados o cancelamento do casamento, bem como os motivos que o determinaram. 7. Prova testemunhal que foi uníssona em afirmar que a demandante ficou muito abalada e triste com o fim do relacionamento. 8. Ainda, não é difícil depreender a repercussão que tais fatos tiveram na pequena cidade de Tapes/RS. Frise-se que os constrangimentos pelos quais a noiva passou ultrapassam os meros dissabores, comuns aos fatos cotidianos. 9. Aliás, mostra-se imprudente a conduta adotada pelo réu, porquanto mesmo estando ciente de todos os preparativos para a festa de casamento, tais como a locação do vestido e do local para a realização do evento, a encomenda do bolo e da decoração, esperou para comunicar a decisão de rompimento poucos dias antes da data aprazada para a celebração. 10. No que tange à prova do dano moral, por se tratar de lesão imaterial, desnecessária a demonstração do prejuízo, na medida em que possui natureza compensatória, minimizando de forma indireta as consequências da conduta do réu, decorrendo aquele do próprio fato. Conduta abusiva do demandado que faz presumir os prejuízos alegados pela parte autora, é o denominado dano moral puro. 11. O valor a ser arbitrado a título de indenização por dano imaterial deve levar em conta o princípio da proporcionalidade, bem como as condições do ofendido, a capacidade econômica do ofensor, além da reprovabilidade da conduta ilícita praticada. Por fim, há que se ter presente que o ressarcimento do dano não se transforme em ganho desmesurado, importando em enriquecimento ilícito. 12. Quanto aos danos materiais, o demandado deverá ressarcir tão somente os gastos efetivamente comprovados pela autora pelos recibos das fls. 15/18 do presente feito. 13. No que concerne à quantia de R$ 400,00, que a demandante alega ter fornecido ao autor para a compra de materiais para a construção de uma peça de alvenaria para a moradia do casal, não veio aos autos qualquer prova sobre a entrega do referido montante, ônus que se impunha à demandante e do qual não se desincumbiu, a teor do que estabelece o art. 333, I, do CPC. 14. Por fim, quanto ao empréstimo realizado, da mesma forma, não há comprovação de que a integralidade dos valores foi utilizada nos preparativos da festa de casamento, sendo descabida a pretensão da apelante a este respeito. Dado parcial provimento ao apelo. (BRASIL. Tribunal de Justiça do Rio Grande do Sul. Quinta Câmara Cível. Apelação Cível nº 70027032440. Rel. Des: Jorge Luiz Lopes do Canto. Julgado em: 21/01/2009. Disponível em: <http://www1.tjrs.jus.br/busca/?tb=juris>. Acesso em 18 set. 2010).

[300] [...] 1. Produzindo-se dano que afeta a parte social da ofendida, seu patrimônio moral, como a honra, reputação, causando-lhe dor, tristeza, com privação da paz, da tranquilidade de espírito, impõe-se reparação do dano moral. 2. Evidenciadas circunstâncias gravemente injuriosas a envolver a ruptura de relacionamento amoroso, a mulher agravada em sua honra, pela promessa de casamento, tem direito a reparação do dano sofrido. (BRASIL. Tribunal de Alçada do Rio Grande do Sul. Primeira Câmara Cível.Apelação Cível nº 1413212 PR 0141321-2. Rel. Des: Lauro Augusto Fabrício de Melo. Julgado em :05/10/1999. Disponível em: <http://www.jusbrasil.com.br/jurisprudencia/6488607/apelacao-civel-ac-1413212-pr-0141321-2-tjpr/inteiro-teor>. Acesso em: 18 set. 2014).

em regras, não pode abrir precedentes compensatórios no campo do dano extrapatrimonial (em que pese abordaremos, mais a seguir, a questão da Responsabilidade Civil pelo ato lícito). E é claro que o patrimônio colocado na relação deve ser desfeito na proporcionalidade com a qual foi construído, mas ficando restrito apenas à esfera patrimonial.

Situação diversa, no entanto, é aquela em que uma das partes age com desrespeito ao outro. Quando a intenção é a de provocar uma expectativa desnecessária, de proceder em agressões físicas e psicológicas, de tentativa de enriquecimento sem causa ou qualquer atitude que fuja à normalidade das relações entre casais, aí sim se adentra à esfera da Responsabilidade Civil pelo cometimento de ato ilícito, no campo da lesão à dignidade da pessoa humana. De modo que, nesta seara, o lesado tem a sua disposição o Direito das Obrigações (danos patrimoniais) e a Responsabilidade Civil (danos extrapatrimoniais) para procurar socorrer-se dos fatos que o vitimaram, pela conduta do pretendente.

Entretanto, discordamos daquele posicionamento em que a dor sofrida em razão de sentimentos do coração não tem a mesma proteção jurídica do dano imaterial, não passando, inclusive, de estado de espírito, como vimos em uma das decisões aqui trazidas. Ora, não há como admitir tal tese, afinal, o sentimento inerente à condição humana é subjetivo, e está acima de qualquer questão legal. Devendo, sempre, ter a proteção jurídica, observado, é claro, o caso concreto.

Mesmo que respeitadas todas as teses no sentido de responsabilizar ou isentar a parte que rompe determinada relação, as questões que a envolvem são sim capazes de causar as mais profundas lesões no psicológico do ser humano, presente ou não a boa-fé daquele que rompeu a relação. E realmente são fatos sim da vida, mas, fatos esses que, para terem um mínimo de justificativa que afastem responsabilização civil na esfera extrapatrimonial, devem guardar relação de respeito, observância da boa-fé e das expectativas inerentes a um futuro casamento. Pode-se até refletir que tais reparações sejam exceções à regra, todavia, devem sim ser protegidas, quando de sua ocorrência.

Um sem-número de pessoas estão envolvidas nessas relações: noivos, familiares, padrinhos, madrinhas, amigos e, muitas vezes, até filhos, pois muitas uniões são celebradas e oficializadas em períodos após o nascimento daqueles.

Pudemos ver uma rápida abordagem do que a história do Direito Romano nos ensinou a respeito do tema, bem como o entendimento do ordenamento jurídico brasileiro e de algumas legislações estrangeiras que versam sobre as esponsais e eventual quebra.

É bem verdade que o instituto do casamento, na sociedade de hoje, parece não ter mais a força de outrora, em virtude do andamento das relações sociais. As uniões estáveis, por exemplo, estão aí para demonstrar tal situação. No entanto, aqueles que têm a consciência de casarem, de unirem-se, ou seja a denominação que for dada ao caso concreto, devem ter suas expectativas protegidas, assim como o Direito protege diversos institutos, tais como, por exemplo, a boa-fé, o grau de parentalidade e a solenidade da celebração do matrimônio, referindo-se, é claro, estritamente à esfera do casamento, para não fugir do tema aqui desenvolvido.

Portanto, os casos trazidos ao juiz é que devem ser considerados, respeitadas as situações pessoais e fáticas de cada situação, sob pena de, cada vez mais, a família, entidade elevada a caráter constitucional, não passar de mais um artigo previsto na Constituição Federal, quando deve-se revestir da mais da relevância com que deveria ser tratada.

Mas, especificamente em relação aos cônjuges e, de forma análoga, também às uniões estáveis, o Código Civil, em seu art. 1.566, V, impõe ao casal os deveres de respeito e consideração mútuos.[301] Nas palavras de Sergio Cavalieri Filho, em referência a Caio Mário da Silva Pereira:[302]

> Incluem-se neste dever, além da consideração social compatível com o ambiente e com a educação dos cônjuges, o dever negativo de não expor um ao outro a vexames e desrespeito. A elaboração jurisprudencial construiu assim a teoria dos *deveres implícitos*, que se distinguem dos atos de cortesia ou de assistência moral, dentre os quais destacam-se: o dever de sinceridade, o de respeito pela honra e dignidade própria e da família, o dever de não expor o outro cônjuge a companhia degradante, o de não conduzir a esposa a ambientes de baixa moral.

Finalizando este tópico, importantíssimas são as lições de Rosa Maria de Andrade Nery acerca do denominado contrato de noivado. Se é verdade que o Código Civil não mencione acerca do contrato referido, é possível que seja realizado como contrato atípico. De foma que se mostra possível que os interessados venham a juízo discutir o pacto em razão dos danos experimentados "[...] pelo rompimento unilateral da promessa de casamento", tais como despesas com a preparação da cerimônia, estrutura da nova família (bens móveis, imóveis, por exemplo), e ainda reparação pela denominada potência afetiva, como na hipótese de ruptura abrupta, abusiva, da relação, ou então pela promessa fraudulenta, não séria.[303] Vimos decisões que trataram de algumas destas possibilidades.

---

[301] Art. 1.566. São deveres de ambos os cônjuges: (...). V – respeito e consideração mútuos.

[302] CAVALIERI FILHO, Sergio. *Programa de responsabilidade civil.* 11. ed. São Paulo: Atlas, 2014, p. 108.

[303] NERY, Rosa Maria de Andrade. *Manual de direito civil*: família. NERY, Rosa Maria de Andrade; NERY JUNIOR, Nelson Nery (coord.). São Paulo: Revista dos Tribunais, 2014, p. 172.

4.7. Alimentos e o ressarcimento frente ao verdadeiro pai

Entendemos que aquele que paga alimentos no lugar do verdadeiro pai tem o direito ao devido ressarcimento, em face daquele. No caso, estamos tratando da Lei de nº 11.804/2008 (alimentos gravídicos). Todavia, a hipótese de ressarcimento, entendemos assim, pode ser aplicada em qualquer hipótese envolvendo as mais diversas espécies de alimentos. Antes, a conceituação deste instituto é necessária.[304]

Segundo Venosa, o termo *alimentos* pode ser, vulgarmente falando, como tudo aquilo necessário para a subsistência, advertindo, todavia, que tal concepção deve ser mais ampla, ou seja, os alimentos devem abranger também as outras necessidades essenciais da vida em sociedade.[305]

Embora o capítulo específico para o tema (artigos 1.694 a 1.710 do Código Civil) não defina o que se entende por alimentos, embora estes estejam mais vinculados ao Direito de Família, a definição legal vem contida no artigo 1.920 do Código Civil, dentro do direito das sucessões.[306]

Silvio Venosa esclarece que, tecnicamente, os alimentos consistem em todo o meio de subsistência e vivência do alimentando. Ainda, podem os alimentos decorrer dos princípios atinentes ao Direito de Família, em razão do parentesco ou do vínculo conjugal ou do companheirismo. Também podem ter por base uma condenação por responsabilidade extranegocial, e também podem ser objeto de disposição testamentária. Ponderando que toda definição legal é perigosa, Silvio Venosa alerta que, em relação ao artigo 1.920 em questão, deve-se buscar interpretar a vontade do legislador. De tal sorte que, em se tratando do tema alimentos, estes podem ser os mais amplos ou os mais restritos, do que colocado nos termos da disposição legal. Ainda, como os alimentos são restritos às necessidades de manutenção do alimentando, e de acordo com o seu padrão de vida, não há como se conceber pagamento, a título de alimentos, quando não existente a necessidade para tanto. É que se a intenção do testador é a de garantia única e exclusiva da subsistência ao alimentado (legatário), os interessados podem insurgir-se, requerendo a diminuição ou até o cancelamento do benefício, quando não houver mais necessidade, pelo beneficiário.[307]

Portanto, em se tratando do tema alimentos, juridicamente falando, o seu significado é mais amplo do que o sentido comum, haja vista

304 Adiantamos que o ressarcimento pode ocorrer em sede de tutela provisória/decisão com trânsito em julgado concedida também para as ações de alimentos, além dos gravídicos.

305 VENOSA, Silvio de Salvo. *Direito civil. Direito de Família.* 11. ed. São Paulo: Atlas, 2011, p. 357.

306 Art. 1920. O legado de alimentos abrange o sustento, a cura, o vestuário e a casa, enquanto o legatário viver, além da educação, se ele for menor.

307 VENOSA, Silvio de Salvo. *Código Civil interpretado.* São Paulo: Atlas, 2010, p. 1732.

que deve compreender, além da alimentação, o necessário à moradia, vestuário, assistência médica e instrução. E se traduzem em prestações periódicas fornecidas a alguém para suprir as suas necessidades, assegurando sua subsistência.[308]

E, quanto à divisão dos alimentos, aqueles podem ser: a) alimentos naturais ou necessários, eis que possuem alcance limitado, englobando apenas o estritamente necessário para a subsistência do ser humano; b) alimentos civis ou côngruos, ou seja, convenientes, eis que neles englobam os meios suficientes para a satisfação de outras necessidades do alimentando, e segundo as possibilidades do obrigado.[309] A previsão normativa encontra-se no artigo 1.694 do Código Civil.[310]

O Código Civil francês, ao se referir sobre os alimentos, utiliza-se das palavras *nourrir, entretenir et éléver*, em seu artigo 203, que significam, respectivamente, alimentar, manter e educar. Por sua vez, o Código português, abordando o tema, em seu artigo 2.003, assim refere: "Por alimentos entende-se tudo o que é indispensável ao sustento, habitação e vestuário. Os alimentos compreendem a educação do alimentando no caso de este ser menor".[311]

Continuando com os ensinamentos de Sílvio Venosa acerca do conceito de alimentos, assevera o autor que não existe, de forma substancial, divergência conceitual na doutrina e no ordenamento comparado, quanto ao conteúdo da expressão. E segue o Mestre referindo que, no Direito Romano Clássico, não era conhecida a concepção acerca de alimentos. Inclusive, a estrutura da família romana, sob a direção do *pater familias,* não permitia o reconhecimento de obrigação dessa natureza. Ressalta o doutrinador que não existe precisão histórica para definir quando a noção alimentícia passou a ser conhecida. No entanto, observa que, na época de Justiniano, era conhecida obrigação recíproca entre os ascendentes e os descendentes em linha reta, e que pode ser vista, assim, como ponto de partida. Por sua vez, o Direito Canônico alargou o conceito da obrigação alimentar. A legislação comparada regula a obrigação de prestar alimentos com extensão variada, segundo suas respectivas tradições e costumes.[312]

---

[308] VENOSA, Silvio de Salvo. *Direito civil. Direito de Família*. 11. ed. São Paulo: Atlas, 2011, p. 358.

[309] Ibidem.

[310] Art. 1.694. Podem os parentes, os cônjuges ou companheiros pedir uns aos outros os alimentos de que necessitem para viver de modo compatível com a sua condição social, inclusive para atender às necessidades de sua educação. § 1º Os alimentos devem ser fixados na proporção das necessidades do reclamante e dos recursos da pessoa obrigada. § 2º Os alimentos serão apenas os indispensáveis à subsistência, quando a situação de necessidade resultar de culpa de quem os pleiteia.

[311] VENOSA, op. cit., p. 358-359.

[312] Idem, p. 359.

Analisada a questão referente ao conceito de alimentos, passamos agora a enfrentar a chamada Lei dos Alimentos Gravídicos, passando por alguns dispositivos que entendemos merecer uma reflexão mais apurada, no sentido de contribuição e enriquecimento sobre o estudo.[313]

Em que pese a presente Lei determinar que, havendo indícios da paternidade, o juiz fixará alimentos, conforme determina o artigo 6º, o parágrafo único do artigo 2º prescreve que a mãe contribuirá para as despesas, na proporção dos seus recursos. Portanto, entendemos que relevante é a leitura do mencionado artigo, mas de forma prudente e cautelosa, eis que, como visto, a mãe também é obrigada a contribuir com as despesas inerentes à gravidez, na medida dos seus recursos. Assim, entendemos que, havendo prova sobre a capacidade contributiva da mãe, esta, necessariamente, deverá também arcar com os gastos, na medida de suas possibilidades, fato este que refletirá no arbitramento dos valores, em face do pai do nascituro.

Silvio Venosa, no entanto, alerta que, embora a lei trate de indícios que tornem possível a obrigação ao pai ou suposto pai, de pagar os alimentos, estes devem ser claros e veementes, não se podendo negar a ampla defesa ao suposto obrigado. Ainda, alerta que deve ser coibida a má-fé.[314]

Maria Berenice Dias, por sua vez, ao tratar do tema, invoca a Constituição Federal, como direito à vida (artigo 5º), o dever da família em assegurar aos filhos o direito à vida, à saúde, à alimentação (CF 227), encargos a serem exercidos de forma igual tanto pelo homem como pela mulher (CF 226, § 5º). Ainda, o Código Civil põe a salvo, desde a concepção, os direitos do nascituro. Adverte a jurista que o rol do artigo 2º não é taxativo, haja vista que o juiz pode levar em consideração outros fatores que ensejem outras despesas pertinentes, alertando,

---

[313] Art. 1º Esta Lei disciplina o direito de alimentos da mulher gestante e a forma como será exercido. Art. 2º Os alimentos de que trata esta Lei compreenderão os valores suficientes para cobrir as despesas adicionais do período de gravidez e que sejam dela decorrentes, da concepção ao parto, inclusive as referentes a alimentação especial, assistência médica e psicológica, exames complementares, internações, parto, medicamentos e demais prescrições preventivas e terapêuticas indispensáveis, a juízo do médico, além de outras que o juiz considere pertinentes. Parágrafo único. Os alimentos de que trata este artigo referem-se à parte das despesas que deverá ser custeada pelo futuro pai, considerando-se a contribuição que também deverá ser dada pela mulher grávida, na proporção dos recursos de ambos. (...) Art. 6º Convencido da existência de indícios da paternidade, o juiz fixará alimentos gravídicos que perdurarão até o nascimento da criança, sopesando as necessidades da parte autora e as possibilidades da parte ré. Parágrafo único. Após o nascimento com vida, os alimentos gravídicos ficam convertidos em pensão alimentícia em favor do menor até que uma das partes solicite a sua revisão. Art. 7º O réu será citado para apresentar resposta em 5 (cinco) dias. (...) Art. 11. Aplicam-se supletivamente nos processos regulados por esta Lei as disposições das Leis nºs 5.478, de 25 de julho de 1968, e Código de Processo Civil. Art. 12. Esta Lei entra em vigor na data de sua publicação.

[314] VENOSA, Silvio de Salvo. *Direito civil. Direito de Família.* 11. ed. São Paulo: Atlas, 2011, p. 374.

entretanto, que tais despesas sejam com a gravidez, e não todas as despesas da gestante.[315]

Há interesse público quando se fala em alimentos, pois a obrigação alimentar interessa ao Estado, à sociedade e à família.[316] Segundo Maria Berenice Dias, a legitimidade ativa para a ação é da gestante, e em nome próprio.[317]

Silvio Venosa, por sua vez, refere que a Lei em estudo inovou e alargou em matéria de alimentos, haja vista que permite e autoriza à gestante, através de sua pessoa, beneficiar de forma direta o nascituro, através dos alimentos gravídicos.[318]

Maria Helena Diniz, também comentando a Lei em questão e o tema sobre a legitimidade, assevera que, de forma indireta, o nascituro também é titular dos alimentos, eis que as verbas são, além de necessárias para que a gestante tenha uma gravidez saudável, também impositivas para a geração de um filho sadio.[319] O Superior Tribunal de Justiça, por sua vez, em ação de execução de alimentos, decidiu pela legitimidade ativa do Ministério Público.[320]

Por último, a Lei nº 8.069/90 (ECA – Estatuto da Criança e do Adolescente), em seu artigo 201, inciso III, autoriza o Ministério Público a ajuizar demandas de alimentos.[321]

---

[315] DIAS, Maria Berenice. *Manual de direito das famílias.* 6. ed. São Paulo: Revista dos Tribunais, 2010, p. 29.

[316] VENOSA, Silvio de Salvo. *Direito civil. Direito de Família.* 11. ed. São Paulo: Atlas, 2011, p. 359.

[317] DIAS, op. cit., p. 529.

[318] VENOSA, op. cit., p. 374.

[319] DINIZ, Maria Helena. *Curso de direito civil brasileiro.* 5. Direito de Família. 27. ed. São Paulo: Saraiva, p. 661.

[320] Direito civil e processual civil. Ação de execução de alimentos. Ministério público. Legitimidade ativa. É socialmente relevante e legítima a substituição processual extraordinária do Ministério Público, notadamente quando na defesa dos economicamente pobres, como também em virtude da precária ou inexistente assistência jurídica prestada pelas Defensorias Públicas. – Dado o caráter indisponível do direito a receber alimentos, em se tratando de criança ou adolescente, é legítima a atuação do Ministério Público como substituto processual em ação de execução de prestação alimentícia por descumprimento de acordo referendado pelo próprio Órgão Ministerial. – O tão só descumprimento de acordo de alimentos evidencia violação a direito da criança, que se vê privada do atendimento de suas necessidades básicas. Recurso Especial provido. (BRASIL. Superior Tribunal de Justiça. Terceira Turma. REsp nº 510969; PR. Rel. Min: Fátima Nancy Andrighi. Julgado em: 06/10/2005. Disponível em: <https://ww2.stj.jus.br/processo/revista/documento/mediado/?componente=ITA&sequencial=501098&num_registro=200300457455&data=20060306&formato=PDF>. Acesso em: 19 set. 2012).

[321] Art. 201. Compete ao Ministério Público: [...] III – promover e acompanhar as ações de alimentos e os procedimentos de suspensão e destituição do poder familiar, nomeação e remoção de tutores, curadores e guardiães, bem como oficiar em todos os demais procedimentos da competência da Justiça da Infância e da Juventude; [...].

Como se não bastasse, a questão quanto à legitimidade do Ministério Público em ações de alimentos foi decidida favoravelmente àquele Órgão. Podemos observar da página da Corte, no Facebook (processo não divulgado em razão da tramitação em segredo de justiça). Assim: "A opinião do ministro é que a legislação infraconstitucional que se propuser a disciplinar as funções do MP poderá apenas aumentar seu campo de atuação, mas nunca subtrair atribuições já existentes ou mesmo criar embaraços à realização de suas incumbências centrais, como a defesa dos interesses sociais e indisponíveis".[322]

---

322 MP é parte legítima para ajuizar ação de alimentos em favor de menores 28 de maio de 2014 às 14:16 O Ministério Público é parte legítima para ajuizar ação de alimentos e pode fazê-lo independentemente do exercício do poder familiar pelos pais, da existência de risco prevista no Estatuto da Criança e do Adolescente (ECA) ou da capacidade da Defensoria Pública de atuar em favor dos menores. A decisão é da Segunda Seção do Superior Tribunal de Justiça (STJ), ao julgar recurso repetitivo em que se discutia a possibilidade de o MP ajuizar ações que envolvem pensão alimentícia. O recurso foi afetado como repetitivo no STJ por sua relevância. Milhares de ações discutem a legitimidade do órgão ministerial para atuar em favor de menores em todo o país. No caso julgado, a ação foi ajuizada em favor de duas crianças, uma de quatro, outra de nove anos, na comarca de Livramento de Nossa Senhora (BA). O MP ingressou em juízo para que o réu contribuísse para o sustento dos filhos com meio salário mínimo. No julgamento em primeira instância, o juízo extinguiu o processo sem solução de mérito por entender que o órgão carecia de legitimidade ativa para a propositura da ação. Entendimentos divergentes. No próprio STJ não havia uniformidade sobre o tema. Segundo o relator do recurso, ministro Luis Felipe Salomão, alguns precedentes eram no sentido de haver legitimidade do MP sempre; outros afastavam essa legitimidade quando a criança ou o adolescente se encontrava em poder dos pais; e outros precedentes eram favoráveis à atuação do MP desde que o menor se achasse em situação de risco. A divergência entre os precedentes surgia da interpretação do artigo 201, inciso II, do ECA, segundo o qual compete ao MP "promover e acompanhar as ações de alimentos e os procedimentos de suspensão e destituição do pátrio poder familiar, nomeação e remoção de tutores, curadores e guardiães, bem como oficiar em todos os demais procedimentos da competência da Justiça da Infância e da Juventude". Segundo o ministro Salomão, os precedentes que negavam a legitimidade entendiam que esse artigo só se aplicaria nas hipóteses do artigo 98, que dispõe que as medidas de proteção são aplicáveis sempre que os direitos previstos no ECA forem violados ou ameaçados por ação ou omissão da sociedade ou do estado; por falta, omissão ou abuso dos pais ou responsáveis; ou em razão da conduta do menor. Constituição Para o ministro, a solução da matéria não pode se restringir à interpretação dos mencionados artigos porque envolve as atribuições de ente que ocupa posição estrutural no estado e porque se trata da tutela de interesses de "especialíssima grandeza", com os quais se preocupou a Constituição Federal. O artigo 127 da Constituição dispõe que o Ministério Público é "instituição permanente, essencial à função jurisdicional do estado, incumbindo-lhe a defesa da ordem jurídica, do regime democrático e dos interesses sociais e individuais indisponíveis". A opinião do ministro é que a legislação infraconstitucional que se propuser a disciplinar as funções do MP poderá apenas aumentar seu campo de atuação, mas nunca subtrair atribuições já existentes ou mesmo criar embaraços à realização de suas incumbências centrais, como a defesa dos interesses sociais e indisponíveis. É da própria Constituição que se extrai a competência do órgão para atuar em favor dos menores, quando ela afirma que é dever da família, da sociedade e do estado assegurar à criança e ao adolescente, com absoluta prioridade, o direito à vida, à saúde e à alimentação. "Não há como diferenciar os interesses dos envolvidos para que apenas alguns possam ser tutelados pela atuação do Ministério Público, atribuindo-lhe legitimidade, por exemplo, em ações que buscam tratamento médico de criança e subtraindo-lhe a legitimidade para ações de alimentos", disse o ministro. O entendimento da Seção é que a jurisprudência deve seguir uma linha que favoreça o desenvolvimento físico, mental, moral, espiritual e social da criança e do adolescente, em condições de liberdade e de dignidade. O número deste processo não é divulgado em razão de segredo judicial. Disponível em: <https://www.facebook.com/notes/superior-tribunal-de-justi%C3%A7a-stj/mp-%C3%A9-parte-leg%C3%ADtima-para-ajuizar-a%C3%A7%C3%A3o-de-alimentos-em-favor-de-menores/10154233482140397>. Acesso em: 28 mai. 2014.

Observada a questão legal e doutrinária acerca das possibilidades e dos requisitos autorizadores quanto ao deferimento dos alimentos, bem como acerca da legitimidade ativa, nosso próximo passo é a verificação do entendimento do Tribunal de Justiça do Rio Grande do Sul, quando da análise de casos submetidos a sua apreciação prática em relação à Lei de nº 11.804/2008.

De início, passamos a demonstrar decisões que concederam alimentos. Assim, pelos julgamentos abaixo, podemos perceber que os Desembargadores que concederam liminarmente os alimentos entenderam que, por se tratar o momento de cognição sumária, e por prever a Lei em estudo, que existindo o requisito que autoriza a concessão, ou seja, "indício de paternidade", é suficiente para o êxito da pretensão buscada pela genitora,[323] conforme podemos observar a partir de alguns julgados. Neste julgamento o Relator, para conceder os alimentos liminarmente assim considerou:[324]

---

[323] AGRAVO DE INSTRUMENTO. AÇÃO DE ALIMENTOS GRAVÍDICOS. POSSIBILIDADE, NO CASO. 1. O requisito exigido para a concessão dos alimentos gravídicos, qual seja, "indícios de paternidade", nos termos do art. 6º da Lei nº 11.804/08, deve ser examinado, em sede de cognição sumária, sem muito rigorismo, tendo em vista a dificuldade na comprovação do alegado vínculo de parentesco já no momento do ajuizamento da ação, sob pena de não se atender à finalidade da lei, que é proporcionar ao nascituro seu sadio desenvolvimento. 2. No caso, as declarações, as mensagens eletrônicas e as fotografias, dando conta do relacionamento amoroso das partes, juntadas ao instrumento, conferem verossimilhança à indicação da insurgente acerca do suposto pais, o que autoriza, em sede liminar, o deferimento dos alimentos gravídicos postulados, no valor de 30% do salário mínimo, quantia significativamente módica, sem prejuízo de que, sobrevindo novos elementos de convicção aos autos, seja revista na origem essa situação. AGRAVO DE INSTRUMENTO PARCIALMENTE PROVIDO. (BRASIL. Tribunal de Justiça do Rio Grande do Sul. Oitava Câmara Cível. Agravo de Instrumento nº 70048239552. Rel. Des: Ricardo Moreira Lins Pastl. Julgado em: 24/05/2012. Disponível em: <http://www.tjrs.jus.br/busca/?q=alimentos+grav%EDdicos+e+requisitos&tb=jurisnova&pesq=ementario&partialfields=tribunal%3ATribunal%2520de%2520Justi%25C3%25A7a%2520do%2520RS.%28TipoDecisao%3Aac%25C3%25B3rd%25C3%25A3o%7CTipoDecisao%3Amonocr%25C3%25A1tica%7CTipoDecisao%3Anull%29&requiredfields=&as_q=>. Acesso em: 18 set. 2012).

[324] AGRAVO DE INSTRUMENTO. ALIMENTOS GRAVÍDICOS. PROVAS DA PATERNIDADE. POSSIBILIDADE. É bem de ver que a situação posta ao amparo da lei que garante os alimentos gravídicos, por si só, já traz circunstâncias de difícil comprovação. Difícil para a mãe, de plano, mostrar que tem um bom direito. Mostrar que o filho que ela carrega é do homem que está sendo demandado. É de rigor que o juízo corra algum risco quando se está em sede de provimento liminar. Por isso, em casos nos quais se pedem alimentos gravídicos, algumas regras que norteiam a fixação de alimentos, devem ser analisadas com um tanto de parcimônia. É necessário flexibilizar-se certas exigências, as quais seriam mais rígidas em casos de alimentos de pessoa já nascida. Não se pode exigir que a mãe, de plano, comprove a paternidade de uma criança que está com poucos meses de gestação. Por outro lado, não há como negar a necessidade da mãe de manter acompanhamento médico da criança, fazer exame pré-natal, e outros procedimentos que visam ao bom desenvolvimento do filho e que demandam certos gastos. Por isso, no impasse entre a dúvida pelo suposto pai e a necessidade da mãe e do filho, o primeiro deve ser superado em favor do segundo. É mais razoável reconhecer contra o alegado pai um "dever provisório" e lhe impor uma obrigação também provisória, com vistas à garantia de um melhor desenvolvimento do filho, do que o contrário. Nesse contexto, apesar da fragilidade da prova acerca da paternidade, é cabível a fixação dos alimentos provisórios. POR MAIORIA, DERAM PARCIAL PROVIMENTO. VENCIDO O RELATOR. (BRASIL. Tribunal de Justiça do Rio Grande do Sul. Oitava Câmara Cível. Agravo de Instrumento nº 70047396924.

No caso, as declarações, as mensagens eletrônicas e as fotografias, dando conta do relacionamento amoroso das partes, juntadas ao instrumento, conferem verossimilhança à indicação da insurgente acerca do suposto pai, o que autoriza, em sede liminar, o deferimento dos alimentos gravídicos postulados, no valor de 30% do salário mínimo, quantia significativamente módica, sem prejuízo de que, sobrevindo novos elementos de convicção aos autos, seja revista na origem essa situação.

Mas alguns julgamentos entenderam por indeferir liminarmente os alimentos. Vejamos algumas razões de decidir. Neste caso, segundo o Relator, não se fazem presentes os requisitos que a lei exige. O debate que girou sobre a inexistência de elementos autorizadores foi em relação a falta de convicção sobre a paternidade e ausência de sinais sobre a relação amorosa.[325]

Podemos observar decisões que indeferiram o pedido de alimentos sob o argumento de que a simples alegação, suposição de paternidade, pela mãe, não é requisito que autoriza o pagamento, pelo suposto pai, relevando, também, a ausência da verossimilhança.[326] Inclusive restou consignado que ao pai é impossível a prova negativa.[327]

Rel. Des. Rui Portanova. Julgado: em 29/03/2012. Disponível em:<http://www.tjrs.jus.br/busca/?q=alimentos+grav%EDdicos+e+suposto+pai&tb=jurisnova&pesq=ementario&partialfields=tribunal%3ATribunal%2520de%2520Justi%25C3%25A7a%2520do%2520RS.%28TipoDecisao%3Aac%25C3%25B3rd%25C3%25A3o%7CTipoDecisao%3Amonocr%25C3%25A1tica%7CTipoDecisao%3Anull%29&requiredfields=&as_q=>. Acesso em: 18 set. 2012).

325 AGRAVO DE INSTRUMENTO. AÇÃO DE ALIMENTOS GRAVÍDICOS. AUSÊNCIA DE ELEMENTOS DE CONVICÇÃO SEGUROS A ATESTAR A ALEGADA PATERNIDADE. No caso, não se fazem presentes os requisitos autorizadores à fixação de alimentos gravídicos, o que reclama, nos termos do art. 6º da Lei nº 11.804/08, elementos de convicção seguros o bastante a atestar a alegada paternidade, e que aqui inexistem, já que nada foi colacionado ao instrumento a sinalizar a possível existência de uma relação amorosa havida entre a agravante e o suposto pai em período próximo à época da concepção, nada havendo, assim, a assinalar o indigitado liame parental. AGRAVO DE INSTRUMENTO DESPROVIDO, POR MAIORIA. (BRASIL. Tribunal de Justiça do Rio Grande do Sul. Oitava Câmara Cível. Agravo de Instrumento nº 70049264633. Rel. Des: Ricardo Moreira Lins Pastl. Julgado em: 12/07/2012. Disponível em: <http://www.tjrs.jus.br/busca/?q=alimentos+grav%EDdicos+e+requisitos&tb=jurisnova&pesq=ementario&partialfields=tribunal%3ATribunal%2520de%2520Justi%25C3%25A7a%2520do%2520RS.%28TipoDecisao%3Aac%25C3%25B3rd%25C3%25A3o%7CTipoDecisao%3Amonocr%25C3%25A1tica%7CTipoDecisao%3Anull%29&requiredfields=&as_q=>. Acesso em: 18 set. 2012).

326 AGRAVO DE INSTRUMENTO. AÇÃO DE ALIMENTOS GRAVÍDICOS. Ausência de verossimilhança das alegações da parte. Inviabilidade de concessão da medida liminar. Necessidade de dilação probatória. NEGARAM PROVIMENTO AO RECURSO. (SEGREDO DE JUSTIÇA) (BRASIL. Tribunal de Justiça do Rio Grande do Sul. Oitava Câmara Cível. Agravo de Instrumento nº 70034310557. Rel. Des: Alzir Felippe Schmitz, Julgado em 11/03/2010). Disponível em:<http://www.tjrs.jus.br/busca/?q=alimentos+grav%EDdicos+e+requisitos&tb=jurisnova&pesq=ementario&partialfields=tribunal%3ATribunal%2520de%2520Justi%25C3%25A7a%2520do%2520RS.%28TipoDecisao%3Aac%25C3%25B3rd%25C3%25A3o%7CTipoDecisao%3Amonocr%25C3%25A1tica%7CTipoDecisao%3Anull%29&requiredfields=&as_q=>. Acesso em: 18 set. 2012).

327 AGRAVO DE INSTRUMENTO. AÇÃO DE ALIMENTOS GRAVÍDICOS. LEI Nº 11.848/08. AUSÊNCIA DE INDÍCIOS DA PATERNIDADE. O deferimento de alimentos gravídicos à gestante pressupõe a demonstração de indícios da paternidade atribuída ao agravado, não bastando a mera imputação da paternidade (Lei 11.848/08). Ônus da agravante em demonstrar verossimilhança das alegações, diante da impossibilidade de se exigir prova negativa por parte do indigitado pai. Ausente

Importante referir que, em se tratando de alimentos, também impossível o pedido de eventual compensação do que já foi pago, seja o fundamento que for.[328] Como sabemos, em regra, os alimentos são irrepetíveis, ou seja, impossíveis de restituição, haja vista que visam à sobrevivência da pessoa. Pela Lei em estudo (11.804/08), aquele que pagou indevidamente estaria desamparado de buscar ressarcimento perante à autora, uma vez que o artigo que previa a responsabilidade da gestante foi vetado.[329]

As razões do veto foram no sentido de que o referido artigo 10 teria aspecto de norma intimidadora. É que colocaria a responsabilidade objetiva na circunstância de se ingressar em juízo, quando eventualmente a improcedência. O entendimento foi o de que o dispositivo pressupõe que o simples exercício do direito de ação poderia causar dano a terceiros, impondo à autora, desta maneira o dever de indenizar, independentemente da existência de culpa, fato este que feriria o livre exercício do direito de ação.

Embora a característica da irrepetibilidade dos alimentos[330] como já referido,[331] que consiste em regra como considerá-los bons e perfeitos,

---

comprovação mínima das alegações iniciais, resta inviabilizada, na fase, a concessão dos alimentos gravídicos, devendo o pleito de alimentos ser reexaminado no curso da ação de alimentos, a vista de provas trazidas aos autos. AGRAVO DE INSTRUMENTO DESPROVIDO. (SEGREDO DE JUSTIÇA) (Agravo de Instrumento nº 70045653524, Sétima Câmara Cível, Tribunal de Justiça do RS, Relator: Roberto Carvalho Fraga, Julgado em 14/12/2011). Disponível em:<http://www.tjrs.jus.br/busca/?q=alimentos+grav%EDdicos+e+requisitos&tb=jurisnova&pesq=ementario&partialfields=tribunal%3ATribunal%2520de%2520Justi%25C3%25A7a%2520do%2520RS.%28TipoDecisao%3Aac%25C3%25B3rd%25C3%25A3o%7CTipoDecisao%3Amonocr%25C3%25A1tica%7CTipoDecisao%3Anull%29&requiredfields=&as_q=>. Acesso em 18 set. 2012.

[328] APELAÇÃO CÍVEL. EXECUÇÃO DE ALIMENTOS. PAGAMENTOS A MAIOR. IMPOSSIBILIDADE DE COMPENSAÇÃO. INTELIGÊNCIA DOS ARTS. 373, II, E 1707 DO CCB. Os alimentos são incompensáveis, sendo descabida a pretensão do executado em compensar os valores depositados a maior para a filha. Inviabilidade de restaurar execução extinta pela satisfação do crédito, a fim de "inverter" posições, passando o devedor a ser o credor exequente, até porque não teria, neste feito, título a executar. Perdendo objeto a execução, sua extinção se impunha. Eventual crédito do devedor, somente poderá ser cobrado em ação própria, uma vez que não são passíveis de repetição, ou compensação, em ação de execução de alimentos. APELAÇÃO DESPROVIDA. (SEGREDO DE JUSTIÇA) (BRASIL. Tribunal de Justiça do Rio Grande do Sul. Sétima Câmara Cível. Apelação Cível nº 70024835506. Rel. Des: André Luiz Planella Villarinho. Julgado em: 19/11/2008. Disponível em: <http://www.tjrs.jus.br/busca/?q=cobran%E7a+e+alimentos+e+compensa%E7%E3o&tb=jurisnova&pesq=ementario&partialfields=tribunal%3ATribunal%2520de%2520Justi%25C3%25A7a%2520do%2520RS.%28TipoDecisao%3Aac%25C3%25B3rd%25C3%25A3o%7CTipoDecisao%3Amonocr%25C3%25A1tica%7CTipoDecisao%3Anull%29&requiredfields=&as_q=&ini=0>. Acesso em: 24 set. 2012).

[329] Art. 10. Em caso de resultado negativo do exame pericial de paternidade, o autor responderá, objetivamente, pelos danos materiais e morais causados ao réu. Parágrafo único. A indenização será liquidada nos próprios autos.

[330] Direito civil e processual civil. Alimentos. Provisórios. Definitivos. Fixação em valor inferior. Termo inicial. Citação. *Fixados os alimentos definitivos em valor inferior ao dos provisórios, retroagirão à data da citação, ressalvadas as possíveis prestações já quitadas em virtude da irrepetibilidade daquilo que já foi pago.*Recurso especial provido. (BRASIL. Superior Tribunal de Justiça. Terceira Turma. REsp

entendemos que, na hipótese de o suposto pai, que vem pagando os alimentos, venha posteriormente a ser declarado como não pai, existe, como consequência lógica, a possibilidade de ressarcimento frente ao verdadeiro pai. E não há se falar em enriquecimento sem causa da gestante, do nascituro ou da criança, afinal, tanto a Constituição Federal, o Código Civil e leis ordinárias determinam o pagamento à autora da ação. Entretanto, nos casos como a posterior declaração de improcedência de ação investigatória em favor do suposto pai, ou de ação de exoneração, temos que a situação muda de figura.

Ora, o ordenamento jurídico é formado por certas normas e regras que vedam, por exemplo, o enriquecimento sem causa, que autorizam ação pessoal de cobrança, que tem a previsão de ação de danos materiais. Portanto, em relação à criança, o nascituro e a gestante, e desde que haja indícios de paternidade, correta é a intenção do legislador em proteger a parte mais sensível, em uma ponderação de princípios. O problema é a definição, no caso concreto, do que sejam realmente os indícios de paternidade. Todavia, o suposto pai que teve prejuízos com os gastos despendidos em face da mulher, do nascituro (e depois, nascendo com vida, convertendo-se os valores em pensão), portanto, pessoa que não é seu filho e, simultaneamente, o verdadeiro pai ficou isento de suas responsabilidades, não pode ficar desamparado. E, se verificada a má-fé pela mãe quanto ao verdadeiro pai, para se desincumbir de suas obrigações (essas com o verdadeiro pai), a situação se agrava mais ainda. Tal circunstância entendemos que autoriza condenação a título de ressarcimento para aquele que não é o verdadeiro pai, em face do real genitor e até da mãe, eis que verificado o conluio e a intenção de causar ilícito.

---

nº 209.098/ RJ. Rel. Min: Nancy Andrighi, julgado em 14/11/2004). Disponível em:<https://ww2.stj.jus.br/processo/revista/documento/mediado/?componente=ITA&sequencial=480757&num_registro=199900272366&data=20050221&formato=PDF>. Acesso em: 19 set. 2012).

[331] APELAÇÃO CÍVEL. EXONERAÇÃO DE ALIMENTOS. EFEITOS RETROATIVOS DA DECISÃO. IMPOSSIBILIDADE. PRINCÍPIO DA IRREPETIBILIDADE DOS ALIMENTOS. 1. A sentença que julga procedente o pedido de exoneração da obrigação alimentar não tem efeito *ex tunc*, eis que os alimentos, uma vez fixados, integram o patrimônio do alimentado, de modo que a redução ou a exoneração só produzirá efeitos a partir da data em que reconhecida essa situação. 2. Eventual reconhecimento de efeitos retroativos da sentença de exoneração de alimentos importaria incentivar o alimentante inadimplente, porquanto alcançaria as parcelas vencidas e não pagas, havendo clara violação ao princípio da igualdade, pois aquele que adimpliu regularmente a verba alimentar durante a tramitação de uma revisional de alimentos, seja para reduzi-los, seja para deixar de pagá-los, não poderá reaver eventuais diferenças, diante da irrepetibilidade do encargo alimentar. APELAÇÃO DESPROVIDA, POR MAIORIA. (BRASIL. Tribunal de Justiça do Rio Grande do Sul. Oitava Câmara Cível. Apelação Cível nº 70049069776. Rel. Des: Ricardo Moreira Lins Pastl. Julgado em: 05/07/2012. Disponível em: <http://www.tjrs.jus.br/busca/?q=alimentos+e+irrepetibilidade&tb=jurisnova&pesq=ementario&partialfields=tribunal%3ATribunal%2520de%2520Justi%25C3%25A7a%2520do%2520RS.%28TipoDecisao%25B3rd%25C3%25A3o%7CTipoDecisao%3Amonocr%29&requiredfields=&as_q=>. Acesso em: 19 set. 2012).

Assim, é medida impositiva que o Poder Judiciário venha a analisar demanda que postule indenização e ou ressarcimento, como na hipótese colocada, sob pena de ferir direito fundamental (análise de lesão ou ameaça de lesão), bem como premiar atitudes de má-fé e ou irresponsáveis, acarretando, também, em enriquecimento ilícito.

Por outro lado, entendemos como exceção à regra da irrepetibilidade dos alimentos em face da mãe (eis que, como já se viu, tem a legitimidade para a ação), que esta pode vir a responder pela devolução dos valores já pagos. É que partilhamos do mesmo entendimento de Regina Beatriz Tavares da Silva, ou seja, que mesmo ausente a responsabilidade objetiva da autora, não está afastada a incidência da responsabilidade subjetiva, ou seja, a necessidade da demonstração da culpa do agente (no caso a mãe – autora da ação) para a caracterização da responsabilidade.[332]

Permanece a aplicabilidade da regra geral da responsabilidade subjetiva, constante do artigo 186 do Código Civil, pela qual a autora pode responder pela indenização cabível desde que verificada a sua culpa, ou seja, desde que verificado que agiu com dolo (vontade deliberada de causar o prejuízo) ou culpa em sentido estrito (negligência ou imprudência) ao promover a ação. Note-se que essa regra geral da Responsabilidade Civil está acima do princípio da irrepetibilidade dos alimentos, daquele princípio pelo qual se a pensão for paga indevidamente não cabe exigir a sua devolução. Ainda, o artigo 871 do Código Civil é claro nesse sentido.[333]

O dispositivo acima mencionado é muito claro quanto à possibilidade de reaver os valores pagos, em face do real devedor. Silvio Venosa, ao analisá-lo, refere que se equipara à gestão de negócios a prestação de alimentos feita por outro, na ausência do alimentante. Portanto, o *solvens* pode buscar do devedor a quantia que pagou, ainda que inexista ratificação e, se tal obrigação decorre de decisão judicial, mais ainda reforçado está o direito de ressarcimento.[334]

Em relação aos prazos prescricionais para que o lesado possa buscar a responsabilidade do verdadeiro pai e assim tentar reaver o que pagou no lugar daquele, a lei confere diversos períodos. Por outro lado, muitas vezes e assim entendemos, a maior dificuldade do operador do

[332] SILVA, Regina Beatriz Tavares da: Alimentos gravídicos. 13 de novembro de 2008. Disponível em: <http://www.reginabeatriz.com.br/academico/artigos/artigo.aspx?id=171>. Acesso em 20 mai. 2011.

[333] Art. 871. Quando alguém, na ausência do indivíduo obrigado a alimentos, por ele os prestar a quem se devem, poder-lhes-á reaver do devedor a importância, ainda que este não ratifique o ato.

[334] VENOSA, Silvio de Salvo. *Código civil interpretado.* São Paulo: Atlas, 2010, p. 793.

Direito é ter a exata ciência de quando começou a fluir determinado prazo, e não a dificuldade em saber qual é o referido prazo.

Pois bem. Como alternativas para a busca do direito, entendemos que o prazo que mais seria benéfico ao lesado, inicialmente, seria o prazo de dez anos estabelecido pelo Código Civil em seu artigo 205.[335]

Tal prazo é o mais favorável em termos de extensão. E trata-se da hipótese sobre a qual, em não havendo prazo menor, a prescrição ocorre em dez anos, pois o ressarcimento em face do verdadeiro pai tem por base o pagamento no lugar de terceiro, não incidindo, à espécie, o prazo específico para a busca do direito em relação aos créditos alimentares, este de dois anos.[336]

Mas para chegarmos ao prazo correto para o ressarcimento por aquele que pagou alimentos no lugar de terceiro, entendemos que se deve fazer uma distinção entre o direito pleiteado pelo credor em face do verdadeiro pai e aquele em relação aos alimentos que pertencem à criança e/ou à mãe, sob pena de ver fulminada a pretensão. De tal sorte que entendemos que aquele que não é o verdadeiro pai tem direito aos prazos no tocante ao enriquecimento sem causa, para a reparação civil (três anos)[337] ou, ainda, para a ação pessoal de cobrança, com o prazo de dez anos.[338]

Assim, caso haja entendimento contrário, ou seja, de que o prazo de dez anos (ação pessoal), não seria o adequado, o credor ainda pode se socorrer do prazo de três anos.

Como vimos, entendemos que a Responsabilidade Civil também deve ser aplicada no campo do Direito de Família. O ilícito, como nos casos de dolo e culpa, deve ser reprimido pelo ordenamento jurídico que, como estudado, coloca à disposição dos julgadores e dos lesados, dispositivos para a devida proteção daquele que pagou alimentos em lugar de terceiro.

Inclusive e como já referido, a própria Lei dos Alimentos Gravídicos obriga o pagamento do futuro pai. E, mesmo que o futuro pai seja descoberto posteriormente, seja em ação autônoma ou no curso da ação que cobra alimentos, aquele primeiro que pagou (em lugar do verdadeiro pai) foge à condição de obrigado, devendo, sem qualquer sombra de dúvidas, obter a devida reparação pelo que adimpliu.

---

335 Art. 205. A prescrição ocorre em dez anos, quando a lei não lhe haja fixado prazo menor.

336 Art. 206. Prescreve: (...) § 2º Em dois anos, a pretensão para haver prestações alimentares, a partir da data em que se vencerem.

337 Art. 206. Prescreve: (...) § 3º Em três anos: (...) IV – a pretensão de ressarcimento de enriquecimento sem causa; V – a pretensão de reparação civil;

338 Art. 205. A prescrição ocorre em dez anos, quando a lei não lhe haja fixado prazo menor.

Ainda, circunstância a qual entendemos relevante para também autorizar o lesado a buscar a devida reparação daquele por quem pagou os alimentos, encontra-se na própria Lei objeto dos presentes comentários. É que, como vimos, há dispositivo que permite que os alimentos sejam concedidos à grávida, desde que haja indícios de paternidade. Portanto, ao receber a inicial, o Magistrado já pode fixar valores, através de uma análise quase que perfunctória dos fatos, circunstância esta que obriga, judicialmente, terceiro ao pagamento. Todavia, quando aquele, através de prova inequívoca, como o DNA, por exemplo, derruba a paternidade, também assim como a genitora deve ter a proteção do Estado para que obtenha o devido ressarcimento, já que aquele que, em um primeiro momento e por própria força estatal, se viu compelido a pagar alimentos para mulher e nascituro sobre os quais não teve qualquer relação, em um segundo momento, deve receber a devida proteção e prestação jurisdicional frente ao real devedor.

Ainda em relação ao tema, o Superior Tribunal de Justiça, ao tratar de eventual obrigação alimentar em face do espólio, registrou que o espólio de genitor do autor de ação de alimentos não possui legitimidade para figurar no polo passivo da ação na hipótese em que inexista obrigação alimentar assumida pelo genitor por acordo ou decisão judicial antes da sua morte.[339]

---

[339] AÇÃO DE ALIMENTOS. RECURSO ESPECIAL. EXAME DE MATÉRIA CONSTITUCIONAL. INVIABILIDADE. OMISSÃO E CONTRADIÇÃO. INEXISTÊNCIA. AÇÃO DE ALIMENTOS PROPOSTA POR DETENTA, EM FACE DOS ESPÓLIOS DE SEUS GENITORES. INEXISTÊNCIA DE ACORDO OU SENTENÇA FIXANDO ALIMENTOS POR OCASIÃO DO FALECIMENTO DO AUTOR DA HERANÇA. ILEGITIMIDADE PASSIVA DO ESPÓLIO.CONCESSÃO DE ALIMENTOS A MAIOR DE IDADE, SEM PROBLEMA FÍSICO OU MENTAL, OU QUE, POR OCASIÃO DO ATINGIMENTO DA MAIORIDADE ATÉ O AJUIZAMENTO DA AÇÃO DE ALIMENTOS, ESTIVESSE REGULAMENTE CURSANDO ENSINO TÉCNICO OU SUPERIOR. DESCABIMENTO. ALIMENTOS. CONCESSÃO, SEM CONSTATAÇÃO OU PRESUNÇÃO LEGAL DE NECESSIDADE, A QUEM PODE PROVÊ-LOS POR ESFORÇO PRÓPRIO. IMPOSSIBILIDADE. A LEI DE EXECUÇÃO PENAL ESTABELECE O DIREITO/DEVER DO PRESO AO TRABALHO REMUNERADO. 1. Embora seja dever de todo magistrado velar a Constituição Federal, para que se evite supressão de competência do egrégio STF, não se admite apreciação, em sede de recurso especial, de matéria constitucional. 2. "Os alimentos ostentam caráter personalíssimo, por isso, no que tange à obrigação alimentar, não há falar em transmissão do dever jurídico (em abstrato) de prestá-los". (REsp 1130742/DF, Rel. Ministro LUIS FELIPE SALOMÃO, QUARTA TURMA, julgado em 04/12/2012, DJe 17/12/2012). 3. Assim, embora a jurisprudência desta Corte Superior admita, nos termos do artigo 23 da Lei do Divórcio e 1.700 do Código Civil, que, caso exista obrigação alimentar preestabelecida por acordo ou sentença – por ocasião do falecimento do autor da herança –, possa ser ajuizada ação de alimentos em face do Espólio – de modo que o alimentando não fique à mercê do encerramento do inventário para que perceba as verbas alimentares –, não há cogitar em transmissão do dever jurídico de prestar alimentos, em razão de seu caráter personalíssimo e, portanto, intransmissível. Precedentes das duas Turmas que compõem a Segunda Seção, mas com ressalvas por parte de integrantes da Quarta Turma. 4. Igualmente, ainda que não fosse ação de alimentos ajuizada em face de espólio, foi manejada quando a autora já havia alcançado a maioridade e extinto o poder familiar. Assim, não há cogitar em concessão dos alimentos vindicados, pois não há presunção de dependênciada recorrente, nos moldes dos precedentes desta Corte Superior. 5. O art. 1.695 do CC/2002 dispõe que "[s]ão devidos os alimentos quando

4.8. Responsabilidade dos avós para as ações de alimentos

É possível, também e de forma subsidiária, que os avós da criança possam ser responsabilizados pelo pagamento a título de alimentos. Todavia e inicialmente, entendemos que, no caso de, posteriormente, a paternidade não se configurar, os avós que pagaram, por não serem mais os reais progenitores, também têm ação de ressarcimento, assim como no caso do tópico anterior, que tratou dos Alimentos Gravídicos.

Pois bem. Em relação à pretensão e obrigação de prestar alimentos, ensina Pontes de Miranda que toda a pessoa deve alimentar-se por si mesma, através do seu trabalho e dos seus rendimentos. Tal obrigação somente recairá sobre outros quando o alimentando não tiver bens e nem puder, às custas do seu trabalho, prover a sua própria mantença. A obrigação de alimentar, assim, corresponde à prestação de alimentos, sendo pretensão de Direito de Família, não guardando relação com o Direito das Obrigações. Tal dever também não se funda somente no parentesco, sendo este, junto com a necessidade de alimentos e a insuficiência de recursos do alimentando, elemento do suporte fático. Portanto, é pessoal o dever de prestação de alimentos.[340]

Na hipótese de falta ou impossibilidade dos pais, para prestar alimentos, a obrigação passa aos avós, aos bisavós, trisavós, e assim por diante. Assim, recai tal obrigação aos mais próximos em grau, uns em falta de outros: são as lições de Pontes de Miranda neste sentido. E continua o Mestre asseverando que os ascendentes em mesmo grau são obrigados, em conjunto, em determinada ação de alimentos, que pode ser ajuizada contra todos eles. Todavia, a quota alimentar será fixada tomando em consideração os recursos de cada um, bem como relevadas as necessidades do beneficiário. Caso algum dos ascendentes não tenha meios de prestar os alimentos, o outro descendente, do mesmo grau, deverá prestá-los. Contudo, na hipótese de o descendente já ser beneficiário de algum ascendente e de maneira suficiente a sua alimen-

---

quem os pretende não tem bens suficientes, nem pode prover, pelo seu trabalho, à própria mantença". Nesse passo, o preso tem direito à alimentação suficiente, assistência material, saúde e ao vestuário, enquanto que a concessão de alimentos demanda a constatação ou presunção legal de necessidade daquele que os pleiteia; todavia, na exordial, em nenhum momento a autora afirma ter buscado trabalhar durante o período em que se encontra reclusa, não obstante a atribuição de trabalho e sua remuneração seja, conforme disposições da Lei de Execução Penal, simultaneamente um direito e um dever do preso (arts. 41, II e 39, V, c/c 50, VI, da LEP). 6. Recurso especial não provido. (BRASIL. Superior Tribunal de Justiça. Quarta Turma. Rel. Min: Luis Felipe Salomão. Julgado em: 11/02/2014. Disponível em: <https://ww2.stj.jus.br/processo/revista/documento/mediado/?componente=ITA&sequencial=1296749&num_registro=201101139156&data=20140320&formato=PDF>. Acesso em: 10 abr. 2014).

340 PONTES DE MIRANDA; Francisco Cavalcanti. *Tratado de Direito de Família*, v. III, parentesco. ALVES, Vilson Rodrigues (Atual.). Campinas: Bookseller, 2001, p. 255-256.

tação, os outros podem opor esse fato; por outro lado, no caso de a quantia ou os recursos fornecidos pelo alimentante não se mostrarem suficientes, revela-se lícito o pedido aos demais ascendentes, no sentido de complementação ao necessário para a vida normal.[341]

Yussef Said Cahali, ao lecionar sobre os alimentos, invoca o art. 1.695 do Código Civil, caracterizando tal dispositivo como regra fundamental, dizendo que aquele que possui bens ou que está em condições de prover a sua subsistência, em decorrência do seu trabalho, não tem direito de viver às custas de outras pessoas. De tal sorte que o instituto dos alimentos foi criado para socorrer os necessitados, e não para fomentar a ociosidade ou então estimular o parasitismo. A regra tradicional, segue o mestre, vai no sentido que de cada pessoa deve prover-se segundo as suas próprias forçar ou os seus próprios bens. De tal sorte que a obrigação de prestar alimentos é subsidiária, nascendo apenas quando o próprio indivíduo não conseguir cumprir com tal tarefa.[342] O binômio necessidade/possibilidade também deve ser considerado[343] e analisado quando se postulam alimentos.[344]

---

[341] PONTES DE MIRANDA; Francisco Cavalcanti. *Tratado de Direito de Família, v. III, parentesco.* ALVES, Vilson Rodrigues (Atual.). Campinas: Bookseller, 2001, p. 275-277.

[342] CAHALI, Yussef Said. *Dos alimentos.* 6. ed. São Paulo: Revista dos Tribunais, 2009, p. 512.

[343] REVISÃO DE ALIMENTOS. PEDIDO DE MAJORAÇÃO. INOCORRÊNCIA DE ALTERAÇÃO DO BINÔMIO NECESSIDADE E POSSIBILIDADE. DESCABIMENTO. 1. A ação de revisão de alimentos tem por pressuposto a ocorrência de alteração no binômio necessidade-possibilidade e se destina à redefinição do encargo alimentar. 2. Não sendo demonstrada nenhuma alteração efetiva na capacidade econômica do alimentante ou na necessidade da alimentada, descabe majorar o valor da verba alimentar fixada na ação de divórcio do casal. Recurso provido. (BRASIL. Tribunal de Justiça do Rio Grande do Sul. Sétima Câmara Cível. Apelação Cível nº 70059540781. Rel. Des: Sergio Fernando de Vasconcellos Chaves. Julgado em: 14/05/2014. Disponível em: <http://google8.tjrs.jus.br/search?q=cache:www1.tjrs.jus.br/site_php/consulta/consulta_processo.php%3Fnome_comarca%3DTribunal%2Bde%2BJusti%25E7a%26versao%3D%26versao_fonetica%3D1%26tipo%3D1%26id_comarca%3D700%26num_processo_mask%3D70059540781%26num_processo%3D70059540781%26codEmenta%3D5772090+alimentos+e+bin%C3%B4mio+e+necessidade+possibilidade&site=ementario&client=buscaTJ&access=p&ie=UTF-8&proxystylesheet=buscaTJ&output=xml_no_dtd&oe=UTF-8&numProc=70059540781&comarca=Comarca+de+Faxinal+do+Soturno&dtJulg=14-05-2014&relator=S%E9rgio+Fernando+de+Vasconcellos+Chaves>. Acesso em: 20 mai. 2014).

[344] AGRAVO DE INSTRUMENTO. DIREITO DE FAMÍLIA. AÇÃO DE DIVÓRCIO. ALIMENTOS ENTRE EX-CÔNJUGES. NECESSIDADE DA VIRAGO EVIDENCIADA. CRITÉRIO DE IDADE E INCAPACITAÇÃO PROFISSIONAL. REDUÇÃO DOS ALIMENTOS PROVISÓRIOS FIXADOS. POSSIBILIDADE. ANÁLISE DO BINÔMIO NECESSIDADE/POSSIBILIDADE. PECULIARIDADES DO CASO CONCRETO. AGRAVO DE INSTRUMENTO PARCIALMENTE PROVIDO. (BRASIL. Tribunal de Justiça do Rio Grande do Sul. Sétima Câmara Cível. Agravo de Instrumento nº 70059712422. Rel. Des: Sandra Brisolara Medeiros. Julgado em: 12/05/2014. Disponível em: <http://google8.tjrs.jus.br/search?q=cache:www1.tjrs.jus.br/site_php/consulta/consulta_processo.php%3Fnome_comarca%3DTribunal%2Bde%2BJusti%25E7a%26versao%3D%26versao_fonetica%3D1%26tipo%3D1%26id_comarca%3D700%26num_processo_mask%3D70059712422%26num_processo%3D70059712422%26codEmenta%3D5769427+alimentos+e+bin%C3%B4mio+e+necessidade+possibilidade&site=ementario&client=buscaTJ&access=p&ie=UTF-8&proxystylesheet=buscaTJ&output=xml_no_dtd&oe=UTF-8&numProc=70059712422&comarca=Comarca+de+Porto+Alegre&dtJulg=12-05-2014&relator=Sandra+Brisolara+Medeiros>. Acesso em: 20 mai. 2014).

As chamadas obrigações avoengas são também tema deste livro, haja vista que incorrem na responsabilidade dos avós pelo pagamento, pelo adimplemento, da obrigação alimentar. Registre-se, todavia, que tal obrigação é subsidiária,[345] e não solidária para com os pais do alimentando, conforme entendimento pacificado e já tratado.[346]

A jurisprudência é pacífica quanto ao deferimento de condenações nesse sentido. Vejamos, em primeiro lugar, a orientação do Superior Tribunal de Justiça quanto ao tema. Neste caso, o debate girou em torno de ação com pedido de alimentos provisórios, dirigido em face do espólio dos avós paternos. A negativa de tal pleito foi fundamentada no sentido de que estando a genitora (inventariante) do recorrente na administração dos bens deixados pelo seu genitor, mostra-se possível que retire rendimentos destes bens para a sua subsistência, sendo incabível a aplicação da transmissibilidade ao espólio dos avós paternos.[347] Já nesta outra decisão, o Tribunal de origem entendeu pela

[345] CIVIL E PROCESSUAL. AÇÃO DE ALIMENTOS DIRIGIDA CONTRA OS AVÓS PATERNOS. AUSÊNCIA DE PRÉVIO PEDIDO EM RELAÇÃO AO PAI. RESPONSABILIDADE DOS PROGENITORES SUBSIDIÁRIA E COMPLEMENTAR. AUSÊNCIA, OUTROSSIM, DE PROVA DA POSSIBILIDADE DOS RÉUS. SÚMULA N. 7-STJ. INCIDÊNCIA. CC, ART. 397. EXEGESE. I. A exegese firmada no STJ acerca do art. 397 do Código Civil anterior é no sentido de que a responsabilidade dos avós pelo pagamento de pensão aos netos é subsidiária e complementar a dos pais, de sorte que somente respondem pelos alimentos na impossibilidade total ou parcial do pai que, no caso dos autos, não foi alvo de prévia postulação. II. Ademais, a conclusão do Tribunal de Justiça acerca da ausência de condições econômicas dos avós recai em matéria fática, cujo reexame é obstado em sede especial, ao teor da Súmula n. 7. III. Recurso especial não conhecido. (BRASIL. Superior Tribunal de Justiça. Quarta Turma. REsp nº 576152/ES. Rel. Min: Aldir Passarinho Junior. Julgado em: 08/06/2010. Disponível em: <https://ww2.stj.jus.br/revistaeletronica/Abre_Documento.asp?sSeq=979244&sReg=200301427890&sData=20100701&formato=HTML>. Acesso em: 28 jan. 2014).

[346] CIVIL. PROCESSUAL CIVIL. RECURSO ESPECIAL. OBRIGAÇÃO ALIMENTAR AVOENGA. PRESSUPOSTOS. POSSIBILIDADES DO ALIMENTANTE. ÔNUS DA PROVA. 1. Apenas na impossibilidade de os genitores prestarem alimentos, serão os parentes mais remotos demandados, estendendo-se a obrigação alimentar, na hipótese, para os ascendentes mais próximos. 2. O desemprego do alimentante primário – genitor – ou sua falta confirmam o desamparo do alimentado e a necessidade de socorro ao ascendente de grau imediato, fatos que autorizam o ajuizamento da ação de alimentos diretamente contra este. 3. O mero inadimplemento da obrigação alimentar, por parte do genitor, sem que se demonstre sua impossibilidade de prestar os alimentos, não faculta ao alimentado pleitear alimentos diretamente aos avós. 4. Na hipótese, exige-se o prévio esgotamento dos meios processuais disponíveis para obrigar o alimentante primário a cumprir sua obrigação, inclusive com o uso da coação extrema preconizada no art. 733 do CPC. 5. Fixado pelo Tribunal de origem que a avó demonstrou, em contestação, a impossibilidade de prestar os alimentos subsidiariamente, inviável o recurso especial, no particular, pelo óbice da Súmula 7/STJ. 6. Recurso não provido. (BRASIL. Superior Tribuanl de Justiça. Terceira Turma. REsp nº 1211314/SP. Rel. Min: Nancy Andrighi. Julgado em: 15/09/2011. Disponível em: <https://ww2.stj.jus.br/revistaeletronica/Abre_Documento.asp?sSeq=1089624&sReg=201001637094&sData=20110922&formato=HTML>. Acesso em: 28 jan. 2013).

[347] AGRAVO REGIMENTAL NO AGRAVO EM RECURSO ESPECIAL. AÇÃO DE ALIMENTOS COM PEDIDO DE ALIMENTOS PROVISÓRIOS EM FACE DO ESPÓLIO DOS AVÓS PATERNOS. VIOLAÇÃO AO ART. 471 DO CÓDIGO DE PROCESSO CIVIL. AUSÊNCIA DE PREQUESTIONAMENTO. SÚMULAS 282 E 356/STF. REVISÃO DE MATÉRIA FÁTICO-PROBATÓRIA. IMPOSSIBILIDADE. ENUNCIADO N. 7/STJ. Ausência de fundamentos que justifiquem a alteração da decisão agravada. Agravo regimental desprovido. (BRASIL. Supe-

possibilidade de os pais prestarem os alimentos, circunstância esta que, com base na Súmula de nº 07 do Superior Tribunal de Justiça, impossibilitou o reexame das provas. É que, neste debate, o Tribunal estadual concluiu pela inexistência de provas acerca da impossibilidade de os pais proverem as despesas necessárias para o sustento dos filhos, de modo a não autorizar o pedido de alimentos diretamente dos avós.[348] O pedido de litisconsórcio passivo necessário entre os avós maternos e paternos foi deferido.[349] Já neste acórdão a inclusão dos avós em sede de execução foi rechaçada.[350] O Tribunal de Justiça gaúcho entende pela não configuração de litisconsórcio necessários entre os

---

rior Tribunal de Justiça. Terceira Turma. AgRg no AREsp nº 53105/RS. Rel. Min: Paulo de Tarso Sanseverino. Julgado em: 19/11/2013. Disponível em: https://ww2.stj.jus.br/revistaeletronica/Abre_Documento.asp?sSeq=1281899&sReg=201101451368&sData=20131126&formato=HTML>. Acesso em: 28 jan. 2014).

348 PROCESSUAL CIVIL. EMBARGOS DE DECLARAÇÃO NO AGRAVO EM RECURSO ESPECIAL. RECEBIMENTO COMO AGRAVO REGIMENTAL. REEXAME DO CONJUNTO FÁTICO-PROBATÓRIO DOS AUTOS. INADMISSIBILIDADE. SÚMULA N. 7/STJ. DECISÃO MANTIDA. 1. O recurso especial não comporta o exame de questões que impliquem revolvimento do contexto fático-probatório dos autos, a teor do que dispõe a Súmula n. 7/STJ. 2. No caso concreto, o Tribunal de origem concluiu não existirem provas da impossibilidade de os pais proverem as despesas necessárias para o sustento dos filhos, de modo a autorizar o pedido de alimentos diretamente dos avós. Alterar esse entendimento é inviável em recurso especial, em virtude do óbice da referida Súmula. 3. Embargos de declaração recebidos como agravo regimental, ao qual se nega provimento. (BRASIL. Superior Tribunal de Justiça. Quarta Turma. EDcl no AREsp nº 52921/AM. Rel. Min: Antonio Carlos Ferreira. Julgado em: 05/03/2013. Disponível em: <https://ww2.stj.jus.br/revistaeletronica/Abre_Documento.asp?sSeq=1213587&sReg=201101471576&sData=20130318&formato=HTML>. Acesso em: 28 jan. 2013).

349 CIVIL E PROCESSUAL. RECURSO ESPECIAL. FAMÍLIA. ALIMENTOS. INSUFICIÊNCIA DOS ALIMENTOS PRESTADOS PELO GENITOR. COMPLEMENTAÇÃO. AVÓS PATERNOS DEMANDADOS. PEDIDO DE LITISCONSÓRCIO NECESSÁRIO ENTRE AVÓS PATERNOS E MATERNOS. CABIMENTO, NOS TERMOS DO ART. 1.698 DO NOVO CÓDIGO CIVIL. PRECEDENTES. I. Nos termos da mais recente jurisprudência do STJ, à luz do Novo Código Civil, há litisconsórcio necessário entre os avós paternos e maternos na ação de alimentos complementares. Precedentes. II. Recurso especial provido. (BRASIL. Superior Tribunal de Justiça. Quarta Turma. REsp nº 958513/SP. Rel. Min: Aldir Passarinho Junior. Julgado em: 22/02/2011. Disponível em: https://ww2.stj.jus.br/revistaeletronica/Abre_Documento.asp?sSeq=1039968&sReg=200701294700&sData=20110301&formato=HTML>. Acesso em: 28 jan. 2014).

350 CIVIL E PROCESSUAL. RECURSO ESPECIAL. ALIMENTOS. EXECUÇÃO. INCLUSÃO DOS AVÓS. AUSÊNCIA DE PREQUESTIONAMENTO DE NORMA (SÚMULAS 282 E 356 DO STF). AUSÊNCIA DE IMPUGNAÇÃO A FUNDAMENTO DO ACÓRDÃO RECORRIDO (SÚMULA 283 DO STF). ALIMENTOS DEFINITIVOS. RETROAÇÃO. IMPOSSIBILIDADE. PRECEDENTES. PROVIMENTO DO PLEITO REFORMATÓRIO. I. Inexistindo pronunciamento do tribunal de origem acerca da aplicabilidade da norma invocada como violada ao caso concreto, improsperável o recurso especial pela ausência de prequestionamento (Súmulas 282 e 356 do STF). II. A ausência de impugnação específica a fundamento que sustenta o acórdão recorrido impede o êxito do recurso especial pela incidência da Súmula 283 do STF. III. Ofende o princípio da irrepetibilidade, a retroação, à data da citação, dos efeitos da sentença que fixou os alimentos definitivos em valor inferior ao dos provisórios, anteriormente estabelecidos. Precedentes. IV. Recurso especial conhecido e parcialmente provido. (BRASIL. Superior Tribunal de Justiça. Quarta Turma. REsp nº 905986/RJ. Rel. Min: Aldir Passarinho Junior. Julgado em: 23/11/2010. Disponível em: https://ww2.stj.jus.br/revistaeletronica/Abre_Documento.asp?sSeq=1024056&sReg=200602610517&sData=20101206&formato=HTML>. Acesso em: 28 jan. 2014.

avós.[351] Por último, o Superior Tribunal de Justiça manteve, também com base na Súmula de nº 07, o julgamento que condenou a avó ao pagamento de alimentos em decorrência da impossibilidade dos pais de cumprirem com tal obrigação. Na fundamentação, a Corte ressaltou entendimento consolidado de que a responsabilidade dos avós, na prestação de alimentos, é sucessiva e complementar à dos pais, devendo ser demonstrado, à primeira, que estes não possuem meios de suprir, satisfatoriamente, a necessidade dos alimentandos. Como o Tribunal de origem, com base no acervo fático e probatório dos autos, entendeu que os pais não tinham condições financeiras para sustentar os filhos, restou decidido que a avó também poderia e deveria contribuir.[352]

Finalmente, mas não menos importante, cabe ressaltar a possibilidade da prisão civil do avô, na qualidade de devedor dos alimentos, sejam definitivos ou provisionais, conforme entendimento do Tribunal de Justiça do Estado do Rio Grande do Sul.[353]

---

[351] AGRAVO DE INSTRUMENTO. FAMÍLIA. AÇÃO DE ALIMENTOS AVOENGOS. CHAMAMENTO AO PROCESSO DOS AVÓS MATERNOS. DESCABIMENTO. AUSÊNCIA DE LITISCONSÓRCIO NECESSÁRIO. PRECEDENTES. Mostra-se descabido o chamamento ao processo dos avós maternos, porquanto inexiste litisconsórcio passivo necessário entre eles e os avós paternos, considerando que a obrigação alimentar é divisível, e não solidária. AGRAVO DE INSTRUMENTO DESPROVIDO. (Agravo de Instrumento nº 70073593089, Sétima Câmara Cível, Tribunal de Justiça do RS, Relator: Sandra Brisolara Medeiros, Julgado em 28/06/2017Disponível em: <http://www.tjrs.jus.br/busca/search?q=cache:www1.tjrs.jus.br/site_php/consulta/consulta_processo.php%3Fnome_comarca%3DTribunal%2Bde%2BJusti%25E7a%26versao%3D%26versao_fonetica%3D1%26tipo%3D1%26id_comarca%3D700%26num_processo_mask%3D70073593089%26num_processo%3D70073593089%26codEmenta%3D7332563+alimentos+e+avos+e+litiscons%C3%B3rcio++++&proxystylesheet=tjrs_index&client=tjrs_index&ie=UTF-8&site=ementario&access=p&oe=UTF-numProcesso=70073593089&comarca=Comarca%20de%20Santa%20Cruz%20do%20Sul&dtJulg=28/06/2017&relator=Sandra%20Brisolara%20Medeiros&aba=juris>. Acesso em: 30 jun. 2017).

[352] AGRAVO REGIMENTAL. AGRAVO DE INSTRUMENTO. DIREITO DE FAMÍLIA. DIVERGÊNCIA JURISPRUDENCIAL. AUSÊNCIA DE COMPROVAÇÃO. AÇÃO DE ALIMENTOS. PEDIDO CONTRA A AVÓ. POSSIBILIDADE. INCAPACIDADE FINANCEIRA DOS PAIS. INVERSÃO DE ENTENDIMENTO. NECESSIDADE DE REEXAME DE PROVAS. INADMISSIBILIDADE. SÚMULA 07/STJ. 1. Não há falar em comprovação do dissídio pretoriano, na forma exigida pelos arts. 541, parágrafo único, do CPC e 255, §§ 1º e 2º, do RISTJ, quando ausente a similitude fática entre os acórdãos confrontados. 2. Esta Corte Superior de Justiça já consolidou o entendimento de que a responsabilidade dos avós, na prestação de alimentos, é sucessiva e complementar a dos pais, devendo ser demonstrado, à primeira, que estes não possuem meios de suprir, satisfatoriamente, a necessidade dos alimentandos. 3. Se o Tribunal de origem, com base no acervo fático e probatório dos autos, entendeu que os pais não tinham condições financeiras para sustentar os filhos, de sorte que a avó também deveria contribuir, chegar a conclusão diversa – no sentido de que não restou comprovada a incapacidade financeira dos pais –, demandaria o reexame de fatos e provas, o que é vedado na via especial, a teor da Súmula 07 do STJ. 4. Agravo regimental não provido. (BRASIL. Superior Tribunal de Justiça. Terceira Turma. AgRg no Ag nº 1010387/SC. Rel. Min: Vasco Della Giustina. Julgado em: 23/06/2009. Disponível em: <https://ww2.stj.jus.br/revistaeletronica/Abre_Documento.asp?sSeq=896030&sReg=200800254003&sData=20090630&formato=HTML>. Acesso em: 28 jan. 2014).

[353] *HABEAS CORPUS*. EXECUÇÃO DE ALIMENTOS. ACORDO REALIZADO NA AÇÃO CAUTELAR DE ALIMENTOS PROVISIONAIS, AJUIZADA CONTRA O AVÔ PATERNO. TITULO EXECUTIVO. A norma contida no art. 733 do Cpc aplica-se tanto aos alimentos definitivos como aos provisionais. Rejeitada a justificativa, e existindo o débito alimentar, não comprovado o efetivo

4.9. Alienação parental e responsabilidade

A Lei nº 12.318, de 26 de agosto de 2010, disciplinou de forma positiva a questão referente à alienação parental.[354]

---

pagamento da dívida, não há qualquer abuso ou ilegalidade na decisão que decretou a prisão civil do devedor de alimentos. Discussão sobre alegado pagamento que não comporta debate na estreita sede do writ. Ainda, alimentos ajustados em acordo judicial, constituem-se em título executivo judicial. Termos do inciso III, do art. 475-N, do CPC. ORDEM DE *HABEAS CORPUS* DENEGADA. (BRASIL. Tribunal de Justiça do Rio Grande do Sul. Sétima Câmara Cível. Habeas Corpus nº 70057637209. Rel. Des: Liselena Schifino Robles Ribeiro. Julgado em: 25/11/2013. Disponível em: <http://google8.tjrs.jus.br/search?q=cache:www1.tjrs.jus.br/site_php/consulta/consulta_processo.php%3Fnome_comarca%3DTribunal%2Bde%2BJusti%25E7a%26versao%3D%26versao_fonetica%3D1%26tipo%3D1%26id_comarca%3D700%26num_processo_mask%3D70057637209%26num_processo%3D70057637209%26codEmenta%3D5566662+alimentos+avos+e+pris%C3%A3o&site=ementario&client=buscaTJ&access=p&ie=UTF-8&proxystylesheet=buscaTJ&output=xml_no_dtd&oe=UTF-8&numProc=70057637209&comarca=Comarca+de+S%E3o+Gabriel&dtJulg=25-11-2013&relator=Liselena+Schifino+Robles+Ribeiro>. Acesso em: 24 jun. 2014).

[354] O PRESIDENTE DA REPÚBLICA. Faço saber que o Congresso Nacional decreta e eu sanciono a seguinte Lei: Art. 1º Esta Lei dispõe sobre a alienação parental. Art. 2º Considera-se ato de alienação parental a interferência na formação psicológica da criança ou do adolescente promovida ou induzida por um dos genitores, pelos avós ou pelos que tenham a criança ou adolescente sob a sua autoridade, guarda ou vigilância para que repudie genitor ou que cause prejuízo ao estabelecimento ou à manutenção de vínculos com este. Parágrafo único. São formas exemplificativas de alienação parental, além dos atos assim declarados pelo juiz ou constatados por perícia, praticados diretamente ou com auxílio de terceiros: I – realizar campanha de desqualificação da conduta do genitor no exercício da paternidade ou maternidade; II – dificultar o exercício da autoridade parental; III – dificultar contato de criança ou adolescente com genitor; IV – dificultar o exercício do direito regulamentado de convivência familiar; V – omitir deliberadamente a genitor informações pessoais relevantes sobre a criança ou adolescente, inclusive escolares, médicas e alterações de endereço; VI – apresentar falsa denúncia contra genitor, contra familiares deste ou contra avós, para obstar ou dificultar a convivência deles com a criança ou adolescente; VII – mudar o domicílio para local distante, sem justificativa, visando a dificultar a convivência da criança ou adolescente com o outro genitor, com familiares deste ou com avós. Art. 3º A prática de ato de alienação parental fere direito fundamental da criança ou do adolescente de convivência familiar saudável, prejudica a realização de afeto nas relações com genitor e com o grupo familiar, constitui abuso moral contra a criança ou o adolescente e descumprimento dos deveres inerentes à autoridade parental ou decorrentes de tutela ou guarda. Art. 4º Declarado indício de ato de alienação parental, a requerimento ou de ofício, em qualquer momento processual, em ação autônoma ou incidentalmente, o processo terá tramitação prioritária, e o juiz determinará, com urgência, ouvido o Ministério Público, as medidas provisórias necessárias para preservação da integridade psicológica da criança ou do adolescente, inclusive para assegurar sua convivência com genitor ou viabilizar a efetiva reaproximação entre ambos, se for o caso. Parágrafo único. Assegurar-se-á à criança ou adolescente e ao genitor garantia mínima de visitação assistida, ressalvados os casos em que há iminente risco de prejuízo à integridade física ou psicológica da criança ou do adolescente, atestado por profissional eventualmente designado pelo juiz para acompanhamento das visitas. Art. 5º Havendo indício da prática de ato de alienação parental, em ação autônoma ou incidental, o juiz, se necessário, determinará perícia psicológica ou biopsicossocial. § 1º O laudo pericial terá base em ampla avaliação psicológica ou biopsicossocial, conforme o caso, compreendendo, inclusive, entrevista pessoal com as partes, exame de documentos dos autos, histórico do relacionamento do casal e da separação, cronologia de incidentes, avaliação da personalidade dos envolvidos e exame da forma como a criança ou adolescente se manifesta acerca de eventual acusação contra genitor. § 2º A perícia será realizada por profissional ou equipe multidisciplinar habilitados, exigido, em qualquer caso, aptidão comprovada por histórico profissional ou acadêmico para diagnosticar atos de alienação parental. § 3º O perito ou equipe multidisciplinar designada para verificar a ocorrência de alienação parental terá prazo de 90 (noventa) dias para apresentação do laudo, prorrogável exclusivamente por

A Síndrome de Alienação Parental (SAP), também conhecida pela sigla em inglês PAS, é o termo proposto por Richard Gardner em 1985 para a situação em que a mãe ou o pai de uma criança a treina para romper os laços afetivos com o outro genitor, criando fortes sentimentos de ansiedade e temor em relação ao outro genitor.[355]

Paulo Lôbo assevera que: "O direito à convivência pode ser comprometido em virtude de condutas de um dos pais no sentido de forjar no filho sentimento de rejeição ao outro pai". Os pais (aquele que pratica a alienação parental) utilizam o filho como "[...] um instrumento de vingança ou ressentimento [...]", através da implantação de falsas memórias, especialmente com crianças.[356] Jorge Trindade, por sua vez, ensina com maestria sobre a alienação parental, circunstância que nos obriga a trazer suas lições através de suas próprias palavras:[357]

> Logo após a separação dos pais, quando ainda o nível de conflitualidade é intenso, é comum surgirem problemas e preocupações com as primeiras visitas ao outro progenitor, pois as fantasias, medos e angústias de retaliação ocupam o imaginário dos pais e dos próprios filhos, ainda não acostumados com as diferenças impostas pela nova organização da família. Quando os genitores estão psicologicamente debilitados, os aspectos de natureza persecutória, de conteúdos predominantemente paranoide, ligados ao ataque e a defesa, podem instaurar uma crise. Esta crise será capaz de desencadear um processo de alienação no outro cônjuge.

---

autorização judicial baseada em justificativa circunstanciada. Art. 6º Caracterizados atos típicos de alienação parental ou qualquer conduta que dificulte a convivência de criança ou adolescente com genitor, em ação autônoma ou incidental, o juiz poderá, cumulativamente ou não, sem prejuízo da decorrente responsabilidade civil ou criminal e da ampla utilização de instrumentos processuais aptos a inibir ou atenuar seus efeitos, segundo a gravidade do caso: I – declarar a ocorrência de alienação parental e advertir o alienador; II – ampliar o regime de convivência familiar em favor do genitor alienado; III – estipular multa ao alienador; IV – determinar acompanhamento psicológico e/ou biopsicossocial; V – determinar a alteração da guarda para guarda compartilhada ou sua inversão; VI – determinar a fixação cautelar do domicílio da criança ou adolescente; VII – declarar a suspensão da autoridade parental. Parágrafo único. Caracterizado mudança abusiva de endereço, inviabilização ou obstrução à convivência familiar, o juiz também poderá inverter a obrigação de levar para ou retirar a criança ou adolescente da residência do genitor, por ocasião das alternâncias dos períodos de convivência familiar. Art. 7º A atribuição ou alteração da guarda dar-se-á por preferência ao genitor que viabiliza a efetiva convivência da criança ou adolescente com o outro genitor nas hipóteses em que seja inviável a guarda compartilhada. Art. 8º A alteração de domicílio da criança ou adolescente é irrelevante para a determinação da competência relacionada às ações fundadas em direito de convivência familiar, salvo se decorrente de consenso entre os genitores ou de decisão judicial. Art. 9º (VETADO). Art. 10. (VETADO). Art. 11. Esta Lei entra em vigor na data de sua publicação. Brasília, 26 de agosto de 2010; 189º da Independência e 122º da República. LUIZ INÁCIO LULA DA SILVA *Luiz Paulo Teles Ferreira Barreto. Paulo de Tarso Vannuchi. José Gomes Temporão.* Este texto não substitui o publicado no DOU de 27.8.2010 e retificado no DOU de 31.8.2010. Disponível em: <http://www.planalto.gov.br/ccivil_03/_Ato2007-2010/2010/Lei/L12318.htm>. Acesso em 13 abr. 2013.

355 Disponível em: <http://www.alienacaoparental.com.br/o-que-e.>. Acesso em 13 abr. 2013.

356 LÔBO, Paulo. *Direito civil*: famílias. 5. ed. São Paulo: 2014, p. 186.

357 TRINDADE, Jorge. *Manual de psicologia jurídica para operadores do direito*. 7. ed. Porto Alegre: Livraria do Advogado, 2014, p. 328.

Entendemos que as relações familiares são fruto de extrema complexidade e recheadas de conflitos. Fatos que em muitas vezes contribuem para a desestabilização destas relações dizem respeito, além da própria ruptura do vínculo ou da sociedade conjugal, às nefastas consequências que refletem nos filhos. Rolf Madaleno acrescenta que se trata de situação que venha a "[...] programar uma criança para que ela odeie, sem justificativa, um de seus genitores [...]".[358]

Em que pese a temática abordada neste capítulo ter há pouco começado a chamar a atenção da sociedade, segundo as lições de Maria Berenice Dias, tais práticas são há mais tempo realizadas de forma recorrente e também irresponsável. É que, por diversas vezes, quando da ruptura da relação, um dos cônjuges, companheiros, pai, mãe, não absorve o fato de maneira apropriada, eis que surgem sentimentos de rejeição, de traição, de desmoralização, de descrédito em relação ao ex-parceiro. De tal sorte que uma lavagem cerebral é realizada pelo guardião, com o objetivo de abalar, comprometer a imagem do outro genitor, eis que, de forma maliciosa, são colocados fatos, relatos, que não existiram, ocorreram, da maneira colocada pelo alienador. Desta feita, tal situação pode ocasionar o esfacelamento do vínculo entre o genitor e o filho.[359]

O tema realmente é grave e merecedor da devida tutela pela vítima da alienação parental. Além do que entendemos que tal conduta é caracterizada como ilícita, nos termos do art. 186 do Código Civil.

Mas vamos adiante no sentido de conhecimento do posicionamento dos tribunais acerca do debate, o que ocasiona a aplicação prática de estudos de caso.

Nesta decisão, o Tribunal de Justiça do Rio Grande do Sul entendeu que a grave situação vivenciada pelos pais da criança revelou a possibilidade da existência do quadro da síndrome da alienação parental em decorrência da impossibilidade de superação da crise, pelos pais, com base nas graves acusações contra o pai da criança, em que pese este estar afastado dos filhos há bastante tempo.[360] O Superior

[358] MADALENO, Rolf. *Curso de Direito de Família.* 5. ed. Rio de Janeiro: Forense, 2013, p. 462.

[359] DIAS, Maria Berenice. *Manual de direito das famílias.* 6. ed. São Paulo: Revista dos Tribunais, p. 455.

[360] REGULAMENTAÇÃO DE VISITAS. SÍNDROME DA ALIENAÇÃO PARENTAL. Evidenciada o elevadíssimo grau de beligerância existente entre os pais que não conseguem superar suas dificuldades sem envolver os filhos, bem como a existência de graves acusações perpetradas contra o genitor que se encontra afastado da prole há bastante tempo, revela-se mais adequada a realização das visitas em ambiente terapêutico. Tal forma de visitação também se recomenda por haver a possibilidade de se estar diante de quadro de síndrome da alienação parental. Apelo provido em parte. (BRASIL. Tribunal de Justiça do Rio Grande do Sul. Sétima Câmara Cível. Apelação Cível nº 70016276735. Rel. Des: Maria Berenice Dias. Julgado em 18/11/2006. Disponível em:

Tribunal de Justiça, por sua vez, entendeu como inequívoca a existência de alienação parental em decorrência de a mãe mudar de domicílio sucessivas vezes e, inclusive, com o objetivo de deslocar, de forma artificial, a competência para o julgamento do feito.[361]

A lei que regula a alienação parental, devido à importância do tema, inclusive, elege o Dia Internacional contra a Alienação Parental, conforme informações do Instituto Brasileiro de Direito de Família, através de matéria veiculada no próprio *site* do Instituto.[362]

<https://fc243dbe-a-62cb3a1a-s-sites.googlegroups.com/site/alienacaoparental/textos-sobre-sap/SAP-acordao-2006_1117310.pdf?attachauth=ANoY7crFyaKDLxAZniGxOYAH21yAJoHHPkTB6XVgB3Fvu3s4hpo2m-mB1uCDujZsfIRrsEJgbt7Jegl0iiC-434MkmIbwsr7bilSGUm0s3hwFAhCMbAuOesxQfTt6mggRYPlI0ddKvgPGwidxxZbQwQiBuReMe4gDNqXS1-7H4O6vzuKsF7VUkllRLQ0cPjCPcggkgBmsrdjj6SaUIJ6G_r0E9YIoySRYaFSKWCONk_72eiNPZo-FSGMrwC1ef8lEk3BCs24tr7_Y4&attredirects=0>. Acesso em: 13 abr. 2013).

361 EMBARGOS DE DECLARAÇÃO. CONFLITO DE COMPETÊNCIA. OMISSÃO. CONTRADIÇÃO. INEXISTÊNCIA. AÇÃO DE MODIFICAÇÃO DE GUARDA. AÇÃO PROPOSTA ONDE O DETENTOR DA GUARDA NÃO MAIS TEM DOMICÍLIO. ENVIO DOS AUTOS PARA O JUÍZO COMPETENTE. INEXISTÊNCIA DE CONFLITO. 1. Consoante se verifica das informações prestadas pelos Juízos suscitados, não há discrepância de entendimento acerca da competência para julgamento da ação de modificação de guarda, não restando configurada qualquer das hipóteses do art. 115 do Código de Processo Civil. 2. No caso, tendo a detentora da guarda se mudado para outra comarca, a propositura da ação de modificação de guarda, ajuizada pelo pai nesse mesmo período, lá deveria ter se dado, consoante entenderam os Juízos suscitados. Não se trata de mudança de endereço depois de proposta a ação e efetivada a citação. Incidência do art. 147, I, do Estatuto da Criança e do Adolescente. 3. Os conflitos de competência apontados pelo embargante como representativos da jurisprudência desta egrégia Corte, tratam, na realidade, de hipóteses excepcionais, em que fica clara a existência de alienação parental em razão de sucessivas mudanças de endereço da mãe com o intuito exclusivo de deslocar artificialmente o feito, o que não ocorre nos autos. 4. Desta forma, ausente qualquer equívoco manifesto no julgado, tampouco se subsumindo a irresignação em análise a alguma das hipóteses do art. 535 do CPC, não merece ressonância a insurgência em questão. 5. Embargos de declaração rejeitados. (BRASIL. Superior Tribunal de Justiça. Segunda Seção. EDcl no CC nº 108689/PE. Rel. Min: Raul Araújo. Julgado em: 10/11/2010. Disponível em:<https://ww2.stj.jus.br/revistaeletronica/Abre_Documento.asp?sSeq=1020407&sReg=200902149535&sData=20101118&formato=HTML>. Acesso em: 20 mai. 2014.

362 Dia Internacional contra a Alienação Parental. 23/04/2014 Fonte: Assessoria de Comunicação Social do IBDFAM Nesta sexta-feira, 25, é comemorado o Dia Internacional contra a Alienação Parental, que foi sancionado a partir da Lei 12.318, em vigor desde agosto de 2010. A lei implantou medidas como o acompanhamento psicológico, a aplicação de multa e até a perda da convivência familiar de crianças, a pais que estiverem alienando os filhos. Com origens no conceito de Síndrome de Alienação Parental (SAP), o termo proposto pelo psiquiatra estadunidense Richard Gardner em 1985, pode ser caracterizado como a situação em que um dos genitores impulsiona o rompimento de laços afetivos da criança com o outro, criando sentimentos de ansiedade e temor nos filhos em relação ao outro genitor. "Alienação é um conceito legal, enquanto que a síndrome é um conceito clínico. A síndrome consiste em um conjunto de sintomas que sugerem a ocorrência da alienação", explica o professor e psicólogo Jorge Trindade. Para ele, as áreas de Direito e Psicologia nesta situação se entrelaçam, pois desfrutam do mesmo objetivo, que é o estudo do ser humano e seus conflitos. A alienação parental pode ser explicada, ainda, como uma interferência destrutiva na formação psicológica da criança ou adolescente induzida por um dos genitores, avós ou pessoas que tenham convivência com criança pertencente a uma relação conflituosa. Em casos de não assimilação do divórcio por parte de algum dos cônjuges, se desenvolve um processo de desmoralização e descrédito do ex-cônjuge e nesta fase os filhos se tornam instrumento de agressividade direcionada ao parceiro. As situações mais frequentes relacionadas à alienação parental estão associadas aos casos em que a ruptura da vida conjugal gera em um dos genitores uma tendência bastante rancorosa. De acordo

Outra questão importante que anda ao lado da alienação parental tem a denominação de síndrome das falsas memórias. Rolf Madaleno, ao explicá-la, aduz que tal expressão apresenta controvérsia na medicina, mas a sua definição diz respeito à lembrança que determinada pessoa tem acerca de abuso sexual, na condição de vítima de tal fato, na infância. Todavia, é depois constatado que tal circunstância não aconteceu. Assim, a construção de falsas memórias tem origem em lembranças "implantadas por pessoas que tenham o escuso interesse em prolongar uma estratégia de persuasão que nem sempre é percebida num primeiro momento". Buscam, então, como estratégia, a desvinculação de um filho sobre o outro genitor.[363]

Importante trazer ao conhecimento duas questões processuais decididas pelo Superior Tribunal de Justiça (Informativo n. 0538 Período: 30 de abril de 2014) envolvendo demandas que discutam alienação parental. A primeira tem relação com o recurso de agravo de instrumento quando resolvido incidente que debata a alienação parental. A segunda, por sua vez, é no tocante à inaplicabilidade do princípio da fungibilidade, quando interposto recurso de apelação, quando o correto seria o agravo de instrumento, também no caso de resolução do incidente referido.[364]

---

com a advogada e membro do IBDFAM, Ana Gerbase, o mais aconselhável em situações de alienação parental em um primeiro momento, seria que as partes se organizassem emocionalmente para tentar entender seus sentimentos e reais desejos. Já os profissionais que atuam na área, destaca a advogada, devem orientar e esclarecer sobre os direitos e deveres das partes relacionadas ao processo. "Neste cenário, quando os restos de amor chegam aos bancos dos tribunais com pedidos de vingança ninguém é poupado. Crianças e adolescentes são utilizados pelos pais que os veem apenas como uma moeda de troca ou mero instrumento de punição ao outro", explica Ana Gerbase no prefácio do livro Perdas Irreparáveis – Alienação Parental e Falsas Acusações de Abuso Sexual a escritora Andreia Calçada. O Instituto de Direito de Família (IBDFAM) do estado do Maranhão e a Unidade de Ensino Superior Dom Bosco (UNDB) promovem nesta sexta-feira, a partir das 17h, no auditório da UNDB, o 1° Seminário Interdisciplinar sobre Alienação Parental. O evento integra o calendário de atividades em comemoração à Semana Nacional de Conscientização da Alienação Parental e contará com a presença da psicanalista e diretora de relações interdisciplinares do IBDFAM, Giselle Groeninga, da advogada e presidente do IBDFAM/MA, Bruna Barbieri Waquim e do desembargador e vice – presidente do IBDFAM/MA, Lourival Serejo. Ainda com o objetivo de levar esclarecimentos sobre a alienação parental, a Associação de Mulheres de Negócios e Profissionais da BPW em Cuiabá e o IBDFAM/MT, realizam nesta data a palestra "Alienação Parental", com a juíza Angela Regina Gimenez, presidente do IBDFAM/MT. O evento acontecerá às 19h30, no auditório do Conselho Regional de Odontologia (CRO/MT). Disponível em: <http://www.ibdfam.org.br/noticias/5283/+Dia+Internacional+contra+a+Aliena%C3%A7%C3%A3o+Parental+>. Acesso em 24 abr. 2014.

363 MADALENO, Rolf. *Curso de Direito de Família*. 5. ed. Rio de Janeiro: Forense, 2013, p. 462.

364 PROCESSO CIVIL. AÇÃO DE RECONHECIMENTO E DISSOLUÇÃO DE UNIÃO ESTÁVEL. INSTAURAÇÃO DE INCIDENTE DE ALIENAÇÃO PARENTAL. RECURSO CABÍVEL PARA IMPUGNAR A DECISÃO PROFERIDA. EXISTÊNCIA DE ERRO GROSSEIRO. FUNGIBILIDADE INAPLICÁVEL. ARTS. ANALISADOS: 162, §§ 1° E 2°, 522, CPC. 1. Incidente de alienação parental, instaurado no bojo de ação de reconhecimento e dissolução de união estável distribuída em 2010, da qual foi extraído o presente recurso especial, concluso ao Gabinete em 02/05/2012. 2. Discute-se o recurso cabível para impugnar decisão que, no curso de ação de reconhecimento e dissolução

Mas perguntamos: quem pratica a alienação parental comete ato ilícito? A nossa resposta é positiva, eis que alegações e fatos falsos são imputados por um dos genitores a outro, chegando à nefasta consequência de a criança afastar-se do outro genitor. Situação essa que, em nosso entendimento, foge do razoável, e prejudica seriamente duas pessoas, ou seja, um dos pais e o filho e, como consequência, acarreta no cometimento de ato ilícito, passível de revida reparação.

Contudo, há de se relevarem as precisas considerações de Paulo Lôbo acerca da alienação parental. Ressalta oe mestre que não é qualquer conduta que irá caracterizar a prática da alienação: o que deve ser comprovado é a "[...] interferência na formação psicológica permanente da criança ou adolescente, ou efetivo prejuízo ao contato ou convivência com o outro genitor e seu grupo familiar [...]". Há de se esclarecer, também, que a prática da alienação parental pode ser concretizada pelos avós ou então por quem detenha alguma autoridade sobre a criança ou o adolescente.[365]

4.10. Desconhecimento da condição de pai

Pretensão que nos revela importante, quando do ajuizamento de ação por danos imateriais, é a do pai que, por algum meio, descobre que não é o pai biológico, eis que mãe que escondeu tal condição.

O Superior Tribunal de Justiça, ao analisar a omissão da paternidade, considerou que o desconhecimento do fato de não ser o pai biológico dos filhos gerados durante o casamento atinge a dignidade

---

de união estável, declara, incidentalmente, a prática de alienação parental. 3. A Lei 12.318/2010 prevê que o reconhecimento da alienação parental pode se dar em ação autônoma ou incidentalmente, sem especificar, no entanto, o recurso cabível, impondo, neste aspecto, a aplicação das regras do CPC. 4. O ato judicial que resolve, incidentalmente, a questão da alienação parental tem natureza de decisão interlocutória (§ 2º do art. 162 do CPC); em consequência, o recurso cabível para impugná-lo é o agravo (art. 522 do CPC). Se a questão, todavia, for resolvida na própria sentença, ou se for objeto de ação autônoma, o meio de impugnação idôneo será a apelação, porque, nesses casos, a decisão encerrará a etapa cognitiva do processo na primeira instância. 5. No tocante à fungibilidade recursal, não se admite a interposição de um recurso por outro se a dúvida decorrer única e exclusivamente da interpretação feita pelo próprio recorrente do texto legal, ou seja, se se tratar de uma dúvida de caráter subjetivo. 6. No particular, a despeito de a Lei 12.318/2010 não indicar, expressamente, o recurso cabível contra a decisão proferida em incidente de alienação parental, o CPC o faz, revelando-se subjetiva – e não objetiva – a dúvida suscitada pela recorrente, tanto que não demonstrou haver qualquer divergência jurisprudencial e/ou doutrinária sobre o tema. 7. Recurso especial conhecido e desprovido. (BRASIL. Superior Tribunal de Justiça. Terceira Turma. REsp nº 1330172/MS. Rel. Min: Nancy Andrighi. Julgado em: 17/03/2014. Disponível em: https://ww2.stj.jus.br/revistaeletronica/Abre_Documento.asp?sSeq=1302093&sReg=201200615806&sData=20140317&formato=HTML>. Acesso em: 05 mai. 2014).

[365] LÔBO, Paulo. *Direito civil: famílias*. 5. ed. São Paulo: 2014, p. 187.

e a honra subjetiva do marido, justificando a reparação pelos danos morais.[366] Em relação à honra subjetiva atingida, conforme se observa do julgamento em análise, Paulo Lôbo destaca que: "A honra pode ser

[366] Marido que é enganado sobre quem é o verdadeiro pai das crianças criadas por ele tem direito de receber indenização da mulher. O entendimento é da 3ª Turma do Superior Tribunal de Justiça. A Turma garantiu a um pai indenização de R$ 200 mil. Motivo: ele foi enganado pela ex-mulher, durante 20 anos, sobre a verdadeira paternidade biológica dos dois filhos nascidos em seu casamento. O caso de omissão de paternidade chegou ao Superior Tribunal de Justiça em recursos especiais ajuizados pelas duas partes. O ex-marido pediu, em síntese, aumento do valor da indenização com a inclusão da prática do adultério, indenização por dano material pelos prejuízos patrimoniais sofridos e ainda que o ex-amante e atual marido da sua ex-mulher respondesse, solidariamente, pelos danos morais. A ex-mulher queria reduzir o valor da indenização arbitrado em primeira instância e mantido pelo Tribunal de Justiça do Rio de Janeiro. Por 3 a 2, a 3ª Turma do STJ, acompanhando o voto da relatora, ministra Nancy Andrighi, rejeitou todos os pedidos formulados pelas partes e manteve o valor da indenização fixado pela Justiça fluminense. Segundo a relatora, o desconhecimento do fato de não ser o pai biológico dos filhos gerados durante o casamento atinge a dignidade e a honra subjetiva do marido e justifica a reparação pelos danos morais. Para a ministra, a ex-mulher transgrediu o dever da lealdade e da sinceridade ao omitir do marido, deliberadamente, a verdadeira paternidade biológica dos filhos gerados no casamento. Sobre o pedido de indenização ao amante, a ministra sustentou que não há como atribuir responsabilidade solidária, pois não existem nos autos elementos que demonstrem colaboração culposa ou conduta ilícita que a justifique. Para Nancy Andrighi, até seria possível vislumbrar descumprimento de um dever moral de sinceridade e honestidade, considerando que ex-marido e o então amante eram amigos. "Entretanto, a violação de um dever moral não justificaria o reconhecimento da solidariedade prevista no artigo 1.518 do CC/16", concluiu a ministra. Laços rompidos. Para a advogada especialista em Direito de Família, Ellen Cristina Gonçalves, sócia do escritório Pires & Gonçalves Advogados, marido ou mulher enganados têm direito a indenização. "Existe dano moral quando alguém é privado da verdade. Há de se ressaltar que o valor da indenização serve, principalmente, para inibir condutas como essas", afirma a advogada. O advogado Roberto Godoy Jr., especialista em Direito Civil do escritório Maluly Jr. Advogados, lembra que costuma ocorrer o inverso. É a mulher traída que pede indenização do ex-marido. Também chama a atenção o valor da indenização. "Duzentos mil reais é uma quantia elevada se compararmos ao que é estipulado normalmente pelo Poder Judiciário", observa. De qualquer forma, considera que "o dano moral se configura quando há agressão a liberdade, honra e a pessoa da família, como ocorreu neste caso. Último a saber. Recentemente, a Justiça de Minas Gerais condenou uma mulher a indenizar seu ex-marido em R$ 15 mil, por danos morais, porque ele descobriu, depois da separação do casal, que não era o pai biológico da filha que nasceu durante o casamento. O entendimento dos desembargadores foi o de que casamento pressupõe deveres de lealdade, respeito e fidelidade. E, se algum desses compromissos for rompido ou pelo marido, ou pela mulher, a dor moral pode ser reclamada na Justiça e compensada financeiramente. O ex-marido alegou que, depois de homologada a separação judicial, foi alertado por vizinhos e pessoas de seu convívio social, inclusive colegas de trabalho, de que havia dúvidas quanto à paternidade de sua filha caçula, nascida durante seu casamento com a mulher. O homem pediu exame de DNA e a dúvida foi desfeita: ele não era o pai da criança. O ex-pai, um comerciante de Belo Horizonte entrou, então, com ação de indenização contra a ex-mulher para reparar os danos psíquicos que alega ter sofrido. Ele sustentou que ela omitiu deliberadamente quem era o verdadeiro pai da criança, o que abalou sua honra e dignidade. Em sua defesa, a mulher alegou que só soube que seu marido não era o pai da criança quando tomou conhecimento do resultado do exame de DNA. Acusou também o ex-marido de ter um comportamento agressivo e libertino, e da prática de atos sexuais excêntricos e relacionamentos homossexuais. A primeira instância acatou o pedido do homem e fixou a indenização por danos morais em R$ 15 mil, considerando a frustração e melancolia que o ex-marido passou ao ser subtraído, repentinamente, de sua condição de pai. O Tribunal de Justiça mineiro manteve a sentença. Ressaltou que "o casamento faz nascer entre os cônjuges direitos e deveres recíprocos, destacando-se entre eles os deveres de lealdade, respeito e fidelidade". Disponível em: <http://www.conjur.com.br/2007-set-17/marido_enganado_paternidade_ganha_indenizacao>. Acesso em 13 abr. 2013.

entendida como subjetiva, quando toca à pessoa física, porque somente ela pode sofrer constrangimentos, humilhações, vexames".[367]

Neste outro debate, a reparação por danos extrapatrimoniais também se deu em decorrência da omissão da condição de pai. Ficou registrado no julgamento que existe transgressão do dever de sinceridade quando o cônjuge, deliberadamente, omite a verdadeira paternidade biológica dos filhos gerados na constância do casamento, mantendo o consorte na ignorância. De tal sorte que o desconhecimento do fato de não ser o pai biológico dos filhos gerados durante o casamento atinge a honra subjetiva do cônjuge, justificando a reparação pelos danos morais suportados.[368]

Em igual sentido foi o julgamento envolvendo a omissão sobre a verdadeira paternidade biológica de filho nascido na constância do casamento. O cônjuge que deliberadamente omite a verdadeira paternidade biológica do filho gerado na constância do casamento viola o dever de boa-fé, ferindo a dignidade do companheiro (honra subjetiva) induzido em erro acerca de relevantíssimo aspecto da vida que é o exercício da paternidade, verdadeiro projeto de vida.[369]

---

367 LÔBO, Paulo. *Direito civil*: parte geral. 6. ed. São Paulo: Saraiva, 2017, p. 157.

368 Direito civil e processual civil. Recursos especiais interpostos por ambas as partes. Reparação por danos materiais e morais. Descumprimento dos deveres conjugais de lealdade e sinceridade recíprocos. Omissão sobre a verdadeira paternidade biológica. Solidariedade. Valor indenizatório. – Exige-se, para a configuração da responsabilidade civil extracontratual, a inobservância de um dever jurídico que, na hipótese, consubstancia-se na violação dos deveres conjugais de lealdade e sinceridade recíprocos, implícitos no art. 231 do CC/16 (correspondência: art. 1.566 do CC/02). – Transgride o dever de sinceridade o cônjuge que, deliberadamente, omite a verdadeira paternidade biológica dos filhos gerados na constância do casamento, mantendo o consorte na ignorância. – O desconhecimento do fato de não ser o pai biológico dos filhos gerados durante o casamento atinge a honra subjetiva do cônjuge, justificando a reparação pelos danos morais suportados. – A procedência do pedido de indenização por danos materiais exige a demonstração efetiva de prejuízos suportados, o que não ficou evidenciado no acórdão recorrido, sendo certo que os fatos e provas apresentados no processo escapam da apreciação nesta via especial. – Para a materialização da solidariedade prevista no art. 1.518 do CC/16 (correspondência: art. 942 do CC/02), exige-se que a conduta do "cúmplice" seja ilícita, o que não se caracteriza no processo examinado. – A modificação do valor compulsório a título de danos morais mostra-se necessária tão somente quando o valor revela-se irrisório ou exagerado, o que não ocorre na hipótese examinada. Recursos especiais não conhecidos. (BRASIL. Superior Tribunal de Justiça.Terceira Turma. REsp nº 742137/RJ. Rel. Min: Nancy Andrighi. Julgado em: 21/08/2007. Disponível em: <https://ww2.stj.jus.br/revistaeletronica/Abre_Documento.asp?sSeq=637864&sReg=200500602952&sData=20071029&formato=HTML>. Acesso em 20 mar. 2014).

369 RECURSO ESPECIAL. DIREITO CIVIL E PROCESSUAL. DANOS MATERIAIS E MORAIS. ALIMENTOS. IRREPETIBILIDADE. DESCUMPRIMENTO DO DEVER DE FIDELIDADE. OMISSÃO SOBRE A VERDADEIRA PATERNIDADE BIOLÓGICA DE FILHO NASCIDO NA CONSTÂNCIA DO CASAMENTO. DOR MORAL CONFIGURADA. REDUÇÃO DO VALOR INDENIZATÓRIO. 1. Os alimentos pagos a menor para prover as condições de sua subsistência são irrepetíveis. 2. O elo de afetividade determinante para a assunção voluntária da paternidade presumidamente legítima pelo nascimento de criança na constância do casamento não invalida a relação construída com o pai socioafetivo ao longo do período de convivência. 3. O dever de fidelidade recíproca dos cônjuges é atributo básico do casamento e não se estende ao cúmplice de traição a quem não pode ser imputa-

Pelos julgamentos trazidos que tratam de casos envolvendo a omissão da paternidade, pela mãe, observamos que as reparações são concedidas para tais casos. A boa-fé tenta ser preservada, quando atingida, assim como relevada a honra ferida da vítima da omissão, além de relevado o princípio da dignidade da pessoa humana.

Há casos, ainda, em que se busca discutir o registro de nascimento (ação anulatória). Contudo, os fatos são delicados, especialmente quando comprovada a paternidade socioafetiva, que permanece, não autorizando a desconstituição.[370]

4.11. Processo de adoção e da criança devolvida

Questão muito importante levantada pelo Ministério Público do Estado do Paraná é o estágio de convivência e a eventual devolução da

---

do o fracasso da sociedade conjugal por falta de previsão legal. 4. O cônjuge que deliberadamente omite a verdadeira paternidade biológica do filho gerado na constância do casamento viola o dever de boa-fé, ferindo a dignidade do companheiro (honra subjetiva) induzido a erro acerca de relevantíssimo aspecto da vida que é o exercício da paternidade, verdadeiro projeto de vida. 5. A família é o centro de preservação da pessoa e base mestra da sociedade (art. 226 CF/88) devendo-se preservar no seu âmago a intimidade, a reputação e a autoestima dos seus membros. 6. Impõe-se a redução do valor fixado a título de danos morais por representar solução coerente com o sistema. 7. Recurso especial do autor desprovido; recurso especial da primeira corré parcialmente provido e do segundo corréu provido para julgar improcedente o pedido de sua condenação, arcando o autor, neste caso, com as despesas processuais e honorários advocatícios. (BRASIL. Superior Tribunal de Justiça. Terceira Turma. REsp 922462/SP. Rel. Min: Ricardo Villas Bôas Cueva. Julgado em: 04/04/2013. Disponível em: <https://ww2.stj.jus.br/revistaeletronica/Abre_Documento.asp?sSeq=1221381&sReg=200700301624&sData=20130513&formato=HTML>. Acesso em: 28 mar. 2014).

370 RECURSO ESPECIAL. DIREITO DE FAMÍLIA. SOCIOAFETIVIDADE. ART. 1.593 DO CÓDIGO CIVIL. POSSIBILIDADE. PATERNIDADE. RECONHECIMENTO ESPONTÂNEO. REGISTRO. ART. 1.604 DO CÓDIGO CIVIL. ERRO OU FALSIDADE. INEXISTÊNCIA. ANULAÇÃO. IMPOSSIBILIDADE. PRINCÍPIO DO MELHOR INTERESSE DA CRIANÇA. 1. A socioafetividade é contemplada pelo art. 1.593 do Código Civil, no sentido de que o parentesco é natural ou civil, conforme resulte da consanguinidade ou outra origem. 2. Impossibilidade de retificação do registro de nascimento do menor por ausência dos requisitos para tanto, quais sejam: a configuração de erro ou falsidade (art. 1.604 do Código Civil). 3. A paternidade socioafetiva realiza a própria dignidade da pessoa humana por permitir que um indivíduo tenha reconhecido seu histórico de vida e a condição social ostentada, valorizando, além dos aspectos formais, como a regular adoção, a verdade real dos fatos. 4. A posse de estado de filho, que consiste no desfrute público e contínuo da condição de filho legítimo, restou atestada pelas instâncias ordinárias. 5. A "adoção à brasileira", ainda que fundamentada na "piedade", e muito embora seja expediente à margem do ordenamento pátrio, quando se fizer fonte de vínculo socioafetivo entre o pai de registro e o filho registrado não consubstancia negócio jurídico sujeito a distrato por mera liberalidade, tampouco avença submetida a condição resolutiva, consistente no término do relacionamento com a genitora (Precedente). 6. Aplicação do princípio do melhor interesse da criança, que não pode ter a manifesta filiação modificada pelo pai registral e socioafetivo, afigurando-se irrelevante, nesse caso, a verdade biológica. 7. Recurso especial não provido. (BRASIL. Superior Tribunal de Justiça. Terceira Turma. REsp nº 1613641/MG. Rel. Min: Ricardo Villas Bôas Cueva. Julgado em: 23/05/2017. Disponível em: <https://ww2.stj.jus.br/processo/revista/documento/mediado/?componente=ITA&sequencial=1605932&num_registro=201402912140&data=20170529&formato=HTML>. Acesso em: 30 jun. 2017).

criança, conforme notícia veiculada pelo Instituto Brasileiro de Direito de Família – IBDFAM. Este caso trata de menina com idade de oito anos, em período de convivência com o casal adotante. Todavia, os pretensos pais procuraram o Juízo alegando não ter condições para educar a criança. A justificativa, para tanto e segundo os adotantes, estaria baseada na circunstância sobre as atitudes inadequadas por parte da criança, e que assim queriam devolvê-la. A Promotoria ressaltou que esse não é um caso isolado, observando, ainda, que há registros dessa prática em todo o território nacional. E houve o seguinte alerta: "É necessário trabalhar a responsabilização dos adotantes, na posição de adultos da relação, pois, a eles cabe trabalhar conflitos e provações".[371]

---

[371] Promotoria de Justiça do Paraná pede indenização para criança devolvida em processo de adoção 17/01/2014 Fonte: Assessoria de Comunicação do Ibdfam. O Ministério Público do Paraná divulgou, na última semana, que um casal pode pagar indenização à criança devolvida durante processo de adoção. O casal devolveu uma menina durante o processo de adoção e agora pode ser condenado a pagar indenização por danos morais à criança. A ação foi proposta pela 6ª Promotoria de Justiça de Guarapuava, município da região Centro Sul do Paraná. A garota, de oito anos, estava em período de convivência com o casal desde setembro passado. Na última quinta-feira, dia 9, eles procuraram o Juízo e, alegando não ter condições para educar a criança, diante de atitudes inadequadas apresentadas por ela, devolveram-na. A Promotoria ressaltou que esse não é um caso isolado observando que há registros dessa prática em todo o território nacional. De acordo com Silvana do Monte Moreira (RJ), presidente da Comissão de Adoção do Ibdfam, as devoluções de crianças ou estão aumentando ou recebendo a divulgação que nunca tiveram. O estágio de convivência, segundo Silvana, deve ser limitado em no máximo 90 dias, ou outro período que os profissionais das equipes técnicas acordem, devendo tal prazo ter aplicabilidade em termos nacionais não gerando diferenciação entre as várias comarcas existentes no Brasil. "Em tais períodos as crianças/adolescentes terão a possibilidade de sentirem-se ou não pertencentes àquela família, de igual forma os adotantes terão a mesma possibilidade. É necessário trabalhar a responsabilização dos adotantes, na posição de adultos da relação, pois, a eles cabe trabalhar conflitos e provações", disse. Projeto pretende modificar Lei de Adoção – A Comissão Parlamentar de Inquérito (CPI) do Tráfico de Pessoas vai propor, no próximo mês, um projeto de lei prevendo alterações na Lei de Adoção, entre elas, a criação de uma guarda compartilhada entre a família biológica e afetiva enquanto durar a guarda provisória. Além disso, de acordo com a proposta a provisoriedade da guarda terá um prazo definido para apenas um ano. Para a presidente da Comissão de Adoção do Ibdfam, a menos que se trate de adoção intuitu personae (quando os genitores escolhem a pessoa que irá adotar seu filho, sem observar o cadastro nacional de adoção) a medida não acrescenta nada aos procedimentos da área da infância e da juventude. "A retirada de uma criança ou adolescente de seu núcleo familiar natural se dá por maus tratos, negligência, abuso e demais motivos elencados nos artigos 1637 e 1538 do Código Civil. Obviamente que não se pode aceitar perante a existência da incidência de tais barbáries o compartilhamento da guarda com os autores das mesmas. É absolutamente incabível a alteração na forma que se encontra proposta, até porque o ECA determina que a colocação em família substituta somente sé dará em sendo constatada a impossibilidade de reintegração da criança ou do adolescente à família de origem. Entendemos que tal proposição causará um enorme caos nos procedimentos da área da infância e da juventude. A não ser que se trate de adoção intuitu personae que é uma realidade no Brasil e precisa ter o devido respaldo legal para que não ocorra ao arrepio da lei", observa Silvana do Monte Moreira. Adoção Aberta – Para Silvana, o direito da infância envolve várias outras áreas do conhecimento e não deve ser tratado como "matéria estanque". Na opinião dela existem vários pontos a serem estudados e amadurecidos de forma interdisciplinar, entre eles a adoção aberta ou flexibilizada em que os genitores podem acompanhar a evolução da criança através de fotos e relatórios. "De fato acompanho adoções, algumas já realizadas, onde os genitores visitam as crianças, participam das festividades, existindo uma convivência da criança com suas realidades afetiva e biológica". Disponível em: <http://ibdfam.org.br/noticias/5225/Promotoria+de+Justi%C3%A7a+do+Paran%C3%A1+pede+indeniza%C3%

Mas encontramos algumas decisões que, mesmo já havida a adoção, houve tentativa de devolução dos adotados.[372] E indagamos: cabe, para esses casos, pedido de reparação por danos imateriais? A nossa resposta pode ser positiva, mas dependerá da justificativa quanto à devolução (maus-tratos, descaso, violência, por exemplo) pelo contexto, bem como o que já se passou com a criança, ou seja, as expectativas que ela pode ter em relação à nova família, mas que podem ser frustradas em razão de não ser mais aceita. Entendemos que pode ocorrer, nestes casos, uma dupla rejeição: em primeiro, quanto aos pais biológicos; em segundo, quanto aos pretensos adotantes.

Vejamos outros casos interessantes em matéria de adoção. O Superior Tribunal de Justiça entende que é possível o arrependimento de mãe que entrega o seu filho a abrigo, no sentido de não mais querer a adoção da sua criança. A justificativa, por sua vez, na visão do tribunal de origem, foi no sentido de que a própria mãe renunciou, expressamente, ao poder familiar, concordando com o ato, ou seja, encaminhamento para adoção. Posteriormente, houve arrependimento formulado pela mãe biológica da criança, quanto à entrega para adoção, pleito deduzido por meio de ação de guarda ajuizada pela mãe, pela qual buscava recuperar a posse de sua filha. Assim, a Corte entendeu que a decisão de Primeiro Grau que manteve a ordem de abrigamento da criança, mesmo após o célere arrependimento da genitora, ou seja, apenas nove dias após o consentimento para a adoção, revelou-se contrária à norma que determina no seguinte sentido, segundo as razões de decidir: "12.010/2009 (nova Lei de adoção), quando trata do tema e expressamente afirma, em seu artigo 1º, § 1º, que: A intervenção estatal, em

---

A7%C3%A3o+para+crian%C3%A7a+devolvida+em+processo+de+ado%C3%A7%C3%A3o#.UufeUPtTvs2>. Acesso em 28 jan. 2014.

[372] AÇÃO RESCISÓRIA. ESTATUTO DA CRIANÇA E DO ADOLESCENTE. ADOÇÃO. TENTATIVA DE RESCINDIR SENTENÇA PROFERIDA EM PROCESSO DE ADOÇÃO. NÃO CONFIGURAÇÃO DE QUALQUER DAS HIPÓTESES ELENCADAS NO ARTIGO 485 DO CÓDIGO DE PROCESSO CIVIL. EXTINÇÃO DA AÇÃO, SEM JULGAMENTO DO MÉRITO. 1. Não se encontrando a sentença rescindenda maculada por uma das hipóteses previstas no artigo 485, do CPC, impõe-se a extinção da ação. 2. Independentemente do fato de o artigo 48 do Estatuto da Criança e do Adolescente prever que a adoção é irrevogável, a pretensão da adotante é incoerente e revoltante, na medida que pretende revogar a adoção com base em argumentos como dificuldades de adaptação e impossibilidade de convivência. À evidência, a adoção de uma criança não se trata de uma brincadeira, sendo esta objeto de devolução. Preliminar rejeitada e ação extinta, sem julgamento de mérito. (BRASIL. Tribunal de Justiça do Rio Grande do Sul. Sétima Câmara Cível. Ação Rescisória nº 70024114696. Rel. Des: Ricardo Raupp Ruschel, Julgado em 10/09/2008). Disponível em: http://google8.tjrs.jus.br/search?q=cache:www1.tjrs.jus.br/site_php/consulta/consulta_processo.php%3Fnome_comarca%3DTribunal%2Bde%2BJusti%25E7a%26versao%3D%26versao_fonetica%3D1%26tipo%3D1%26id_comarca%3D700%26num_processo_mask%3D70024114696%26num_processo%3D70024114696%26codEmenta%3D2528772+ado%C3%A7%C3%A3o+e+devolu%C3%A7%C3%A3o+da+crian%C3%A7a&site=ementario&client=buscaTJ&access=p&ie=UTF-8&proxystylesheet=buscaTJ&output=xml_no_dtd&oe=UTF-8&numProc=70024114696&comarca=Comarca+de+Tapes&dtJulg=10-09-2008&relator=Ricardo+Raupp+Ruschel>. Acesso em: 10 abr. 2014).

observância ao disposto no *caput* do art. 226 da Constituição Federal, será prioritariamente voltada à orientação, apoio e promoção social da família natural, junto à qual a criança e o adolescente devem permanecer, ressalvada absoluta impossibilidade, demonstrada por decisão judicial fundamentada", lei esta que privilegia a manutenção da criança e do adolescente junto à sua família natural. Restou consignado, ainda, na decisão ora comentada, que: "É de se notar, aqui, que o próprio julgador não identificou nenhuma alegação de risco para a menor, mas ao revés, afirmou que: Não se alega maus tratos, negligência ou qualquer violação dos direitos da criança, apenas, repisa-se, houve entrega da mãe (*sic*) espontaneamente ao juízo". Conclusão da decisão: "Ora, inexistindo maus tratos ou negligência e havendo retratação quanto ao consentimento para a adoção, deveria ter sido dada plena aplicação à regra que prioriza a permanência da criança com sua família natural".[373]

O Tribunal de Justiça do Estado do Rio Grande do Sul, em sede de agravo de instrumento, mesmo existindo anterior decisão judicial que determinou a colocação da criança em abrigo, para adoção, determinou a devolução daquela à mãe biológica. A justificativa para tanto fundou-se no argumento de que a solução mais adequada seria o retorno da criança à mãe biológica, em razão da dúvida, por esta, sobre colocar, ou não, a criança para a adoção. O julgamento registrou que "[...] a mãe sempre poderá desistir de entregar o filho em adoção. É bem de ver que não há nada escrito pela mãe biológica para a entrega à adoção". Ainda, a necessidade de amamentação, esta considerada no julgado como absolutamente indispensável, também foi relevante para determinar o retorno da criança à mãe. Interessante que, ainda, o julgamento entendeu pela seguinte hipótese: "Evidentemente, se a mãe, no futuro, consciente e claramente, juntamente com o pai biológico da criança, decidir entregá-la em adoção, ainda haverá a possibilidade, desde que seja obedecido o procedimento legal adequado".[374]

---

[373] *HABEAS CORPUS*. BUSCA E APREENSÃO DE MENOR. DETERMINAÇÃO DE ACOLHIMENTO INSTITUCIONAL. ADOÇÃO. – Salvo no caso de evidente risco físico ou psíquico ao menor, não se pode conceber que o acolhimento institucional ou acolhimento familiar temporário, em detrimento da manutenção da criança no lar que tem como seu, traduza-se como o melhor interesse do infante. – Ordem concedida. (BRASIL. Superior Tribunal de Justiça. Terceira Turma. HC nº 221594/SC. Rel. Min: Nancy Andrighi. Julgado em: 13/03/2012. Disponível em: <https://ww2.stj.jus.br/revistaeletronica/Abre_Documento.asp?sSeq=1129048&sReg=201102442404&sData=20120321&formato=HTML>. Acesso em: 10 abr. 2014).

[374] AGRAVO DE INSTRUMENTO. ECA MEDIDA DE PROTEÇÃO. COLOCAÇÃO DE RECÉM-NASCIDO EM ABRIGO. Caso em que, para o momento em que se deu, a decisão judicial de colocação do recém-nascido em abrigo mostrou-se ajustada para evitar uma ilegalidade. Agora, contudo, diante dúvida a respeito do interesse da mãe biológica em colocar a criança em adoção, e da necessidade de amamentação, o que se mostra mais adequado é a devolução da criança à sua mãe. DERAM PROVIMENTO. POR MAIORIA. (BRASIL. Tribunal de Justiça do Rio Grande do Sul.

No Estado do Rio de Janeiro, foi ajuizada Ação Civil Pública em decorrência de devolução de crianças, em processo de adoção, após o convívio de três anos daquelas com os guardiães (danos materiais e extrapatrimoniais). As alegações para a devolução foram rechaçadas.[375]

Oitava Câmara Cível. Agravo de Instrumento nº 70014286140. Rel. Des: Rui Portanova. Julgado em: 02/03/2006. Disponível em: http://google8.tjrs.jus.br/search?q=cache:www1.tjrs.jus.br/site_php/consulta/consulta_processo.php%3Fnome_comarca%3DTribunal%2Bde%2BJusti%25E7a%26versao%3D%26versao_fonetica%3D1%26tipo%3D1%26id_comarca%3D700%26num_processo_mask%3D70014286140%26num_processo%3D70014286140%26codEmenta%3D1358467+ado%C3%A7%C3%A3o+e+devolu%C3%A7%C3%A3o+da+crian%C3%A7a&site=ementario&client=buscaTJ&access=p&ie=UTF-8&proxystylesheet=buscaTJ&output=xml_no_dtd&oe=UTF-8&numProc=70014286140&comarca=Comarca+de+S%E3o+Leopoldo&dtJulg=02-03-2006&relator=Rui+Portanova>. Acesso em: 04 abr. 2014).

[375] AGRAVO DE INSTRUMENTO. AÇÃO CIVIL PÚBLICA. INDENIZAÇÃO POR DANOS MATERIAIS E MORAIS CAUSADOS A MENORES. DESISTÊNCIA DO PROCESSO DE ADOÇÃO. DEVOLUÇÃO DAS CRIANÇAS AO ABRIGO APÓS TRÊS ANOS DE GUARDA PROVISÓRIA. DEFERIMENTO DE TUTELA ANTECIPADA. FIXAÇÃO DE ALIMENTOS PROVISÓRIOS E PAGAMENTO DE TRATAMENTO PSICOLÓGICO. MANUTENÇÃO. 1. Na origem, trata-se de ação civil pública proposta pelo Ministério Público em face de casal que desistiu do processo de adoção já em trâmite, com a devolução dos menores ao abrigo. 2. A decisão recorrida deferiu a antecipação de tutela para determinar que os réus arquem com o pagamento do tratamento psicológico/psiquiátrico dos menores até o patamar de 10% dos proventos do requerido Jorge, em clínica a ser indicada pela Coordenadora do abrigo, bem como o desconto nos seus proventos em 20%, sendo 10% para cada criança, a título de alimentos provisórios. 3. A tese recursal é no sentido de que a desistência da adoção ocorreu com base em justo motivo, bem como que não restou comprovado que os menores teriam sofrido dano moral ou material em consequência de tal ato. Relatam que possuem sessenta e setenta e três anos, respectivamente, e sofrem com problemas de saúde e que conheceram as crianças e ficaram sensibilizados com a situação e resolveram pedir a guarda e, após, propuseram ação de adoção. Explicam que não vêm conseguindo desempenhar o papel de guardião, sem prejuízo da sua incolumidade física, não possuindo condições de zelar pelos direitos das crianças, sendo que se tornou missão impossível diante das idades avançadas e saúdes debilitadas. Acrescentam que as crianças vêm apresentando comportamento rebelde, não possuindo condições físicas de lidar com uma adolescente. 4. Em sede de cognição sumária, encontram-se presentes os requisitos autorizadores da antecipação de tutela deferida pelo juízo "a quo". 5. Impende destacar que quando da época da guarda provisória das crianças, o casal já possuía idade avançada, aproximadamente 69 e 57 anos, e já contavam com problemas de saúde conforme relatado pela própria recorrente em 2014 na primeira tentativa de desistência da adoção, entretanto logo depois, reafirmou o interesse de ficar com os menores. 6. A outra justificativa dos recorrentes para a desistência da adoção é igualmente pífia, uma vez que a rebeldia da menor iniciou-se em 2014, conforme alega a primeira agravante, ou seja, um ano antes à propositura do processo de adoção, além de ser forçoso a previsibilidade no comportamento de qualquer criança em fase de pré-adolescência, notadamente por já possuírem experiência com seu filho biológico. 7. De certo que o período longo da guarda provisória seguido do início do processo de adoção criaram um ambiente familiar para os menores, gerando uma expectativa de formação contínua de família, sendo de maior gravidade a ruptura de laços fraternos e o surgimento de eventual sentimento de rejeição, ambos suportados pelas crianças pela segunda vez. 8. No que concerne às condições financeiras dos recorrentes em arcar com as despesas estabelecidas pela decisão atacada, deve-se ressaltar que certamente são inferiores aos custos totais provenientes do sustento das duas crianças, razão pela qual não afetarão a subsistência do casal que até outrora mantinha a guarda das crianças. 9. Outrossim, há perigo de dano inverso, uma vez que a suspensão do pagamento dos alimentos provisórios e do tratamento psicológico poderia colocar em risco a subsistência e a saúde psíquica dos menores. 10. Recurso desprovido. (BRASIL. Tribunal de Justiça do Rio de Janeiro. OITAVA CÂMARA CÍVEL. Agravo de Instrumento nº 0056590-36.2016.8.19.0000. Rel. Des: MÔNICA MARIA COSTA DI PIERO. Julgado em: 14/03/2017. Disponível em: < http://www4.tjrj.jus.br/ejud/ConsultaProcesso.aspx?N=2016.002.68156>. Acesso em: 17 mai. 2017).

4.12. Infidelidade (praticada também pela Internet) e danos extrapatrimoniais

Carlos Roberto Gonçalves aduz que, em princípio, as animosidades ou desavenças de cunho familiar, ou até mesmo os relacionamentos extraconjugais, que se traduzem em causas de ruptura da sociedade conjugal, não são aptas a ensejarem condenações a título de danos imateriais. Por outro lado, se o cônjuge inocente consegue comprovar que sofreu, em decorrência de situações vexatórias a que foi submetido, grave depressão relativa à decepção e desgostos, com especial atenção à humilhação sofrida, o pleito por danos extrapatrimoniais tem cabimento. É que, segundo o autor, nesses casos, resta configurada a lesão aos direitos de personalidade, incluindo-se, então, a dignidade humana.[376]

José de Aguiar Dias leciona que a prática de adultério constitui clara violação dos direitos conjugais trazidos pelo art. 1.566 do Código Civil, podendo ensejar, inclusive e com base no art. 1.573 do referido Diploma, a impossibilidade da vida em comum. Ainda, afirma o autor que o dano imaterial decorrente de tal fato é incontestável (em que pese parte da doutrina referir pela impossibilidade de tal reparação), e também pode acontecer o dano material.[377]

Outra circunstância interessante, mesmo que também trate de possível reparação em relação à traição, é no tocante à nova forma que ela pode se caracterizar, ou seja, através de relacionamentos virtuais envolvendo pessoas casadas. É que, de início, pode surgir um interesse de determinada pessoa em conhecer outras pessoas, de procurar uma aventura extraconjugal, passando para o adultério. Mas, se o próprio casal resolve as suas crises e inseguranças quanto ao seu futuro, não há a possibilidade de reparação. Todavia, para aquele que não aceita a traição diante dos valores que cultua, tem lugar a reparação pelos danos imateriais sofridos.[378]

Passamos à investigação do posicionamento jurisprudencial a respeito do tema. Neste julgamento, a Corte gaúcha deferiu condenação, a título de danos extrapatrimoniais, à amante do marido. No caso em tela, a então esposa, em conduta ilícita em face da demandada (amante), invadiu o trabalho desta, após descobrir a traição do marido, expondo a autora à situação vexatória perante seus colegas, o que culminou,

[376] GONÇALVES, Carlos Roberto. *Responsabilidade civil*. 14. ed. São Paulo: Saraiva, 2012, p. 102-103.

[377] AGUIAR DIAS, José de. *Da responsabilidade civil*. 12. ed. Rio de Janeiro: Lumen Juris, 2012, p. 728.

[378] Idem, p. 487.

inclusive, em sua demissão.[379] Já nesta discussão envolvendo traição, o pedido de reparação por danos imateriais foi afastado sob a fundamentação de que inexiste no ordenamento jurídico previsão de uma obrigação legal oponível a terceiros, de não se relacionarem com a pessoa casada. Cuida-se, notadamente, de uma regra de cunho exclusivamente moral, desprovida da correspondente tutela jurídica.[380] Neste outro

---

[379] APELAÇÃO CÍVEL. RESPONSABILIDADE CIVIL. AGRESSÕES FÍSICAS E VERBAIS PERPETRADAS PELA ESPOSA CONTRA A AMANTE EM SEU AMBIENTE DE TRABALHO. ATO ILÍCITO RECONHECIDO. DANOS MATERIAIS E MORAIS. QUANTUM INDENIZATÓRIO. DIMINUIÇÃO. Agindo de forma ilícita a demandada ao invadir o trabalho da autora após descobrir a traição do marido, expondo a amante à situação vexatória perante seus colegas, o que culminou em sua demissão, é de se reconhecer os danos materiais e morais alegados. Valor da indenização, contudo, diminuído, notadamente sopesando o comportamento da vítima no evento danoso. APELO PARCIALMENTE PROVIDO. (BRASIL. Tribunal de Justiça do Rio Grande do Sul. Nona Câmara Cível. Apelação Cível nº 70033514183. Rel. Des: Marilene Bonzanini. Julgado em: 26/05/2010. Disponível em: <http://google8.tjrs.jus.br/search?q=cache:www1.tjrs.jus.br/site_php/consulta/consulta_processo.php%3Fnome_comarca%3DTribunal%2Bde%2BJusti%25E7a%26versao%3D%26versao_fonetica%3D1%26tipo%3D1%26id_comarca%3D700%26num_processo_mask%3D70033514183%26num_processo%3D70033514183%26codEmenta%3D3551642+dano+moral+e+amante&site=ementario&client=buscaTJ&access=p&ie=UTF-8&proxystylesheet=buscaTJ&output=xml_no_dtd&oe=UTF-8&numProc=70033514183&comarca=Caxias+do+Sul&dtJulg=26-05-2010&relator=Marilene+Bonzanini>. Acesso em: 20 mar. 2014).

[380] RESPONSABILIDADE CIVIL. DANO MORAL. TRAIÇÃO. DEVER LEGAL DE FIDELIDADE RECÍPROCA. ART. 1.556. CÓDIGO CIVIL BRASILEIRO DE 2002. REGRA OPONÍVEL APENAS AO CASAL ENTRE SI. ATO ILÍCITO INEXISTENTE. DEVER DE INDENIZAR NÃO CONFIGURADO. 1. AGRAVO RETIDO. PRELIMINAR. INÉPCIA DA PETIÇÃO INICIAL REJEITADA. 2. AGRAVO RETIDO. PRELIMINAR. PRESCRIÇÃO DOS DANOS MORAIS. Evidenciado nos autos que o demandante teve conhecimento da paternidade biológica da autora através do resultado do laudo DNA, em 21 de fevereiro de 2003, reforçado em 27.06.2003, quando subscreveu o pedido inicial de investigação de paternidade, tenho que a pretensão indenizatória, cujo prazo de prescrição é de três (3) anos, a teor do art. 206, § 3º, V, do CC, na data do ingresso da presente ação em 30 de maio de 2007, já estava fulminada pela prescrição. 3. PREVALÊNCIA DO VOTO MÉDIO, NOS TERMOS DO ARTIGO 196 DO RITJ. Considerando a divergência de votos, uma vez que esta Relatora afasta a prescrição dos danos morais e materiais; a nobre Revisora reconhece a prescrição tão somente em relação aos danos morais e o Vogal, por sua vez, reconhece a prescrição de toda a pretensão indenizatória formulada, impõe-se a prevalência do voto médio, nos termos do artigo 196 do RITJ, que é o proferido pela Desembargadora Marilene Bonzanini Bernardi, razão pela qual é imperioso a manifestação deste Colegiado quanto ao mérito da controvérsia. 4. DA TRAIÇÃO COMO FUNDAMENTO FÁTICO DA OBRIGAÇÃO INDENIZATÓRIA. O reconhecimento da obrigação indenizatória depende da prova de que houve a violação de um dever legal. No caso dos autos, o ato imputado ao réu é a traição. O autor alega que o réu teve um caso extraconjugal com sua ex-esposa. Todavia, a conduta do réu não representa a inobservância do dever legal de fidelidade recíproca, previsto no art. 231 do CCB/16, correspondente ao art. 1.566 do CCB/02, uma vez que essa regra é exigivel apenas dos cônjuges entre si. Tampouco se pode cogitar da aplicação da regra do art. 1.513, CCB/02, que não se subsume ao caso concreto. De modo que, não há no ordenamento jurídico pátrio a previsão de uma obrigação legal oponível a terceiros, de não se relacionarem com a pessoa casada. Cuida-se, notadamente, de uma regra de cunho exclusivamente moral, desprovida da correspondente tutela jurídica. 5. DA PATERNIDADE EQUIVOCADA. A prova dos autos revelou que tanto o autor (pai afetivo), quanto o réu (pai biológico) somente tiveram conhecimento da natureza real de suas paternidades, depois do resultado do exame de DNA feito durante a ação de investigação de paternidade, que a menina ajuizou contra o réu. Também ficou demonstrado que não houve colaboração culposa entre os amantes, no sentido de omitir do autor a verdadeira natureza de sua paternidade. 6. REDEFINIÇÃO DA SUCUMBÊNCIA. À UNANIMIDADE, AFASTARAM A PRELIMINAR DE INÉPCIA DA INICIAL. POR PREVALÊNCIA DO VOTO MÉDIO, ACOLHERAM A PRESCRIÇÃO NO QUE DIZ COM A PRETENSÃO DOS DA-

caso, a discussão recaiu, em um primeiro momento, sobre questão processual acerca da ilicitude da prova produzida (traição), para se afastar o pedido de indenização por danos imateriais, em caso envolvendo união estável. Como podemos observar do voto, restou como duvidosa a licitude da prova produzida pela autora, eis que, desconfiando da fidelidade de seu companheiro, aparelhou sua casa com filmadora, a fim de fazer a prova de suas alegações. Todavia, o fato incontroverso é o de que foram flagrados alguns atos libidinosos ou de explícita tentativa de conquista. Por outro lado, o Relator afirmou que não caberia utilizar-se do critério da proporcionalidade no intuito de aproveitamento da referida prova, uma vez que não consistia no único meio capaz de demonstrar a transgressão do companheiro.[381]

NOS MORAIS. À UNANIMIDADE, DERAM PROVIMENTO AO RECURSO DO RÉU, E JULGARAM PREJUDICADO O RECURSO DO AUTOR. (BRASIL. Tribunal de Justiça do Rio Grande Do Sul. Nona Câmara Cível. Apelação Cível nº 70037770948. Rel. Desa. Iris Helena Medeiros Nogueira. Julgado em: 15/09/2010. Disponível em: http://google8.tjrs.jus.br/search?q=cache:www1.tjrs.jus.br/site_php/consulta/consulta_processo.php%3Fnome_comarca%3DTribunal%2Bde%2BJusti%25E7a%26versao%3D%26versao_fonetica%3D1%26tipo%3D1%26id_comarca%3D700%26num_processo_mask%3D70037770948%26num_processo%3D70037770948%26codEmenta%3D3813583+dano+moral+e+amante&site=ementario&client=buscaTJ&access=p&ie=UTF-8&proxystylesheet=buscaTJ&output=xml_no_dtd&oe=UTF-8&numProc=70037770948&comarca=Caxias+do+Sul&dtJulg=15-09-2010&relator=Iris+Helena+Medeiros+Nogueira>. Acesso em: 20 mar. 2014).

381 INDENIZAÇÃO POR PERDAS E DANOS. ABALO MORAL. UNIÃO ESTÁVEL. INFIDELIDADE DO COMPANHEIRO. ANÁLISE DA CULPA PARA APLICAÇÃO DO INSTITUTO. USO DE APARATO ELETRÔNICO PARA FLAGRANTE DE ADULTÉRIO. PROVA ILÍCITA. É duvidosa a licitude da prova produzida pela autora. Não cabe, aqui, valer-se do critério da proporcionalidade no intuito de aproveitamento desta, uma vez que não consistia no único meio capaz de demonstrar a transgressão do companheiro. Quanto ao mérito, para a concessão do pleito indenizatório é indispensável adentrar-se no exame da culpabilidade. E, seguindo a tendência moderna de interferência mínima do Estado nas relações familiares, é posicionamento já pacificado deste Colegiado o de ser desnecessária a identificação do responsável pelo término da relação, quer se trate de união estável, quer seja hipótese de casamento civil. Sendo assim, não há como se definir, através da lide, o verdadeiro culpado pela deterioração do enlace. A desilusão dos amantes não se resolve em perdas e danos, pois é a frustração dos sentimentos que acarreta a dissolução. Também não se pode olvidar que todo desengano resulta da errônea e fantasiosa percepção da realidade para qual ambos os conviventes contribuem. A dor e a angústia daquele que ama são consequências do término do consórcio, das agruras da vida, não se prestando o Judiciário a vingar a ausência da reciprocidade de afeto e respeito, indenizando aquele que se sentiu traído. Demais, a união estável é uma situação de fato, que pode esboroar-se livremente, sem as obrigações impostas pela natureza também contratual do casamento. Muito embora a – lealdade-constitua gênero mais abrangente que a 'fidelidade', que não se prescreve como no matrimônio, mas que deve existir para a honorabilidade desta entidade familiar, embora sem ter a feição que desfruta, como causa, para o rompimento do casamento. De outra monta, descabe a indenização quando não resta comprovado o abalo moral alegado na exordial – ônus que competia à autora, a teor do disposto no artigo 333, inciso I, do Código de Processo Civil. Na hipótese em tela, não há a prova do dano propriamente dito, seja pela proximidade de um novo relacionamento, seja pela falibilidade da prova testemunhal. Igualmente indemonstrada a perda salarial decorrente da diminuição do ritmo de trabalho. Destarte, ainda que admitisse o dano moral no âmbito do Direito de Família, imprescindível seria a comprovação da lesão ensejadora do abalo emocional – o que, frisa-se, não há. Apelo desprovido. (SEGREDO DE JUSTIÇA). (BRASIL. Tribunal de Justiça do Rio Grande do Sul. Sétima Câmara Cível. Apelação Cível nº 70006974711. Rel. Des: José Carlos Teixeira Giorgis. Julgado: em 17/12/2003. Disponível em: http://google8.tjrs.jus.

Mas existe a possibilidade de reparação por danos imateriais em razão da conduta da amante para com a antiga esposa ou companheira. Podemos observar que, neste caso, a condenação em danos imateriais deu-se em face da amante, em favor da vítima, então esposa. Esta recebeu reiteradas ligações da amante (então funcionária do marido), no sentido de constranger aquela, detalhando situações íntimas, bem como dirigindo-se, ainda, ao estabelecimento comercial da autora, mostrando a esta a barriga, no sentido de comprovar, além da traição, a gravidez. Dentre outras condutas que geraram o deve de indenizar, estavam a ameaça, da amante, em danificar o veículo da autora (inclusive registrado Boletim de Ocorrência junto à Polícia Civil). Procura, pela amante, da filha da gerente da loja da demandante, no sentido de obtenção de informações acerca do patrimônio do casal, entre outras condutas ilícitas relatadas e demonstradas nos autos.[382] Já nesta outra decisão, a condenação por danos extrapatrimoniais deu-se tanto em face da cônjuge como da própria amante: "Possibilidade de condenação da amante do cônjuge adulterino ao pagamento de danos morais.

---

br/search?q=cache:www1.tjrs.jus.br/site_php/consulta/consulta_processo.php%3Fnome_comarca%3DTribunal%2Bde%2BJusti%25E7a%26versao%3D%26versao_fonetica%3D1%26tipo%3D1%26id_comarca%3D700%26num_processo_mask%3D70006974711%26num_processo%3D70006974711%26codEmenta%3D743559+dano+moral+e+amante&site=ementario&client=buscaTJ&access=p&ie=UTF-8&proxystylesheet=buscaTJ&output=xml_no_dtd&oe=UTF-8&numProc=70006974711&comarca=PORTO+ALEGRE&dtJulg=17-12-2003&relator=Jos%E9+Carlos+Teixeira+Giorgis>. Acesso em: 20 mar. 2014).

[382] APELAÇÃO CÍVEL. RESPONSABILIDADE CIVIL. AÇÃO DE INDENIZAÇÃO POR DANOS MORAIS. CONSTRANGIMENTO CAUSADO POR AMÁSIA DE EX-CÔNJUGE. CONFIGURAÇÃO DO DANO. *QUANTUM* INDENIZATÓRIO. I – APELAÇÃO. 1. DANO MORAL. Compulsando-se os autos, verifica-se que a contenda funda-se na discussão acerca da configuração de dano moral advindo de diversas condutas da demandada, que se apresentava como amásia do ex-marido da autora. Inexiste, nos autos, qualquer elemento probatório sobre a ocorrência de causa justificadora a ensejar suas condutas, uma vez que as ligações telefônicas foram realizadas em reiteradas ocasiões, exorbitando-se à esfera restrita ao relacionamento da autora, de seu ex-cônjuge e da ré. Decerto, o constrangimento impingido à autora escapa à normalidade, em que pese também possuir origem em foro íntimo. II – RECURSO ADESIVO. 1. QUANTUM INDENIZATÓRIO. Manutenção do montante indenizatório fixado pelo Juízo a quo. Ajuste da sentença em relação à correção monetária e aos juros moratórios. Pedido implícito. 2. HONORÁRIOS ADVOCATÍCIOS. Fixação no patamar de 15% sobre o valor da condenação, consoante análise dos requisitos do artigo 20, § 3º, alíneas *a*, *b* e *c*, do CPC. NEGARAM PROVIMENTO AO APELO E DERAM PARCIAL PROVIMENTO AO RECURSO ADESIVO. UNÂNIME. (BRASIL. Tribunal de Justiça do Rio Grande do Sul. Nona Câmara Cível. Apelação Cível nº 70013199039. Rel.Des: Odone Sanguiné, Julgado em 19/04/2006). Disponível em: <http://google8.tjrs.jus.br/search?q=cache:www1.tjrs.jus.br/site_php/consulta/consulta_processo.php%3Fnome_comarca%3DTribunal%2Bde%2BJusti%25E7a%26versao%3D%26versao_fonetica%3D1%26tipo%3D1%26id_comarca%3D700%26num_processo_mask%3D70013199039%26num_processo%3D70013199039%26codEmenta%3D1399618+dano+moral+e+amante&site=ementario&client=buscaTJ&access=p&ie=UTF-8&proxystylesheet=buscaTJ&output=xml_no_dtd&oe=UTF-8&numProc=70013199039&comarca=Novo+Hamburgo&dtJulg=19-04-2006&relator=Odone+Sanguin%E9>. Acesso em: 20 mar. 2014).

Todavia, não em valores equivalentes à condenação da esposa que a desnuda em lugar bastante movimentado".[383]

Após o lançamento da primeira edição deste livro, os nossos estudos continuaram e, especificamente sobre o dever de fidelidade recíproca, tivemos artigo publicado na conceituadíssima Revista Civilística. Lá, dentre outros temas, abordamos a questão do dever, ou melhor, aprofundamos os debates sob a perspectiva do Direito das Obrigações e da Responsabilidade Civil. Ou seja, o descumprimento do dever de fidelidade recíproca estampado no art. 1.566, inciso I,[384] pode sim dar margem à reparação civil por danos extrapatrimoniais.[385]

4.12.1. Relacionamentos e redes sociais

Questão muito atual e que vem ganhando contornos judiciais é a que trata dos relacionamentos e a exposição em redes sociais, especialmente quando do término. Muitas vezes as relações íntimas são registradas pelos casais e, quando do término do relacionamento, disponibilizadas em redes sociais, fato este configurador do ato ilícito e que leva à inevitável ação de reparação civil. Há hipótese, também, de ameaças em ambiente virtual envolvendo ciúmes, por exemplo.

Quando discorre sobre a intimidade, Rui Stoco alerta que àquela, e que também à vida privada, deve haver o respeito de uma pessoa por outra. Há ninguém é concedido o direito de invadir a vida de alguém sem o necessário consentimento.[386]

---

383 DANOS MORAIS. ADULTÉRIO. CONSTRANGIMENTO E EXPOSIÇÃO DA AMANTE NUA, NO CENTRO DA CIDADE. O julgador, ao fixar o montante indenizatório, deve ater-se não somente à gravidade da ofensa, mas também ao porte econômico do ofensor e do ofendido. Possibilidade de condenação da amante do cônjuge adulterino ao pagamento de danos morais. Todavia, não em valores equivalentes à condenação da esposa que a desnuda em lugar bastante movimentado. Apelações improvidas. (BRASIL. Tribunal de Justiça do Rio Grande do Sul. Décima Câmara Cível. Apelação Cível nº 70001752914. Rel. Des: Luiz Ary Vessini de Lima. Julgado em: 30/08/2001. <http://google8.tjrs.jus.br/search?q=cache:www1.tjrs.jus.br/site_php/consulta/consulta_processo.php%3Fnome_comarca%3DTribunal%2Bde%2BJusti%25E7a%26versao%3D%26versao_fonetica%3D1%26tipo%3D1%26id_comarca%3D700%26num_processo_mask%3D70001752914%26num_processo%3D70001752914%26codEmenta%3D446973+dano+moral+e+amante&site=ementario&client=buscaTJ&access=p&ie=UTF-8&proxystylesheet=buscaTJ&output=xml_no_dtd&oe=UTF-8&numProc=70001752914&comarca=CAPAO+DA+CANOA&dtJulg=30-08-2001&relator=Luiz+Ary+Vessini+de+Lima>. Acesso em: 20 mar. 2014).

384 Art. 1.566. São deveres de ambos os cônjuges: I – fidelidade recíproca; [...].

385 ALMEIDA, Felipe Cunha de. Obrigação de não fazer e dever de fidelidade: a conduta do amante sob a perspectiva do direito das obrigações, do Direito de Família e da responsabilidade civil. In: *Civilística.com*. Rio de Janeiro: 2016, p. 19-20.

386 STOCO, Rui. Responsabilidade civil decorrente da violação da intimidade e da vida privada. In: *Doutrinas essenciais*: dano moral: volume I: teoria do dano moral e direitos da personalidade. STOCO, Rui (org.). São Paulo: Revista dos Tribunais, 2015, p. 385-386.

Juliano Madalena, em brilhante artigo publicado na Revista dos Tribunais, alerta para questões como a regulação da matéria em termos de Internet e Direito.[387] Vamos a algumas decisões sobre Internet e relações entre casais.

No julgamento em análise, houve divulgação de vídeos íntimos, por motivos de ciúmes, para terceira pessoa. Dada a gravidade dos fatos, eis que a autora confiou no seu parceiro em relação às imagens, no sentido da sua não exibição, houve a majoração da condenação para R$ 20.000,00.[388]

Neste outro caso, em que pese o relacionamento não tenha chegado ao fim, houve condenação por danos imateriais em razão de ciúme excessivo, por parte do marido, por ofensas a amigo da esposa, em rede social.[389] Por último, caso muito interessante é o que revela fim de

---

[387] MADALENA, Juliano. Regulação das fronteiras da internet: um primeiro passo para uma teoria geral do direito digital. In: *Revista dos Tribunais On Line*. São Paulo: Revista dos Tribunais, vol. 974/2016, dez/2016, p. 02.

[388] APELAÇÃO CÍVEL. RECURSO ADESIVO. AÇÃO INDENIZATÓRIA. EXPOSIÇÃO DE VÍDEO COM IMAGENS ÍNTIMAS. OFENSA À INTIMIDADE E PRIVACIDADE. DANO À IMAGEM CONFIGURADO. VERBA INDENIZATÓRIA MAJORADA. 1. Incontroverso nos autos a autoria do ato lícito atribuída à ré, pois admitida por ela a divulgação do vídeo com imagens íntimas da autora a terceira pessoa, por motivo de ciúmes do namorado. 2. Ainda que a autora tenha ingenuamente confiado em seu então namorado, deixando-se filmar em momentos íntimos, o fato é que não autorizou a divulgação das imagens assim captadas, não havendo qualquer justificativa possível para o compartilhamento das mesmas nas redes sociais. Condutas como essas, que infelizmente não são tão isoladas como se poderia imaginar, devem ser firmemente reprimidas, não podendo ser toleradas. 3. Responsabilidade solidária do ex-namorado da autora, que havia gravado as cenas íntimas e mantido o vídeo no seu celular, possibilitando que sua nova companheiro dele tivesse conhecimento e fizesse sua divulgação. Sua conduta, ao manter o vídeo consigo em vez de deletá-lo, mesmo após o rompimento do relacionamentoamoroso mantido com a autora, criou o risco de que acontecesse o ocorrido. 3. *Quantum* indenizatório majorado para R$ 20.000,00, valor que se tem por mais consentâneo com a gravidade e repugnância da conduta ilícita praticada, também considerando que são dois os réus e o efeito educativo/dissuasório da condenação. APELAÇÃO DESPROVIDA E RECURSO ADESIVO ACOLHIDO. (BRASIL. Tribunal de Justiça do Rio Grande do Sul. Nona Câmara Cível. Apelação Cível nº 70070862073. Rel. Des: Eugênio Facchini Neto. Julgado em: 23/11/2016. Disponível em: <http://www.tjrs.jus.br/busca/search?q=cache:www1.tjrs.jus.br/site_php/consulta/consulta_processo.php%3Fnome_comarca%3DTribunal%2Bde%2BJusti%25E7a%26versao%3D%26versao_fonetica%3D1%26tipo%3D1%26id_comarca%3D700%26num_processo_mask%3D70070862073%26num_processo%3D70070862073%26codEmenta%3D7059985+relacionamento+e+ofensas+e+redes+sociais++++&proxystylesheet=tjrs_index&client=tjrs_index&ie=UTF-8&site=ementario&access=p&oe=UTF-8&numProcesso=70070862073&comarca=Comarca%20de%20Ant%C3%B4nio%20Prado&dtJulg=23/11/2016&relator=Eug%C3%AAnio%20Facchini%20Neto&aba=juris>. Acesso em: 29 de mai. 2017).

[389] RECURSO INOMINADO. RESPONSABILIDADE CIVIL. OFENSAS E AMEAÇAS POR MENSAGENS DE REDE SOCIAL PROVOCADAS POR CIÚME INJUSTIFICADO. INÍCIO DE AMIZADE NAS REDES SOCIAIS – FACEBOOK. MARIDO QUE NÃO ACEITA TAL RELACIONAMENTO, PASSANDO A OFENDER E AMEAÇAR O AUTOR. RECURSO RESTRITO À MAJORAÇÃO DO QUANTUM INDENIZATÓRIO. INDENIZAÇÃO ARBITRADA EM R$ 1.000,00 QUE COMPORTA MAJORAÇÃO PARA R$ 3.500,00, OBSERVADO O CASO CONCRETO. RECURSO PROVIDO EM PARTE. (BRASIL. Turmas Recurais. Quarta Turma Recursal Cível. Recurso Cível nº 71006019632. Rel. Dr: Luis Antonio Behrensdorf Gomes da Silva. Julgado em: 29/07/2016. Disponível em: <http://

relacionamento e ofensas recíprocas. Em que pese tenha, no caso em tela, restado incontroverso o começo das ofensas por uma das partes, a outra também seguiu o mesmo caminho, fato este que, para o julgador:[390]

> Destarte, embora reste demonstrado que o réu proferiu ofensas à autora, via rede social, tenho que também resta imperioso o reconhecimento de que houve contribuição da parte autora. É o que se extrai do conteúdo das "respostas" via rede social dadas pelo réu e juntadas aos autos. É evidente que se algum dano extrapatrimonial houve, no caso desta demanda, tenho que ambas as partes contribuíram para o resultado. Portanto, merece reforma a decisão de origem para acolher argumentos do recurso do réu, restando prejudicado recurso da autora.

A questão realmente é tormentosa pois revela fatos que expõem a intimidade das pessoas em ambiente virtual. Juliano Madalena apresenta algumas características inerentes à Internet e, como uma delas, a alta velocidade:[391]

---

www.tjrs.jus.br/busca/search?q=cache:www1.tjrs.jus.br/site_php/consulta/consulta_processo.php%3Fnome_comarca%3DTribunal%2Bde%2BJusti%25E7a%26versao%3D%26versao_fonetica%3D1%26tipo%3D1%26id_comarca%3D700%26num_processo_mask%3D71006019632%26num_processo%3D71006019632%26codEmenta%3D6886617+relacionamento+e+ofensas+e+redes+sociais++++&proxystylesheet=tjrs_index&client=tjrs_index&ie=UTF-8&site=ementario&access=p&oe=UTF-8&numProcesso=71006019632&comarca=Comarca%20de%20Lajeado&dtJulg=29/07/2016&relator=Luis%20Antonio%20Behrensdorf%20Gomes%20da%20Silva&aba=juris>. Acesso em: 29 mai. 2017).

390 RECURSO INOMINADO. AÇÃO DE INDENIZAÇÃO POR DANOS MORAIS. OFENSAS POSTADAS EM REDE SOCIAL. INCONTROVERSO QUE AS PARTES AGIRAM DE FORMA RECÍPROCA. ORIGEM DAS OFENSAS NÃO COMPROVADA. CONTEÚDOS DAS MENSAGENS POSTADAS EM REDE SOCIAL PELO RÉU COMPROVAM SER RESPOSTA À PROVOCAÇÃO ANTERIOR DA AUTORA. CONDUTA REPROVÁVEL DE AMBAS AS PARTES. CULPA CONCORRENTE. AUSÊNCIA DE DEVER INDENIZATÓRIO. Incontroverso que as partes possuem desavenças em decorrência do fim de um relacionamento amoroso. As postagens do réu, em rede social, embora atinjam a autora, também demonstram que são respostas a fatos anteriores, provocações que chegaram ao ponto insustentável. O réu afirma em uma das suas mensagens que estava apresentando resposta por não aguentar sua exposição no "facebook" da autora. Posteriormente, a autora passou a utilizar perfil falso, confirmado em depoimento pessoal, para mandar mensagem para a atual namorada do réu. O contexto probatório não deixa dúvidas que houve ofensas recíprocas. Não há elementos de prova para confirmar quem deu origem. A conduta de ambas as partes é reprovável. Assim, as partes agiram reciprocamente de forma ilícita, o que torna indevida a concessão de indenização por dano moral a qualquer das partes. A sentença deve ser modificada para julgar improcedente a ação RECURSO DO RÉU PROVIDO. RECURSO DA AUTORA IMPROVIDO. (BRASIL. Turmas Recursais. Quarta Turma Recursal Cível. Recurso Cível Nº 71005645775. Rel. Dra: Glaucia Dipp Dreher. Julgado em: 20/11/2015. Disponível em: <http://www.tjrs.jus.br/busca/search?q=cache:www1.tjrs.jus.br/site_php/consulta/consulta_processo.php%3Fnome_comarca%3DTribunal%2Bde%2BJusti%25E7a%26versao%3D%26versao_fonetica%3D1%26tipo%3D1%26id_comarca%3D700%26num_processo_mask%3D71005645775%26num_processo%3D71005645775%26codEmenta%3D6561042+relacionamento+e+ofensas+e+redes+sociais++++&proxystylesheet=tjrs_index&client=tjrs_index&ie=UTF-8&site=ementario&access=p&oe=UTF-8&numProcesso=71005645775&comarca=Comarca%20de%20Caxias%20do%20Sul&dtJulg=20/11/2015&relator=Glaucia%20Dipp%20Dreher&aba=juris. Acesso em: 29 mai. 2017).

391 MADALENA, Juliano. Regulação das fronteiras da internet: um primeiro passo para uma teoria geral do direito digital. In: *Revista dos Tribunais On Line.* São Paulo: Revista dos Tribunais, vol. 974/2016, dez/2016, p. 03.

Com o advento da Internet, as ferramentas de comunicação experimentaram instrumentos caracterizados pela alta velocidade, que permite a troca de conteúdo em caráter instantâneo. Esse atributo mudou drasticamente a comunicação, pois não há mais espaço para o erro e, tão pouco, para o esquecimento.

4.12.2. Pacto antenupcial e cláusula de infidelidade

Os tópicos anteriores trataram da questão da infidelidade e da possibilidade de reparação civil, bem como a questão da Internet e das redes sociais. Agora, a questão que se apresenta é a seguinte: seria possível o casal fazer constar em seu pacto antenupcial ou então em contrato de união estável uma cláusula sobre a prática da infidelidade? A temática é, no mínimo, curiosa. Vejamos o Código Civil no capítulo que trata do pacto antenupcial: "Art. 1.655. É nula a convenção ou cláusula dela que contravenha disposição absoluta de lei". Lafayette Rodrigues Pereira leciona que:[392]

> Os atos, pelos quais os esposos fixam previamente o regime de bens segundo o qual querem casar-se, recebem indistintamente as denominações de *pactos antenupciais, convenções matrimoniais* ou *pactos dotais.*

Assim, Pontes de Miranda assevera que o pacto antenupcial (ou convenção antenupcial ou então contrato antenupcial) "[...] é o nome aproximativo que se dá ao negócio de *Direito de Família* pelo qual se estabelece o regime dos bens entre os cônjuges". O seu objeto, continua o ilustre Jurista, é o "[...] de determinar a norma do patrimônio dos nubentes, a *partir do casamento*".[393]

Nos termos do art. 1.639[394] do Código Civil, é conferida ampla liberdade aos cônjuges no tocante às disposições quanto aos seus bens, com limitações às normas de ordem pública, de acordo com os ensinamentos de Gustavo Tepedino, Heloisa Helena Barboza e Maria Celina Bodin de Moraes.[395]

---

[392] PEREIRA, Lafayette Rodrigues. *Direitos de família*. GAMA, Ricardo Rodrigues (atual). Russel: Campinas, 2003, p. 137.

[393] PONTES DE MIRANDA, Francisco Cavalcanti. *Tratado de Direito de Família*: volume III: direito matrimonial (continuação). ALVES, Vilson Rodrigues (atual). Campinas: Bookseller, 2001, p. 167.

[394] Art. 1.639. É lícito aos nubentes, antes de celebrado o casamento, estipular, quanto aos seus bens, o que lhes aprouver. § 1º O regime de bens entre os cônjuges começa a vigorar desde a data do casamento. § 2º É admissível alteração do regime de bens, mediante autorização judicial em pedido motivado de ambos os cônjuges, apurada a procedência das razões invocadas e ressalvados os direitos de terceiros.

[395] TEPEDINO, Gustavo; BARBOZA, Heloisa Helena; MORAES, Maria Celina Bodin de. *Código civil interpretado conforme a constituição da república*: volume IV: Direito de Família: sucessão em geral: sucessão legítima e testamentária: disposições finais transitórias (arts. 1.511 e 2.046). Rio de Janeiro: Renovar: 2014, p. 292.

Explicam Cristiano Chaves de Farias e Nelson Rosenvald que: "Optando os nubentes pela escolha de um regime de bens distinto do regime legal supletivo (que é a comunhão parcial) utilizando-se da liberdade de escolha, exige-se a lavratura do *pacto antenupcial*". Por sua vez:[396]

> Dá-se o nome de *pacto antenupcial* (também chamado de *convenção antenupcial* ou *contrato nupcial*, na linguagem dos alemães, ou ainda *capitulaciones matrimoniales*, como preferem os espanhóis) ao negócio jurídico pelo qual se regulamenta o regime econômico do matrimônio, definindo, pois, o seu regime de bens, apartando-se do regime legal supletivo.

Pablo Stolze Gagliano e Rodolfo Pamplona Filho asseveram que o pacto antenupcial "[...] é negócio jurídico solene, condicionado ao casamento, por meio do qual as partes escolhem o regime de bens que lhe aprouver, segundo o princípio da autonomia privada". Portanto, para a sua validade (exatamente por ser solene ou formal) é que deve ser observada a forma prescrita em lei.[397]

Portanto, o pacto é modalidade de negócio jurídico e com conteúdo patrimonial, negocial, mas específico do Direito de Família, e não do Direito das Obrigações.[398] No mesmo sentido afirma Maria Helena Diniz sobre o conteúdo patrimonial que deve envolver o pacto, eis que não admite "[...] estipulações alusivas às relações pessoais dos consortes, nem mesmo as de caráter pecuniário que não digam respeito ao regime de bens ou que contravenham preceito legal". A sua natureza, portanto, é institucional.[399]

Rolf Madaleno, por sua vez, mesmo ressaltando a autonomia privada no sentido de poderem os cônjuges exercerem livremente acerca do que melhor lhes aproveitar, dentro, evidentemente, do que faculta o ordenamento, observa que são ineficazes cláusulas admitindo, por exemplo, "[...] a infidelidade conjugal, ou dispensando os principais deveres conjugais, como o da mútua assistência; o sustento [...]", "[...] e até mesmo estabelecendo indenização entre os cônjuges no caso do divórcio, dado sua natureza penal ser estranha aos contratos antenupciais".[400]

---

396 FARIAS, Cristiano Chaves de; ROSENVALD, Nelson. *Curso de direto civil*: volume 6: famílias. 6. ed. São Paulo: Atlas, 2015, p. 313.

397 GAGLIANO, Pablo Stolze; PAMPLONA FILHO, Rodolfo. *Direito de Família*: as famílias em perspectiva constitucional: volume 6. 4. ed. São Paulo: Saraiva, 2014, p. 313.

398 FARIAS, Cristiano Chaves de; ROSENVALD, Nelson. *Op. cit.*, p. 313.

399 DINIZ, Maria Helena. *Curso de direito civil brasileiro*: volume 5: Direito de Família. 27. ed. São Paulo: Saraiva, 2012, p. 175.

400 MADALENO, Rolf. *Curso de Direito de Família*. 6. ed. Rio de Janeiro: Forense, 2015, p. 749-753.

A seu turno, Cristiano Chaves de Farias e Nelson Rosenvald, embora salientando a questão como controvertida, entendem que, dentro dos limites da autonomia privada, existe a possibilidade de fixação de indenização em face de um consorte ao autor, pela dissolução da união. Inclusive, citam como exemplo as "[...] cláusulas comuns entre artistas de *Hollywood*, estipulando valores pelo tempo de relacionamento, como uma verdadeira competição".[401]

Em relação à possibilidade de reparação prevista em cláusula constante de pacto, nos termos deste subcapítulo, Gustavo Tepedino, Heloisa Helena Barbosa e Maria Celina Bodin de Moares apresentam a doutrina de Antonio Carlos Mathias Coltro no sentido de plena possibilidade, de validade da cláusula, eis que não há contrariedade à norma de ordem pública, bons costumes ou então aos princípios gerais de direito.[402]

A questão, como se observa, é polêmica e vem dotada de dois posicionamentos. Nosso entendimento, sempre respeitando as posições em contrário, é o da plena possibilidade de inserção de cláusulas que contenham sim disposições a respeito de reparação civil. Não percebemos contrariedade ou ofensa à norma de ordem pública, até porque, tais normas incidem no caso concreto, independentemente de qualquer vontade. Basta, como exemplo, a leitura do art. 186 do Código Civil: caso preenchidos aqueles pressupostos, haverá sim a obrigação de reparar.

4.13. Transmissão de moléstia contagiosa

Para a configuração do dano imaterial, outro fato que pode acarretar o ilícito é quanto à transmissão de moléstia contagiosa, pois constitui uma violação de um dever geral para com o outro. Neste caso, restou decidido que basta, para surgir o dever de reparar, que aquele que contaminou outrem tenha agido de forma negligente ou de forma imprudente.[403]

Mas encontramos decisões realmente interessantes para esses casos. Neste debate, o Tribunal de Justiça do Rio Grande do Sul consi-

---

[401] FARIAS, Cristiano Chaves de; ROSENVALD, Nelson. *Curso de direto civil*: volume 6: famílias. 6. ed. São Paulo: Atlas, 2015, p. 317.

[402] TEPEDINO, Gustavo; BARBOZA, Heloisa Helena; MORAES, Maria Celina Bodin de. *Código civil interpretado conforme a constituição da república*: volume IV: Direito de Família: sucessão em geral: sucessão legítima e testamentária: disposições finais transitórias (arts. 1.511 e 2.046). Rio de Janeiro: Renovar: 2014, p. 293.

[403] AGUIAR DIAS, José de. *Da responsabilidade Civil*. 12. ed. Rio de Janeiro: Lumen Juris, 2012, p. 487.

derou a hipótese de que comete ato ilícito o companheiro que, mesmo ciente da condição de portador de doença sexualmente transmissível incurável, pratica sexo sem prevenção. Todavia, a compensação por danos extrapatrimoniais não restou deferida, eis que:[404]

> [...] aquele que pretende indenização não pode atuar de forma manifestamente contrária ao seu direito. No caso dos autos, a reconvinte continuou a união estável após a ciência inequívoca da conduta ilícita do companheiro por mais 04 (quatro) anos. Assim, aplicam-se os Princípios da *venire contra factum* e da supressio à pretensão da embargante.

Yussef Said Cahali, em relação ao tema, completa, no sentido de que, em relação às ações de reparação por contaminação de moléstia, nos casos envolvendo a AIDS, aduz que o lapso prescricional inicia considerando a inequívoca prova da autoria, e não pela existência do dano por si só. Portanto, conclui que o marco inicial do prazo de prescrição não se dá pelo conhecimento, pela ciência, do autor da ação, da sua condição de soropositivo, mas sim do momento da manifestação da doença.[405]

4.14. Batismo da criança sem conhecimento do outro genitor

Questão que também incluímos nesta segunda edição e que também envolve a Responsabilidade Civil no Direito de Família é no tocante a julgamento proferido pelo Superior Tribunal de Justiça, que analisou pedido de danos extrapatrimoniais pelo motivo de batismo de criança, mas sem o conhecimento da mãe. Tal conduta, segundo a Corte, é passível de reparação civil por caracterizar ato ilícito. De início,

---

[404] EMBARGOS INFRINGENTES. DISSOLUÇÃO DE UNIÃO ESTÁVEL. RECONVENÇÃO. INDENIZAÇÃO POR DANOS MORAIS. RECONVINDO QUE CONTAMINOU A RECONVINTE COM O VÍRUS HIV SABENDO SER PORTADOR DA DOENÇA. O companheiro que sabe ser portador de doença sexualmente transmissível ainda incurável e causadora de diversas desordens no organismo infectado e, mesmo assim, pratica sexo sem prevenção, pratica ato ilícito. DANO MORAL. PEDIDO INDENIZATÓRIO. Ainda que praticada conduta ilícita com comprovação de dano moral e nexo de causalidade, aquele que pretende indenização não pode atuar de forma manifestamente contrária ao seu direito. No caso dos autos, a reconvinte continuou a união estável após a ciência inequívoca da conduta ilícita do companheiro por mais 04 (quatro) anos. Assim, aplicam-se os Princípios da venire contra factum e da supressio à pretensão da embargante. DESACOLHERAM OS EMBARGOS INFRINGENTES. Unânime. (SEGREDO DE JUSTIÇA) (BRASIL. Tribunal de Justiça do RIO grande do Sul. Quarto Grupo de Câmaras Cíveis. Embargos Infringentes nº 70049383375., Relator: Alzir Felippe Schmitz. Julgado em: 10/08/2012. Disponível em: <http://google8.tjrs.jus.br/search?q=cache:www1.tjrs.jus.br/site_php/consulta/consulta_processo.php%3Fnome_comarca%3DTribunal%2Bde%2BJusti%25E7a%26versao%3D%26versao_fonetica%3D1%26tipo%3D1%26id_comarca%3D700%26num_processo_mask%3D70049383375%26num_processo%3D70049383375%26codEmenta%3D4844922+aids+e+contamina%C3%A7%C3%A3o+e+danos+morais&site=ementario&client=buscaTJ&access=p&ie=UTF-8&proxystylesheet=buscaTJ&output=xml_no_dtd&oe=UTF-8&numProc=70049383375&comarca=Alvorada&dtJulg=10-08-2012&relator=Alzir+Felippe+Schmitz>. Acesso em: 20) jun. 2014.

[405] CAHALI, Yussef Said. *Dano moral*. 4. ed. São Paulo: Revista dos Tribunais, 2011, p. 488.

a sentença havia entendido pela improcedência. Em grau de apelação, o Tribunal local, por maioria, deu provimento ao apelo. Vejamos partes das razões de decidir:[406]

> [...] Inicialmente, cumpre ressaltar que resta incontroverso nos autos que o menor foi batizado pelo recorrente sem o consentimento e o conhecimento da recorrida.
>
> O acórdão do TJ/RJ, ao mencionar o transcurso dos fatos que ensejaram a propositura da presente ação, estabeleceu duas premissas que devem servir como ponto de partida para a análise ora realizada.
>
> A primeira delas justifica a conduta do recorrido em razão da dificuldade de relacionamento pacífico entre os pais, ao passo que a segunda considera que a realização do batizado do menor, sob a mesma religião seguida pela mãe, afasta a configuração de danos morais.
>
> Segundo o acórdão recorrido, "a narrativa dos fatos bem demonstra a dificuldade de relacionamento que se estabeleceu entre as partes que chegam ao ponto de se comunicarem por telegramas" (fls. 278). Em razão desses fatos, o acórdão reconheceu a licitude da ocultação do batizado pelo recorrente.
>
> Todavia, mesmo considerando que os pais são separados judicialmente e que não possuem, entre si, relacionamento amistoso, as responsabilidades sobre os filhos menores devem ser igualmente repartidas. Não há como atribuir essas responsabilidades em favor de um dos pais, em detrimento do outro. Na ausência de um ponto de equilíbrio, a respeito dos atos que interessam a vida dos filhos, devem os pais somar esforços para administrar, em conjunto, os interesses do menor.
>
> Com efeito, a fragilidade e a fluidez dos relacionamentos entre os pais não deve perpassar as relações entre pais e filhos, as quais precisam ser perpetuadas e solidificadas. Em contraponto à instabilidade dos vínculos advindos das uniões matrimoniais, estáveis ou concubinárias, os laços de filiação devem estar fortemente assegurados, com vistas no interesse maior da criança, que não deve ser vítima de mais um fenômeno comportamental de seus pais.

---

[406] Civil. Recurso Especial. Ação de compensação por danos morais. Pai que batiza o filho sem o conhecimento da mãe. Ausência de relacionamento amistoso entre os pais. Irrelevância. Danos morais. Ocorrência. - Hipótese em que a recorrente (mãe) ajuizou ação de compensação por danos morais, em face do recorrido (pai), porque este batizou o filho sem a presença da mãe, que somente obteve conhecimento desta cerimônia religiosa após sete meses da sua realização. - Mesmo considerando que os pais são separados judicialmente e que não possuem, entre si, relacionamento amistoso, as responsabilidades sobre os filhos menores devem ser igualmente repartidas. Não há como atribuir essas responsabilidades em favor de um dos pais, em detrimento do outro. - A fragilidade e a fluidez dos relacionamentos entre os pais não deve perpassar as relações entre pais e filhos, as quais precisam ser perpetuadas e solidificadas. Em contraponto à instabilidade dos vínculos advindos das uniões matrimoniais, estáveis ou concubinárias, os laços de filiação devem estar fortemente assegurados, com vistas no interesse maior da criança. - Dessarte, o recorrido, ao subtrair da recorrente o direito de presenciar a celebração de batismo do filho que tiveram em comum, cometeu ato ilícito, ocasionando danos morais à mãe, nos termos do art. 186 do CC/02. Recurso especial conhecido e provido. (BRASIL. Superior Tribunal de Justiça. Terceira Turma. REsp nº 1117793/RJ. Rel. Min. Nancy Andrighi. Julgado em: 04/02/2010. Disponível em: <https://ww2.stj.jus.br/processo/revista/documento/mediado/?componente=ITA&sequencial=941306&num_registro=200900733613&data=20100528&formato=HTML>. Acesso em: 16 mai. 2017).

Na hipótese dos autos, trata-se de celebração de batismo, ato único e significativo na vida da criança e, sempre que possível, deve ser realizado na presença de ambos os pais.

O recorrido, ao subtrair da recorrente o direito de presenciar a celebração de batismo do menor, cometeu ato ilícito, ocasionando-lhe danos morais, nos termos do art. 186 do CC/02.

Por outro lado, a respeito da religião em que foi batizado o menor, o acórdão recorrido considerou que "não se pode ter como ilícita a conduta do pai que, sendo católico, procede ao batismo de seu filho, especialmente quando o catolicismo também é a religião professada pela mãe" (fls. 371).

Contudo, o dano moral foi caracterizado pela privação do direito da mãe em participar do batismo de seu filho. A realização do batizado sob a mesma religião seguida pela mãe não ilidiu a conduta ilícita já consumada. Assim, reconhecido o ato ilícito, deve ser reformado o acórdão recorrido para que seja julgado procedente o pedido formulado na inicial, a fim de condenar o recorrido ao pagamento de compensação pelos danos morais suportados pela recorrente. [...].

4.15. Descumprimento de visitas e *astreintes*

Questão processual que merece destaque é a denominada fixação de *astreintes* para os casos de visitas e o seu descumprimento. O Tribunal de Justiça do Distrito Federal entendeu plenamente aplicável multa em caso cujo genitor não cumpria com os dias e horários estabelecidos em decisão.[407] Já em outro processo envolvendo o tema as *asterintes* não foram fixadas pois, segundo a Corte, não fez o interessado qualquer prova quanto ao acordado.[408]

407 DIREITO CIVIL. FAMÍLIA. REGULAMENTAÇÃO DE VISITAS. FIXAÇÃO DE MULTA POR DESCUMPRIMENTO. POSSIBILIDADE. DEVER DO GENITOR. DIREITO DA CRIANÇA. EXERCÍCIO POR PARENTES. NATUREZA PERSONALÍSSIMA. RECURSO NÃO PROVIDO. 1. O direito às visitas há muito deixou de ser um direito do genitor, sendo visto mais como um direito do filho de conviver com seu pai, sendo essa obrigação infungível, personalíssima, não podendo ser exercida por parentes (Maria Berenice Dias. *Manual de Direito das Famílias*. 8. ed., p. 456). 2. É cabível e conta com amparo legal a fixação de multa por descumprimento do dever de visitas, nos dias e horários aprazados. 3. Apelo não provido. Sentença mantida. (BRASÍLIA. Tribunal de Justiça do Distrito Federal e dos Territórios. Quarta Turma Cível. Apelação Cível nº 20140110171334. Rel. Des: Arnoldo Camanho. Julgado em: 18/03/2015. Disponível em: <http://pesquisajuris.tjdft.jus.br/IndexadorAcordaos-web/sistj>. Acesso em: 16 mai. 2017).

408 AGRAVO DE INSTRUMENTO. CUMPRIMENTO DE SENTENÇA. DESCUMPRIMENTO DE CLÁUSULA DE REGULAMENTAÇÃO DE VISITAS. PRINCÍPIO DA PROTEÇÃO INTEGRAL. COMINAÇÃO DE MULTA. AUSÊNCIA DE ELEMENTOS ENSEJADORES DA FIXAÇÃO. I – A multa processual (astreintes) está prevista no § 5º do artigo 461 do CPC e pode ser aplicada como meio de se garantir o princípio da proteção integral de crianças e adolescentes. Porém, não se verifica nos autos qualquer base fática para o pedido; não está presente qualquer prova de descumprimento do acordo de visitação. II – Agravo de instrumento desprovido. (BRASÍLIA. Tribunal de Justiça do Distrito Federal e dos Territórios. Sexta Turma Cível. Apelação Cível nº 201400203016. Rel. Des: Vera Andrighi. Julgado em: 27/05/2015. Disponível em: <http://pesquisajuris.tjdft.jus.br/IndexadorAcordaos-web/sistj>. Acesso em: 16 mai. 2017).

Realmente a aplicação desta multa busca forçar o cumprimento da decisão que fixa a visita. Entendemos como extremamente humilhante a criança que fica esperando o (a) genitor (a), e ele (a) simplesmente não a busca, e sem qualquer justificativa, e ainda reitera tal conduta. Observamos, contudo, que tal prática, mesmo que extremamente ofensiva aos direitos de personalidade da criança, não autoriza o (a) outro (a) genitor (a) a implantar falsas memórias, a se dirirgir para a prática de alienação parental. Tem de haver o equilíbrio, sempre preservando o melhor interesse daquela. Quando houver o descumprimento injustificado da ordem judicial que trata do processo, o Juízo deve ser imediatamente comunicado pela parte interessada.

5. Arbitramento e quantificação do dano imaterial

De relevância extrema é o ponto aqui a ser estudado. É que, em sendo possível a comprovação da existência de danos imateriais nos casos estudados neste livro, devemos passar ao próximo e também complicado passo, que é a quantificação dos valores a título de condenação que determina quantia a título de compensação.

Os danos de natureza imaterial, segundo Carlos Alberto Bittar, revestem-se "[...] de caráter atentatório à personalidade, de vez que se configura por meio de lesões a elementos essenciais da individualidade". Recebem, portanto e como não deveria deixar de ser, a repulsa do Direito, da ordem jurídica, procurando efetivar a defesa, a realização de direitos básicos da pessoa e também do relacionamento em sociedade.[409]

De acordo com Wesley de Oliveira Louzada Bernardo, é tarefa das mais importantes e tormentosas, para o magistrado, o arbitramento da quantia a ser indenizada, quando da ocorrência de fatos geradores de danos imateriais. É que questões aparentemente parecidas recebem valorações completamente diferentes, em diversos tribunais e, em algumas situações, nas mesmas Cortes. O estudo feito pelo autor ora mencionado revela, fundamentalmente, três grupos de critérios de valoração dos danos extrapatrimoniais: a) os critérios matemáticos, consistentes em vinculações ora com a pena criminal correspondente ao ato ilícito, ora com os danos materiais; b) o tabelamento, por meio do qual as condutas danosas seriam classificadas e a reparação corresponderia a valores mínimo e máximo previamente estabelecidos; c) o arbitramento judicial que, por sua vez, segue uma série de fatores, tais como a extensão do dano, o grau de culpa do agente, a penalização do

409 BITTAR, Carlos Alberto. *Reparação civil por danos morais*. 4. ed. BITTAR, Eduardo C. B. (atual.). São Paulo: Saraiva, 2015, p. 57.

agente, a situação econômica das partes, a razoabilidade e proporcionalidade.[410]

Uma vez provado o dano, cabe a reparação. Assim, o direito de pedir a compensação recai sobre aquela pessoa que demonstre um prejuízo sofrido e a injustiça a qual foi submetida. Leva-se a efeito a reparação com a atribuição de uma quantidade de dinheiro suficiente para que compense, por sub-rogação, a um interesse, observando dois modos de se proceder a reparação do dano: de um lado, está o ressarcimento, que consiste na recomposição da situação anterior; de outra parte, vem a reparação específica, ou a integração, pela qual a obrigação ressarcitória concretiza-se com a restituição ao sujeito ao estado anterior ao dano. Nesta última forma, mesmo não cancelando o dano do mundo dos fatos, é criada uma realidade materialmente correspondente à que existia antes de efetivada a lesão.[411]

O ressarcimento propriamente dito, diferentemente, estabelece uma situação econômica equivalente àquela que foi comprometida pelo dano, através de uma indenização em dinheiro. Está contemplada esta forma, pelo Código Civil, no Capítulo II, Título IX, do Livro I da Parte Especial, iniciando no art. 944 e finalizando no art. 954. Revelando caráter pecuniário, expressa-se na prestação, ao prejudicado, de uma soma em dinheiro, adequada para originar um estado de coisas equivalente ao anterior.[412]

Ainda, Arnaldo Rizzardo afirma que o Código Civil brasileiro adotou a causa do dano direto e imediato, com amparo no art. 403,[413] conforme anteriormente estudado. Assim, para o mencionado autor, o que interessa é o dano que é efeito direto e imediato do fato causador, e não advindo de novas causas. Importante a transcrição de julgamentos os quais verificamos alguns posicionamentos da respeito do tema.[414]

---

[410] BERNARDO, Wesley de Oliveira Louzada. *Dano Moral*: Critérios de fixação de valor. Rio de Janeiro: Renovar, 2005, p. 117-118.

[411] RIZZARDO, Arnaldo. *Responsabilidade civil*. 3 ed. Rio de Janeiro: Forense, 2007, p. 51.

[412] Idem, p. 52.

[413] Código Civil de 2002, art. 403: "Ainda que a inexecução resulte de dolo do devedor, as perdas e danos só incluem os prejuízos efetivos e os lucros cessantes por efeito dela direto e imediato, sem prejuízo do disposto na lei processual".

[414] APELAÇÃO CÍVEL. ACIDENTE DE TRABALHO. AÇÃO DE INDENIZAÇÃO. AGRAVO RETIDO. ILEGITIMIDADE PASSIVA *AD CAUSAM*. Demonstrado, através do contrato entabulado entre as rés, que as empresas possuíam uma atuação em conjunto para a prestação de serviços relativos à construção e/ou manutenção preventiva de redes de distribuição de energia elétrica, a ré contratante do serviço é parte legitima para figurar no pólo passivo da ação que visa à indenização por acidente de trabalho, ainda que o infortúnio laboral tenha ocorrido contra funcionário da empresa contratada, especialmente porque o contrato firmado ainda previa a responsabilidade da contratante pela fiscalização dos serviços, de modo a garantir a perfeita execução dos mesmos. RESPONSABILIDADE CIVIL. ACIDENTE LABORAL. MORTE DO EMPREGADO. DEVER DE

Para Eduardo Viana Pinto, o caráter reparatório-compensatório é de suma importância, quando da análise para o arbitramento de danos de natureza não patrimonial em razão de um determinado acontecimento. Entretanto, refere o autor que os juízes e desembargadores, em sua grande maioria, optam, nas suas decisões, por condenar os agentes causadores de atos ilícitos, a valores inexpressivos que, segundo a sua tese, agravam, ainda mais, a dor, o sofrimento, a angústia e as aflições as quais as vítimas foram submetidas. De modo que, a continuar tais entendimentos, jamais será propiciado àqueles que sofreram algum ato ensejador de reparação, o efetivo desagravo, convincente e vigoroso. Gerando, então, um sentimento de desilusão em relação ao Poder Judiciário. Consequência: que os infratores, além de não recuarem, continuarão com as suas condutas lesivas. Continuando sua crítica, o valor atribuído, a título de compensação por danos imateriais, deve representar um efetivo castigo financeiro ao ofensor, podendo, inclusive e de acordo com o grau da lesão causada, desestabilizar, de maneira

---

INDENIZAR. Ainda que inexistia necessidade de desligamento de ambas as redes de energia que passavam pelo local, a responsabilidade da empresa apelante reside na falta de fiscalização do serviço prestado, especialmente quando a tarefa é considerada de certa periculosidade, bem como na figura da culpa in eligendo. A ausência de utilização de EPI pela vítima fatal, ao concreto, não autoriza o reconhecimento da culpa exclusiva da vítima na produção do infortúnio laboral, mas a existência da chamada culpa concorrente, de modo a influenciar, unicamente, na fixação do quantum indenizatório. Presentes o dano, o nexo causal e a culpa dos réus o dever de reparar é imperioso. SOLIDARIEDADE ENTRE AS EMPRESAS DEMANDADAS. Demonstrada a existência de colaboração e solidariedade entre as empresas demandadas para a execução dos serviços, deve ser transpostos à sujeição de ambas às obrigações decorrentes das falhas dessa execução. Solidariedade configurada. Inteligência dos art. 2°, § 2° da CLT, art. 1.521, 111, c/c o art. 1.518, parágrafo único do Código Civil de 1916. DANO MORAL. CONFIGURAÇÃO. *QUANTUM* INDENIZATÓRIO. MANUTENÇÃO. No que toca aos danos morais, é evidente sua ocorrência, haja vista que a perda do filho é motivo de muito sofrimento psicológico para a mãe, ainda que não residissem, à época, na mesma casa. A quantia a ser fixada deve considerar a espécie do dano e a condição econômico-social das partes, razão pela qual o quantum indenizatório arbitrado em R$ 76.000,00, mas reduzida a R$ 30.400,00 em razão do reconhecimento da culpa concorrente (60%) da vítima – atende à finalidade da reparação. PENSIONAMENTO. Não restando comprovada a dependência econômica do filho, considerando a existência de rendimentos próprios, não se há de cogitar em pensionamento devido à autora. LITIGÂNCIA DE MÁ-FÉ. NÃO RECONHECIDA. Não se revelando presentes os pressupostos constantes do art. 17 do CPC, não se há de responsabilizar a parte ao pagamento de multa por litigância de má-fé, tampouco revogar o benefício da AJG concedido. AGRAVO RETIDO IMPROVIDO. APELAÇÃO DA COPREL IMPROVIDA. APELAÇÃO DA AUTORA PARCIALMENTE PROVIDA. (BRASIL. Tribunal de Justiça do Rio Grande do Sul. Décima Câmara Cível. Apelação Cível nº 70021065792. Rel. Des: Paulo Roberto Lessa Franz. Julgado em: 10/07/2008. Disponível em: <http://google8.tjrs.jus.br/search?q=cache:www1.tjrs.jus.br/site_php/consulta/consulta_processo.php%3Fnome_comarca%3DTribunal%2Bde%2BJusti%25E7a%26versao%3D%26versao_fonetica%3D1%26tipo%3D1%26id_comarca%3D700%26num_processo_mask%3D70021065792%26num_processo%3D70021065792%26codEmenta%3D2434715+APELA%C3%87%C3%83O+C%C3%E7VEL.+ACIDENTE+DE+TRABALHO.+a%C3%A7%C3%A3o+de+indeniza%C3%A7%C3%A3o.+AGRAVO+RETIDO.+ILEGITIMIDADE+PASSIVA+AD+CAUSAM.&site=ementario&client=buscaTJ&access=p&ie=UTF-8&proxystylesheet=buscaTJ&output=xml_no_dtd&oe=UTF-8&numProc=70021065792&comarca=Comarca+de+Get%FAlio+Vargas&dtJulg=10-07-2008&relator=Paulo+Roberto+Lessa+Franz>. Acesso em: 10 abr. 2014).

profunda, o complexo de bens do causador dos prejuízos.[415] Todavia, a quantia fixada, a título de danos extrapatrimoniais, é passível de revisão, mesmo em sede de Recurso Especial, desde que irrisória ou então exagerada.[416]

A quantificação dos danos extrapatrimoniais revela importante debate. A jurisprudência, no particular, entende que:[417]

---

[415] PINTO, Eduardo Viana. *Responsabilidade civil*. Rio de Janeiro: Editora Síntese, 2003, p. 93-94.

[416] PROCESSUAL CIVIL. AGRAVO NO AGRAVO EM RECURSO ESPECIAL. AÇÃO DE COMPENSAÇÃO POR DANO MORAL CUMULADA COM REPARAÇÃO POR DANO MATERIAL. REEXAME DE FATOS E PROVAS. INADMISSIBILIDADE. ALTERAÇÃO DO VALOR FIXADO. INCIDÊNCIA DA SÚMULA 7/STJ. 1. O reexame de fatos e provas em recurso especial é inadmissível. 2. A alteração do valor fixado a título de compensação por danos morais somente é possível, em recurso especial, nas hipóteses em que a quantia estipulada pelo Tribunal de origem revela-se irrisória ou exagerada. 3. Agravo não provido. (BRASIL. Superior Tribunal de Justiç. Terceira Turma. AgRg no AREsp 420352/PR. Rel. Min. Nancy Andrighi. Julgado em: 21/11/2013. Disponível em: <https://ww2.stj.jus.br/revistaeletronica/Abre_Documento.asp?sSeq=1283401&sReg=201303537634&sData=20131129&formato=HTML>. Acesso em: 13 abr. 2014).

[417] AGRAVO REGIMENTAL NOS EMBARGOS DE DECLARAÇÃO NOS EMBARGOS DE DECLARAÇÃO NO AGRAVO ART. 544 DO CPC) – AÇÃO DE INDENIZAÇÃO POR ATO ILÍCITO – PRESTAÇÃO DE SERVIÇOS ADVOCATÍCIOS – COMPROVAÇÃO DA CONTRATAÇÃO – DECISÃO MONOCRÁTICA CONHECENDO DO AGRAVO (ART. 544 DO CPC), PARA NEGAR SEGUIMENTO AO RECURSO ESPECIAL. IRRESIGNAÇÃO DA RÉ. 1. O apelo nobre não se presta ao exame de suposta violação a dispositivos constitucionais, por se tratar de matéria reservada à análise do Supremo Tribunal Federal, nos termos do art. 102, III, da Constituição da República. 2. Negativa de prestação jurisdicional. Inexistência. É clara e suficiente a fundamentação adotada pelo Tribunal de origem para o deslinde da controvérsia, revelando-se desnecessário ao magistrado rebater cada um dos argumentos declinados pela parte. 3. Arts. 38 do Estatuto Processual Civil e 653 do Código Civil. O conteúdo normativo dos dispositivos tidos como violados não foram objeto de exame pelo Tribunal de origem, mesmo após o julgamento dos embargos de declaração opostos pela ora recorrente, razão pela qual incide na espécie a Súmula 211 desta Corte, de seguinte teor: "Inadmissível recurso especial quanto à questão que, a despeito da oposição de embargos declaratórios, não foi apreciada pelo Tribunal *a quo*". 3.1. "Não configura contradição afirmar a falta de prequestionamento e afastar indicação de afronta ao art. 535 do Código de Processo Civil, uma vez que é perfeitamente possível o julgado encontrar-se devidamente fundamentado sem, no entanto, ter decidido a causa à luz dos preceitos jurídicos desejados pela postulante, pois a tal não está obrigado." (AgRg no REsp 1222968/RS, Rel. Ministro HUMBERTO MARTINS, SEGUNDA TURMA, julgado em 03/05/2011, DJe 10/05/2011). 4. O egrégio Tribunal a quo asseverou serem idôneas as provas utilizadas para formação de seu convencimento. Ademais, a Corte local assentou existir provas que atestam a obrigação da insurgente de ingressar com demanda em juízo, bem como a existência de nexo causal entre o dano sofrido e conduta da ora agravante. Sendo assim, para acolhimento do apelo extremo, seria imprescindível derruir as afirmações contidas no decisum atacado, o que, forçosamente, ensejaria em rediscussão de matéria fática, incidindo, na espécie, o óbice da Súmula n. 7 deste Superior Tribunal de Justiça, motivo pelo qual é manifesto o descabimento do recurso especial. 5. No que concerne à ocorrência do dano moral, a instância a quo asseverou que o descumprimento do contrato transbordou os limites do mero dissabor, pois o inadimplemento contratual foi descoberto de forma traumática. Desse modo, a alteração do julgado, como pretendido nas razões do especial, demanda revolvimento do acervo fático-probatório dos autos, situação que atrai a incidência da Súmula n. 7 do STJ. 6. Pretensão voltada a reduzir o valor fixado a título de dano moral. Não obstante o grau de subjetivismo que envolve o tema, uma vez que não existem critérios predeterminados para a quantificação do dano moral, esta Corte Superior tem reiteradamente se pronunciado no sentido de que a indenização deve ser suficiente a restaurar o bem estar da vítima, desestimular o ofensor em repetir a falta, não podendo, ainda, constituir enriquecimento sem causa ao ofendido. 6.1. Com a apreciação reiterada de casos semelhantes, concluiu-se

> [...] não obstante o grau de subjetivismo que envolve o tema, uma vez que não existem critérios predeterminados para a quantificação do dano moral, esta Corte Superior tem reiteradamente se pronunciado no sentido de que a indenização deve ser suficiente a restaurar o bem estar da vítima, desestimular o ofensor em repetir a falta, não podendo, ainda, constituir enriquecimento sem causa ao ofendido.

Já neste outro julgamento, a Corte assim considerou em sede da quantificação dos danos imateriais: "[...] para que não importe em um prêmio indevido ao ofendido, indo muito além da recompensa ao desconforto, ao desagrado, aos efeitos do gravame suportado".[418] Daniel Ustárroz assevera que a indenização e a quantificação consideram o art. 944, *caput*, do Código Civil.[419]

Compartilhamos do entendimento de que a reparação, a compensação, em que pese não possa acarretar enriquecimento sem causa ao ofendido, também não pode premiar o autor da ofensa. Ainda mais em se tratando de relações familiares, cujo significado, alcance e proteção, como visto, têm origem constitucional e, como tal, merecedor da devida tutela e censura àquele que causa danos desta natureza.

Inclusive, a respeito do arbitramento, Humberto Theodoro Júnior é taxativo ao dizer que tal ato é exclusivo do juiz, "[...] fundado no bom senso e na equidade [...]", eis que ninguém além do magistrado apresenta as credenciais para a fixação do valor de ordem relativa à dor moral. O mestre elenca dois critérios acerca do arbitramento, ou seja: que venha prudente e equitativo, realizado a partir de dois dados

---

que a intervenção desta Corte ficaria limitada às hipóteses em que o quantum fosse irrisório ou excessivo, diante do quadro fático delimitado em primeiro e segundo graus de jurisdição. 6.2. Dessa forma, para modificar as conclusões consignadas no acórdão impugnado e concluir pelo excesso do quantum indenizatório, como quer a parte ora insurgente, seria necessária a incursão no conjunto fático-probatório das provas e nos elementos de convicção dos autos, o que é vedado em sede de recurso especial, nos termos da Súmula n. 7 do STJ. 7. A jurisprudência desta Corte Superior firmou-se no sentido de ser a citação do termo inicial para incidência dos juros de mora, em caso de responsabilidade contratual. 8. Agravo regimental desprovido. (BRASIL. Superior Tribunal de Justiça. Quarta Turma. AgRg nos EDcl nos EDcl no nº AREsp 243104/PR. Rel. Min: Marco Buzzi. Julgado em: 17/12/2013. Disponível em: <https://ww2.stj.jus.br/revistaeletronica/Abre_Documento.asp?sSeq=1291027&sReg=201202168009&sData=20140204&formato=HTML>. Acesso em: 13 abr. 2014).

[418] CIVIL. DANO MORAL. QUANTIFICAÇÃO. *"O valor da indenização por dano moral não pode escapar ao controle do Superior Tribunal de Justiça"* (REsp n. 53.321/RJ, Min. Nilson Naves). Para se estipular o valor do dano moral devem ser consideradas as condições pessoais dos envolvidos, evitando-se que sejam desbordados os limites dos bons princípios e da igualdade que regem as relações de direito, para que não importe em um prêmio indevido ao ofendido, indo muito além da recompensa ao desconforto, ao desagrado, aos efeitos do gravame suportado. Recurso parcialmente conhecido e nessa parte provido. (BRASIL. Superior Tribunal de Justiça. Quarta Turma. REsp nº 214.053/SP. Rel. Min: Cesar Asfor Rocha. Julgado em: 05/12/2000. Disponível em: <https://ww2.stj.jus.br/websecstj/cgi/revista/REJ.cgi/IMGD?seq=245361&nreg=199900416619&dt=20010319&formato=HTML>. Acesso em: 13 abr. 2014).

[419] UZTÁRROZ, Daniel. *Responsabilidade civil por ato lícito*. São Paulo: Atlas, 2014, p. 179.

importantes: "*a)* o nível econômico do *ofendido*; e *b)* o porte econômico do *ofensor*, ambos cotejados com as condições em que se deu a ofensa".[420] E sentencia:[421]

> Em suma, a correta estimação da indenização por dano moral jamais poderá ser feita levando em conta apenas o potencial econômico da empresa demandada. É imperioso cotejar-se também a repercussão do ressarcimento sobre a situação social e patrimonial do ofendido [...].

Levando em conta a doutrina acima, trazemos julgamento do STJ que vem no mesmo sentido.[422]

Sergio Cavalieri Filho, a seu turno, é taxativo ao asseverar que a lógica do razoável deve ser utilizada como critério para a fixação dos danos extrapatrimoniais, asseverando que "[...] a sua quantificação como um decréscimo patrimonial é também absolutamente impossível, razão pela qual o critério do arbitramento judicial é o único apropriado".[423] Portanto, o juiz deve arbitrar quantia que:[424]

> [...] de acordo com o seu prudente arbítrio, seja compatível com a reprovabilidade da conduta ilícita, a intensidade e duração do sofrimento experimentado pela vítima, a capacidade econômica do causador do dano, as condições sociais do ofendido e outras circunstâncias mais que se fizerem presentes.

---

[420] THEODORO JÚNIOR, Humberto. *Dano moral*. 8. ed. Rio de Janeiro: Forense, 2016, p. 41-42.

[421] Idem, p. 44.

[422] RESPONSABILIDADE CIVIL DO ESTADO – DECISÃO QUE NÃO CONHECEU DO RECURSO ESPECIAL, EM RAZÃO DA INCIDÊNCIA DA SÚMULA 126/STJ – RECURSO ESPECIAL CUJO OBJETO ÚNICO E EXCLUSIVO É A RAZOABILIDADE DO VALOR ARBITRADO A TÍTULO DE DANOS MORAIS – ART. 944 DO CC – ALTERAÇÃO DE FUNDAMENTO PARA O NÃO CONHECIMENTO DO RECURSO ESPECIAL – SÚMULA 07/STJ. 1. Com razão o agravante quando sustenta que o objeto do recurso não diz respeito propriamente aos pressupostos da responsabilidade civil, mas sim sobre o valor fixado na instância ordinária a título de danos morais, fixado em R$ 40.000,00 para o primeiro recorrido e R$ 25.000,00 para o segundo. 2. A indenização teve espaço porque ficou constatado na instância ordinária que os recorridos foram presos de forma indevida e ilegal, uma vez que foram submetidos a constrangimentos e humilhações. 3. O recorrente alega violação do art. 944 do CC, porque, com base na capacidade econômica das vítimas, que são porteiros, os valores arbitrados configuram verdadeiro enriquecimento ilícito. 4. Não só a capacidade econômico-financeira da vítima é critério de análise para o arbitramento dos danos morais, sendo levado em conta, também, à mingua de requisitos legais, a capacidade econômico-financeira do ofensor, as circunstâncias concretas onde o dano ocorreu e a extensão do dano. Tais critérios foram analisados na instância ordinária de forma fundamentada, não podendo o STJ, em grau de recurso especial, ir de encontro ao que preceitua a Súmula 07/STJ. Agravo regimental provido em parte, para não conhecer do recurso especial por outro fundamento. (BRASIL. Superior Tribunal de Justiça. Segunda Turma. AgRg no REsp nº 700899/RN. Rel. Min: Humberto Martins. Julgado em: 19/02/2008. Disponível em: <https://ww2.stj.jus.br/processo/revista/documento/mediado/?componente=ITA&sequencial=753480&num_registro=200401576243&data=20080306&formato=HTML>. Acesso em: 30 jun. 2017).

[423] CAVALIERI FILHO, Sergio. *Programa de responsabilidade Civil*. 11. ed. São Paulo: Atlas, 2014, p. 155.

[424] Idem, p. 155.

5.1. Valor da causa e novo CPC

Em meio à elaboração desta segunda edição, tivemos a publicação da Lei nº 13.105, sancionada em 16.03.2015, traduzindo-se no novo Código de Processo Civil.[425] Portanto, sensíveis mudanças já são notadas com a nova legislação, tais como o fim do agravo retido, dos embargos infringentes, o agravo de instrumento e as suas hipóteses taxativas, entre outras. Para esta obra que trata da possibilidade de reparação civil no seio das relações familiares, questão central é dano imaterial. Vimos em tópico anterior a delicada questão do arbitramento, da quantificação de danos daquela natureza. Portanto, o objeto deste tópico gira em torno do inciso V do art. 292 da nova legislação processual, que assim vem transcrita: "Art. 292. O valor da causa constará da petição inicial ou da reconvenção e será: [...] V – na ação indenizatória, inclusive a fundada em dano moral, o valor pretendido; [...]".

Misael Montenegro Filho destaca a importância do valor da causa como um dos requisitos da petição inicial, definindo aquela como sendo "[...] a base de cálculo para a fixação das custas iniciais [...]". A sua importância é de, além de base de cálculo no sentido de atribuição das referidas custas, influenciar no tipo de rito (Juizados Especiais Cíveis), servindo também como critério de fixação dos honorários advocatícios, devendo corresponder o valor, também ao resultado que a parte pretende obter em seu processo, como consequência da decisão que buscar.[426]

Como se pode observar da redação do novo CPC, mesmo para as causas relativas à reparação civil que evolvam pedido de condenação por danos imateriais, o valor deve ser indicado pelo autor da ação. Na sistemática processual civil de 1973, tal exigência não guardava previsão expressa. Aqui alertamos o estudioso, haja vista que a não indicação de valores será objeto de emenda.[427]

---

425 Disponível em: <http://www.planalto.gov.br/ccivil_03/_Ato2015-2018/2015/Lei/L13105.htm.>. Acesso em: 06 abr. 2015.

426 MONTENEGRO FILHO, Misael. *Ação de indenização no novo CPC*: como propor a ação: como se defender: dinâmica do processo. 3. ed. São Paulo: Atlas, 2016, 82-83.

427 AGRAVO DE INSTRUMENTO. DIREITO PRIVADO NÃO ESPECIFICADO. AÇÃO ORDINÁRIA. VALOR DA CAUSA. DANO MATERIAL MORAL. O valor da causa corresponde em regra à soma do valor econômico envolvido na lide somando-se as pretensões pecuniárias. Na nova sistemática processual o pedido de condenação em dano moral deve ser indicado em valor certo e não mais como mera sugestão ao julgador, a teor do art. 292, V, do CPC/15. – Circunstância dos autos em que a parte não atendeu ao disposto no art. 292, inciso V, do CPC/15 e se impunha emenda da inicial para quantificação precisa da pretensão por dano moral. RECURSO PARCIALMENTE PROVIDO. (BRASIL. Tribunal de Justiça do Rio Grande do Sul. Décima Oitava Câmara Cível. Agravo de Instrumento nº 70069616803. Rel. Des: João Moreno Pomar. Julgado em: 15/07/2016. Disponível em: <http://www.tjrs.jus.br/busca/search?q=cache:www1.tjrs.jus.

A legislação processual de 2015 prevê que, mesmo nas demandas que venham a discutir danos imateriais, o valor deve ser indicado pela parte. O dispositivo anterior, ou seja, o art. 291, determina que: "A toda causa será atribuído valor certo, ainda que não tenha conteúdo econômico imediatamente aferível". Em relação ao valor da causa, importantes são as lições doutrinárias a respeito:[428]

> O valor da causa é requisito essencial da petição inicial e serve de parâmetro para diferentes mensurações que se farão ao longo do processo. Tomem-se como exemplos o cálculo do valor a ser pago a título de custas processuais, tanto na propositura da ação quanto na interposição de recursos, assim como as multas, seja a que pode ser aplicada ao litigante de má-fé, quanto ao recorrente que interpõe embargos de declaração tidos por protelatórios.

Mas um aspecto é importante ressaltar, levantado e analisado por Elpídio Donizetti, acerca da indicação do valor da reparação civil, senão vejamos:[429]

> Ainda que se trate de dano moral, o NCPC estabelece que deve ser atribuído à causa o valor pretendido pelo autor. Entendo, contudo, que o valor atribuído deve ser meramente estimativo, podendo o juiz fixar o dano moral em montante inferior, sem que isso implique em sucumbência recíproca. Em síntese, a previsão contida no inciso V do art. 292 não deve "revogar" o entendimento descrito na Súmula 326 do STJ, segundo a qual "Na ação de indenização por dano moral, a condenação em montante inferior ao postulado na inicial não implica sucumbência recíproca".

Misael Montenegro Filho pondera que a obrigatoriedade de a parte necessariamente indicar o valor nas ações de reparação por danos imateriais é duvidosa. Entende o autor que é possível a formulação de pedido genérico. Justificativa: "[...] a lei não predefine valores indenizatórios, e que a jurisprudência em alguns casos oscila intensamente, sem que o autor tenha condições de preestabelecer a sua pretensão indenizatória".[430]

---

br/site_php/consulta/consulta_processo.php%3Fnome_comarca%3DTribunal%2Bde%2BJusti%25E7a%26versao%3D%26versao_fonetica%3D1%26tipo%3D1%26id_comarca%3D700%26num_processo_mask%3D70069616803%26num_processo%3D70069616803%26codEmenta%3D6862005+danos+morais+e+emenda+e+%22valor+da+causa%22++++&proxystylesheet=tjrsindex&client=tjrs_index&ie=UTF-8&site=ementario&access=p&oe=UTF8&numProcesso=70069616803&comarca=Comarca%20de%20Porto%20Alegre&dtJulg=15/07/2016&relator=Jo%C3%A3o%20Moreno%20Pomar&aba=juris>. Acesso em: 18 mai. 2017).

[428] WAMBIER, Teresa Arruda Alvim; CONCEIÇÃO, Maria Lúcia Lins; RIBEIRO, Leonardo Ferres da Silva; MELLO, Rogério Licastro Torres de. *Primeiros comentários ao novo código de processo civil*: artigo por artigo. São Paulo: Revista dos Tribunais, 2015, p. 477.

[429] DONIZETTI, Elpídio. *Novo código de processo civil comentado* (Lei nº 13.105, de 16 de março de 2015): análise comparativa entre o novo CPC e CPC/73. São Paulo: Atlas, 2015, p. 227.

[430] MONTENEGRO FILHO, Misael. *Ação de indenização no novo CPC*: como propor a ação: como se defender: dinâmica do processo. 3. ed. São Paulo: Atlas, 2016, 85.

Concordamos integralmente com o raciocínio de Misael Montenegro Filho. Ora, se lesão a direitos de personalidade dá causa à devida ação de reparação civil, entendemos que o magistrado deve arbitrar, quantificar o valor e, caso a parte não concorde, que tome as medidas que entender cabíveis no sentido de postular a majoração (pelo autor), ou a diminuição pelo réu).

Inclusive, é de se registrar o posicionamento do Superior Tribunal de Justiça quando o debate gira em torno do valor a título de danos extrapatrimoniais. É que, quando já definido em instância ordinária o *quantum* devido, a Corte pode, apenas, analisar se o montante é excessivo ou irrisório e, assim, alterá-lo.[431]

5.2. Prazo para a ação de reparação

Como o pedido de reparação por danos imateriais é um dos focos principais deste livro, o prazo prescricional para a ação de reparação é relevante, para que o lesado não sofra duas vezes: seja vítima de determinada ofensa e, concomitantemente, sofra os efeitos da prescrição.

Arnoldo Wald explica que o tempo influencia as relações jurídicas, de tal forma que cria e extingue direitos. A prescrição, continua o autor, tem origem no Direito Romano, no período da Lei das XII Tábuas, surgindo como medida de defesa, em face de o possuidor vir a defender a

[431] CIVIL E PROCESSUAL CIVIL. RECURSO ESPECIAL E AGRAVO EM RECURSO ESPECIAL. AÇÃO DE COMPENSAÇÃO POR DANOS MORAIS. EMBARGOS DE DECLARAÇÃO. OMISSÃO, CONTRADIÇÃO OU OBSCURIDADE. NÃO OCORRÊNCIA. DANO MORAL. PESSOA JURÍDICA. DEMONSTRAÇÃO. PRESENÇA. REVISÃO DE QUANTUM INDENIZATÓRIO. AUSÊNCIA DE EXCESSO OU VALOR ÍNFIMO. AGRAVO EM RECURSO ESPECIAL. TERMO INICIAL DOS JUROS DE MORA. RESPONSABILIDADE CONTRATUAL. 1. Recurso especial interposto em 09/04/2012. Agravo em recurso especial interposto em 21/09/2012. Ambos atribuídos ao Gabinete em 25/08/2016. 2. Ausentes os vícios do art. 535 do CPC, rejeitam-se os embargos de declaração. 3. O reexame de fatos e provas em recurso especial é inadmissível. 4. Para a pessoa jurídica, o dano moral é fenômeno distinto daquele relacionado à pessoa natural. Não se aceita, assim, o dano moral em si mesmo, isto é, como uma decorrência intrínseca à existência de ato ilícito. Necessidade de demonstração do prejuízo extrapatrimonial. 5. A alteração do valor fixado a título de compensação por danos morais somente é possível, em recurso especial, nas hipóteses em que a quantia estipulada pelo Tribunal de origem revela-se irrisória ou exagerada. 6. Na hipótese dos autos, há demonstração apta de prejuízo extrapatrimonial alegadamente sofrido pela recorrida. 7. Na compensação por danos morais decorrente de responsabilidade contratual, o termo inicial dos juros de mora é a data da citação. 8. Recurso especial interposto por BANCO ITAÚ-UNIBANCO conhecido e não provido. Agravo interposto por P.R. INCORPORAÇÕES LTDA. conhecido para negar provimento ao recurso especial. (BRASIL. Superior Tribunal de Justiça. Terceira Turma. REsp nº 1385681/SC. Rel. Min: Nancy Andrighi. Julgado em: 06/06/2017. Disponível em: <https://ww2.stj.jus.br/processo/revista/documento/mediado/?componente=ITA&sequencial=1610548&num_registro=201301481165&data=20170612&formato=HTML>. Acesso: 03/07/2017).

sua posse, admitindo-se, desta forma, que o simples decurso do tempo tornasse aquele proprietário, quando adquiria o bem *mancipi*.[432]

Posteriormente houve a distinção entre três espécies de efeitos que o decurso do tempo influenciava nas relações jurídicas, tratando de maneira diferente a prescrição aquisitiva ou usucapião, instituto este próprio do direito das coisas, e a prescrição liberatória ou extintiva, também denominada de prescrição e decadência, que são meios de defesa aplicáveis a todos os ramos do Direito. É incontroverso que todas as espécies dependem do decurso do tempo e da inércia do titular do direito. Seus efeitos e o campo de aplicação são diferentes, portanto, exigem regulamentação distinta. O Código Civil trata da prescrição nos arts. 189 a 206; trata da decadência nos arts. 207 a 211. O decurso de prazo é o do momento da lesão do direito.[433]

Estamos falando da possibilidade de ações que busquem, entre outros pedidos e com base no já abordado artigo 5ª, incisos V e X, da Constituição Federal, em primeiro lugar, para depois passar ao Código Civil, a devida reparação pelos chamados danos imateriais. De tal sorte que observamos que, embora a nossa Carta Política autorize tal pretensão, ela não nos determina prazo, circunstância esta que nos remete, de forma direta, ao Código Civil de 2002.

Assim vem a previsão sobre a prescrição, no Código Civil: "Art. 189. Violado o direito, nasce para o titular a pretensão, a qual se extingue, pela prescrição, nos prazos a que aludem os arts. 205 e 206". O tempo interessa ao Direito, de modo que certas situações que se reiteram por certo período até que configure a prescrição podem constituir ou extinguir direitos. Portanto, a norma do transcrito art. 189 revela que, na verdade, a ocorrência da prescrição tem como objeto destruidor a pretensão. Contudo, mantém-se intacto tanto o direito de ação como o direito subjetivo.[434]

O artigo 205 do referido Diploma determina a regra geral.[435] Todavia, como o nosso estudo trata da possibilidade de reparação em decorrência de determinado ato que acarrete a Responsabilidade Civil, o Código Civil determina, expressamente, em seu artigo 206, parágrafo terceiro, inciso V, o prazo de três anos para a reparação civil.[436]

---

[432] WALD, Arnoldo. *Direito civil*: introdução e parte geral, vol. 1. 13. ed. São Paulo: Saraiva, 2011, p. 301; 304.

[433] Idem, p. 301-302.

[434] TEPEDINO, Gustavo; BARBOZA, Heloisa Helena; MORAES, Maria Celina Bodin de. *Código civil interpretado conforme a constituição da república*: volume I: parte geral e obrigações (arts. 1° a 420). 3. ed. São Paulo: Renovar, 2014, p. 352-353.

[435] Art. 205. A prescrição ocorre em dez anos, quando a lei não lhe haja fixado prazo menor.

[436] Art. 206. Prescreve: [...] § 3° Em três anos: [...] V – a pretensão de reparação civil; [...].

Entretanto, tarefa muito difícil, e não de forma incomum, é a parte saber o início, o marco, do referido prazo. Especificamente quanto ao abandono afetivo, entendemos que a tarefa se torna ainda mais complexa. É que, quando estamos tratando de rompimento de relações (agressões físicas e/ou psíquicas, esponsais, namoro, casamento, abandono afetivo,[437] por exemplo), o prazo dá-se, geralmente, no momento da agressão, ou então da quebra da promessa de noivado.

Ainda, é muito importante referir também a questão da independência das instâncias cíveis e criminais.[438] Muitos casos de dissolução da relação podem acarretar consequências penais e cíveis, por exemplo. Ilustramos estes ensinamentos através da jurisprudência do Superior Tribunal de Justiça, que ressaltou que a prescrição, quanto ao

---

437 Prescrição das ações de indenização por abandono afetivo começa a correr com a maioridade do interessado. O prazo prescricional das ações de indenização por abandono afetivo começa a fluir quando o interessado atinge a maioridade e se extingue, assim, o pátrio poder. Com esse entendimento, a Quarta Turma do Superior Tribunal de Justiça (STJ) reconheceu a ocorrência de prescrição em ação proposta por filho de 51 anos de idade.No caso, o filho buscava compensação por danos morais decorrentes de abandono afetivo e humilhações que teriam ocorrido quando ainda era menor de idade. Sustentou que sempre buscou o afeto e reconhecimento de seu genitor, "que se trata de um pai que, covardemente, durante todos esses anos, negligenciou a educação, profissionalização e desenvolvimento pessoal, emocional, social e cultural de seu filho". Afirmou também, que, desde o nascimento, ele sabia ser seu pai, todavia, somente após 50 anos reconheceu a paternidade. O juízo da 5ª Vara Cível do Foro Regional da Barra da Tijuca (RJ), em decisão interlocutória, rejeitou a arguição de prescrição suscitada pelo pai. Inconformada, a defesa do genitor recorreu ao Tribunal de Justiça do Rio de Janeiro, que reconheceu a prescrição e julgou extinto o processo com resolução de mérito. Reconhecimento tardioNo STJ, o autor da ação argumentou que o genitor tem outros dois filhos aos quais dedicou cuidados integrais, "não só no sentido emocional, mas também financeiramente", proporcionando-lhes "formação de excelência". Sustentou ainda que, enquanto conviveu com o pai, sofreu desprezo, discriminação e humilhações repetidas, o que lhe teria causado dor psíquica e prejuízo à formação da personalidade, decorrentes da falta de afeto, cuidado e proteção. Alegou também que só houve o reconhecimento da paternidade em 2007, por isso não se poderia falar em decurso do prazo prescricional. Em seu voto, o relator, ministro Luis Felipe Salomão, destacou que a ação de investigação de paternidade é imprescritível, tratando-se de direito personalíssimo, e a sentença que reconhece o vínculo tem caráter declaratório, visando acertar a relação jurídica da paternidade do filho, sem constituir para o autor nenhum direito novo, não podendo o seu efeito retroativo alcançar os efeitos passados das situações de direito. Maioridade aos 21 Segundo Salomão, o artigo 392, III, do Código Civil de 1916 dispunha que o pátrio poder extinguia-se com a maioridade do filho, que, na vigência daquele código, ocorria aos 21 anos completos. "Nessa linha, como o autor nasceu no ano de 1957, fica nítido que o prazo prescricional fluiu a contar do ano de 1978, ainda na vigência do Código Civil de 1916, sendo inequívoco que o pleito exordial cuida de direito subjetivo, dentro do que o código revogado estabelecia como direito pessoal", afirmou. O relator ressaltou ainda que não é possível a invocação de prazo prescricional previsto no Código Civil em vigor. Isso porque, como o artigo 177 do CC/16 estabelecia que as ações pessoais prescreviam, ordinariamente, em 20 anos, e como o filho ajuizou a ação buscando compensação por alegados danos morais apenas em outubro de 2008, quando contava 51 anos de idade, fica nítido que operou a prescrição, ainda na vigência do código de 1916. O número deste processo não é divulgado em razão de sigilo judicial. do *site* do STJ. Disponível em: <http://direitosdasfamilias.blogspot.com.br/2012/09/prescricao-das-acoes-de-indenizacao-por.html>. Acesso em 13 abr. 2013.

438 Art. 935. A responsabilidade civil é independente da criminal, não se podendo questionar mais sobre a existência do fato, ou sobre quem seja o seu autor, quando estas questões se acharem decididas no juízo criminal.

juízo cível decorrente de apuração de fato no juízo criminal, só inicia a partir da sentença definitiva que decide a questão penal.[439] Trouxemos o referido julgamento porque muitas das agressões verificadas nas relações familiares podem ter desdobramentos para além da esfera cível, ou seja, com a continuidade das discussões no juízo criminal, como referido.

O Superior Tribunal de Justiça, ao enfrentar o tema referente à prescrição, envolvendo ações por danos imateriais, concluiu que o prazo para este tipo de reparação foi decidido no sentido de ser o de três anos em face de ente público.[440] Os prazos para a reparação civil,

---

[439] RECURSO ESPECIAL. AÇÃO DE RESPONSABILIDADE CIVIL POR FATO DE OUTREM (EMPREGADOR). ART. 932, II, CC/2002. ACIDENTE DE TRÂNSITO CAUSADO POR PREPOSTO. FALECIMENTO DO MARIDO. DANOS MATERIAIS E MORAIS. AÇÃO PENAL. CAUSA IMPEDITIVA DA PRESCRIÇÃO. ART. 200 DO CC/2002. OCORRÊNCIA. 1. Impera a noção de independência entre as instâncias civil e criminal, uma vez que o mesmo fato pode gerar, em tais esferas, tutelas a diferentes bens jurídicos, acarretando níveis diversos de intervenção. Nessa seara, o novo Código Civil previu dispositivo inédito em seu art. 200, reconhecendo causa impeditiva da prescrição: "quando a ação se originar de fato que deva ser apurado no juízo criminal, não correrá a prescrição antes da respectiva sentença definitiva". 2. Estabeleceu a norma, em prestígio à boa-fé, que o início do prazo prescricional não decorre da violação do direito subjetivo em si, mas, ao revés, a partir da definição por sentença, no juízo criminal, que apure definitivamente o fato. A aplicação do art. 200 do Código Civil tem valia quando houver relação de prejudicialidade entre as esferas cível e penal – isto é, quando a conduta orientar-se de fato também a ser apurado no juízo criminal –, sendo fundamental a existência de ação penal em curso (ou ao menos inquérito policial em trâmite). 3. Na hipótese, houve ação penal com condenação do motorista da empresa ré, ora recorrida, à pena de 02 (dois) anos de detenção, no regime aberto, além da suspensão da habilitação, por 06 (seis) meses, como incurso no art. 302 do Código de Trânsito Brasileiro, c/c art. 121, § 3°, do Código Penal, sendo que a *causa petendi* da presente ação civil foi o ilícito penal advindo de conduta culposa do motorista da empresa recorrida. 4. O novo Código Civil (art. 933), seguindo evolução doutrinária, considera a responsabilidade civil por ato de terceiro como sendo objetiva, aumentando sobejamente a garantia da vítima. Malgrado a responsabilização objetiva do empregador, esta só exsurgirá se, antes, for demonstrada a culpa do empregado ou preposto, à exceção, por evidência, da relação de consumo. 5. Assim, em sendo necessário – para o reconhecimento da responsabilidade civil do patrão pelos atos do empregado – a demonstração da culpa anterior por parte do causador direto do dano, deverá, também, incidir a causa obstativa da prescrição (CC, art. 200) no tocante à referida ação civil ex delicto, caso essa conduta do preposto esteja também sendo apurada em processo criminal. Dessarte, tendo o acidente de trânsito – com óbito da vítima – ocorrido em 27/3/2003, o trânsito em julgado da ação penal contra o preposto em 9/1/2006 e a ação de indenização por danos materiais e morais proposta em 2/7/2007, não há falar em prescrição. 6. É firme a jurisprudência do STJ de que "a sentença penal condenatória não constitui título executivo contra o responsável civil pelos danos decorrentes do ilícito, que não fez parte da relação jurídico-processual, podendo ser ajuizada contra ele ação, pelo processo de conhecimento, tendente à obtenção do título a ser executado. (REsp 343.917/MA, Rel. Ministro CASTRO FILHO, TERCEIRA TURMA, julgado em 16/10/2003, DJ 03/11/2003, p. 315), como ocorre no presente caso. 7. Recurso especial provido. (BRASIL. Superior Tribunal de Justiça. Quarta Turma. REsp n° 1135988/SP. Rel. Min: Luis Felipe Salomão. Julgado em: 08/10/2013". Disponível em: <https://ww2.stj.jus.br/revistaeletronica/Abre_Documento.asp?sSeq=1271952&sReg=200900734748&sData=20131017&formato=HTML>. Acesso em: 11 abr. 2014).

[440] PROCESSUAL CIVIL E ADMINISTRATIVO. RECURSO ESPECIAL. RESPONSABILIDADE CIVIL DO ESTADO. ANÁLISE DO CONJUNTO FÁTICO-PROBATÓRIO DOS AUTOS. IMPOSSIBILIDADE. SÚMULA N. 7/STJ. PRETENSÃO INDENIZATÓRIA. PRESCRIÇÃO. INCIDÊNCIA, NA ESPÉCIE, DO ART. 206, § 3°, INC. V, DO NOVO CÓDIGO CIVIL. PRAZO TRIENAL. PRECEDENTES DO STJ. 1. Na hipótese dos autos, o recorrente defende que a Comarca de Ibiá é o juízo

neste outro julgamento, também foram considerados como os de três anos.[441]

Todavia, importante alertar o leitor para o prazo prescricional de um ano para os casos de não renovação da cobertura de seguro de vida, que prescreve em um ano.[442] Evidente que tal prazo não trata de discussões envolvendo relações familiares. Todavia, o alerta é que, mesmo em debate diferente, busca-se também a compensação por danos imateriais e, portanto, o prazo é reduzido, ou seja, é de um ano. Já neste

---

competente para análise dessa ação com base no documento de fls. 90/92, que demonstra que o objeto dos autos está relacionado ao contrato administrativo firmado entre as partes. 2. Ocorre que não é possível, em sede de recurso especial, aferir qual é o juízo competente para essa ação com base no exame de provas, face ao óbice preconizado na Súmula 7/STJ. 3. O entendimento jurisprudencial da 1ª Seção do STJ é no sentido de que se aplica o art. 206, § 3º, inc. V, do CC/02, nos casos em que se requer a condenação de entes públicos ao pagamento de indenização por danos materiais/morais. Nesse sentido: EREsp 1.066.063/RS, 1ª Seção, Rel. Min. Herman Benjamin, DJe 22.10.2009; REsp 1.137.354/RJ, 2ª Turma, Rel. Min. Castro Meira, DJe 18.9.2009. 4. Considerando que o evento danoso ocorreu em 5.8.2002 e a demanda foi ajuizada em 29.9.2006, é possível verificar que já transcorreram mais de três anos, ocorrendo a prescrição no que se refere ao pedido de indenização por danos morais promovido pelo ora recorrido. 5. Recurso especial parcialmente conhecido e, nessa parte, provido. (BRASIL. Superior Tribunal de Justiça. Segunda Turma. REsp nº 1215385/MG. Rel. Min: Mauro Campbell Marques. Julgado em: 16/12/2010. Disponível em: <https://ww2.stj.jus.br/revistaeletronica/Abre_Documento.asp?sSeq=1028892&sReg=201001784358&sData=20110208&formato=HTML>. Acesso em: 20 mai. 2014).

441 CIVIL. PROCESSUAL CIVIL. RECURSO ESPECIAL. AÇÃO DE INDENIZAÇÃO. DANOS MORAIS E MATERIAIS. PRESCRIÇÃO. INOCORRÊNCIA. PRAZO. CÓDIGO CIVIL. VIGÊNCIA. TERMO INICIAL. 1. À luz do novo Código Civil os prazos prescricionais foram reduzidos, estabelecendo o art. 206, § 3º, V, que prescreve em três anos a pretensão de reparação civil. Já o art. 2.028 assenta que "serão os da lei anterior os prazos, quando reduzidos por este Código, e se, na data de sua entrada em vigor, já houver transcorrido mais da metade do tempo estabelecido na lei revogada". Infere-se, portanto, que tão somente os prazos em curso que ainda não tenham atingido a metade do prazo da lei anterior (menos de dez anos) estão submetidos ao regime do Código vigente, ou seja, 3 (três) anos. Entretanto, consoante nossa melhor doutrina, atenta aos princípios da segurança jurídica, do direito adquirido e da irretroatividade legal, esses três anos devem ser contados a partir da vigência do novo Código, ou seja, 11 de janeiro de 2003, e não da data da ocorrência do fato danoso. 2. Conclui-se, assim, que, no caso em questão, a pretensão do ora recorrente não se encontra prescrita, pois o ajuizamento da ação ocorreu em 24.06.2003, antes, portanto, do decurso do prazo prescricional de três anos previsto na vigente legislação civil. 3. Recurso conhecido e provido, para reconhecer a inocorrência da prescrição e determinar o retorno dos autos ao juízo de origem. (BRASIL. Superior Tribunal de Justiça. Quarta Turma. REsp nº 698195/DF. Rel. Min: Jorge Scartezzini. Julgado em: 04/05/2006. Disponível em: <https://ww2.stj.jus.br/revistaeletronica/Abre_Documento.asp?sSeq=620788&sReg=200401520730&sData=20060529&formato=HTML>. Acesso em: 20 mai. 2014).

442 CIVIL. SEGURO DE VIDA. NÃO RENOVAÇÃO DE CONTRATO DE SEGURO DE VIDA EM GRUPO POR DELIBERAÇÃO DA SEGURADORA. AÇÃO DE INDENIZAÇÃO POR DANOS MORAIS E RESTITUIÇÃO DE PRÊMIOS. PRESCRIÇÃO ÂNUA. CC ANTERIOR, ART. 178, PARÁGRAFO 6º, II; CC ATUAL, ART.206, PARÁGRAFO 1º, II. SÚMULA N. 101-STJ. I. Prescreve em um ano a ação que postula indenização por danos morais e restituição de prêmios pagos pelo segurado participante de apólice de seguro de vida em grupo cujo contrato não foi renovado, por vontade da seguradora, ao término do prazo. II. Recurso especial conhecido e provido. Ação extinta, com julgamento do mérito, nos termos do art. 269, IV, do CPC. (BRASIL. Superior Tribunal de Justiça. Quarta Turma. REsp nº 759221/PB. Rel. Min: Aldir Passarinho Junior. Julgado em: 12/04/2014. Disponível em: <https://ww2.stj.jus.br/revistaeletronica/Abre_Documento.asp?sSeq=972359&sReg=200500988390&sData=20110518&formato=HTML>. Acesso em: 20 mai. 2014).

outro caso envolvendo morte de detento, o prazo para ação pessoal foi considerado o de cinco anos com base no art. 1º do Decreto 20.910/32.[443] Ainda, há exceções à incidência da prescrição em certos casos, como assim também já decidiu o Superior Tribunal de Justiça:[444]

---

[443] ADMINISTRATIVO. PROCESSUAL CIVIL. AGRAVO REGIMENTAL NO RECURSO ESPECIAL. RESPONSABILIDADE CIVIL DO ESTADO. MORTE DE PRESO NO ESTABELECIMENTO CARCERÁRIO. INDENIZAÇÃO POR DANOS MORAIS. FALHA NO SERVIÇO. PRESCRIÇÃO DO FUNDO DO DIREITO EM RELAÇÃO A UMA DAS AUTORAS. CORREÇÃO MONETÁRIA. TERMO INICIAL. DATA DA FIXAÇÃO DO VALOR INDENIZATÓRIO. INCIDÊNCIA DA SÚMULA 362/STJ. REVISÃO DO QUANTUM. NECESSIDADE DE REEXAME DOS FATOS DA CAUSA. IMPOSSIBILIDADE. APLICAÇÃO DA SÚMULA 7/STJ. JUROS MORATÓRIOS. DATA DO EVENTO DANOSO. 1. Cuidam os autos de ação de indenização por danos morais e materiais ajuizada por companheira e filhas de detento contra o Estado do Rio Grande do Sul, em razão de falha no serviço quando da custódia deste, que fora morto no estabelecimento carcerário. 2. Nas ações pessoais contra a Fazenda Pública, o prazo prescricional é de cinco anos, nos termos do art. 1º do Decreto 20.910/32. No caso dos autos, o infortúnio ocorreu em 24.4.98 e a demanda somente foi intentada em 1º.12.2004, ou seja, quando já decorridos mais de 6 anos e sete meses do fato danoso, razão por que houve o reconhecimento da prescrição do próprio fundo do direito em relação à companheira do *de cujus*. Afasta-se, contudo, a prescrição quinquenal contra a Fazenda Pública, em se tratando de menor absolutamente incapaz, nos termos do art. 169, I, do Código Civil. 3. A correção monetária da indenização do dano moral incide desde a data do arbitramento, a teor do que prescreve a Súmula 362 desta Corte. Assim, inaplicável, nesses casos, o enunciado da Súmula 43/STJ (REsp 1.006.099/PR, Rel. Teori Albino Zavascki, Primeira Turma, DJe 4/2/2009). 4. O STJ consolidou o entendimento de que a revisão do valor a ser indenizado somente é possível quando exorbitante ou irrisória a importância arbitrada, em flagrante violação dos princípios da razoabilidade e da proporcionalidade. Nesse sentido, os seguintes julgados: REsp 662.070/RJ, Rel. Ministro Teori Albino Zavascki, Primeira Turma, DJU de 29.8.05 e REsp 686.050/RJ, Rel. Ministro Luiz Fux, Primeira Turma, DJU 27.6.05. 5. No caso em foco, a fixação do valor da indenização por danos morais em R$ 20.750,00 (vinte mil e setecentos e cinquenta reais) para cada uma das três filhas do *de cujus* não se mostra irrisório, de forma que o exame da justiça do *quantum* arbitrado, bem como a sua revisão, ensejam reavaliação de fatos e provas, o que é vedado, em recurso especial, ante o óbice contido na Súmula 7/STJ. 6. Com relação ao termo inicial dos juros moratórios, a jurisprudência pacificada nesta Corte é no sentido de que estes incidem desde a data do evento danoso quando a responsabilidade é extracontratual, aplicando-se ao caso a Súmula 54 deste Superior Tribunal de Justiça. 7. Agravo regimental não provido. (BRASIL. Superior Tribunal de Justiça. Primeira Turma. AgRg no REsp nº 1124835/RS. Rel. Min: Benedito Gonçalves. Julgado em: 04/05/2010. Disponível em: <https://ww2.stj.jus.br/revistaeletronica/Abre_Documento.asp?sSeq=967812&sReg=200900331142&sData=20100511&formato=HTML>. Acesso em: 20 mai. 2014).

[444] PROCESSUAL CIVIL. ADMINISTRATIVO. INDENIZAÇÃO. REPARAÇÃO DE DANOS MORAIS. REGIME MILITAR. PERSEGUIÇÃO E PRISÃO POR MOTIVOS POLÍTICOS. IMPRESCRITIBILIDADE. DIGNIDADE DA PESSOA HUMANA. INAPLICABILIDADE DO ART. 1º DO DECRETO Nº 20.910/32. RESPONSABILIDADE CIVIL DO ESTADO. DANOS MORAIS. INDENIZAÇÃO. CONFIGURAÇÃO, REDUÇÃO DO *QUANTUM* INDENIZATÓRIO. SÚMULA 07/STJ. VIOLAÇÃO DO ART. 535, II, CPC. INOCORRÊNCIA. ART. 538, DO CPC. IMPOSIÇÃO DE MULTA. SÚMULA Nº 98/STJ. 1. Ação Ordinária, proposta em face da União, objetivando a condenação da demandada ao pagamento de danos morais decorrentes de perseguições políticas, perpetradas por ocasião do golpe militar de 1964, que culminaram na prisão ilegal do autor, o qual foi submetido a torturas sistemáticas durante o regime militar nos anos de 1964 a 1979. 2. A violação aos direitos humanos ou direitos fundamentais da pessoa humana, como sói ser a proteção da sua dignidade lesada pela tortura e prisão por delito de opinião durante o Regime Militar de exceção enseja ação de reparação ex delicto imprescritível, e ostenta amparo constitucional no art. 8º, § 3º, do Ato das Disposições Constitucionais Transitórias. 3. À luz das cláusulas pétreas constitucionais, é juridicamente sustentável assentar que a proteção da dignidade da pessoa humana perdura enquanto subsiste a República Federativa, posto seu fundamento. 4. Consectariamente, não há falar em prescrição da pretensão de se implementar um dos pilares da República, máxime porque a

Constituição não estipulou lapso prescricional ao direito de agir, correspondente ao direito inalienável à dignidade. 5. Outrossim, a Lei nº 9.140/95, que criou as ações correspondentes às violações à dignidade humana, perpetradas em período de supressão das liberdades públicas, previu a ação condenatória no art. 14, sem cominar prazo prescricional, por isso que a lex specialis convive com a lex generalis, sendo incabível qualquer aplicação analógica do Código Civil ou do Decreto nº 20.910/95 no afã de superar a reparação de atentados aos direitos fundamentais da pessoa humana, como sói ser a dignidade retratada no respeito à integridade física do ser humano. 6. À lei interna, adjuntam-se as inúmeras convenções internacionais firmadas pelo Brasil, como, v.g., Declaração Universal da ONU, Convenção contra a Tortura adotada pela Assembleia Geral da ONU, a Convenção Interamericana contra a Tortura, concluída em Cartagena, e a Convenção Americana sobre Direitos Humanos (Pacto de São José da Costa Rica). 7. A dignidade humana violentada, in casu, posto ter decorrido, consoante noticiado pelos autores da demanda em sua exordial, de perseguição política imposta ao seu genitor, prisão durante o Regime Militar de exceção, revelando-se referidos atos como flagrantes atentados aos mais elementares dos direitos humanos, que segundo os tratadistas, são inatos, universais, absolutos, inalienáveis e imprescritíveis. 8. A exigibilidade a qualquer tempo dos consectários às violações dos direitos humanos decorre do princípio de que o reconhecimento da dignidade humana é fundamento da liberdade, da justiça e da paz, razão por que a Declaração Universal inaugura seu regramento superior estabelecendo no art. 1º que "todos os homens nascem livres e iguais em dignidade e direitos". 9. Deflui da Constituição Federal que a dignidade da pessoa humana é premissa inarredável de qualquer sistema de direito que afirme a existência, no seu corpo de normas, dos denominados direitos fundamentais e os efetive em nome da promessa da inafastabilidade da jurisdição, marcando a relação umbilical entre os direitos humanos e o direito processual. 10. A responsabilidade estatal, consoante a legislação infraconstitucional (art. 186 do Código Civil) e à luz do art. 37 § 6º da CF/1988, resta inequívoca, bem como escorreita a imputação da indenização fixada a título de danos morais. A análise da existência do fato danoso, e o necessário nexo causal entre a suposta conduta omissiva e os prejuízos decorrentes da mesma implica em análise fático-probatória, razão pela qual descabe a esta Corte Superior referida apreciação em sede de recurso especial, porquanto é-lhe vedado atuar como Tribunal de Apelação reiterada ou Terceira Instância revisora, ante a ratio essendi da Súmula nº 07/STJ. Precedentes: AgRg no REsp 723893/RS DJ 28.11.2005; AgRg no Ag 556897/RS DJ 09.05.2005; REsp 351764/RJ DJ 28.10.2002. 11. *In casu*, o acórdão recorrido assentou que: "(...) O autor comprovou, com os documentos juntados aos autos, que efetivamente foi preso político do regime militar. A certidão da Justiça Militar Federal de fi. 18 certifica que o autor foi denunciado pelo Ministério Público Militar em 30/1 0/1969, e foi preso em 10/08/1970. Coerentemente com o relato do autor de fis. 24/32, no sentido de que foi logo enviado ao Rio de Janeiro para julgamento, consta na certidão que este se deu em 29/08/1970, tendo sido pela absolvição. Dois anos após, foi julgado e negado provimento ao recurso. Vê-se, à fi. 19, cópia do fichário do DOPS, fazendo referência ao autor e à sua mulher, na época sua namorada. Está registrada no fichário a preferência esquerdista do casal, e que o autor supostamente faria parte do MR-8. Até mesmo a visita do autor à namorada, no Presídio do Ahú, está anotada. Às fis. 20/23, cópia do Auto de Qualificação e Interrogatório do autor, lavrado pela Delegacia Especial de Ordem Política e Social-DOPS de Curitiba, no qual o autor "confessa" a participação ou o contato com movimentos de esquerda e ter lido livros marxistas. O relato pessoal que se segue, de fis. 24/32, é muito interessante e de importância histórica. Nele está descrito detalhadamente o procedimento dos agentes da ditadura e o sofrimento pessoal do autor, inclusive as torturas. À fi. 33, declaração do Hospital da Clínicas de São Paulo de que o autor esteve internado por motivos psiquiátricos em 1974 e 1975. À fi. 34, atestado médico de que o autor está sob tratamento psiquiátrico desde 1978. Mais documentos e relatórios médico-psiquiátricos às fis. 35/37. O autor é aposentado por invalidez desde 1988 (fis. 38 e 39), contando apenas quatro anos de serviço. Também consta nos autos, da fi. 41 à 44, declarações de três pessoas que testemunharam a prisão e tortura de Cândido. O nome do autor, Cândido, lembra a personagem Cândido, da obra do filósofo francês Voltaire, chamada "Cândido ou o Otimismo". Trata-se de obra em que o escritor ironizou a filosofia otimista de Leibniz, segundo a qual tudo corre no mundo do melhor modo possível, tudo vai bem, e segundo a qual a divina inteligência criadora deste mundo escolhera, entre os diversos mundos possíveis, o que associava o máximo de bem e o mínimo de mal, criando, pois, o melhor dos mundos possíveis. o Cândido fictício de Voltaire passou pelos maiores dissabores do mundo e presenciou as maiores atrocidades, tudo extraído pelo autor dos acontecimentos reais da época, registrados na História (no "melhor dos mundos possíveis"), mas absurdamente sem nunca deixar de acreditar na visão otimista ensinada pelo seu mestre Pangloss, quase

A violação aos direitos humanos ou direitos fundamentais da pessoa humana, como sói ser a proteção da sua dignidade lesada pela tortura e prisão por delito de opinião durante o Regime Militar de exceção enseja ação de reparação *ex delicto* imprescritível, e ostenta amparo constitucional no art. 8º, § 3º, do Ato das Disposições Constitucionais Transitórias.

Das lições acima trazidas, seja pelas normas do Código Civil, seja pela interpretação jurisprudencial que considerou outros prazos para as ações de reparação (o caso concreto é que foi determinante, como o prazo de um ano, em questões envolvendo a não renovação de seguros, por exemplo), entendemos que, para os casos de Direito de Família, o prazo adequado, para condenações por danos imateriais, deve ser o de três anos.

Mas nem sempre é tão confortável a questão do lapso temporal. Tão importante quanto saber o prazo para a ação de reparação civil (três anos), como estamos vendo, e quando inicia o prazo. Estamos, assim, tratando da *actio nata*. Vejamos a posição do STJ acerca da regra

---

ao ponto de negar a realidade dos acontecimentos que se sucediam. De qualquer maneira, sobreviveu com alguma riqueza que obteve em um país imaginário da América do Sul chamado Eldorado (onde tudo ia às mil maravilhas e os diamantes e o ouro eram abundantes como o lodo e o cascalho), que lhe trouxe, e aos seus companheiros de aventuras, alguma insuficiente compensação material à angústia da existência, pois lhe permitiu comprar um pouco de tranquilidade, enquanto, de quebra, mudava, enfim, sua visão do mundo, pelas conclusões a que chegou no final da obra. Trata-se, este Cândido que veio ao Judiciário, de personagem real que também sofreu algumas das maiores atrocidades de que é capaz a humanidade, consistentes na perseguição política e na tortura, com o total desrespeito à vida, à integridade física e moral do ser humano. Este Cândido não conheceu o Eldorado, mas conheceu o que pode haver de pior neste mundo, merecendo a justa compensação daquele que lhe causou tal sofrimento, o próprio Estado (...)" fls. 125/127. O *quantum* indenizatório devido a título de danos morais deve assegurar a justa reparação do prejuízo sem proporcionar enriquecimento sem causa do autor, além de levar em conta a capacidade econômica do réu, devendo ser arbitrado pelo juiz de maneira que a composição do dano seja proporcional à ofensa, calcada nos critérios da exemplariedade e da solidariedade. O Tribunal a quo considerando a responsabilidade objetiva do Estado, tendo em vista o fato da vítima ter sofrido perseguições políticas decorrente do regime militar de 1964, ocasionando depressão e dependência alcoólica, bem como sérias dificuldades financeiras na família e transtornos psicológicos no ambiente escolar, manteve o valor fixado em sentença, a título de danos morais em R$ 100.000,00 (cem mil reais). A modificação do quantum arbitrado a título de danos morais somente é admitida, em sede de recurso especial, na hipótese de fixação em valor irrisório ou abusivo, inocorrentes no caso sub judice. Precedentes jurisprudenciais desta Corte: RESP 681482/MG; Rel. Min. JOSÉ DELGADO, Relator(a) p/ Acórdão Min. LUIZ FUX, DJ de 30.05.2005; AG 605927/BA, Relatora Ministra Denise Arruda, DJ de 04.04.2005; AgRg AG 641166/RS, Relatora Ministra Nancy Andrighi, DJ de 07.03.2005; AgRg no AG 624351/RJ, Relator Ministro Jorge Scartezzini, DJ de 28.02.2005; RESP 604801/RS, Relatora Ministra Eliana Calmon, DJ de 07.03.2005; RESP 530618/MG, Relator Ministro Aldir Passarinho Júnior, DJ de 07.03.2005; AgRg no AG 641222/MG, Relator Ministro Fernando Gonçalves, DJ de 07.03.2005 e RESP 603984/MT, Relator Ministro Francisco Falcão, DJ de 16.11.2004. 15. A exclusão da multa imposta com base no art. 538, parágrafo único, do CPC, é medida que se impõe quando opostos os embargos para fins de prequestionamento, ante a ratio essendi da Súmula 98 do STJ. 16. Os embargos de declaração que enfrentam explicitamente a questão embargada não ensejam recurso especial pela violação do artigo 535, II, do CPC. 17. Recurso Especial parcialmente conhecido, e, nesta parte, parcialmente provido, apenas, para excluir a multa imposta, com base no art. 538, parágrafo único, do CPC. (BRASIL. Superior Tribunal de Justiça. Primeira Turma. REsp nº 1085358/PR. Rel. Min: Luiz Fux. Julgado em: 23/04/2009. Disponível em: <https://ww2.stj.jus.br/revistaeletronica/Abre_Documento.asp?sSeq=860770&sReg=200801966930&sData=20091009&formato=HTML>. Acesso em: 20 mai. 2014).

geral, fazendo distinção entre a responsabilidade contratual e extracontratual:[445]

> [...] Por um lado, adotando-se como foco a segurança jurídica, as regras prescricionais e decadenciais mostram-se inflexíveis, apontando o início do curso do prazo prescricional no exato momento da ocorrência do dano ou da celebração ou conclusão do ato, como se dá, por exemplo, em relação ao casamento (artigo 1.560 do Código Civil).
>
> Por outro lado, tendo-se como parâmetro a justiça, as aludidas regras assumem viés mais humanizado e voltado aos interesses sociais, admitindo-se como marco inicial não o momento de ocorrência da lesão ao direito, mas a data do conhecimento do ato ou fato do qual decorre o direito de agir, como na hipótese da prescrição relativa ao fato do produto ou do serviço, prevista no artigo 27 do Código de Defesa do Consumidor.
>
> Outrossim, percebe-se que, em sede de obrigação contratual, vige imperioso o princípio da *actio nata*, priorizando-se o valor segurança, de modo que os prazos prescricionais se iniciam no exato momento da violação do direito, ou seja, do descumprimento do contrato, independentemente da ciência do credor.
>
> Ao revés, quando se trata de responsabilidade extracontratual, a primazia da segurança jurídica pode ser extremamente injusta, acabando por punir a vítima por uma negligência que não houve, olvidando-se o fato de que a aparente inércia pode ter decorrido da absoluta falta de conhecimento do dano. [...].

---

445 DIREITO CIVIL. RESPONSABILIDADE CIVIL. RECURSO ESPECIAL. INDENIZAÇÃO EM VIRTUDE DE DANOS MATERIAIS E MORAIS ORIUNDOS DE CONTAMINAÇÃO AMBIENTAL. PRESCRIÇÃO. TERMO INICIAL. NÃO OCORRÊNCIA DA PRESCRIÇÃO. 1. Alegado dano ambiental consubstanciado na contaminação do solo e das águas subterrâneas na localidade onde o recorrido residia, em decorrência dos produtos tóxicos utilizados no tratamento dos postes de luz destinados à distribuição de energia elétrica aos consumidores, o que foi noticiado no ano de 2005 pela mídia e pela própria AES Florestal. 2. Na responsabilidade contratual, em regra, o termo inicial da contagem dos prazos de prescrição encontra-se na lesão ao direito, da qual decorre o nascimento da pretensão, que traz em seu bojo a possibilidade de exigência do direito subjetivo violado, nos termos do disposto no art. 189 do Código Civil, consagrando a tese da actio nata no ordenamento jurídico pátrio. 3. Contudo, na responsabilidade extracontratual, a aludida regra assume viés mais humanizado e voltado aos interesses sociais, admitindo-se como marco inicial não mais o momento da ocorrência da violação do direito, mas a data do conhecimento do ato ou fato do qual decorre o direito de agir, sob pena de se punir a vítima por uma negligência que não houve, olvidando-se o fato de que a aparente inércia pode ter decorrido da absoluta falta de conhecimento do dano. Inteligência da Súmula 278 do STJ. 4. Constata-se aqui a subsunção da situação fática à norma constante do art. 17 do Código de Defesa do Consumidor, uma vez que o recorrido alega que foi vítima de contaminação ambiental decorrente dos produtos venenosos utilizados no tratamento dos postes de luz destinados à distribuição de energia elétrica aos consumidores. Incidência do prazo prescricional quinquenal (art. 27 do Código de Defesa do Consumidor), iniciando-se sua contagem a partir do conhecimento do dano e de sua autoria. 5. No caso, tendo o recorrido tomado ciência da contaminação do solo e do lençol freático de sua localidade – momento em que lhe foi possível dessumir a desvalorização imobiliária (dano material) – no ano de 2005, ressoa inequívoca a não ocorrência da prescrição, haja vista que a demanda foi ajuizada em 2009. 6. Quanto aos danos morais, é certo que, da mera publicização do acidente ambiental, não ocorreu imediatamente o prejuízo à saúde, fazendo-se mister, para o nascimento da pretensão, fosse primeiro diagnosticada a doença e constatado que ela se desenvolvera em decorrência da poluição da área atingida. Assim, parece certa a não ocorrência da prescrição, porquanto não transcorrido o prazo de 5 anos nem mesmo da notícia do acidente ambiental, sendo óbvio que o diagnóstico da doença e sua causa somente se deram em momento posterior. 7. Recurso especial não provido. (BRASIL. Superior Tribunal de Justiça. Quarta Turma. REsp nº 1354348/RS. Rel. Min: Luis Felipe Salomão. Julgado em: 26/08/2014. Disponível em: <https://ww2.stj.jus.br/processo/revista/documento/mediado/?componente=ITA&sequencial=1324381&num_registro=201103106606&data=20140916&formato=HTML>. Acesso em: 17 mai. 2017).

A decisão abaixo transcrita em parte ilustra muito bem a questão. Em São Paulo determinada ação de reparação civil por abandono afetivo foi extinta pelo implemento da prescrição. No caso, a declaração judicial da paternidade ocorreu em 1998:[446]

> [...] Todavia, na perspectiva recursal, seria imprescritível a pretensão indenizatória, o que, às claras, não pode prevalecer. Necessário, outrossim, o estabelecimento de um marco inicial para a contagem do prazo prescricional. Já se adotou, conforme bem registrado pela r. sentença, com lastro em precedente desta Relatoria (PODER JUDICIÁRIO TRIBUNAL DE JUSTIÇA DO ESTADO DE SÃO PAULO Apelação nº 0000548-08.2013.8.26.0604 -Voto nº 32.044 3 fls.192), o advento da maioridade do filho como o início da fluência do prazo da prescrição. E, na hipótese de reconhecimento judicial da paternidade, a época dessa declaração, isto é, no caso, em 1998. [...].

5.3. Princípio da reparação integral

Na primeira edição deste livro, trouxemos a questão do princípio da reparação integral como sustentáculo da reparação de danos extrapatrimoniais no âmbito do Direito de Família. Nesta edição, a continuidade dos estudos levou-nos a outra conclusão: não em sentido oposto, mas um tanto diferente, como veremos a seguir.

Como estamos estudando, buscamos a aplicação da Responsabilidade Civil no Direito de Família para as hipóteses aqui trabalhadas, através da reparação dos danos extrapatrimoniais. Assim, "[...] se a responsabilidade é a necessidade de reparar um dano, como já analisado, a indenização é o ressarcimento do prejuízo, recompondo o patrimônio do lesado, tornando-o indene da situação lesiva por ele experimentada".[447] Orlando Gomes, por sua vez, explica que: "O legislador brasileiro adota, a partir do texto de 2002 do Código Civil, o princípio da *extensão* do dano para subordinar a indenização [...]", de modo que, quanto maior for o dano, maior vai ser a indenização que o corresponde.[448] É que percebe pela leitura do *caput* do art. 944 do Código Civil: "Art. 944. A indenização mede-se pela extensão do dano". Reparar,

[446] AÇÃO DE INDENIZAÇÃO POR DANOS MORAIS (ABANDONO AFETIVO). Prescrição. Fluência a partir do reconhecimento da paternidade, época que, segundo a inicial, já ocorriam as lesões morais reclamadas. Princípio da "actio nata". Início do prazo desde o nascimento da pretensão e a sua possibilidade de exercício em juízo. Precedente do STJ. SENTENÇA MANTIDA. APELO IMPROVIDO. (BRASIL. Tribunal de Justiça de São Paulo. Terceira Câmara de Direito Privado. Apelação Cível nº 0000548-08.2013.8.26.0604. Rel. Des: Donegá Morandini. Julgado em: 17/09/2015. Disponível em: <https://esaj.tjsp.jus.br/cjsg/getArquivo.do?cdAcordao=8814579&cdForo=0&vlCaptcha=jqsnx>. Acess em: 17 mai. 2017).

[447] AZEVEDO, Álvaro Villaça. *Teoria geral das obrigações e responsabilidade civil.* 12. ed. São Paulo: Atlas, 2011, p. 277.

[448] GOMES, Orlando. *Responsabilidade civil.* BRITO, Edvaldo (atual./coord.). Rio de Janeiro: Forense: 2011, p. 117.

segundo Silvio Venosa, "[...] significa indenizar, *tornar indene* o prejuízo. *Indene* é o que se mostra íntegro, perfeito, incólume".[449]

Paulo de Tarso Sanseverino, ao lecionar sobre o princípio da reparação integral, assevera que a reparação do dano injustamente provocado revela exigência da justiça comutativa. De sorte que a indenização deve ser a mais completa possível, podendo se dar *in natura* e pecuniária. A preocupação em restituir a vítima ao *status quo ante* já era observada por Aristóteles, em *Ética a Nicômaco*.[450]

Segundo as lições do mestre acima trazidas, identificamos, no princípio da reparação integral, três funções fundamentais, quais sejam: "a) reparação da totalidade do dano (função compensatória); b) vedação ao enriquecimento injustificado do lesado (função indenitária); c) avaliação concreta dos prejuízos efetivamente sofridos", esta última denominada de função concretizadora.[451]

Assim, com base no princípio da reparação integral, entendemos que as condenações por danos extrapatrimoniais, para as hipóteses neste livro contempladas e estudadas, na hipótese de não deferidas ou, quando deferidas, mas de maneira irrisória, importarão na inobservância do referido princípio, com as considerações extras que fazemos nesta segunda edição.

O mencionado princípio também é adotado pela jurisprudência. O Superior Tribunal de Justiça, ao analisá-lo, referiu que a "Indenização que deve abranger todo o dano, mas não mais do que o dano, em face do princípio da reparação integral, positivado no art. 944 do CC/2002".[452] A posição da Corte em relação ao mencionado princípio

---

[449] VENOSA, Silvio de Salvo. *Direito civil*: volume 2: obrigações e responsabilidade civil. 17. ed. São Paulo: Atlas, 2017, p. 793.

[450] SANSEVERINO, Paulo de Tarso Vieira. *Princípio da reparação integral*. São Paulo: Saraiva, 2011, p. 34.

[451] SANSEVERINO, Paulo de Tarso Vieira. *Princípio da reparação integral*: indenização no código civil. São Paulo: Atlas, 2010, p. 57.

[452] RECURSO ESPECIAL. CIVIL E PROCESSUAL CIVIL. NEGATIVA DE PRESTAÇÃO JURISDICIONAL. PROMESSA DE COMPRA E VENDA DE IMÓVEL. RESOLUÇÃO POR INADIMPLEMENTO DO PROMITENTE-COMPRADOR. INDENIZAÇÃO PELA FRUIÇÃO DO IMÓVEL. CABIMENTO. INAPLICABILIDADE DA LIMITAÇÃO PREVISTA NO ART. 53 DO CDC. PRINCÍPIO DA REPARAÇÃO INTEGRAL. 1. Controvérsia acerca da possibilidade de se limitar a indenização devida ao promitente-vendedor em razão da fruição do imóvel pelo promitente-comprador que se tornou inadimplente, dando causa à resolução do contrato. 2. "Não cumprida a obrigação, responde o devedor por perdas e danos, mais juros e atualização monetária segundo índices oficiais regularmente estabelecidos, e honorários de advogado" (art. 389 do CC/2002). 3. Possibilidade de estimativa prévia da indenização por perdas e danos, na forma de cláusula penal, ou de apuração posterior, como nos presentes autos. 4. Indenização que deve abranger todo o dano, mas não mais do que o dano, em face do princípio da reparação integral, positivado no art. 944 do CC/2002. 5. Descabimento de limitação 'a priori' da indenização para não estimular a resistência indevida do promitente-comprador na desocupação do imóvel em face da resolução provocada por seu inadimplemento contratual. 6. Inaplicabilidade do art. 53, *caput*, do CDC à indenização por per-

é a de que o princípio da reparação integral possui duas funções no âmbito da Responsabilidade Civil: estabelecer um piso indenizatório e, ao mesmo tempo, um teto indenizatório.

Em que pese o causador do dano deva ressarcir a vítima e de forma integral, existem limitações para tanto. O ofensor só responde dentro de suas forças, de seu patrimônio e, por outro lado, não pode a reparação ser fonte de enriquecimento para o lesado.[453]

Daniela Courtes Lutzky, em referência a André Andrade, coloca que a proteção de bens considerados como personalíssimos não é realizada de maneira idêntica à tutela dos bens materiais. De tal sorte que a reparação de danos imateriais tem lugar diferenciado e também de destaque, em decorrência da especialidade dos bens protegidos.[454] Tal raciocínio, em nosso sentir, alicerça ainda mais as hipóteses de condenação a título de danos imateriais para os casos envolvendo o Direito de Família.[455]

Mas, se tornar indene é trazer a vítima ao estado anterior ao dano causado (ou mais próximo possível), como tal hipótese se enquadraria para as lesões a direitos de personalidade? Nome, honra? Um vexame, uma exposição demasiada em decorrência de uma traição, ou então um flho que é literalmente abandonado (o analisado abandono afetivo), um pai que tem a verdadeira paternidade biológica omitida dolosamente, pela mãe, como exemplos. Tais danos podem ser reparados integralmente? Danos imateriais são reparados em sua totalidade assim como ocorre com o dano material? Bem, para aguçar o tema, observamos a seguinte posição do STJ ao analisar a quantificação dos danos imateriais em evento morte. Percebemos menção ao princípio da reparação integral:

> Assim, o chamado Método Bifásico para o arbitramento equitativo da indenização é o mais adequado para quantificação razoável da indenização por danos extrapatrimoniais por morte, considerada a valorização das circunstâncias e o interesse jurídico lesado, chegando-se ao equilíbrio entre os dois critérios, com correspondência entre o valor da indenização, o interesse jurídico lesado e as peculiaridades do caso concreto.

---

das e danos apuradas posteriormente à resolução do contrato. 7. Revisão da jurisprudência desta Turma. 8. RECURSO ESPECIAL DESPROVIDO. (BRASIL. Superior Tribunal de Justiça. Terceira Turma. REsp nº 1258998/MG. Rel. Min: Paulo de Tarso Sanseverino. Julgado em: 18/02/2014. Disponível: <https://ww2.stj.jus.br/revistaeletronica/Abre_Documento.asp?sSeq=1298673&sReg=201100952111&sData=20140306&formato=HTML>. Acesso em: 24 abr. 2014).

453 LUTZKY, Daniela Courtes. *A reparação dos danos imateriais como direito fundamental.* Porto Alegre: Livraria do Advogado, 2012, p. 197.

454 Ibidem.

455 Ibidem.

> A orientação adotada pelas Turmas da 2ª Seção desta Corte consiste numa prescrição eqüitativa das indenizações por prejuízos extrapatrimoniais ligados ao dano "morte": estimam um montante razoável na faixa entre 300 (trezentos) e 500 (quinhentos) salários mínimos, embora observem que isso não deva representar um tarifamento judicial rígido, uma vez que colidiria com o próprio princípio da reparação integral.[456]

Paulo de Tarso Sanseverino, mais uma vez, é nosso alicere para resolver essa delicada questão. O Ilustre Jurista, enfrentando o tema, nos apresenta a doutrina francesa, asseverando que naquele país a questão da aplicação do princípio da reparação integral, para a hipótese de dano extrapatrimonial é controversa.[457]

---

456 ADMINISTRATIVO. PROCESSUAL CIVIL. AGRAVO INTERNO NO AGRAVO EM RECURSO ESPECIAL. RESPONSABILIDADE CIVIL DO ESTADO. QUEDA DE MACA. MORTE DE PACIENTE EM HOSPITAL PÚBLICO. DANOS MORAIS. QUANTUM DEBEATUR. NÃO INCIDÊNCIA DA SÚMULA n. 7 DESTA CORTE. CRITÉRIOS DE ARBITRAMENTO EQUITATIVO PELO JUIZ. MÉTODO BIFÁSICO. VALORIZAÇÃO DO INTERESSE JURÍDICO LESADO E DAS CIRCUNSTÂNCIAS DO CASO. NECESSIDADE DE INDIVIDUALIZAÇÃO DA INDENIZAÇÃO. I - O tribunal de origem firmou premissas no acórdão recorrido e majorou o valor da indenização, em decorrência da absoluta falta de cuidados mínimos exigíveis no atendimento do paciente, cujo diagnóstico primitivo era de Acidente Vascular Cerebral - AVC, deixando-o sofrer duas quedas da maca que provocaram traumatismo crânio-encefálico, salientando, ainda, ser essa a causa da morte constante da certidão de óbito. II - Recurso da Fazenda Pública Estadual somente quanto ao valor fixado a título de indenização por dano moral. III - Não incide o óbice da Súmula 7 desta Corte Superior, quando o Tribunal a quo detalha a conduta imputada ao agente, porquanto inexiste a reapreciação do contexto probatório da demanda, mas tão somente a revaloração jurídica dos elementos fáticos delineados pela Corte recorrida. IV - Quanto ao valor devido a título de indenização por dano moral, esta Corte está autorizada a revê-lo, em hipóteses excepcionalíssimas, quando flagrante a exorbitância ou irrisoriedade do valor arbitrado. V - Consoante as Turmas da 2ª Seção, o Método Bifásico para o arbitramento equitativo da indenização é o mais adequado para quantificação razoável da indenização por danos extrapatrimoniais por morte, considerada a valorização das circunstâncias e o interesse jurídico lesado, chegando-se ao equilíbrio entre os dois critérios. VI - Na primeira etapa, estabelece-se um valor básico para a indenização, considerando o interesse jurídico lesado, com base em grupo de precedentes jurisprudenciais que apreciaram casos semelhantes. VII - Na segunda etapa, consideram-se, para a fixação definitiva do valor da indenização, a gravidade do fato em si e sua consequência para a vítima - dimensão do dano; a culpabilidade do agente, aferindo-se a intensidade do dolo ou o grau da culpa; a eventual participação culposa do ofendido - culpa concorrente da vítima; a condição econômica do ofensor e as circunstâncias pessoais da vítima, sua colocação social, política e econômica. VIII - A orientação adotada pelas Turmas da 2ª Seção desta Corte consiste numa prescrição equitativa das indenizações por prejuízos extrapatrimoniais ligados ao dano "morte": estimam um montante razoável na faixa entre 300 (trezentos) e 500 (quinhentos) salários mínimos, embora observem que isso não deva representar um tarifamento judicial rígido, uma vez que colidiria com o próprio princípio da reparação integral. IX - Mantida a fixação arbitrada pelo tribunal de origem em 300 (trezentos) salários mínimos. X - Agravo Interno dos autores provido, para conhecer do Agravo em Recurso Especial da Fazenda do Estado de São Paulo e negar provimento ao Recurso Especial por ela interposto. (BRASIL. Superior Tribunal de Justiça. Primeira Turma. AgInt no AREsp 1063319/SP. Rel. Min: Sérgio Kukina. Rel. p/ Acórdão: Min: Regina Helena Costa. Julgado em: 03/04/2018. Disponível em: <https://ww2.stj.jus.br/processo/revista/documento/mediado/?componente=ITA&sequencial=1666387&num_registro=201700437559&data=20180605&formato=HTML>. Acesso em: 18 fev. 2019).

457 SANSEVERINO, Paulo de Tarso Vieira. *Princípio da reparação integral*. São Paulo: Saraiva, 2011, p. 266.

Os estudos do brilhante Ministro, com base nas lições de Geneviève Viney e Lambert-Freive, vão no sentido da impossibilidade da reparação integral por danos imateriais. Afinal, prejuízos sem dimensão econômica são "[...] intraduzíveis em termos monetários [...]".[458] Deve-se, no momento da reparação, que deve ser satisfatória, relevar e considerar o verbo *ser*, e não o verbo *ter*, para a indenização a título de danos extrapatrimoniais. Afinal, sentencia Lambert-Freive: "é impossível reparar o irreparável".[459]

Portanto, a nossa conclusão atual e considerando a doutrina trazida, cujas lições de Sanseverino nos fizeram ir mais a fundo no tema, é que não há a necessidade de se excluir o princípio da reparação integral para as lesões a título extrapatrimonial. Se a função reparatória (digna dos danos imateriais) não se mostra possível aplicar aos adanos imateriais, a função satisfatória deverá surgir, considerando as peculiaridades do caso concreto, eis que mitigado o estudado princípio.

Contudo, mantemos hoje o que dissemos ontem: caso inobservadas as situações que autorizam condenações a título de danos imateriais, o princípio da reparação integral restará fatalmente enfraquecido, de forma que entendemos que o causador do dano sairá beneficiado. Nem mitigado, portanto, será o princípio da reparação integral.

Normas de ordem pública têm de vir à tona com toda a sua carga, e isso também diz respeito à Responsabilidade Civil aplicada ao Direito de Família. No próximo tópico, passaremos ao estudo das ações de família, inserção inédita trazida pela nova legislação processual civil.

5.4. Ações de família e o novo Código de Processo Civil

O novo Código de Processo Civil, dentre as suas diversas inserções e novidades, trouxe Capítulo específico dedicado às ações de família (Capítulo X), cujas disposições estão previstas entre os arts. 693 e 699. Para as ações de família, divórcio e separação consensuais, mister breve estudo, respectivamente, dos dispositivos abaixo.

> Art. 693. As normas deste Capítulo aplicam-se aos processos contenciosos de divórcio, separação, reconhecimento e extinção de união estável, guarda, visitação e filiação.
>
> Parágrafo único. A ação de alimentos e a que versar sobre interesse de criança ou de adolescente observarão o procedimento previsto em legislação específica, aplicando-se, no que couber, as disposições deste Capítulo.

---

[458] SANSEVERINO, Paulo de Tarso Vieira. *Princípio da reparação integral*. São Paulo: Saraiva, 2011, p. 266.

[459] Idem, p. 267.-268.

Nelson Nery Junior e Rosa Maria de Andrade Nery explicam que o CPC/2015, por considerar e relevar as particularidades e especificidades que envolvem as ações de família, adotou um procedimento único, diferentemente do que ocorria com a legislação revogada. Intenção do legislador: prestigiar as formas alternativas de solução de conflitos.[460]

É importante ressaltar, contudo, as disposições do parágrafo único do mencionado art. 693. É que, conforme alerta Elpídio Donizetti, o novo CPC não regra de forma integral todos os assuntos que regem a entidade familiar: para os casos envolvendo os alimentos, aplicam-se as disposições previstas na Lei nº 5.478/68. Havendo o interesse de crianças e adolescentes, o ECA é a norma apropriada.[461]

Outra inserção que merece destaque e que, assim como o art. 693 acima transcrito, não guardando correspondência com o Código revogado, é o art. 694:

> Art. 694. Nas ações de família, todos os esforços serão empreendidos para a solução consensual da controvérsia, devendo o juiz dispor do auxílio de profissionais de outras áreas de conhecimento para a mediação e conciliação.
> Parágrafo único. A requerimento das partes, o juiz pode determinar a suspensão do processo enquanto os litigantes se submetem a mediação extrajudicial ou a atendimento multidisciplinar.

E, elucidando o dispositivo acima, relevante a transcrição dos ensinamentos acerca da conciliação e da mediação:[462]

> [...] a conciliação, isto é, a procura de um acordo entre as partes, deve ser sempre buscada, e deve ser sempre sugerida a prática da mediação, a reconexão e a pacificação da relação existente entre as pessoas envolvidas. Esse dispositivo deixa entrever que as situações de cunho patrimonial e/ou obrigacional podem e devem ser submetidas à tentativa de conciliação, enquanto aquelas de cunho emocional, ligadas à relação familiar existente entre as partes, devem ser objeto de mediação, que pode ser tentada quando o aspecto emocional envolvido não permitir a solução da controvérsia.

O art. 695 e seus parágrafos, a seu turno, regula o procedimento das ações de família:

> Art. 695. Recebida a petição inicial e, se for o caso, tomadas as providências referentes à tutela provisória, o juiz ordenará a citação do réu para comparecer à audiência de mediação e conciliação, observado o disposto no art. 694.
> § 1º O mandado de citação conterá apenas os dados necessários à audiência e deverá estar desacompanhado de cópia da petição inicial, assegurado ao réu o direito de examinar seu conteúdo a qualquer tempo.

---

[460] NERY JUNIOR, Nelson; NERY, Rosa Maria de Andrade Nery. *Código de processo civil comentado.* 16. ed. São Paulo: Revista dos Tribunais, 2016, p. 1625-1626.

[461] DONIZETTI, Elpídio. Novo *código de processo civil comentado*: Lei nº 13.105, de 16 de março de 2015: análise comparativa entre o novo CPC e o CPC/73. São Paulo: Atlas, 2015, p. 519.

[462] NERY JUNIOR, Nelson; NERY, Rosa Maria de Andrade Nery. *Código de processo civil comentado.* 16. ed. São Paulo: Revista dos Tribunais, 2016, p. 1626-1627.

§ 2º A citação ocorrerá com antecedência mínima de 15 (quinze) dias da data designada para a audiência.

§ 3º A citação será feita na pessoa do réu.

§ 4º Na audiência, as partes deverão estar acompanhadas de seus advogados ou de defensores públicos.

Tal procedimento é praticamente o que ocorre com o procedimento comum. Contudo, para este, a citação para a audiência deve ocorrer com antecedência de vinte dias e, para as ações de família, quinze dias (art. 695, § 2º). A estrutura do mandado de citação contém, apenas e tão somente, o estritamente necessário para a sua identificação, "[...] por razões de resguardo e intimidade do réu [...]", e que justifica, também, a tramitação em segredo de justiça.[463] Cássio Scarpinella Bueno aplaude a alteração que, inclusive, pode auxiliar na solução consensual, haja vista que, de posse do inteiro teor da inicial, o réu possa impor alguma resistência à conciliação, por exemplo.[464] Evidente que o acesso aos autos é assegurado e a qualquer momento. Elpídio Donizetti ressalta que a nova legislação busca prestigiar soluções amigáveis dos conflitos, circunstância esta que, no capítulo atinente às relações de família, mostra-se ainda mais observável.[465] Revela-se intenção de manter o réu com o espírito desarmado a citação sem a cópia da inicial.[466]

Outra novidade que encontramos é a que se encontra no art. 696, no sentido de não haver limites para a divisão da audiência de conciliação e de mediação, com o objetivo do consenso. Sobre a divisão referida no *caput* do dispositivo, entendem Nelson Nery Junior e Rosa Maria de Andrade que não se aplicam as restrições previstas no § 2º[467] do art. 334 do novo CPC.[468]

O art. 699 determina que o juiz deve estar acompanhado de especialista quando houver discussão sobre abuso ou alienação parental:

---

463 NERY JUNIOR, Nelson; NERY, Rosa Maria de Andrade Nery. *Código de processo civil comentado.* 16. ed. São Paulo: Revista dos Tribunais, 2016, p. 1627.

464 BUENO, Cássio Scarpinella. *Novo código de processo civil anotado.* São Paulo: Saraiva, 2015, p. 435.

465 DONIZETTI, Elpídio. Novo *código de processo civil comentado*: Lei nº 13.105, de 16 de março de 2015: análise comparativa entre o novo cpc e o cpc/73. São Paulo: Atlas, 2015, p. 519-520.

466 WAMBIER, Teresa Arruda Alvim; CONCEIÇÃO, Maria Lúcia Lins; RIBEIRO, Leonardo Ferres da Silva; MELLO, Rogério Licastro Torres de. *Primeiros comentários ao código de processo civil*: artigo por artigo. São Paulo: Revista dos Tribunais, 2015, p. 1030.

467 Art. 334. Se a petição inicial preencher os requisitos essenciais e não for o caso de improcedência liminar do pedido, o juiz designará audiência de conciliação ou de mediação com antecedência mínima de 30 (trinta) dias, devendo ser citado o réu com pelo menos 20 (vinte) dias de antecedência. [...] § 2º Poderá haver mais de uma sessão destinada à conciliação e à mediação, não podendo exceder a 2 (dois) meses da data de realização da primeira sessão, desde que necessárias à composição das partes. [...].

468 NERY JUNIOR, Nelson; NERY, Rosa Maria de Andrade Nery. *Código de processo civil comentado.* 16. ed. São Paulo: Revista dos Tribunais, 2016, p. 1628.

Art. 699. Quando o processo envolver discussão sobre fato relacionado a abuso ou a alienação parental, o juiz, ao tomar o depoimento do incapaz, deverá estar acompanhado por especialista.

Para as hipóteses descritas no *caput* (abuso ou alienação parental), é muito provável que a criança se encontre em situação de grande fragilidade:[469]

Alienação parental consiste no fato de ou o pai ou a mãe "desconstruírem" a imagem do outro, distorcerem, denegrirem, pintarem o outro de forma bastante pejorativa, de molde a que a criança veja, no pai ou na mãe, aquilo que o outro ou a outra quer que ela veja.

O abuso pode ser psicológico, sexual e de qualquer outra natureza. Qualquer tipo de abuso gera a fragilidade.

É de se notar que a lei não define o ramo de atividade ou conhecimento acerca do especialista. O normal, para estas hipóteses, é a escolha de psicólogo ou assistente social, o que não impede profissional de outra área, mas desde que comprovada a experiência em temas como o abuso e a alienação parental.[470]

Em decorrência da gravidade que as consequências advindas da prática de abuso e de alienação parental venham a causar é que a lei justifica o depoimento do incapaz, a ser tomado "[...] por profissional que tenha habilidade de neutralizar os efeitos desta fragilidade [...]". Objetivo: obter dados relevantes no sentido de orientar o juiz, mas sem causar prejuízos à criança ou ao adolescente.[471]

Importante a breve análise da nova legislação processual no tocante às ações de família. Parece-nos que o legislador procura sintonizar o direito processual civil com o direito material, como não deveria deixar de ser.

---

[469] WAMBIER, Teresa Arruda Alvim; CONCEIÇÃO, Maria Lúcia Lins; RIBEIRO, Leonardo Ferres da Silva; MELLO, Rogério Licastro Torres de. *Primeiros comentários ao código de processo civil*: artigo por artigo. São Paulo: Revista dos Tribunais, 2015, p. 1031-1302.

[470] NERY JUNIOR, Nelson; NERY, Rosa Maria de Andrade Nery. *Código de processo civil comentado*. 16. ed. São Paulo: Revista dos Tribunais, 2016, p. 1628.

[471] WAMBIER, Teresa Arruda Alvim; CONCEIÇÃO, Maria Lúcia Lins; RIBEIRO, Leonardo Ferres da Silva; MELLO, Rogério Licastro Torres de. *Op. cit.*, p. 1032.

6. Constitucionalização do Direito Civil: buscando o ideal de proteção em nível de direitos fundamentais nas relações privadas

Caio Mário da Silva Pereira já ressaltava a importância da análise do Direito Civil em perspectiva constitucional. O mestre, em referência aos direitos fundamentais e de personalidade, ressalta a importância do Estado e também dos operadores do Direito no sentido de assumirem suas respectivas responsabilidades com fundamento nos preceitos constitucionais:[472]

> Diante da primazia da Constituição Federal, cujos valores se espraiam por todos os setores do ordenamento, unificando-os, os *direitos fundamentais* passaram a ser dotados da mesma força cogente nas relações públicas e nas relações privadas e não se confundem com outros direitos assegurados ou protegidos por leis.

Anderson Schreiber, por sua vez, explica que o direito civil-constitucional tem amparo na denominada eficácia normativa da Constituição. Tal circunstância, continua o autor referido, vem em sentido contrário à orientação mais tradicional da doutrina civilista brasileira, que ainda enxerga a Constituição como carta política, ou como norma de conteúdo meramente programático, direcionada somente ao legislador. Tal raciocínio implica a consequência de que a Constituição fica refém, sempre, de determinada lei ordinária, utilizada como degrau necessário para descer ao mundo dos fatos. O Código Civil, por sua vez, seria a representação, a concretização definitiva da vontade do constituinte, de tal sorte que, após a sua edição, não restaria qualquer espaço para a incidência direta das normas constitucionais nas relações privadas. Anderson Schreiber aduz que, até mesmo nos casos de lacuna do Código Civil, a aplicação direta da norma constitucional somente seria viável como último recurso, através dos princípios gerais de direito,

---

[472] PEREIRA, Caio Mário da Silva. *Instituições de direito civil*: volume I: introdução ao direito civil: teoria geral do direito civil. 29. ed. MORAES, Maria Celina Bodin de (atual.). Rio de Janeiro: Forense, 2016, p. 20.

referido pelo art. 4º da Lei de Introdução às Normas do Direito Brasileiro.[473] Como se observa, o alerta do Mestre é da mais alta relevância

O Professor supramencionado, com base na lição de Gustavo Tepedino, apresenta-nos dura crítica ao raciocínio ora comentado, através da expressão "verdadeira subversão hermenêutica", eis que acaba de relegar para a norma constitucional, esta na posição de vértice de todo o sistema, como elemento de integração subsidiário, que seria aplicável apenas na ausência de norma ordinária específica, e mesmo depois de restarem frustradas as tentativas, pelo intérprete, de fazer uso da analogia e da regra consuetudinária.[474]

Pietro Perlingieri, ao ensinar sobre o Direito Civil Constitucional, é preciso em suas colocações. Assevera que não há como existir uma autonomia da ciência jurídica em relação à realidade social, econômica ou política. E, em decorrência disso, tece crítica, inclusive ao ensino do Direito, mais especificamente à Teoria Geral do Direito, haja vista a criação de uma cultura formalista, desprovida de qualquer infiltração de caráter político, econômico, sociológico. Ou seja, como se o Direito fosse imutável, eterno, insensível a qualquer ideologia.[475] Entendemos que tal linha de raciocínio se aplica como uma luva ao nosso livro, como estamos sustentando, eis que os danos imateriais têm previsão e proteção constitucional, como também os diversos princípios que já analisamos cuja base tem ligação íntima com a Carta Política, com reflexos imediatos no Direito de Família.

O jurista é aquele que interpreta e aplica as leis. Todavia, no momento em que não as aplica, exerce atividade, às vezes, até louvável, segundo Pietro Perlingieri, mesmo que tal atividade seja diversa de seu ofício. E exemplifica o autor a não sujeição de alguns juízes ao Poder Legislativo, quando não há o atendimento ao essencial e mínimo respeito à pessoa humana.[476] Pedimos autorização ao Mestre para beber na fonte deste raciocínio, mas de certa forma invertê-lo, ou seja, dizer que ao magistrado também cabe a intervenção no sentido de fazer valer o ordenamento jurídico ao qual pertence, com objetivo de evitar ou desfazer a injustiça, romper desequilíbrios e trazer tão almejada pacificação social.

Flávio Tartuce faz referência a Roma e a Ulpiano, que, em seu *Digesto*, no *Corpus Juris Civilis*, dividiu o direito em *jus publicum* e em *jus*

---

473 SCHREIBER, Anderson. *Direito civil e constituição*. São Paulo: Atlas, 2013, p. 12.

474 Idem, p. 13.

475 PERLINGIERI, Pietro. *Perfis do direito civil. Introdução ao direito civil constitucional*. 3. ed. Rio de Janeiro: Renovar, 2007, p. 2.

476 Idem, p. 3.

privatum. Os critérios baseavam-se na utilidade da lei: se fosse de utilidade pública, tratar-se-ia de uma lei de Direito Público; se fosse de utilidade particular; seria uma lei de Direito Privado. Tal critério foi contestado. E chegou-se à conclusão de que o melhor critério era com base na utilidade preponderante da lei, eis que público e privado acabam se entrelaçando, de modo que a norma de uma natureza exerce influência sobre a outra.[477]

Como referido na introdução deste estudo e na verificação através de uma linha de evolução, o Direito vem acompanhando as transformações sociais, absorvendo novos conceitos e disciplinando as relações atuais, com objetivo de perseguição e consecução da justiça. Portanto, assim se dá com a elevação em nível constitucional de matérias antes tratadas somente no âmbito privado, surgindo, desta forma, o que se convencionou chamar de Direito Civil-Constitucional. Essa circunstância fez com que valores anteriormente previstos na legislação civil passassem a figurar na Constituição Federal de 1988.[478]

E como se torna possível o Direito Civil Constitucional? Através da chamada eficácia horizontal dos direitos fundamentais. São as normas da Constituição Federal garantindo e reconhecendo aplicação de direitos que protegem as pessoas em particular, e vem justificada no § 1º do art. 5º da Carta.[479] Cristiano Heineck Schmitt elucida muito bem a questão lecionando que "[...] as relações privadas não estão isentas da observação de valores constitucionais que impõem condutas adequadas a parâmetros materiais de justiça".[480] Inclusive o Supremo Tribunal Federal assim se manifestou sobre o tema, como podemos observar da transcrição das razões de decidir, da Ministra Ellen Gracie, no ponto:[481]

---

477 TARTUCE, Flávio. *Manual de direito civil*: volume único. 3. ed. São Paulo: GEN/Método, 2013, p. 53.

478 D´AZEVEDO, Ana Rispoli. *Os novos deveres dos contratantes na perspectiva do Código Civil de 2002 e do Código de Defesa do Consumidor*. MARQUES, Claudia Lima (Org.). São Paulo: Revista dos Tribunais, 2007, p. 285-286.

479 Art. 5º Todos são iguais perante a lei, sem distinção de qualquer natureza, garantindo-se aos brasileiros e aos estrangeiros residentes no País a inviolabilidade do direito à vida, à liberdade, à igualdade, à segurança e à propriedade, nos termos seguintes: (...) § 1º As normas definidoras dos direitos e garantias fundamentais têm aplicação imediata. (...).

480 SCHMITT, Cristiano Heineck. *Consumidores hipervulneráveis*: a proteção do idoso no mercado de consumo. São Paulo: Atlas, 2014, p. 57.

481 A Turma retomou julgamento de recurso extraordinário interposto contra acórdão do Tribunal de Justiça do Estado do Rio de Janeiro que mantivera decisão que reintegrara associado excluído do quadro da sociedade civil União Brasileira de Compositores – UBC, sob o entendimento de que fora violado o seu direito de defesa, em virtude de o mesmo não ter tido a oportunidade de refutar o ato que resultara na sua punição – v. Informativos 351 e 370. O Min. Joaquim Barbosa, em voto-vista, acompanhando o Min. Gilmar Mendes, negou provimento ao recurso. Entendeu que os princípios fundamentais têm aplicação no âmbito das relações privadas e que, na espécie, os princípios constitucionais da ampla defesa e do contraditório deveriam ter sido observados na exclusão de sócio, tendo em conta a natureza peculiar da associação em causa, a qual possui caráter quase

Entendeu que os princípios fundamentais têm aplicação no âmbito das relações privadas e que, na espécie, os princípios constitucionais da ampla defesa e do contraditório deveriam ter sido observados na exclusão de sócio, tendo em conta a natureza peculiar da associação em causa, a qual possui caráter quase público. Por fim, asseverou que a incidência de direitos fundamentais nas relações privadas há de ser aferida caso a caso, para não se suprimir a autonomia privada.

A proteção da dignidade da pessoa humana surge como limitação, haja vista que impõe seu respeito, mesmo que contrarie a vontade do declarante.[482] Inclusive, em sede desta proteção que estamos tratando, Ingo Wolfgang Sarlet muito bem diferencia o titular do destinatário da proteção a nível de direitos fundamentais:[483]

Titular do direito, notadamente na perspectiva da dimensão subjetiva dos direitos e garantias fundamentais, é quem figura como sujeito ativo da relação jurídico-subjetiva, ao passo que destinatário é a pessoa (física, jurídica ou mesmo ente despersonalizado) em face da qual o titular pode exigir o respeito, proteção ou promoção do seu direito.

Portanto, a constitucionalização do direito civil também é nosso alicerce, no sentido da realização de direitos fundamentais nas relações de família e, caso inobservados certos deveres já referidos, tais como a fidelidade, assistência, a criação dos filhos, a devida reparação à vítima tem lugar no sentido de tentativa da composição da situação que foi atingida pelo ofensor. O Direito Civil Constitucional é, segundo os estudos de Sérgio Savi, "[...] uma nova forma de interpretar os institutos tradicionais do direito civil".[484]

Quanto à eficácia dos direitos fundamentais, tal circunstância é, nas palavras de Rolf Madaleno, de substancial importância para o Direito de Família, no sentido da efetividade dos princípios que difunde o respeito e a promoção da dignidade da pessoa humana e da solidariedade. Aponta o autor que a família atual tem a sua construção e valorização através do respeito à plena liberdade e felicidade de cada um

---

público. Por fim, asseverou que a incidência de direitos fundamentais nas relações privadas há de ser aferida caso a caso, para não se suprimir a autonomia privada. Por outro lado, o Min. Carlos Velloso dissentiu e, seguindo o voto da Min. Ellen Gracie, relatora, deu provimento ao recurso. Considerou que a questão cinge-se ao âmbito infraconstitucional, haja vista tratar-se de alegação de ofensa ao princípio do devido processo legal, cuja lei, no caso, seria o estatuto da associação a qual o recorrido aderira. Ressaltou, ainda, que, aplicado o Novo Código Civil, o tema seria de legalidade e que, incidente o antigo, de matéria regimental. Após, pediu vista o Min. Celso de Mello. (RE 201819/RJ, rel. Min. Ellen Gracie, 26.4.2005. (RE-201819). Disponível em: http://www.stf.jus.br//arquivo/informativo/documento/informativo385.htm>. Acesso em 11 nov. 2013.

482 MEIRELES, Rose Melo Vencelau. O negócio jurídico e as suas modalidades. 3. ed. In: TEPEDINO, Gustavo José Mendes (coord.). *A parte geral do novo Código Civil*: estudos na perspectiva civil-constitucional. Renovar, 2007, p. 229.

483 SARLET, Ingo Wolfgang. *A eficácia dos direitos fundamentais*: uma teoria geral dos direitos fundamentais na perspectiva constucional. 12. ed. Porto Alegre: Livraria do Advogado, 2015, p. 215.

484 SAVI, Sérgio. *Responsabilidade civil e enriquecimento sem causa*: o lucro da intervenção. São Paulo: Atlas, 2012, p. 36.

dos seus componentes, de tal sorte que não pode haver qualquer óbice ou restrição ao que chama de espaço constitucional de realização do ser humano em sua realização sociofamiliar.[485]

As lições de Claudia Lima Marques e Bruno Miragem apontam que, em épocas pós-modernas, surgem alguns novos sujeitos que reivindicam leis especiais subjetivas que tutelam o diferente, o vulnerável. Dentre alguns exemplos dos legitimados dessa proteção estão, entre outros, os idosos e as crianças e adolescentes, cuja proteção encontramos no Estatuto do Idoso e no Código de Defesa do Consumidor. De tal sorte que a procura da igualdade material vem no sentido de concretização do princípio da igualdade e, assim, proteger o vulnerável.[486]

A responsabilidade civil, finalizando este tópico, deve "[...] se adaptar à leveza e à celeridade dos nossos dias [...]", sintonizando-se com as exigências do Direito Civil comprometido que as transformações que vem realizando a Constituição Federal.[487]

6.1. Responsabilidade Civil no Direito de Família comparado

Regina Beatriz Tavares da Silva ensina-nos sobre a evolução legislativa do direito estrangeiro (no tocante às formas de rompimento da relação conjugal e reparação de danos), em especial, o direito francês e o direito argentino. Todavia, ressalta a autora que, em se falando de Direito de Família, os estudos referentes a este campo estão ligados a conceitos morais e costumes e, para servir de apoio ou base ao nosso Direito, a nossa evolução legislativa, nossos conceitos e até hábitos, em nossa sociedade, devem ser assemelhados ao respectivo país.[488]

O casamento, na França, sempre foi evoluído na legislação protetiva em matéria de Direito de Família, no sentido da responsabilidade e da moralidade, entendidas como indispensáveis às relações familiares, ou seja, regras para os casos de rompimento dos laços patrimoniais.[489]

Na época da promulgação do Código Civil francês, a mulher devia obediência ao marido, devendo este, por sua vez, protegê-la. Mas a evolução dos costumes exigiu modificação na legislação e, com a Lei de

---

485 MADALENO, Rolf. *Curso de Direito de Família.* 5. ed. Rio de Janeiro: Forense, 2013, p. 45.

486 MARQUES, Cláudia Lima; MIRAGEM, Bruno. *O novo direito privado e a proteção dos vulneráveis.* São Paulo: Revista dos Tribunais, 2012, p. 16.

487 ROSENVALD, Nelson. *As funções da responsabilidade civil*: a reparação e a pena civil. 2. ed. São Paulo: Atlas, 2014, p. 05-06.

488 SILVA, Regina Beatriz Tavares da. *A emenda constitucional do divórcio.* São Paulo: Saraiva, 2011, p. 87.

489 Ibidem.

18 de fevereiro de 1938, iniciaram-se mudanças no Direito de Família, com o objetivo de se igualarem os cônjuges, seja em direitos, seja em deveres, até culminar com legislação que veio a consolidar os princípios da Responsabilidade Civil nas relações conjugais, as quais se destaca, a partir da Lei de 11 de julho de 1975, a inclusão da prestação compensatória, que objetivava a compensar as disparidades oriundas da ruptura do casamento que poderiam ocasionar na vida do marido e da mulher, mas sempre atrelada ao conceito de culpa.[490]

A legislação francesa também revela preocupação no âmbito do casamento, e impõe deveres como os de mútuo respeito, fidelidade, assistência material e imaterial. Quanto ao dever de respeito, este vem inserido com a justificativa dos direitos da personalidade. Já em relação ao dever de fidelidade, são vedadas as relações sexuais como a intimidade para com terceira pessoa.[491]

Ainda, quanto ao dever de assistência material entre os cônjuges, a imposição é a de que aquele seja observado, reciprocamente, durante a comunhão de vidas. O dever de assistência, por sua vez, impõe ao casal a proteção recíproca, determinando-lhes cuidados atenciosos em qualquer circunstância da vida, bem como consideração aos direitos de personalidade. Quanto à família e aos filhos, existe determinação quanto aos deveres de direção moral e material. O divórcio por culpa também é regulado pela legislação francesa.[492]

Em relação à pensão alimentícia, existe a previsão, que a substitui, pela chamada prestação compensatória, cuja finalidade é a de compensar as disparidades que a ruptura do casamento pode acarretar na vida do casal. A culpa também pode ser relevada para a fixação do montante devido, bem como o tempo que durou o casamento, a idade e o estado de saúde dos cônjuges, qualificações profissionais, a destinação do tempo em relação ao favorecimento da carreira do outro cônjuge, em detrimento da própria, entre outras circunstâncias. Inclusive existe previsão de indenização por danos imateriais e patrimoniais. A Lei de 2 de abril de 1941 e a Lei de 11 de julho de 1975 dispõem sobre tal possibilidade.[493]

O direito argentino também (doutrina, jurisprudência e legislação), com base na igualdade de direitos e deveres entre os cônjuges, aplica a reparabilidade dos danos oriundos da ruptura do matrimô-

[490] SILVA, Regina Beatriz Tavares da. *A emenda constitucional do divórcio*. São Paulo: Saraiva, 2011, p. 88.

[491] Idem, p. 89.

[492] Idem, p. 89-90.

[493] Idem, p. 94-95.

nio. De tal sorte que podem ser reparados os danos "[...] derivados dos fatos constitutivos das causas do divórcio e da separação [...]", que constituem os danos "mediatos". Já entre os danos imediatos, Regina Beatriz Tavares da Silva cita aqueles com origem no adultério, eis que violam o dever de fidelidade; do abandono voluntário e malicioso do lar, que transgride o dever de coabitação. Ainda e em referência aos danos mediatos, a autora aponta a angústia e a solidão, a crise da vida afetiva, esta de difícil reconstrução, gastos como o aluguel, privação de renda, entre outros. Em resumo, tais condutas são consideradas, pelo ordenamento argentino, como verdadeiros atos ilícitos ou antijurídicos e, como tal, violadores dos deveres legais impostos pelo casamento.[494]

Portanto, pelas legislações francesa e argentina, temos exemplos destes ordenamentos cuja reparação por danos imateriais é prevista, em decorrência da ruptura do matrimônio, por infringência de deveres inerentes àquele, circunstância esta que reforça a aplicabilidade dos institutos da Responsabilidade Civil no Direito de Família.

6.2. Abuso do direito e Responsabilidade Civil por ato lícito

Tanto o abuso do direito como a Responsabilidade Civil por ato lícito também embasam a nossa tese para a incidência dos institutos da Responsabilidade Civil no âmbito do Direito de Família. Iniciaremos este tópico, então, a partir do abuso do direito, cuja previsão normativa vem estampada no artigo 187.

Bruno Miragem ensina sobre a teoria do abuso do direito. Assevera o autor que tal teoria surgiu no fim do século XIX, sendo uma reação da jurisprudência francesa "[...] à mera aplicação das normas legais em matéria de direito de propriedade, as quais conduziam a soluções manifestamente injustas". E continua o Mestre referindo que o abuso do direito representa, além de reação ao caráter absoluto dos direitos subjetivos, uma das primeiras respostas dos juízes à divisão tradicional da teoria das fontes. Essa teoria inseria o juiz em um mero papel passivo, ou seja, o de mero aplicador do direito legislador.[495]

A preocupação geral com a definição quanto aos limites ao exercício dos direitos subjetivos verificou-se em diversos sistemas jurídicos e, segundo Bruno Miragem, o Código Civil alemão é notável nesse sentido. É que determina aquela legislação, no § 226, que o exercício de um

[494] SILVA, Regina Beatriz Tavares da. *A emenda constitucional do divórcio*. São Paulo: Saraiva, 2011, p. 98-105.

[495] MIRAGEM, Bruno. *Abuso do direito*: ilicitude objetiva e limite ao exercício de prerrogativas jurídicas no Direito Privado. São Paulo: Revista dos Tribunais, 2013, p. 33.

direito é inadmissível quando só pode ter o fim causar dano a outrem, e pode ser interpretado, segundo a maioria da doutrina daquele país, com o § 826, que aquele que venha a agir de modo contrário aos bons costumes e cause intencionalmente prejuízo a outra pessoa, estará obrigado a indenizar. O direito alemão, como visto, determina que, independentemente de qualquer que seja o direito subjetivo, não pode ser exercido de modo que viole os bons costumes e que tenha fim exclusivo de causar danos.[496]

O mestre suprarreferido também revela fundamento em relação ao abuso do direito que também vem a servir de alicerce para a nossa tese, no sentido da incidência da Responsabilidade Civil no âmbito do Direito de Família. Vem a reforçar a legitimidade do exercício dos direitos subjetivos que, de alguma maneira, devem vincular-se a uma finalidade que seja útil, ou pelo menos não reprovável. É que, na hipótese de isso não ocorrer, tem-se nos direitos subjetivos uma atuação antissocial, e não a realização, pelo titular, de direitos legítimos. Tal circunstância é rejeitada não pelo ordenamento jurídico, mas pela própria ideia de Direito. Conclui o autor que no caso de o ordenamento jurídico não dispor de regras positivas de limitação do exercício dos direitos subjetivos, fatalmente seriam assistidos os abusos.[497]

Explica Arnaldo Rizzardo que "[...] o abuso de direito envolve excessos ou desmandos no exercício do direito. A pessoa extrapola os limites necessários na sua defesa, ou na satisfação dos direitos que lhe são legítimos". Todavia, o referido mestre aponta uma incongruência na denominação de abuso do direito: é que o exercício do direito não encontra limites, situação que torna inapropriado cogitar-se de um abuso em proveito de algo plenamente permitido por lei ou então pela ordem jurídica. Resumidamente, o abuso do direito envolve o exagero no exercício dos direitos; verifica-se na forma de agir, ou seja: "No gozo ou exercício de um direito provoca-se uma grave injustiça" [...] .[498]

Direcionando e contextualizando a teoria do abuso do direito para o atual Código Civil, Bruno Miragem, bebendo na fonte da doutrina de Miguel Reale, explica que a codificação atual, informada pelos princípios da socialidade, da operabilidade e da eticidade, busca estabelecer:[499]

> [...] contatos efetivos com a realidade da vida de relações [...], [...] cumprindo com a obrigação do legislador de não legislar em abstrato [...] mas quando possível, legislar para

---

496 MIRAGEM, Bruno. *Abuso do direito*: ilicitude objetiva e limite ao exercício de prerrogativas jurídicas no Direito Privado. São Paulo: Revista dos Tribunais, 2013, p. 36-37.

497 Idem, p. 36.

498 RIZZARDO, Arnaldo. *Responsabilidade civil*. 6. ed. Rio de Janeiro: Forense, 2013, p. 511.

499 MIRAGEM, Bruno. *Op. cit.*, p. 115-116.

o indivíduo situado: para o homem enquanto marido; para a mulher enquanto esposa; para o filho enquanto um ser subordinado ao poder familiar. Quer dizer, atender às situações sociais, à vivência do Código, do direito subjetivo como uma situação individual; não um direito subjetivo abstrato, mas uma situação subjetiva concreta.

Sergio Cavalieri Filho, em distinção aos arts. 186[500] e 187[501] do Código Civil, revela questão primordial para que o abuso de direito possa servir de base ao nosso raciocínio para a aplicação da Responsabilidade Civil no Direito de Família. É que a ilicitude que configura o abuso do direito pode vir a acontecer sem que o comportamento, a conduta do agente cause dano a alguém, eis que apenas a dicção do art. 186 do Código Civil é que faz alusão ao dano. Todavia, não é pela ausência do dano que a ilicitude restará desprovida de sanção.[502]

Observemos, por agora, a posição jurisprudencial acerca do abuso do direito. O Superior Tribunal de Justiça entende ser caso de reparação o abuso do direito. No caso em tela, o acórdão reflete que:[503]

---

500 Art. 186. Aquele que, por ação ou omissão voluntária, negligência ou imprudência, violar direito e causar dano a outrem, ainda que exclusivamente moral, comete ato ilícito.

501 Art. 187. Também comete ato ilícito o titular de um direito que, ao exercê-lo, excede manifestamente os limites impostos pelo seu fim econômico ou social, pela boa-fé ou pelos bons costumes.

502 CAVALIERI FILHO, Sergio. *Programa de responsabilidade civil.* 8. ed. São Paulo: Atlas, 2009, p. 11.

503 DIREITO CIVIL E PROCESSUAL CIVIL. RECURSO ESPECIAL. AÇÃO DE COMPENSAÇÃO POR DANOS MORAIS. MATÉRIA JORNALÍSTICA CONSIDERADA LESIVA À HONRA DO AUTOR BASEADA EM INFORMAÇÃO PRESTADA PELOS RECORRIDOS. DISSÍDIO JURISPRUDENCIAL. SIMILITUDE FÁTICA NÃO DEMONSTRADA. RESPONSABILIDADE SUBJETIVA. ART. 186 DO CC/02. ELEMENTOS. AÇÃO OU OMISSÃO E NEXO CAUSAL INCONTROVERSOS. POTENCIALIDADE OFENSIVA DOS FATOS. VALORAÇÃO DA PROVA. AUSÊNCIA DO OBSTÁCULO DA SÚMULA 7/STJ. 1. O dissídio jurisprudencial deve ser comprovado mediante o cotejo analítico entre acórdãos que versem sobre situações fáticas idênticas. 2. Da hermenêutica do art. 186 do CC/02 extraem-se os seguintes pressupostos da responsabilidade civil, a saber: conduta ou ato humano (ação ou omissão); a culpa do autor do dano, a relação de causalidade e o dano experimentado pela vítima. 3. Com exceção das hipóteses de responsabilidade objetiva previstas no sistema de responsabilidade civil, nosso direito civil consagra o princípio da culpa para a responsabilidade decorrente de ato ilícito, não se concebendo, em regra, o dever de indenização se ausente o dolo, a culpa ou o abuso de direito. 4. Cingindo-se a controvérsia à valoração da potencialidade ofensiva dos fatos tidos como certos e inquestionáveis, ou seja, matéria jurídica de interpretação do alcance dos arts. 186 do CC/02 e art. 159 CC/16, não há que se falar em óbice da Súmula 7/STJ. 5. Da simples matéria que é tendenciosa, por apontar o recorrente como principal acionista de empresa acusada de desvio milionário de instituição financeira da qual o recorrente foi presidente por anos, que traz excesso nas chamadas e destaques, objetivando direcionar o foco para depreciar a pessoa do recorrente e que confere sentido pejorativo e desproporcional ao fato de ser o recorrente o sócio majoritário, deriva o dano moral. 6. A ofensa à honra por meio da imprensa, por sua maior divulgação, acaba repercutindo mais largamente na coletividade, mormente quando se considera que o veículo de comunicação é de grande circulação e que o caderno onde a matéria foi veiculada é específico da área de atuação do recorrente. 7. A fixação do valor da compensação pelos danos morais deve balizar-se entre a justa composição e a vedação do enriquecimento ilícito, levando-se em consideração o critério da proporcionalidade, bem como as peculiaridades de cada espécie. Precedente. 8. Indenização por danos morais fixada em R$ 100.000,00 (cem mil reais), valor a ser corrigido monetariamente, a contar dessa data, e acrescidos de juros moratórios no percentual de 0,5% (meio por cento) ao mês na vigência do CC/16 e de 1% (um por cento) ao mês na vigência do CC/02, a contar da data do evento danoso. Honorários advocatícios fixados

Da simples matéria que é tendenciosa, por apontar o recorrente como principal acionista de empresa acusada de desvio milionário de instituição financeira da qual o recorrente foi presidente por anos, que traz excesso nas chamadas e destaques, objetivando direcionar o foco para depreciar a pessoa do recorrente e que confere sentido pejorativo e desproporcional ao fato de ser o recorrente o sócio majoritário, deriva o dano moral.

Este outro julgamento trata de reclamações contra Desembargador perante o Conselho Nacional de Justiça. O abuso do direito restou assim comprovado: "Por outro lado, a liberdade de peticionar, denunciar, reclamar, enfim, de se exprimir, esbarra numa condicionante ética, qual seja, o respeito ao próximo. O manto do direito de peticionar não tolera o abuso no uso de expressões que ofendam à dignidade do ser humano".[504] O Tribunal de Justiça do Estado do Rio Grande do Sul, por

em 15% sobre o valor da condenação. 9. Recurso especial provido. (BRASIL. Superior Tribunal de Justiça. Terceira Turma. REsp nº 884009/RJ. Rel. Min: Nancy Andrighi. Julgado em: 10/05/2011. Disponível em: <https://ww2.stj.jus.br/revistaeletronica/ita.asp?registro=200601651014&dt_publicacao=24/05/2011>. Acesso em: 13 abr. 2014).

504 DIREITO CIVIL. RECURSO ESPECIAL. RECLAMAÇÃO FORMULADA PERANTE O CONSELHO NACIONAL DE JUSTIÇA (CNJ) CONTRA DESEMBARGADOR. IRREVERÊNCIAS, IRONIAS E INSINUAÇÕES MALEDICENTES. ABUSO DO DIREITO. OFENSA A DIREITO DA PERSONALIDADE DO RECLAMADO. INDENIZAÇÃO DEVIDA. 1. Inicialmente, para que se configure o prequestionamento da matéria, há que se extrair do acórdão recorrido pronunciamento sobre as teses jurídicas em torno dos dispositivos legais tidos como violados, a fim de que se possa, na instância especial, abrir discussão sobre determinada questão de direito, definindo-se, por conseguinte, a correta interpretação da legislação federal (Súmula 211/STJ). 2. O recurso não rebate o fundamento do acórdão recorrido, quanto à gratuidade de justiça, que entendeu ser o pedido juridicamente impossível, atraindo a incidência da Súmula 283 STF. Ademais, não há como discutir a matéria do trâmite processual com a benesse da justiça gratuita, haja vista que não pode o Superior Tribunal de Justiça examinar a questão constitucional se ela já estiver preclusa, em razão da não impugnação pelo recurso correto na instância ordinária.3. É firme a jurisprudência desta Corte de que eventual nulidade da decisão monocrática, baseada no artigo 557 do Código de Processo Civil, fica superada com a reapreciação do recurso pelo órgão colegiado, por via de agravo interno. 4. Embora seja dever de todo magistrado velar a Constituição, para que se evite supressão de competência do egrégio STF, não se admite apreciação, em sede de recurso especial, de matéria constitucional, ainda que para viabilizar a interposição de recurso extraordinário. Precedentes. 5. Imprescindível que no recurso especial fundado na alínea a do permissivo constitucional sejam particularizados, de forma inequívoca, os normativos federais supostamente contrariados pelo Tribunal de origem. É dever do recorrente demonstrar, mediante argumentação lógico-jurídica competente à questão controversa apresentada, de que maneira o acórdão impugnado teria ofendido a legislação mencionada, sob pena de incidir o enunciado sumular n. 284 do Supremo Tribunal Federal, em face da clara deficiência em sua fundamentação. 6. Ao Conselho Nacional de Justiça compete o controle da atuação administrativa e financeira do Poder Judiciário e do cumprimento dos deveres funcionais dos juízes; cabendo-lhe, ainda, além de diversas outras atribuições, receber e conhecer das reclamações contra membros ou órgãos do Poder Judiciário, sem prejuízo da competência disciplinar e correicional dos tribunais, podendo avocar processos disciplinares em curso e determinar a remoção, a disponibilidade ou a aposentadoria com subsídios ou proventos proporcionais ao tempo de serviço e aplicar outras sanções administrativas, assegurada ampla defesa (art. 103-B, § 4º, V). 7. Por outro lado, a liberdade de peticionar, denunciar, reclamar, enfim, de se exprimir, esbarra numa condicionante ética, qual seja, o respeito ao próximo. O manto do direito de peticionar não tolera o abuso no uso de expressões que ofendam à dignidade do ser humano. 8. O reclamante, pelo relevante cargo de Promotor de Justiça que exerce, ainda que não estando no exercício da função, possui compreensão de todos os atos e fatos descritos em sua reclamação junto ao Conselho (CNJ), bem como de todo o conteúdo e consequências de seus termos.

sua vez, determina o dever de reparar, para o caso de abuso do direito, conforme as seguintes razões de decidir: "A relação entre as pessoas deve ser pautada pelo respeito e urbanidade. Os familiares e os vizinhos devem manter relação de respeito e cooperação. O abuso de direito não deve ser praticado, podendo gerar a obrigação de indenizar, conforme o art. 187 do CC".[505]

Portanto, como podemos concluir através dos ensinamentos doutrinários e pela jurisprudência, na prática, o abuso do direito se equivale à prática de ato ilícito, em razão das reparações deferidas, pelo seu cometimento. Heloísa Carpena diz que, em níveis de condutas sociais,

---

Na hipótese, a narrativa da reclamação revela, por meio de vocábulo vil e depreciativo, além de desqualificação no tocante à fundamentação e atuação do Desembargador, sugere, ainda, conluio e interesse deste com seus pares, além do Procurador de Justiça que atuou no habeas corpus, invocando parcialidade em seus julgamentos, acabando, assim, por violar o patrimônio moral do magistrado. 9. A despeito do caráter sigiloso do processo administrativo-disciplinar perante o CNJ e o fato de o órgão ter reconhecido a inexistência de infração disciplinar ou ilícito penal, deixando de instaurar sindicância, é inequívoco que as insinuações irrogadas foram aptas a causar perturbação psíquica ao autor, afetando sua honra subjetiva. 10. Ademais, o acórdão recorrido asseverou ser "inequívoco que as insinuações maledicentes e as expressões ofensivas irrogadas pelo réu contra o autor chegaram ao conhecimento dos iminentes membros daquele Conselho, particularmente do Ministro Presidente e do Ministro Corregedor Geral do CNJ, do representante do Ministério Público e dos servidores ligados ao processo, cujo fato, é **de** admitir, teria causado perturbação psíquica ao autor ante a dúvida sobre o que aquelas autoridades públicas pensaram ao seu respeito, pelo menos até a apresentação da defesa e o cabal esclarecimento da questão. 11. Recurso especial a que se nega provimento. (BRASIL. Superior Tribunal de Justiça. Quarta Turma. REsp nº 1248828/AM. Rel. Min: Luis Felipe Salomão. Julgado em: 21/05/2013. Disponível em: <https://ww2.stj.jus.br/revistaeletronica/Abre_Documento.asp?sSeq=1234555&sReg=201100569920&sData=20130613&formato=HTML>. Acesso em: 13 abr. 2014).

[505] RESPONSABILIDADE CIVIL. LESÃO CORPORAL. DESAVENÇA EM FAMÍLIA. AUTORIA. DANO MORAL. SUCESSÃO. A apelação é recurso não vinculado. A inconformidade deve trazer as razões de fato e de direito, a teor do art. 514, II, do CPC. No caso, a regra foi observada. A habilitação da sucessão, através do inventariante, regulariza o processo, conforme prevê o art. 1.055 do CPC. Alegação de nulidade afastada. O direito à indenização por dano moral transmite-se aos herdeiros pelo falecimento do titular. A lesão corporal deve estar comprovada nos autos. No caso, o laudo médico confirma as lesões sofridas pelo autor. A prova oral demonstra ter o réu empurrado a vítima, que caiu no solo e se feriu. A relação entre as pessoas deve ser pautada pelo respeito e urbanidade. Os familiares e os vizinhos devem manter relação de respeito e cooperação. O abuso de direito não deve ser praticado, podendo gerar a obrigação de indenizar, conforme o art. 187 do CC. A violação do direito da personalidade motiva a reparação do dano moral. O dano moral deve ser estabelecido com razoabilidade, de modo a servir de lenitivo ao sofrimento da vítima. Devem, ainda, ser levados em consideração os dados concretos dos autos e o contexto em que o fato ocorreu. Na hipótese, o valor da indenização deve ser reduzido. Preliminar rejeitada. Recurso de apelação provido em parte. Adesivo prejudicado. (BRASIL. Tribunal de Justiça do Rio Grande do Sul. Décima Câmara Cível. Apelação Cível nº 70053715512. Rel. Des: Marcelo Cezar Muller. Julgado em: 27/06/2013. Disponível em: <http://google8.tjrs.jus.br/search?q=cache:www1.tjrs.jus.br/site_php/consulta/consulta_processo.php%3Fnome_comarca%3DTribunal%2Bde%2BJusti%25E7a%26versao%3D%26versao_fonetica%3D1%26tipo%3D1%26id_comarca%3D700%26num_processo_mask%3D70053715512%26num_processo%3D70053715512%26codEmenta%3D5343383+direito+de+fam%C3%ADlia+e+abuso+de+direito&site=ementario&client=buscaTJ&access=p&ie=UTF-8&proxystylesheet=buscaTJ&output=xml_no_dtd&oe=UTF-8&numProc=70053715512&comarca=Comarca+de+Os%F3rio+%28Vara+Integrada+Terra+de+Areia%29&dtJulg=27-06-2013&relator=Marcelo+Cezar+Muller>. Acesso em: 13 abr. 2014).

de forma de atuação, o direito subjetivo, assim como o ordenamento, também é dotado de regras obrigatórias, e finaliza: "O ato abusivo consiste na atuação-antissocial".[506]

Mas chega o momento de trazermos a Responsabilidade Civil por ato lícito, também como fundamento para a incidência da Responsabilidade Civil no Direito de Família. Para tanto, utilizamo-nos dos ensinamentos de Daniel Ustárroz.

Ao ensinar sobre a possibilidade da Responsabilidade Civil mesmo em decorrência da licitude, o Professor Daniel Ustárroz assevera que, no direito português, encontramos a teoria da Responsabilidade Civil por ato lícito, denominada de responsabilidade pelo sacrifício. O referido Mestre cita outros autores que ensinam, mesmo que como exceção (e entendemos que assim também deve ser tratada) a possibilidade de reparação em virtude de atos lícitos, tais como Antonio Menezes Cordeiro, Carlos Alberto da Mota Pinto, Eugênio Facchini Neto, Carlo Buonauro e Giovani Torregrossa, além de outros. A ideia base, por assim dizer, não seria somente a ideia de ilicitude como para a Responsabilidade Civil. Assim, no caso de determinada atividade, conduta (ação ou omissão), mesmo que considerada lícita, pode ensejar a responsabilidade, no caso de excessivo sacrifício de alguém.[507]

A responsabilidade pelo sacrifício dá-se quando o Direito, mesmo admitindo pela licitude de determinada conduta danosa, coloca o lesado em posição de buscar a reparação em decorrência disso. Inclusive o interesse público é invocado para reforçar a teoria aqui trazida. Dirigindo-se ao Código Civil brasileiro, Daniel Ustárroz encontra no art. 1.313[508] fundamento para, em que pese a prática de ato lícito, a compensação do direito pelo lesado.[509]

Em se cogitando de reparação pelo ato lícito, Daniel Ustárroz pondera no sentido de sua aplicação subsidiária. A justificativa tem como base de que sua aplicação é autorizada em situações excepcionais, ou

506 CARPENA, Heloísa. O abuso do direito no código civil de 2002: relativização de direitos na ótica civil-constitucional. In: *A parte geral do código civil*: estudos na perspectiva civil constitucional. 3. ed. São Paulo: Renovar, 2007, 417.

507 USTÁRROZ, Daniel. *Responsabilidade civil por ato lícito*. São Paulo: Atlas, 2014, p. 112-113.

508 Art. 1.313. O proprietário ou ocupante do imóvel é obrigado a tolerar que o vizinho entre no prédio, mediante prévio aviso, para: I – dele temporariamente usar, quando indispensável à reparação, construção, reconstrução ou limpeza de sua casa ou do muro divisório; II – apoderar-se de coisas suas, inclusive animais que aí se encontrem casualmente. § 1º O disposto neste artigo aplica-se aos casos de limpeza ou reparação de esgotos, goteiras, aparelhos higiênicos, poços e nascentes e ao aparo de cerca viva. § 2º Na hipótese do inciso II, uma vez entregues as coisas buscadas pelo vizinho, poderá ser impedida a sua entrada no imóvel. § 3º Se do exercício do direito assegurado neste artigo provier dano, terá o prejudicado direito a ressarcimento.

509 USTÁRROZ, Daniel. *Responsabilidade civil por ato lícito*. São Paulo: Atlas, 2014, p. 115-117.

seja, quando verificadas circunstâncias que se revelam extremamente injustas à vítima em ficar desamparada sem qualquer tipo de compensação. Alerta o jurista que o caráter subsidiário da Responsabilidade Civil por ato lícito tem o objetivo de preservar a segurança jurídica do sistema da reparação de danos: em havendo outra fonte do dever de reparar, não se fala, assim, na responsabilidade pelo ato lícito.[510]

Menezes Cordeiro afirma que, perante a *bona fides,* bastava a simples palavra para se ter início a eficácia.[511] Mas, ao mesmo tempo, o autor refere sobre a ideia de desequilíbrio, que traduz atuações inadmissíveis de direitos: "[...] desproporcionalidade entre a vantagem auferida pelo titular e o sacrifício imposto pelo exercício a outrem [...]".[512]

A reparação em decorrência de ato lícito como visto, em que pese considerada como exceção, pode sim ocorrer no Direito de Família, assim a entendemos e a interpretamos. A teoria estudada ensina e aponta que o sacrifício imposto, mesmo em decorrência da prática de ato considerado como lícito, autoriza a devida compensação. E podemos aplicá-la, como por exemplo, nos casos envolvendo abandono afetivo, nos casos de rompimento imotivado entre cônjuges, companheiros, pois é notório os transtornos sentidos por determinadas pessoas nesses casos, de tal sorte que a compensação, mesmo que lícita a conduta do agente, pode ser autorizada.

6.3. Danos imateriais e a Responsabilidade Civil no Direito de Família: meras recomendações? Intocabilidade da culpa?

Como estamos sustentando e nos posicionando nesta obra, ao Direito de Família devem sim ser aplicados os institutos e princípios que cercam a Responsabilidade Civil. Ora, o ordenamento jurídico revela unidade e complexidade, ou seja, por mais que diversifiquem as suas fontes e por mais multiplicadas que sejam as suas normas, por mais que sejam especializados os seus setores, ele permanece único, unitário, centrado sobre os valores constitucionais.[513]

Ensina Regina Beatriz Tavares da Silva que as normas de conduta visam à finalidade do Direito e, igualmente, ao Direito de Família

---

510 USTÁRROZ, Daniel. *Responsabilidade civil por ato lícito.* São Paulo: Atlas, 2014, p. 155.

511 MENEZES CORDEIRO, António Manuel da. *Da boa fé no direito civil*. v. 1. Coimbra: Livraria Almedina, 1984, p. 184.

512 Idem, p. 853.

513 SCHREIBER, Anderson. *Direito civil e constituição.* São Paulo: Atlas, 2013, p. 13.

aplicam-se, ou seja, restabelecem o equilíbrio das relações jurídicas, organizando, assim, a vida em sociedade.[514]

As lições da autora suprarreferida são ímpares para o nosso estudo. Estamos sustentando, desde o início, toda uma gama de princípios e normas que sustentam a família e, nas palavras de Regina Beatriz Tavares da Silva: "Esse núcleo essencial, base da sociedade, necessita da disciplina jurídica para que a nação, como um todo, seja preservada".[515]

O nosso raciocínio em relação à defesa da condenação por danos extrapatrimoniais no Direito de Família vai de encontro ao fundamento de que se revela imprescindível o estabelecimento de regras durante a comunhão de vida e também diante de sua dissolução, eis que, em estabelecido o conflito, a proteção do Direito é medida que se revela impositiva, valendo, também, para as relações entre pais e filhos, irmãos, avós, enfim, para a família de maneira geral. Em relação ao casamento, pode ser instaurado o caos caso inobservados os seus efeitos jurídicos, ou seja, o descumprimento das normas que o cercam, tais como o de mútua assistência,[516] dever de respeito,[517] dever de fidelidade,[518] por exemplo. De modo que os cônjuges receberiam, apenas e tão somente, meras recomendações da lei, todavia, não estariam obrigados a cumprir esses deveres, eis que, em assim procedendo, nenhuma consequência em forma de sanção viria a acontecer.[519]

O pensamento aqui exposto e colocado por Regina Beatriz Tavares da Silva é também nosso alicerce, nossa fonte, para defendermos a família como instituição e *status* constitucional que tem e merece ter. Mas acrescentamos que esses ensinamentos também podem ser aplicados para todos os casos que aqui defendemos, no sentido de ver a devida reparação, tais como em face daquele que paga alimentos em lugar de terceiro, que tem a paternidade omitida pela mãe, que abandona o filho, ou que abandona o pai; enfim, para todos os casos aqui debatidos.

Até a questão da culpa, em que pese a jurisprudência não a discuta mais,[520] é ressaltada por Regina Beatriz Tavares da Silva. Aduz a

---

[514] SILVA, Regina Beatriz Tavares da. *A Emenda Constitucional do Divórcio.* São Paulo: Saraiva, 2011, p. 13.

[515] Ibidem.

[516] Art. 1.566. São deveres de ambos os cônjuges: (...). III – mútua assistência; (...).

[517] Art. 1.566. São deveres de ambos os cônjuges: (...). V – respeito e consideração mútuos.

[518] Art. 1.566. São deveres de ambos os cônjuges: I – fidelidade recíproca; (...).

[519] SILVA, Regina Beatriz Tavares da. *Op. cit.*, p. 13.

[520] DIREITO DE FAMÍLIA. DIVÓRCIO DIRETO NÃO CONSENSUAL. CAUSA DA SEPARAÇÃO (CULPA). DESNECESSIDADE DE SUA INVESTIGAÇÃO. ART. 40 DA LEI 6.515/77, COM A REDAÇÃO DADA PELA LEI 7.841/89. POSSIBILIDADE DE PARTILHA POSTERIOR. ALEGAÇÃO DE NULIDADE POR INOBSERVÂNCIA DO DISPOSTO NO ART. 236, § 1º, CPC. PRECLUSÃO. RECURSO INACOLHIDO. I – Apos a alteração legislativa introduzida pela Lei 7.841/89, modifi-

professora que, em a eliminando, e em havendo a desconsideração dos deveres conjugais previstos pelas normas jurídicas, tais circunstâncias, fatalmente, acarretarão na destruição da família.[521]

O Superior Tribunal de Justiça já revelou preocupação com a questão da culpa envolvendo a separação ou o divórcio, dando provimento ao Recurso Especial no sentido de reconhecer os danos imateriais e, consequentemente, condenar à devida compensação. Como podemos observar das palavras do Relator: "O sistema jurídico brasileiro admite, na separação e no divórcio, a indenização por dano moral. Juridicamente, portanto, tal pedido é possível: responde pela indenização o cônjuge responsável exclusivo pela separação".[522] A Corte gaúcha ressaltou que, também em relação à culpa:[523]

---

cando a redação do caput do art. 40 da Lei 6.515/77 e revogando seu § 1°, não ha mais que se cogitar, pelo menos não necessariamente, da analise da causa da separação ("culpa") para efeito de decretação do divorcio direto, sendo bastante o requisito da separação de fato por dois anos consecutivos. II – O divorcio direto não consensual pode ser concedido independentemente de previa partilha dos bens. III – Inviavel, na via do especial, o exame de aspecto afeito a disciplina regimental dos tribunais estaduais. IV – Verificando-se peculiaridades na causa que demonstram que os procuradores das partes foram previamente cientificados da sessão de julgamento e do seu adiamento para sessão seguinte, não se acolhe o pedido de nulidade com suporte no art. 236, § 1°, CPC. O processo, como instrumento de realização da ordem juridica na composição dos litigios, não pode prestigiar pretensões de puro formalismo. (BRASIL. Superior Tribunal de Justiça. Quarta Turma. REsp n° 40020/SP. Rel. Min: Sálvio de Figueiredo Teixeira. Julgado em: 22/08/1995. Disponível em: <https://ww2.stj.jus.br/processo/ita/documento/mediado/?num_registro=199300296400&dt_publicacao=02-10-1995&cod_tipo_documento=>. Acesso: em 11 abr. 2014).

[521] SILVA, op. cit., p. 14.

[522] Separação judicial. Proteção da pessoa dos filhos (guarda e interesse). Danos morais (reparação). Cabimento. 1. O cônjuge responsável pela separação pode ficar com a guarda do filho menor, em se tratando de solução que melhor atenda ao interesse da criança. Há permissão legal para que se regule por maneira diferente a situação do menor com os pais. Em casos tais, justifica-se e se recomenda que prevaleça o interesse do menor. 2. O sistema jurídico brasileiro admite, na separação e no divórcio, a indenização por dano moral. Juridicamente, portanto, tal pedido é possível: responde pela indenização o cônjuge responsável exclusivo pela separação. 3. Caso em que, diante do comportamento injurioso do cônjuge varão, a Turma conheceu do especial e deu provimento ao recurso, por ofensa ao art. 159 do Cód. Civil, para admitir a obrigação de se ressarcirem danos morais. (BRASIL. Superior Tribunal de Justiça. Terceira Turma. REsp n° 37051/SP. Rel. Min: Nilson Naves. Julgado em: 17/04/2001". Disponível em: <https://ww2.stj.jus.br/websecstj/cgi/revista/REJ.cgi/IMG?seq=51911&nreg=199300203096&dt=20010625&formato=HTML>. Acesso em: 11 abr. 2014).

[523] SEPARAÇÃO LITIGIOSA. CULPA. INDENIZAÇÃO. ALIMENTOS. PRELIMINARES. AGRAVOS RETIDOS. CONVERSÃO. 1. Descabe examinar o agravo retido que não foi recebido pela magistrada a quo, e tal decisão não foi alvo de recurso. 2. Descabe determinar a requisição de documentação contábil da empresa da testemunha arrolada pelo réu, quando ele poderia fazer a comprovação do pagamento que lhe foi feito de outras formas, tendo tido ampla oportunidade de produzir as provas que entendia necessárias. 3. Se a ação é de separação judicial, é vazia a pretensão do réu, formulada em sede recursal, de obter a decretação do divórcio. 4. Descabe a indenização pretendida por dano moral, bem como a discussão acerca da culpa pela ruptura do casamento. 5. É difícil, senão impossível, aferir a culpa pelo desfazimento da união conjugal, pois, quando fenece o amor, torna-se dramático analisar o espólio da relação havida. Em regra, cuida-se apenas da causa imediata da ruptura, desconsiderando-se que o rompimento é resultado de uma sucessão de acontecimentos e desencontros próprios do convívio diuturno, em meio também às próprias

É difícil, senão impossível, aferir a culpa pelo desfazimento da união conjugal, pois, quando fenece o amor, torna-se dramático analisar o espólio da relação havida. Em regra, cuida-se apenas da causa imediata da ruptura, desconsiderando-se que o rompimento é resultado de uma sucessão de acontecimentos e desencontros próprios do convívio diuturno, em meio também às próprias dificuldades pessoais de cada um.

Temos a noção de que resta superada a sua aplicação, mas, por outro lado, queremos trazer um ponto de vista para dar a devida atenção quando em análise do descumprimento de certos deveres (de fidelidade recíproca, por exemplo), assim como procedeu Regina Beatriz Tavares da Silva, quando anteriormente referimos os ensinamentos da autora.

Quando falamos em Responsabilidade Civil subjetiva, necessariamente precisamos, em conjunto com a conduta do agente, o dano e o nexo de causalidade, demonstrar a existência da culpa.[524] A jurisprudência, por sua vez, também é uníssona nesse sentido[525] e, em relação ao Direito de Família, igualmente.[526]

O Superior Tribunal de Justiça, ao analisar pedido de separação judicial com base na culpa, ressaltou que, em decorrência de não restar provada a referida culpa, se verificou, tão somente, a insuportabilida-

---

dificuldades pessoais de cada um. Afasta-se o exame da culpa se dele não se extrai qualquer consequência jurídica imediata. 6. Se o varão foi sempre o provedor da família e a virago não tem fonte de rendimentos, é cabível a fixação de alimentos em seu favor, devendo ser observado, para tanto, o binômio legal, possibilidade e necessidade, sendo que tal prestação in pecunia é estabelecida tendo em mira que o alimentante fornece in natura a moradia. Recursos desprovidos. (SEGREDO DE JUSTIÇA) (BRASIL. Tribunal de Justiça do Rio Grande do Sul. Apelação Cível nº 70025261454. Rel. Des: Sergio Fernando de Vasconcellos Chaves. Julgado em: 18/02/2009. Disponível em: <http://google8.tjrs.jus.br/search?q=cache:www1.tjrs.jus.br/site_php/consulta/consulta_processo.php%3Fnome_comarca%3DTribunal%2Bde%2BJusti%25E7a%26versao%3D%26versao_fonetica%3D1%26tipo%3D1%26id_comarca%3D700%26num_processo_mask%3D70025261454%26num_processo%3D70025261454%26codEmenta%3D2763538+div%C3%B3rcio+e+discuss%C3%A3o+da+culpa&site=ementario&client=buscaTJ&access=p&ie=UTF-8&proxystylesheet=buscaTJ&output=xml_no_dtd&oe=UTF-8&numProc=70025261454&comarca=Porto+Alegre&dtJulg=18-02-2009&relator=S%E9rgio+Fernando+de+Vasconcellos+Chaves>. Acesso em: 11 abr. 2014).

524 Art. 186. Aquele que, por ação ou omissão voluntária, negligência ou imprudência, violar direito e causar dano a outrem, ainda que exclusivamente moral, comete ato ilícito.

525 ADMINISTRATIVO E PROCESSUAL CIVIL. AGRAVO REGIMENTAL NO AGRAVO EM RECURSO ESPECIAL. RESPONSABILIDADE CIVIL. CARACTERIZAÇÃO. NECESSIDADE DE REEXAME DE PROVA. SÚMULA 7 DO STJ. 1. Não há falar em violação do art. 535, inc. II, do Código de Processo Civil, quando a Corte de origem se manifesta sobre todos os pontos relevantes para a solução da controvérsia, apenas não adotando as razões do recorrente. 2. O acórdão de apelação asseverou, com base nos elementos de fato e na prova dos autos, que em se tratando de responsabilidade subjetiva, já que o autor sustenta omissão do ente estatal, não ficou demonstrado o dever de indenizar, pois ausente a culpa da Administração pelo evento danoso. Induvidoso que a revisão do que foi decidido demanda necessariamente a incursão na seara fática dos autos, medida vedada na via especial a teor da Súmula 7/STJ. Precedentes. 3. Agravo regimental a que se nega provimento. (BRASIL. Superior Tribunal de Justia. Segunda Turma. AgRg no AREsp nº 447169/DF. Rel. Min: Og Fernandes. Julgado em: 27/03/2014. Disponível em: <https://ww2.stj.jus.br/revistaeletronica/ita.asp?registro=201304052643&dt_publicacao=15/04/2014>. Acesso em: 08 mai. 2014).

526 Vide nota 329.

de da vida em comum do então casal.[527] Já nesta outra decisão, a Corte, também em referência à questão da culpa, mencionou que os alimentos serão pagos em decorrência da possibilidade do alimentante, e da necessidade do alimentado, afastando, assim, a discussão quanto à culpa.[528] A culpa recíproca, por outro lado, foi considerada quando da decretação da dissolução da sociedade conjugal[529] e, quanto a esta decisão,

---

[527] CIVIL E PROCESSUAL CIVIL. SEPARAÇÃO JUDICIAL. AUSÊNCIA DE VIOLAÇÃO DO ART. 535 DO CPC. JULGAMENTO EXTRA PETITA. INEXISTÊNCIA. PARTILHA DOS BENS. AUSÊNCIA DE CONSENSO. 1. Não há por que falar em violação do art. 535 do CPC quando o acórdão recorrido, integrado pelo julgado proferido nos embargos de declaração, dirime, de forma expressa, congruente e motivada, as questões suscitadas nas razões recursais. 2. Requerida a separação judicial com fundamento na existência de culpa, é possível ser decretada a separação do casal sem imputação de causa a nenhuma das partes quando não restarem devidamente comprovados os motivos apresentados, mas ficar patente a insustentabilidade da vida em comum. 3. Em razão da ausência de consenso entre as partes, a partilha dos bens não pode ser realizada na sentença que julgou a ação de separação, devendo ser adotado o procedimento determinado pelo § 1° do art. 1.121 do Código de Processo Civil. 4. Recurso especial parcialmente conhecido e provido. (BRASIL. Superior Tribunal de Justiça. Quarta Turma. REsp n° 886744/MG. Rel. Min: João Otávio de Noronha. Julgado em: 02/02/2010. Disponível em: <https://ww2.stj.jus.br/revistaeletronica/Abre_Documento.asp?sSeq=940425&sReg=200601704978&sData=20100211&formato=HTML>. Acesso em: 24 abr. 2014).

[528] RECURSO ORDINÁRIO. MANDADO DE SEGURANÇA. DIREITO LÍQUIDO E CERTO. SEPARAÇÃO E DIVÓRCIO. PROVA INÚTIL E QUE FERE O DIREITO À PRIVACIDADE PREVISTO NA CONSTITUIÇÃO. SEGURANÇA CONCEDIDA. 1. O direito líquido e certo a que alude o art. 5°, inciso LXIX, da Constituição Federal deve ser entendido como aquele cuja existência e delimitação são passíveis de demonstração de imediato, aferível sem a necessidade de dilação probatória. 2. A culpa pela separação judicial influi na fixação dos alimentos em desfavor do culpado. Na hipótese de o cônjuge apontado como culpado ser o prestador de alimentos, desnecessária a realização de provas que firam seu direito à intimidade e privacidade, porquanto a pensão não será aferida em razão da medida de sua culpabilidade (pensão não é pena), mas pela possibilidade que tem de prestar associada à necessidade de receber do alimentando. 3. Recurso ordinário provido. (BRASIL. Superior Tribunal de Justiças. Quarta Turma. RMS n° 28336/SP. Rel. Min: João Otávio de Noronha. Julgado em: 24/03/2009. Disponível em: <https://ww2.stj.jus.br/revistaeletronica/Abre_Documento.asp?sSeq=868307&sReg=200802628606&sData=20090406&formato=HTML>. Acesso em: 25 abr. 2014).

[529] CIVIL E PROCESSUAL. INTEMPESTIVIDADE DOS ACLARATÓRIOS E DA SUBSEQUENTE APELAÇÃO NÃO CONFIGURADA. PRELIMINAR REJEITADA ACERTADAMENTE. AÇÃO REVISIONAL DE ALIMENTOS. MAJORAÇÃO. EXECUÇÃO. FATO SUPERVENIENTE SUSCITADO EM EMBARGOS À EXECUÇÃO. DECRETAÇÃO DA DISSOLUÇÃO DA SOCIEDADE CONJUGAL POR CULPA RECÍPROCA DOS CÔNJUGES. DEVER ALIMENTAR EXTINTO. LEI N. 6.515/1977, ART. 19. CPC, ARTS. 471, I E 741, VI. MATÉRIA DE FATO. REEXAME. SÚMULA N. 7-STJ. I. Republicada a sentença, ainda que para correção de erro material sem alteração do mérito da decisão, conta-se daí o prazo recursal, de sorte que os aclaratórios foram opostos tempestivamente, interrompendo o prazo da apelação, igualmente aviada atempadamente. II. Possível alegar-se, em sede de embargos à execução, a extinção da obrigação alimentar constituída de prestações sucessivas, se a decisão exequenda revisional da pensão sofreu efeito desconstitutivo da coisa julgada na ação de separação judicial que decretou a dissolução da sociedade conjugal por culpa recíproca de ambos os cônjuges, a ensejar a aplicação, à espécie, do art. 19 da Lei n. 6.515/1977 c/c os arts. 462, 471, I e 741, VI, do CPC. III. "A pretensão de simples reexame de prova não enseja recurso especial" – Súmula n. 7-STJ. IV. Recurso especial conhecido em parte e provido, prejudicada a Medida Cautelar n. 2.814/DF. (BRASIL. Superior Tribunal de Justiça. Quarta Turma. REsp n° 172166/DF. Rel. Min: Aldir Passarinho Junior. Julgado em: 15/12/2005. Disponível em: <https://ww2.stj.jus.br/revistaeletronica/Abre_Documento.asp?sSeq=602344&sReg=199800301372&sData=20060327&formato=HTML>. Acesso em: 25 abr. 2014).

os alimentos foram fixados em desfavor daquele declarado culpado pela separação judicial.[530]

Finalizando este tópico, Sergio Cavalieri Filho aduz que em relação ao dever jurídico, este se traduz através de uma conduta externa de determinada pessoa, indivíduo, que é imposta pelo Direito, e por exigência da convivência social. Observa-se, assim, que não se está tratando de simples conselhos, advertências ou algo do gênero, mas sim de ordens de comando dirigida à sociedade, impondo deveres jurídicos e, como consequência, criando obrigações.[531]

6.4. Obrigação de indenizar

Durante todo o nosso trabalho, a intenção é no sentido da plena possibilidade da aplicação da Responsabilidade Civil no Direito de Família. Todavia, deixamos para mais ao final desta obra tópico também extremamente relevante para o estudo da responsabilidade, qual seja, a obrigação de indenizar, como forma de reforçar o final deste livro.

Sergio Cavalieri Filho explica que, além das modalidades de obrigações existentes, como as de fazer, dar e não fazer, a indenização também se revela como obrigação, nos termos do art. 927[532] do Código Civil.[533]

Continua o autor suprarreferido ensinando que a Responsabilidade Civil opera a partir do ato ilícito, de tal sorte surgindo o dever de indenizar, cuja finalidade é tornar indene o lesado, ou seja, colocando a vítima na situação em que estaria sem a ocorrência do fato que a acarretou danos.[534]

---

530 ALIMENTOS PROVISIONAIS. MEDIDA CAUTELAR. DISSOLUÇÃO DA SOCIEDADE CONJUGAL. SENTENÇA. CULPA DO ALIMENTANDO. ART. 19 DA LEI 6.515/77. EFEITOS. Pelas peculiaridades do caso concreto, os alimentos fixados na medida cautelar são devidos somente até a prolação da sentença que considerou o alimentando culpado pela separação judicial (art. 19 da Lei n. 6.515/77), vedada a devolução do que já foi percebido. Recurso especial conhecido e parcialmente provido. (BRASIL. Superior Tribunal de Justiça. Quarta Turma. REsp nº 204079/SC. Rel. Min: Barros Monteiro. Rel. para o Acórdão Min: Cesar Asfor Rocha. Julgado em: 15/12/2005. Disponível em: <https://ww2.stj.jus.br/revistaeletronica/Abre_Documento.asp?sSeq=461215&sReg=199900144139&sData=20060515&formato=HTML>. Acesso em: 24 abr. 2014).

531 CAVALIERI FILHO, Sergio. *Programa de responsabilidade civil*. 8. ed. São Paulo: Atlas, 2009, p. 2.

532 Art. 927. Aquele que, por ato ilícito (arts. 186 e 187), causar dano a outrem, fica obrigado a repará-lo. Parágrafo único. Haverá obrigação de reparar o dano, independentemente de culpa, nos casos especificados em lei, ou quando a atividade normalmente desenvolvida pelo autor do dano implicar, por sua natureza, risco para os direitos de outrem.

533 CAVALIERI FILHO, Sergio. *Programa de responsabilidade civil*. 8. ed. Atlas: São Paulo, 2009, p. 3.

534 Idem, p. 4

Mas muito importante também é a natureza jurídica da obrigação de indenizar, que pode se dividir em duas, ou seja, voluntária e legal. A primeira guarda relação com os negócios jurídicos e a autonomia da vontade, ou seja, surgem as obrigações porque as partes assim quiseram. Já quanto à segunda, a legal, a lei as impõe, lhes dá a vida e também define o conteúdo. De tal sorte que a vontade das partes só intervém na qualidade de condicionadora, e não como modeladora dos efeitos jurídicos estatuídos em lei. Concluindo: para essa modalidade de obrigação de indenizar, a própria lei determina quando a obrigação surge. Sergio Cavalieri Filho, bebendo na fonte dos ensinamentos de Humberto Theodoro Júnior, adverte que não se trata de obrigação desejada, mas sim de uma obrigação-sanção, em decorrência do comportamento infringente dos seus preceitos.[535]

Completamos o raciocínio acima, em relação à obrigação-sanção, de que esta surge para os casos aqui tratados, como consequência natural e da própria lei, para o dever de indenizar ou compensar.

Sergio Cavalieri Filho nos ensina que a obrigação de indenizar também surge pela inobservância de deveres jurídicos preexistentes. Entendemos que trouxemos diversos desses deveres jurídicos (muitos na qualidade de princípios constitucionais e integrantes das relações familiares, como exaustivamente vistos). A jurisprudência trazida nos revelou casos de abandono afetivo, de agressões, de traições, exposição da pessoa e de sua intimidade a terceiros (inclusive pela Internet), entre outras situações. E, com base nesses exemplos, indagamos ao leitor: tais circunstâncias não se tratam de cumprimentos de diversos deveres preexistentes, como ensina Sergio Cavalieri Filho? A nossa resposta é pronta e afirmativa, de tal sorte que, como consequência de nosso próprio ordenamento jurídico, não há como afastar a Responsabilidade Civil, já que certas obrigações não foram cumpridas.

Mas, para reforçar a resposta acima prontamente dada, é preciso ressaltar, especificamente quanto ao dever jurídico originário e o seu conteúdo, que nem sempre estará formulado com a mesma precisão em todas as obrigações; o comportamento devido tem melhor definição em uma do que em outra obrigação. Assim, como exemplo de conteúdo determinado, Sergio Cavalieri Filho assevera que para esse tipo a identificação do dever jurídico originário mostra-se de fácil e simples constatação, como por exemplo o devedor que deve entregar a coisa vendida. Todavia, pode ser que determinada obrigação revele conteúdo indefinido, mas que se aponte apenas um fim. Exemplo: guardar, administrar, mas sem as indicações de conduta adequadas para atin-

535 CAVALIERI FILHO, Sergio. *Programa de responsabilidade civil*. 8. ed. São Paulo: Atlas, 2009, p. 4.

gir aqueles fins. Assim, tem de se descobrir em cada caso os atos que o obrigado tem de realizar para o correto cumprimento da obrigação originária. Melhor dizendo: a pessoa tem de integrar a norma.[536] Em nossa opinião, esta última hipótese também é aplicada nas relações de família, afinal, deveres de cuidado, de mútua assistência, de fidelidade, por exemplo, não necessariamente exigem uma forma definida de observância, mas, mesmo assim, acarretam obrigação de reparar nos casos de suas inobservâncias.

Afinal, se com a violação de um dever surge a responsabilidade, e se responsabilidade, obrigação e dever caminham juntos, em uma "[...] relação de pendência visceral [...]", como ensina Arnoldo Wald,[537] apresentamos uma gama de princípios e normas (constitucionais e infraconstitucionais) perfeitamente cabíveis e exigíveis ao Direito de Família, e que, por englobarem também a Responsabilidade Civil, devem ser observadas, quando for o caso, também nas relações familiares.

6.5. Direito de Família: uma questão de princípios

Como já abordado desde o início de nosso livro, temos a preocupação de analisar as questões atinentes à possibilidade de condenação por danos imateriais, no campo do Direito de Família, a partir de uma análise da Constituição Federal, utilizando-a como referência, como ponto de partida, para a análise dos casos concretos trazidos ao estudo; simplificando: como marco, pois, segundo as pontuais e sábias palavras de Maria Berenice dias, o direito emerge da Constituição Federal, esta tida como verdadeira carta de princípios.[538]

Vimos, dentre vários, os princípios da responsabilidade e também da intervenção mínima do Estado, especialmente na relação entre os casais. Contudo, para a hipótese de lesão à dignidade da pessoa humana, ocorrendo dentro dos limites do lar, como seria resolvida a questão? Bem, o que ocorre nesta hipótese e a colisão de princípios, sendo que um deles terá de ceder em relação ao outro, conforme as lições de Robert Alexy. Temos, em verdade, a precedência de um princípio sobre o outro, conforme o caso concreto. Aqueles apresentam diferentes pesos, sendo que o que tiver mais peso terá a precedência.[539]

---

536 CAVALIERI FILHO, Sergio. *Programa de responsabilidade civil.* 8. ed. São Paulo: Atlas, 2009, p. 5.

537 WALD, Arnoldo. *Direito civil*: responsabilidade civil: vol. 7. 2. ed. São Paulo: Saraiva, 2012, p. 31.

538 DIAS, Maria Berenice. *Manual do direito das famílias.* 6. ed. Porto Alegre: Livraria do Advogado, 2010, p. 57.

539 ALEXY, Robert. *Teoria dos direitos fundamentais.* 2. ed. SILVA, Virgílio Afonso da (trad.). São Paulo: Malheiros, 2012, p. 95.

Embora pareça ao leitor, à primeira vista, o termo *marco* como redundante quando nos referimos à Carta Política, a nosso sentir, claro que respeitando as posições em contrário (e que são várias, diga-se de passagem), entendemos que a Constituição tem sido inobservada quando da análise das questões envolvendo o tema em questão, em que pese o maior respeito que, registre-se, se deve para que entenda, por exemplo, pelo não cabimento dos danos imateriais para os casos aqui colocados, ou para somente alguns deles.

Vicente Ráo explica que a origem do Direito é verificada na própria natureza do ser humano, este como ser social: "E é para proteger a personalidade deste ser e disciplinar-lhe sua atividade, dentro do todo social de que faz parte, que o direito procura estabelecer, entre os homens, uma proporção tendente a criar e a manter a harmonia em sociedade". Assim, o limite do direito de cada ser é o limite do direito do outro, sendo, desta maneira, todos respeitados. O Direito, portanto, "[...] equaciona a vida social [...] atribuindo, a cada um, poderes, deveres, faculdades, obrigações, mas recíprocos entre todos".[540]

Trouxemos e analisamos uma série de princípios inerentes à Responsabilidade Civil e ao Direito de Família. Muitos deles, inclusive, previstos pela Constituição Federal. Neste aspecto, as brilhantes lições de Karl Larenz, fortalecendo ainda mais nosso estudo acerca da reparabilidade:

> No que respeita à minha opinião pessoal, não vejo fundamento bastante para não se aplicarem, pelo menos em princípio, os princípios interpretativos gerais à interpretação da Constituição [...]. O Jurista justifica tal assertiva dizendo que, por ser a Constituição também redigida como outras leis, é plenamente admissível que, assim como ocorre com estas, que aquela seja objeto de interpretação.[541]

Parece-nos, portanto, e de forma muito respeitosa, que para muitos daqueles posicionamentos contrários à aplicação da Responsabilidade Civil no Direito de Família, buscam afastar-se do enfrentamento do mérito relativo às reparações neste ramo, suas eventuais possibilidades, expressando uma tendência extremamente legalista, e que se sobrepõe a nossa Constituição. De tal sorte que a análise dos princípios que regem o Direito de Família deve ser melhor abordada, enfrentada (claro que em conjunto do caso concreto), para a conclusão de que se são merecidas as condenações. Por conseguinte, levamos o estudioso do Direito a explorar os princípios aqui trazidos e, seja por nós, seja

---

[540] RÁO, Vicente. *O direito e a vida dos direitos*: noções gerais: direito positivo: direito objetivo: teoria geral do direito subjetivo: análise dos elementos que constitutem os direitos subjetivos. 7.ed. SANDOVAL, Ovídio Rocha Barros (atual.). São Paulo: Revista dos Tribunais, 2013, p. 63.

[541] LARENZ, Karl. *Metodologia da ciência do direito*. 6. ed. Lisboa: Fundação Calouste Gulbenkian, 2012, p. 513-514.

pela doutrina e pela jurisprudência, considerados de suma importância e riqueza para o estudo ora proposto.

De modo que, em se tratando de análise do Direito, entendemos que a base (Constituição) de determinada norma, de um pensamento, fundamento, alicerce, precedente, decisão, deve vir, em um primeiro lugar, justificada através de determinados princípios que regem a discussão, com a origem na Carta para, então e em seguida, partimos para a lei. Nosso raciocínio é reforçado pelas brilhantes lições de Rosa Maria de Andrade Nery quando atrela o ser humano, como vértice do ordenamento jurídico, à dignidade humana. Assim, o ser humano é sujeito de direito, e não seu objeto.[542]

Clóvis do Couto e Silva leciona sobre princípio importantíssimo: boa-fé. Diz o ilustre jurista que a influência da boa-fé na formação dos institutos jurídicos não pode ser desprezada, mencionando, ainda, o Direito Romano acerca do tema. Refere que aqueles magistrados tinham atividade criadora, no sentido de que era possível considerar, na sentença, a retidão, a lisura, quanto ao procedimento dos litigantes, quando celebrado determinado negócio jurídico. Atualmente, tal circunstância também ocorre no direito alemão, de acordo com as disposições do § 242 do BGB.[543]

Em relação ao Direito de Família e à boa-fé, Clóvis do Couto e Silva explica que os deveres oriundos de tal princípio expressam diferentes graus de intensidade, dependendo da categoria de atos jurídicos para os quais estão ligados. Podem, inclusive, constituir o próprio conteúdo dos deveres principais, como, por exemplo, na hipótese de dever duradouro de fidelidade.[544]

Em se tratando de princípios, mister trazer, a respeito deste tema, as lições de José Afonso da Silva. Ensina o mestre que a palavra *princípio* é equívoca, pois aparece com sentidos diversos. Inicialmente, indica acepção de início, começo, asseverando, assim, que a norma de princípio, ou disposição de princípio, tem o significado de norma que contém o início ou esquema de um órgão, programa ou entidade, da mesma forma que são as normas de princípio institutivo e as de princípio programático. Todavia, ressalta o autor que não tem esse o sentido a expressão *princípios fundamentais*, em nossa Constituição Federal, mas sim o sentido de um mandamento nuclear de um sistema. Esta é a tradução da palavra *princípio*, para utilizarmos no direito consti-

542 NERY, Rosa Maria de Andrade. *Manual de direito civil*: família. NERY, Rosa Maria de Andrade; NERY JUNIOR, Nelson (coord.). São Paulo: Revista dos Tribunais, 2014, p. 41-42.

543 SILVA, Clóvis do Couto e. *A obrigação como processo*. Rio de Janeiro: FGV, 2013, p. 32.

544 Ibidem.

tucional.[545] Continuando com os ensinamentos do referido Mestre, as normas:[546]

> [...] são preceitos que tutelam situações objetivas de vantagem ou de vínculo, ou seja, reconhecem, por um lado, as pessoas ou entidades, a faculdade de realizar certos interesses por ato próprio ou exigindo ação ou abstenção de outrem, e, por outro lado, vinculam pessoas ou entidades à obrigação de submeter-se às exigências de realizar uma prestação, ação ou abstenção em favor de outrem.

Mostra-se necessária a aplicação de nosso ordenamento jurídico também quanto aos princípios, seja na vida prática, seja no meio forense, no sentido de correção de distorções, de desequilíbrios, que venham a gerar danos às partes; e neste raciocínio, podemos sugerir o tema da constitucionalização do Direito Civil, como já analisado anteriormente.

Humberto Ávila, ao tratar da eficácia interna direta dos princípios, esclarece que aqueles exercem o que chama de função integrativa, "[...] na medida em que justificam agregar elementos não previstos em subprincípios ou regras". Assim, mesmo que determinado elemento inerente ao fim objetivado não tenha previsão, o princípio irá garanti-lo.[547] Tal lição, como podemos perceber, cabe como uma luva no presente livro, pois, na hipótese de o jurista entender, em um primeiro momento, pela impossibilidade de aplicação da Responsabilidade Civil às relações familiares, os princípios estudados, protetivos do Direito de Família, suprem a impossibilidade da não aplicação.

Cláudio Bonatto e Valério Dal Pai Moraes explicam a noção de princípio. Ensinam os juristas que, ao falar em princípios aplicáveis (no caso ao Código de Defesa do Consumidor, estudo dos referidos autores), trata-se, também de regras de hermenêutica fundamentais para o correto entendimento da referida lei; é necessário um norte para o entendimento das regras lá previstas.[548]

Flávio Tartuce, ao referir sobre a aplicação da boa-fé objetiva no casamento, menciona diversos deveres inerentes, tais como fidelidade, assistência mútua, respeito e consideração mútuos da vida em comum e no domicílio conjugal. Ressalta o autor que "[...] a boa-fé objetiva deve estar presente na fase casamentaria [...]".[549]

---

[545] SILVA, José Afonso da. *Curso de direito constitucional positivo*. 29. ed. São Paulo: Malheiros, 2007, p. 91.

[546] Ibidem.

[547] ÁVILA, Humberto. *Teoria dos princípios: da definição à aplicação dos princípios jurídicos*. 15. ed. São Paulo: Malheiros, 2014, p. 123.

[548] BONATTO, Cláudio; MORAES, Paulo Valério Dal Pai. *Questões controvertidas no Código de Defesa do Consumidor*. Porto Alegre: Livraria do Advogado, 2009, p. 27-29.

[549] E continua Flávio Tartuce sustentando que: "Pois bem, de imediato percebe-se que a boa-fé objetiva deve estar presente na *fase casamentária*, ou seja, durante o casamento. Há ainda um dever de

Cláudia Lima Marques e Bruno Miragem, quando nos trazem a expressão sobre a igualdade "com alma e com calma", ensinam que o direito privado atual, pós-moderno ou contemporâneo, somente pode ser o que é por atuação do direito público, ao assegurar um Estado de Direito, e pela iluminadora força da Constituição Federal. Uma revisitação dos ideais do direito moderno público e privado: de uma nova igualdade, de uma nova liberdade e de uma nova fraternidade.[550]

A obrigação de reparar não é exigida, por exemplo, para tão somente monetarizar o amor, e sim no sentido de:[551]

> [...] pagamento contra aquele que se aproveitou da relação jurídica que envolvia o amor para causar graves ofensas delituosas, morais e dor martirizante, justamente contra aquele que jurou amar, mas, ao contrário, com a sua conduta tóxica, confiscou-lhe a honra e a própria dignidade humana, princípio elevado à categoria de fundamento da República Federativa do Brasil (art. 1º, inciso III da CF).

Para os casos aqui estudados, a importância de todos os integrantes de processos desta natureza é primordial. Já relevamos o papel de destaque do Juiz quando oportuniza a prova pericial. O Advogado, a seu turno, também tem papel de extremo relevo, especialmente alertando seu cliente sobre a responsabilidade que deve ter para com a parte contrária, no sentido da exata noção das consequências que determinada demanda pode acarretar na vida do réu, por exemplo. Alegações infundadas, como falsas agressões, abandono, traição, falsas condutas do pai em face do filho, para a hipótese de alienação parental, dependendo do nível, mesmo que ao final improcedente o pedido, podem ter consequências devastadoras na vida do demandado. Não é por menos que Alberto G. Spota traz as palavras do Magistrado Alfredo Colmo: "[...] o advogado, ao ser consultado por quem lhe solicita o patrocínio ou a defesa, é o seu primeiro juiz", ou seja, "pronunciando-se sobre o caso tal e qual faria o Juiz, acerca da justiça relativa à pretensão de quem o procura [...]".[552] Mais não precisamos dizer sobre isso.

---

colaboração entre os cônjuges quanto à direção da sociedade conjugal, sem distinção entre marido ou mulher, conforme art. 1.567 do novo Código Civil. Em complemento, o art. 1.568 do mesmo Código prevê que cada cônjuge será obrigado a concorrer, na proporção dos seus bens e dos seus rendimentos, para o sustento da família e para a educação dos filhos, qualquer que seja o regime matrimonial adotado entre eles. Trata-se de outro dispositivo que consagra o dever anexo de cooperação ou colaboração, relacionado com a boa-fé objetiva. Superado esse ponto, recordamos que, quanto ao casamento, a boa-fé está tratada especificamente no art. 1.561 do novo Código Civil, cuja redação destacada nos interessa para aprofundamentos necessários: (...)". Disponívem em: <http://www.flaviotartuce.adv.br/index2.php?sec=artigos>. Acesso em 27 jun. 2014.

550 MARQUES, Cláudia Lima; MIRAGEM, Bruno. *O novo direito privado e a proteção dos vulneráveis.* São Paulo: Revista dos Tribunais, 2012, p. 178.

551 ROSA, Conrado Paulino da; CARVALHO, Dimas Messias de; FREITAS, Douglas Phillips. *Dano moral & direito das famílias.* 2. ed. Belo Horizonte: Del Rey, 2012, p. 44.

552 SPOTA, Alberto G. *O juiz, o advogado e a formação do direito através da jurisprudência.* 2. ed. TRINDADE, Jorge (Trad.). Sergio Antonio Fabris Editor: Porto Alegre, 1985, p. 14-15.

A título de curiosidade, sobre a assertiva acima, o Direito Romano, em determinado período, era rígido com a parte que, em juízo, não demonstrasse, perante o Magistrado, a pretensão a que entendia fazer jus. José Carlos Moreira Alves, ao ensinar sobre as diferentes ações da lei, apresenta-nos a *actio sacramenti*, espécie de ação declaratória. Explica o jurista que a sua denominação era oriunda de pena que ela comportava, ou seja: "[...] era devida ao Estado pelo litigante que não demonstrasse, na fase *apud iudicem*, o direito que afirmara diante do magistrado [...]".[553]

[553] MOREIRA ALVES, José Carlos. *Direito romano*. 16. ed. Rio de Janeiro: Forense, 2014, p. 209.

Conclusão

Entendemos que o assunto em questão, para averiguação da possibilidade de arbitramento por danos imateriais (exclusivamente, eis que os danos relativos à esfera patrimonial, quando ocorridos, são mais fáceis de comprovação), em decorrência de tudo o que foi aqui abordado, é de extrema importância para a sociedade.

Dependendo do caso, a prova do dano, como vimos, pode ser realmente muito difícil, e recomenda a investigação por profissional habilitado, sobre as reais consequências negativas da pessoa que sofreu o ato lesivo. Como exemplo, sugerimos a perícia, para os casos de abandono afetivo e/ou de ruptura da relação, de alienação parental, entre outros, no sentido de comprovação da existência de um abalo realmente apto a provocar sentimentos extremamente penosos e negativos, e que justifiquem a devida reparação civil. Entendemos ser este, além do primeiro passo, o primordial, haja vista que, para existir qualquer sanção, deve restar, cristalinamente demonstrado, a existência de dano, ofensa, à integralidade da pessoa, seja a conduta ilícita, lícita ou abusiva.

Frise-se que estamos tratando de exceção à regra, pois o entendimento, em sua grande maioria, como explicado e demonstrado, é pela impossibilidade da concessão de reparações para os casos específicos de abandono, como exemplo já tratado. Inclusive o próprio Superior Tribunal de Justiça ressaltou, em caso que deferiu a condenação por danos imateriais, que se trata de uma especialidade. No entanto, não é por ser exceção que não devemos enfrentar a problemática, em razão da devida proteção que aqueles ofendidos merecem. São graves ofensas.

Não estamos tratando de hipótese de reparação pela falta de afeto, pois, como vimos, esta não é objeto de compensação. No entanto, quando reconhecido o dano psicológico (lesão a direitos de personalidade), este deve ter a função de atribuir a responsabilidade, o comprometimento, em face daquele que lesou. Extremamente sábias as palavras de Maria Berenice Dias, quando assevera que não se está impondo um valor ao amor, mas reconhecendo que o afeto é um bem valioso.[554] Contudo, podemos perceber pelas discussões travadas no âmbito do STJ e em diversos Tribunais, como aqui trouxemos, que são dotadas de fatos que geram angústias e aflições nas relações familiares, sejam em menor, sejam em maior grau.

Na hipótese de impossibilidade de verificação das consequências do dano através da perícia (voltando a esta), entendemos que a prova testemunhal a respeito da ocorrência do fato pode apontar o norte ao Magistrado, para que este, de acordo com o seu livre e motivado convencimento, possa expressar o seu sentir a respeito do caso concreto. No entanto e deve ser registrado, esta segunda hipótese, em relação à primeira (perícia e prova testemunhal), é mais frágil, mais difícil de firmar o convencimento acerca da possibilidade da ocorrência de danos, pois não se dá de forma técnica, por profissional habilitado. Mas, de qualquer maneira, entendemos que não deve ser descartada.

Se pudéssemos desenhar e interpretar, mesmo que de forma simples, o ordenamento jurídico brasileiro, especificamente no tocante à Constituição Federal (os seus princípios e normas), bem como as demais normas infraconstitucionais, entrelaçadas à Responsabilidade Civil e o Direito de Família, assim colocaríamos:

1) Direito Constitucional – Constituição Federal

⇩

2) Princípios e normas do Direito Constitucional

⇩

3) Aplicação dos Princípios e normas do Direito de Família – com base na Constituição Federal, em relação ao Código Civil e demais leis

⇩

4) Aplicação dos Princípios e normas da Responsabilidade Civil – com base na Constituição Federal

Por outro lado, quando a análise de determinado caso partir da legislação infraconstitucional, ou seja, se cabível ou não a sua aplicação, entendemos que devemos fazer o raciocínio inverso, ou seja, saber se a origem da lei está em sintonia com a Constituição Federal e os seus

[554] DIAS, Maria Berenice. *Manual de direito das famílias*. 6. ed. São Paulo: RT, 2010, p. 453.

princípios, partindo assim, do esquema abaixo, do ponto um para o ponto cinco:

5) Aplicação dos Princípios e normas do Direito de Família – base na Constituição

⇧

4) Princípios e normas do Direito Constitucional

⇧

3) Princípios e normas da Responsabilidade Civil

⇧

2) Princípios e normas do Direito de Família

⇧

1) Aplicação dos Princípios e normas do Direito de Família – com base no Código Civil e demais leis, mas em observância à Constituição Federal

Portanto, a interpretação do desenho acima, que objetivamos, e considerando, como não poderia deixar de ser, a Constituição Federal como ponto de partida e também de chegada, é a de que todo o sistema da Responsabilidade Civil e seus princípios, bem como os princípios atinentes ao campo do Direito de Família, devem ser aplicados em sintonia com a Carta.

A doutrina de Anderson Schreiber é precisa, eis que este assevera que os princípios constitucionais não se confundem, de modo algum, com os princípios gerais de Direito, retirados por indução de um conjunto de dispositivos específicos do Código Civil. De tal sorte que os princípios constitucionais são normas situadas no ápice do ordenamento jurídico. Não podem, desta forma, assumir papel subsidiário ou marginal, especificamente em um campo tão vasto como o Direito Civil. Portanto, o reconhecimento de que os princípios constitucionais são sim normas aplicáveis (sejam direta ou indiretamente) às relações privadas mostra-se indispensável para compreender que o Direito Civil não representa um mundo à parte, mas sim um campo jurídico guiado por valores próprios e autônomos, inserido no ordenamento jurídico, este que é uno e que gravita em torno do denominado projeto constitucional.[555]

Observamos que a jurisprudência vem protegendo a família de forma veemente em alguns casos, inclusive reconhecendo a união en-

[555] SCHREIBER, Anderson. *Direito civil e constituição*. São Paulo: Atlas, 2013, p. 13.

tre pessoas do mesmo sexo.[556] Todavia, para aqueles que buscam seus

[556] UNIÃO CIVIL ENTRE PESSOAS DO MESMO SEXO – ALTA RELEVÂNCIA SOCIAL E JURÍDICO-CONSTITUCIONAL DA QUESTÃO PERTINENTE ÀS UNIÕES HOMOAFETIVAS – LEGITIMIDADE CONSTITUCIONAL DO RECONHECIMENTO E QUALIFICAÇÃO DA UNIÃO ESTÁVEL HOMOAFETIVA COMO ENTIDADE FAMILIAR: POSIÇÃO CONSAGRADA NA JURISPRUDÊNCIA DO SUPREMO TRIBUNAL FEDERAL (ADPF 132/RJ E ADI 4.277/DF) – O AFETO COMO VALOR JURÍDICO IMPREGNADO DE NATUREZA CONSTITUCIONAL: A VALORIZAÇÃO DESSE NOVO PARADIGMA COMO NÚCLEO CONFORMADOR DO CONCEITO DE FAMÍLIA – O DIREITO À BUSCA DA FELICIDADE, VERDADEIRO POSTULADO CONSTITUCIONAL IMPLÍCITO E EXPRESSÃO DE UMA IDEIA-FORÇA QUE DERIVA DO PRINCÍPIO DA ESSENCIAL DIGNIDADE DA PESSOA HUMANA – ALGUNS PRECEDENTES DO SUPREMO TRIBUNAL FEDERAL E DA SUPREMA CORTE AMERICANA SOBRE O DIREITO FUNDAMENTAL À BUSCA DA FELICIDADE – PRINCÍPIOS DE YOGYAKARTA (2006): DIREITO DE QUALQUER PESSOA DE CONSTITUIR FAMÍLIA, INDEPENDENTEMENTE DE SUA ORIENTAÇÃO SEXUAL OU IDENTIDADE DE GÊNERO – DIREITO DO COMPANHEIRO, NA UNIÃO ESTÁVEL HOMOAFETIVA, À PERCEPÇÃO DO BENEFÍCIO DA PENSÃO POR MORTE DE SEU PARCEIRO, DESDE QUE OBSERVADOS OS REQUISITOS DO ART. 1.723 DO CÓDIGO CIVIL – O ART. 226, § 3º, DA LEI FUNDAMENTAL CONSTITUI TÍPICA NORMA DE INCLUSÃO – A FUNÇÃO CONTRAMAJORITÁRIA DO SUPREMO TRIBUNAL FEDERAL NO ESTADO DEMOCRÁTICO DE DIREITO – A PROTEÇÃO DAS MINORIAS ANALISADA NA PERSPECTIVA DE UMA CONCEPÇÃO MATERIAL DE DEMOCRACIA CONSTITUCIONAL – O DEVER CONSTITUCIONAL DO ESTADO DE IMPEDIR (E, ATÉ MESMO, DE PUNIR) "QUALQUER DISCRIMINAÇÃO ATENTATÓRIA DOS DIREITOS E LIBERDADES FUNDAMENTAIS" (CF, ART. 5º, XLI) – A FORÇA NORMATIVA DOS PRINCÍPIOS CONSTITUCIONAIS E O FORTALECIMENTO DA JURISDIÇÃO CONSTITUCIONAL: ELEMENTOS QUE COMPÕEM O MARCO DOUTRINÁRIO QUE CONFERE SUPORTE TEÓRICO AO NEOCONSTITUCIONALISMO – RECURSO DE AGRAVO IMPROVIDO. NINGUÉM PODE SER PRIVADO DE SEUS DIREITOS EM RAZÃO DE SUA ORIENTAÇÃO SEXUAL. – Ninguém, absolutamente ninguém, pode ser privado de direitos nem sofrer quaisquer restrições de ordem jurídica por motivo de sua orientação sexual. Os homossexuais, por tal razão, têm direito de receber a igual proteção tanto das leis quanto do sistema político-jurídico instituído pela Constituição da República, mostrando-se arbitrário e inaceitável qualquer estatuto que puna, que exclua, que discrimine, que fomente a intolerância, que estimule o desrespeito e que desiguale as pessoas em razão de sua orientação sexual. RECONHECIMENTO E QUALIFICAÇÃO DA UNIÃO HOMOAFETIVA COMO ENTIDADE FAMILIAR. – O Supremo Tribunal Federal – apoiando-se em valiosa hermenêutica construtiva e invocando princípios essenciais (como os da dignidade da pessoa humana, da liberdade, da autodeterminação, da igualdade, do pluralismo, da intimidade, da não discriminação e da busca da felicidade) – reconhece assistir, a qualquer pessoa, o direito fundamental à orientação sexual, havendo proclamado, por isso mesmo, a plena legitimidade ético-jurídica da união homoafetiva como entidade familiar, atribuindo-lhe, em consequência, verdadeiro estatuto de cidadania, em ordem a permitir que se extraiam, em favor de parceiros homossexuais, relevantes consequências no plano do Direito, notadamente no campo previdenciário, e, também, na esfera das relações sociais e familiares. – A extensão, às uniões homoafetivas, do mesmo regime jurídico aplicável à união estável entre pessoas de gênero distinto justifica-se e legitima-se pela direta incidência, dentre outros, dos princípios constitucionais da igualdade, da liberdade, da dignidade, da segurança jurídica e do postulado constitucional implícito que consagra o direito à busca da felicidade, os quais configuram, numa estrita dimensão que privilegia o sentido de inclusão decorrente da própria Constituição da República (art. 1º, III, e art. 3º, IV), fundamentos autônomos e suficientes aptos a conferir suporte legitimador à qualificação das conjugalidades entre pessoas do mesmo sexo como espécie do gênero entidade familiar. – Toda pessoa tem o direito fundamental de constituir família, independentemente de sua orientação sexual ou de identidade de gênero. A família resultante da união homoafetiva não pode sofrer discriminação, cabendo-lhe os mesmos direitos, prerrogativas, benefícios e obrigações que se mostrem acessíveis a parceiros de sexo distinto que integrem uniões heteroafetivas. A DIMENSÃO CONSTITUCIONAL DO AFETO COMO UM DOS FUNDAMENTOS DA FAMÍLIA MODERNA. – O reconhecimento do afeto como valor jurídico impregnado de natureza constitucional: um novo paradigma que informa e inspira a formulação do próprio conceito de família. Doutrina. DIGNIDADE DA PESSOA HUMANA E BUSCA DA FELICIDADE. – O postulado da dignidade da pes-

direitos, também devem preservar os direitos de outros, especialmente os de seus familiares. Assim, o abandono afetivo, alimentos pagos por terceiros, infidelidade, seriedade na adoção e no estágio de convivência, no sentido de evitar a devolução apressada e lesiva para a criança, também são passíveis da devida reparação por danos extrapatrimoniais, como sustentado neste livro. Ora, o Estado "não pode dar com uma mão (ao reconhecer diversos direitos), e retirar com a outra mão", ao não conceder reparações desta natureza.

A noção do ato ilícito e da sua prova, do abuso do direito e, inclusive da Responsabilidade Civil pelo referido ato lícito são bases, fundamentos que, em sintonia com toda a gama de princípios (sejam constitucionais, sejam infraconstitucionais, protetivos do Direito de Família e inerentes à Responsabilidade Civil), estão aptos e suficientes a autorizar condenações por danos imateriais no campo do Direito de Família, para os casos práticos aqui tratados, bem como os demais que podem surgir. Afinal, de modo algum temos a pretensão de esgotar a casuística, muito pelo contrário, eis que os fatos da vida são infindáveis. Todavia, os princípios aqui estudados devem ter aplicação direta, quando o Direito de Família for ameaçado.

Daniela Courtes Lutzky refere, em sua obra, que os estágios da reparação de danos levam, principalmente, à manutenção da harmonia e do equilíbrio que orientam o Direito. Em decorrência disso é que não se mostra possível, até os dias atuais, estabelecer-se uma teoria unitária

---

soa humana, que representa – considerada a centralidade desse princípio essencial (CF, art. 1°, III) – significativo vetor interpretativo, verdadeiro valor-fonte que conforma e inspira todo o ordenamento constitucional vigente em nosso País, traduz, de modo expressivo, um dos fundamentos em que se assenta, entre nós, a ordem republicana e democrática consagrada pelo sistema de direito constitucional positivo. Doutrina. – O princípio constitucional da busca da felicidade, que decorre, por implicitude, do núcleo de que se irradia o postulado da dignidade da pessoa humana, assume papel de extremo relevo no processo de afirmação, gozo e expansão dos direitos fundamentais, qualificando-se, em função de sua própria teleologia, como fator de neutralização de práticas ou de omissões lesivas cuja ocorrência possa comprometer, afetar ou, até mesmo, esterilizar direitos e franquias individuais. – Assiste, por isso mesmo, a todos, sem qualquer exclusão, o direito à busca da felicidade, verdadeiro postulado constitucional implícito, que se qualifica como expressão de uma ideia-força que deriva do princípio da essencial dignidade da pessoa humana. Precedentes do Supremo Tribunal Federal e da Suprema Corte americana. Positivação desse princípio no plano do direito comparado. A FUNÇÃO CONTRAMAJORITÁRIA DO SUPREMO TRIBUNAL FEDERAL E A PROTEÇÃO DAS MINORIAS. – A proteção das minorias e dos grupos vulneráveis qualifica-se como fundamento imprescindível à plena legitimação material do Estado Democrático de Direito. – Incumbe, por isso mesmo, ao Supremo Tribunal Federal, em sua condição institucional de guarda da Constituição (o que lhe confere "o monopólio da última palavra" em matéria de interpretação constitucional), desempenhar função contramajoritária, em ordem a dispensar efetiva proteção às minorias contra eventuais excessos (ou omissões) da maioria, eis que ninguém se sobrepõe, nem mesmo os grupos majoritários, à autoridade hierárquico-normativa e aos princípios superiores consagrados na Lei Fundamental do Estado. Precedentes. Doutrina. (BRASIL. Supremo Tribunal Federal. Segunda Turma. RE n° 477554 AgR/MG. Rel. Min: Celso de Mello. Julgado em: 16/08/2011. Disponível em: <http://redir.stf.jus.br/paginadorpub/paginador.jsp?docTP=AC&docID=626719>. Acesso em: 13 abr. 2014).

e permanente da Responsabilidade Civil. De tal sorte que sugere a autora uma tentativa de nova roupagem à reparação de danos, mais forte e mais segura, com base e fundamento na Constituição Federal. E tal raciocínio leva à conclusão de que aquele que causa dano à personalidade do outro tem de cumprir com a sua parte, inclusive, em decorrência da proteção à dignidade humana, ressaltado, ainda, a aplicabilidade imediata dos direitos da personalidade como direito fundamental.[557]

Sergio Gilberto Porto e Guilherme Athayde Porto, ao tratarem da inafastabilidade da apreciação do Poder Judiciário de lesão ou ameaça de lesão, aduzem que a lei não pode afastar do controle do Judiciário a referida lesão ou ameaça de lesão.[558]

Carlos Roberto Gonçalves, ao tratar da eficácia horizontal dos direitos fundamentais, esclarece que a eficácia horizontal "[...] torna mais evidente e concreta a proteção da dignidade da pessoa humana e de outros valores constitucionais".[559]

Juarez Freitas ensina que o intérprete sistemático deve-se revestir na qualidade de um catalisador dos melhores princípios, objetivos e valores em um determinado contexto. Desta forma estará atento à emergência das funções normativas atuais, oferecendo, observados os limites da ordem vigente, as soluções mais compatíveis, sem excluir ou usurpar o papel do legislador.[560] Acrescentamos, modestamente, que o pensamento do autor tem ligação direta com o estudo em questão, haja vista que o nosso ordenamento possui diversas soluções para a problemática aqui colocada e enfrentada, como por exemplo, a proteção da dignidade da pessoa humana, cuja necessária intervenção estatal, nas relações de família, é medida impositiva, nos moldes ora propostos.

Contudo, se temos por um lado a exigência de que não se intervirá nas relações familiares, como se observa do art. 1.513 do Código Civil já analisado, percebemos a dificuldade, pelo menos em parte, especialmente em sede jurisprudencial, da aplicação da Responsabilidade Civil no Direito de Família, circunstância esta que pode levar à antinomia, ou seja: "A situação de normas incompatíveis entre si [...]".[561] Cláudia Lima Marques, introduzindo e apresentando a Teoria do Diálogo das Fontes, do Jurista Rik Jayme, ressalta a importância de tal Teoria, no

---

557 LUTZKY, Daniela Courtes. *A reparação de danos imateriais como direito fundamental*. Porto Alegre: Livraria do Advogado, 2012, p. 198-199.

558 PORTO, Sergio Gilberto; PORTO, Guilherme Athayde. *Lições sobre teoria do processo*: civil e constitucional. Porto Alegre: Livraria do Advogado, 2013, p. 179.

559 GONÇALVES, Carlos Roberto. *Direito civil brasileiro*: parte geral. 11. ed. São Paulo: Saraiva, 2013, p. 46.

560 FREITAS, Juarez. *A Interpretação sistemática do direito*. 5. ed. São Paulo: Malheiros, 2010, p.172.

561 BOBBIO, Norberto. *Teoria do ordenamento jurídico*. 2. ed. São Paulo: Edipro, 2014, p. 85.

sentido de método como "[...] caminho para se obter um conhecimento e ao mesmo tempo é um procedimento a validar e legitimar o resultado científico de um instrumento". Alerta a Autora, ainda (e aqui seus argumentos brindam nosso trabalho) que, quando se cogita de aplicação de uma lei no sentido de se afastar, priorizar a outra, "[...] é uma visão reducionista das possibilidades de aplicação das leis". Portanto, quando se propõe uma coordenação de fontes (Código Civil, CF/88, por exemplo), busca-se a coordenação que seja flexível e útil sobre determinadas normas em conflito, com fins de se restabelecer a sua coerência, ressaltando, inclusive, os direitos humanos.[562]

Sergio Cavalieri explica que se pode considerar que existem situações que podem levar às reparações por danos imateriais, nas relações familiares. É que não existe a perda ao direito à intimidade, à privacidade, à autoestima, bem como outros valores que integram a dignidade. O que deve ser ressaltado é que "[...] a vida em comum, reforçada pelas relações íntimas cria o que tem sido chamado de moral conjugal ou honra familiar, que se materializa nos deveres de sinceridade, de tolerância, de velar pela própria honra do outro cônjuge e da família".[563]

Com base nos ensinamentos que invocam a Constituição Federal é que também, no título desta apresentação, o denominamos de: "Angústias e aflições nas relações familiares. Portanto, faz-se necessária aplicação da Responsabilidade Civil no Direito de Família".

---

562 MARQUES, Cláudia Lima. O "diálogo das fontes" como método da nova teoria geral do direito: um tributo a Erik Jayme. In: *Diálogo das fontes*: do conflito à coordenação de normas do direito brasileiro. MARQUES, Claudia Lima (coord.). São Paulo: Revista dos Tribunais, 2012, p. 27-29.

563 CAVALIERI FILHO, Sergio. *Programa de responsabilidade civil*. 11. ed. São Paulo: Atlas, 2014, p. 108.

Bibliografia

AGUIAR DIAS, José de. *Da Responsabilidade Civil.* 12. ed. Rio de Janeiro: Lumen Juris, 2012.

ALEXY, Robert. *Teoria dos direitos fundamentais.* 2. ed. SILVA, Virgílio Afonso da (trad). São Paulo: Malheiros, 2012.

ALMEIDA, Felipe Cunha de. Obrigação de não fazer e dever de fidelidade: a conduta do amante sob a perspectiva do direito das obrigações, do Direito de Família e da Responsabilidade Civil. In: *Civilística.com.* Rio de Janeiro: 2016.

AMARAL NETO, Francisco dos Santos. Autonomia privada. In: *Revista CEJ*: Conselho da Justiça Federal: Centro de Estudos Judiciários; nº 1 (1997). Brasília: CJF, 1997.

ÁVILA, Humberto. Teoria dos princípios: da definição à aplicação dos princípios jurídicos. 15. ed. São Paulo: Malheiros, 2014.

AZEVEDO, Álvaro Villaça. *Teoria geral das obrigações e Responsabilidade Civil*: direito civil. 12. ed. São Paulo: Atlas, 2011.

AZEVEDO, Antonio Junqueira de. Caracterização da dignidade da pessoa humana. In: *Revista dos Tribunais*: ano 91: volume 797, março de 2002. São Paulo: Revista dos Tribunais, 2002.

BAEZ, Narciso Leandro Xavier; JANCZESKI, Célio Armando (Coord). In: *Constituição Federal comentada.* Juruá: Curitiba, 2011.

BERNARDI, Silvia Waltrick; JANCZESKI, Célio Armando (Coord). In: *Constituição Federal comentada.* In:. Curitba: Juruá, 2011.

BERNARDO, Wesley de Oliveira Louzada. *Dano Moral*: Critérios de fixação de valor. Rio de Janeiro: Renovar, 2005.

BITTAR, Carlos Alberto. *Reparação civil por danos morais.* 4. ed. BITTAR, Eduardo C. B. (atual). São Paulo: Saraiva, 2015.

BOBBIO, Norberto. *Teoria do ordenamento jurídico.* 2. ed. São Paulo: Edipro, 2014.

BONATTO, Cláudio; MORAES, Paulo Valério Dal Pai. *Questões controvertidas no Código de Defesa do Consumidor.* Porto Alegre: Livraria do Advogado, 2009.

BORGES, Gustavo. *Erro médico nas cirurgias plásticas.* São Paulo: Atlas, 2014.

BRASIL. *Código Civil. Lei n. 10.406, de 10 de Janeiro de 2002.* DF, 01 jan. 2002. Disponível em:< http://www.planalto.gov.br/ccivil_03/LEIS/2002/L10406.htm>.

——. Código de Processo Civil. *Lei de n. 5. 869.* DF, 11 jan. 1973. Disponível em: <http://www.planalto.gov.br/ccivil_03/LEIS/L5869.htm>.

——. Código de Processo Civil. *Lei de n. 13. 105.* DF, 16 mar. 2015. Disponível em: <http://www.planalto.gov.br/ccivil_03/_Ato2015-2018/2015/Lei/L13105.htm#art1046>.

——. Constituição da República Federativa do Brasil de 1988. DF, 05 out. 1988. BRASIL. Lei n. 11.804, de 4 de setembro de 1942.DF, 31 dez. 2010. Disponível em

——. Lei n. 11.804. Disciplina o direito a alimentos gravídicos e a forma como ele será exercido e dá outras providências, de 5 de novembro de 2008. DF, 05 nov. 2008. Disponível em: <http://www.planalto.gov.br/ccivil_03/_Ato2007-2010/2008/Lei/L11804.htm>.

——. Estatuto da Criança e do Adolescente. Diário Oficial da União, Poder Executivo, Brasília, DF, 11 jan. 2002. Disponível em: <http://www.planalto.gov.br/ccivil_03/Leis/L8069.htm>. Acesso em 17 nov. 2012.

——. Estatuto do Idoso. Lei nº 10.741, de 01 outubro de 2003, DF, 01 out. 2003. Disponível em: <http://www.planalto.gov.br/ccivil_03/leis/2003/L10.741.htm>.

BUENO, Cássio Scarpinella. *Novo código de processo civil anotado.* São Paulo: Saraiva, 2015.

CAHALI, Yussef Said. *Dano moral.* 4. ed. São Paulo: Revista dos Tribunais, 2011.

——. *Dos alimentos.* 6. ed. São Paulo: Revista dos Tribunais, 2009.

CARPENA, Heloísa. *O abuso do direito no código civil de 2002*: relativização de direitos na ótica civil-constitucional. A parte geral do código civil: estudos na perspectiva civil constitucional. 3. ed. São Paulo: Renovar, 2007.

CARPES, Artur. Direito probatório. In: *Primeiras linhas de direito processual civil*: volume 2: processo I. DALL´ALBA, Felipe Camilo; FORSTER, João Paulo Kulczynski (Coord). Porto Alegre: Livraia do Advogado, 2017.

CAVALIERI FILHO, Sergio. *Programa de Responsabilidade Civil.* 11. ed. São Paulo: Atlas, 2014.

——. *Programa de Responsabilidade Civil.* 8. ed. São Paulo: Atlas, 2009.

CHAVES, Antônio. *Tratado de direito civil*: volume 5: Direito de Família: tomo I. São Paulo: Revista dos Tribunais, 1991.

CINTRA, Antonio Carlos de Araújo; GRINOVER, Ada Pellegrini; DINAMARCO, Cândido Rangel. *Teoria geral do processo.* 29. ed. São Paulo: Malheiros Editores, 2013.

CORDEIRO, António Manuel da Rocha e Menezes. *Da boa fé no direito civil.* v. 11. Coimbra: Livraria Almedina, 1984.

D´AZEVEDO, Ana Rispoli. Os novos deveres dos contratantes na perspectiva do Código Civil de 2002 e do Código de Defesa do Consumidor. MARQUES, Claudia Lima (Org.). São Paulo: Revista dos Tribunais, 2007.

DIAS, Maria Berenice. *Manual de direito das famílias.* 6. ed. São Paulo: Revista dos Tribunais, 2010.

DINIZ, Maria Helena. *Curso de direito civil brasileiro.* v. 5. Direito de Família. 27. ed. São Paulo: Saraiva, 2012.

DONIZETTI, Elpídio. *Novo código de processo civil comentado*: Lei nº 13.105, de 16 de março de 2015: análise comparativa entre o novo CPC e o CPC/73. São Paulo: Atlas, 2015.

FARIAS, Cristiano Chaves de; ROSENVALD, Nelson. *Curso de direto civil*: volume 6: famílias. 6. ed. São Paulo: Atlas, 2015.

——; ——. *Curso de direito civil*: volume 2: obrigações. 9. ed. São Paulo: Atlas, 2015.

——; ——. *Curso de direito civil*: volume 1: parte geral e LINDB. 13. ed. São Paulo: Atlas, 2015.

——. ——; NETTO, Felipe Peixoto Braga; ROSENVALD, Nelson. *Novo tratado de Responsabilidade Civil.* São Paulo: Atlas, 2015.

FIUZA, César. *Direito civil: curso completo.* Belo Horizonte: DelRey, 2009.

FORSTER, João Paulo Kulczynski. Direito probatório. In: *Primeiras linhas de direito processual civil*: volume 2: processo I. DALL´ALBA, Felipe Camilo; FORSTER, João Paulo Kulczynski (Coord). Porto Alegre: Livraria do Advogado, 2017.

FRANÇA, R. Limongi. Direitos privados da personalidade: subsídio para a sua especificação e sistematização. In: *Doutrinas essenciais*: dano moral: volume I: teoria do dano moral e direitos da personalidade. STOCO, Rui (org.). São Paulo: Revista dos Tribunais, 2015.

——. Reparação do dano moral. In: *Doutrinas essenciais: dano moral*: volume I: teoria do dano moral e direitos da personalidade. STOCO, Rui (org.). São Paulo: Revista dos Tribunais, 2015.

FREITAS, Juarez. *A Interpretação sistemática do direito.* 5. ed. São Paulo: Malheiros, 2010.

GAGLIANO, Pablo Stolze; PAMPLONA FILHO, Rodolfo. *Direito de Família*: as famílias em perspectiva constitucional: volume 6. 4. ed. São Paulo: Saraiva, 2014.

——; ——; ——. *Novo curso de direito civil*: volume 1: parte geral. 16. ed. São Paulo: Saraiva, 2014.

——; ——; ——. *Novo curso de direito civil*: volume 3: Responsabilidade civil. 13. ed. São Paulo: Saraiva, 2015.

GARCEZ NETO, Martinho. *Responsabilidade civil no direito comparado.* São Paulo: Renovar, 2000.

GIORGIS, José Carlos Teixeira. *Direito de Família contemporâneo.* Porto Alegre: Livraria do Advogado, 2010.

GOMES, Orlando. *Responsabilidade Civil.* BRITO, Evaldo (atual). Rio de Janeiro: Forense, 2011.

GONÇALVES, Carlos Roberto. *Direito civil brasileiro*: parte geral. 11. ed. São Paulo: Saraiva, 2013.

——. *Direito civil brasileiro*, v. 4: Responsabilidade Civil. 8. ed. São Paulo: Saraiva, 2013.

——. *Responsabilidade Civil*. 14. ed. São Paulo: Saraiva, 2012.

JOBIM, Marco Félix; MACEDO, Elaine Harzheim. Das normas fundamentais do processo e o projeto de novo código de processo civil brasileiro: repetições e inovações. RIBEIRO, Darci Guimarães; JOBIM, Marco Félix (org). In: *Desvendando o novo CPC*. Porto Alegre: Livraria do Advogado, 2015.

LARENZ, Karl. *Metodologia da ciência do direito*. 6. ed. Lisboa: Fundação Calouste Gulbenkian, 2012.

LÔBO, Paulo. *Direito civil*: família. 5. ed. São Paulo: Saraiva, 2014.

——. *Direito civil*: parte geral. 6. ed. São Paulo: Saraiva, 2017.

LUTZKY, Daniela Courtes. *A reparação dos danos imateriais como direito fundamental*. Porto Alegre: Livraria do Advogado, 2012.

MADALENA, Juliano. Regulação das fronteiras da internet: um primeiro passo para uma teoria geral do direito digital. In: *Revista dos Tribunais On Line*. São Paulo: Revista dos Tribunais, vol. 974/2016, dez/2016.

MADALENO, Rolf. *Curso de Direito de Família*. 6. ed. Rio de Janeiro: Forense, 2015

——. *Curso de Direito de Família*. 5. ed. Rio de Janeiro: Forense, 2013.

——. *Direito de Família*: aspectos polêmicos. 2. ed. Porto Alegre: Livraria do Advogado, 1999.

MARINONI, Luiz Guilherme; ARENHART, Sérgio Cruz; MITIDIERO, Daniel. *Novo curso de processo civil*: volume 2: tutela dos direitos mediante procedimento comum. São Paulo: Revista dos Tribunais, 2015.

MARQUES, Cláudia Lima. O "diálogo das fontes" como método da nova teoria geral do direito: um tributo a Erik Jayme. In: *Diálogo das fontes*: do conflito à coordenação de normas do direito brasileiro. MARQUES, Claudia Lima (coord). São Paulo: Revista dos Tribunais, 2012.

——; MIRAGEM, Bruno. *O novo direito privado e a proteção dos vulneráveis*. São Paulo: Revista dos Tribunais, 2012.

MEIRELES, Rose Melo Vencelau. O negócio jurídico e as suas modalidades. 3. ed. In: TEPEDINO, Gustavo José Mendes (coord.). *A parte geral do novo Código Civil*: estudos na perspectiva civil-constitucional. Renovar, 2007.

MENEZES CORDEIRO, António Manuel da Rocha. *Da boa fé no direito civil*. v. I1. Coimbra: Livraria Almedina, 1984.

——. *Tratado de direito civil português*: volume II: direito das obrigações: tomo III: gestão de negócios: enriquecimento sem causa: responsabilidade civil. Coimbra: Almedina, 2010.

MIRAGEM, Bruno. *Abuso do direito*: ilicitude objetiva e limite ao exercício de prerrogativas jurídicas no Direito Privado. São Paulo: Revista dos Tribunais, 2013.

——. *Direito civil*: Responsabilidade Civil. São Paulo: Saraiva, 2015.

MITIDIERO, Daniel; OLIVEIRA, Carlos Alberto Alvaro. *Curso de processo civil*: processo de conhecimento, v. 2. São Paulo: Atlas, 2012.

MONTEIRO, Washington de Barros. *Curso de direito civil*, v. 2 – Direito de Família. 38. ed. São Paulo: Saraiva, 2007.

MONTENEGRO FILHO, Misael. *Ação de indenização no novo CPC*: como propor a ação: como se defender: dinâmica do processo. 3. ed. São Paulo: Atlas, 2016.

MORAES, Alexandre de. *Direito constitucional*. 23. ed. São Paulo: Atlas, 2008.

MOREIRA ALVES, José Carlos. *Direito romano*. 16. ed. Rio de Janeiro: Forense, 2014.

NADER, Paulo. *Curso de direito civil*, v. 5, Direito de Família. 3. ed. Rio de Janeiro: Forense, 2006.

——. *Curso de direito civil*: Responsabilidade Civil: volume 7. 5. ed. Rio de Janeiro: Forense, 2014.

NERY JUNIOR, Nelson; NERY, Rosa Maria de Andrade. *Código civil comentado*. 10. ed. São Paulo: Revista dos Tribunais, 2013.

——. ——. *Código de processo civil comentado*. 16. ed. São Paulo: Revista dos Tribunais, 2016.

——. ——. *Instituições de direito civil*: volume II: direito das obrigações. 1. ed. São Paulo: Revista dos Tribunais, 2015.

NERY, Rosa Maria de Andrade. *Manual de direito civil*: família. NERY, Rosa Maria de Andrade; NERY JUNIOR, Nelson Nery (coords.). São Paulo: Revista dos Tribunais, 2014.

NORONHA, Carlos Silveira. Fundamentos e evolução histórica da família na ordem jurídica. *Direito & Justiça*, v. 20, ano XXI, 1999.

NORONHA, Fernando. *Direito das obrigações*. 4. ed. São Paulo: Saraiva, 2013.

PEREIRA, Caio Mário da Silva. *Instituições de direito civil*: volume I: introdução ao direito civil: teoria geral do direito civil. 29. ed. MORAES, Maria Celina Bodin de (atual). Rio de Janeiro: Forense, 2016.

——. *Responsabilidade Civil*. 10. ed. TEPEDINO, Gustavo (atual). Rio de Janeiro: GZ Editora, 2012.

——. *Instituições de direito civil*: volume II: teoria geral das obrigações. 26. ed. GAMA, Guilherme Calmon Nogueira da (atual). Rio de Janeiro: Forense, 2014.

PEREIRA, Lafayette Rodrigues. *Direitos de família*. GAMA, Ricardo Rodrigues (atual). Russel: Campinas, 2003.

PEREIRA, Rodrigo da Cunha. *Princípios fundamentais norteadores do Direito de Família*. 2. ed. 2012. 3. tiragem, 2013. São Paulo: Saraiva, 2013

PERLINGIERI, Pietro. *Perfis do direito civil. Introdução ao direito civil constitucional*. 3. ed. Rio de Janeiro: Renovar, 2007.

PINTO, Eduardo Viana. *Responsabilidade Civil*. Rio de Janeiro: Editora Síntese, 2003.

PONTES DE MIRANDA, Francisco Cavalcanti. *Tratado de Direito de Família*. Campinas: BookSeller, 2001.

——. *Tratado de Direito de Família*, v. I, direito matrimonial. ALVES, Vilson Rodrigues (Atual.). Campinas: Bookseller, 2001.

——. *Tratado de Direito de Família*, v. III, parentesco. ALVES, Vilson Rodrigues (Atual.). Campinas: Bookseller, 2001.

PORTANOVA, Rui. *Princípios do processo civil*. 7. ed. Porto Alegre: Livraria do Advogado, 2008.

PORTO, Sergio Gilberto; PORTO, Guilherme Athayde. *Lições sobre teoria do processo: civil e constitucional*. Porto Alegre: Livraria do Advogado, 2013.

RÁO, Vicente. *O direito e a vida dos direitos*: noções gerais: direito positivo: direito objetivo: teoria geral do direito subjetivo: análise dos elementos que constitutem os direitos subjetivos. 7.ed. SANDOVAL, Ovídio Rocha Barros (atual.). São Paulo: Revista dos Tribunais, 2013.

RANGEL, Rui Manuel de Freitas. *A reparação judicial dos danos na responsabilidade civil*: um olhar sobre a jurisprudência. 3. ed. Coimbra: Almedina, 2006.

REALE, Miguel. *Lições preliminare de direito*. 27. ed. São Paulo: Saraiva, 2002.

——. Visão geral do novo código civil. In: *Novo código civil brasileiro*: lei 10.406 de 10 de janeiro de 2002: estudo comparativo com o código civil de 1916: constituição federal: legislação codificada e extravagante. 3. ed. São Paulo: Revista dos Tribunais, 2003,

RIZZARDO, Arnaldo. *Direito de Família*. 4. ed. Rio de Janeiro: Forense, 2006.

——. *Direito das obrigações*. 8. ed. Rio de Janeiro: Forense, 2015.

——. *Direito de Família*. 8. ed. Rio de Janeiro: Forense, 2011.

——. *Responsabilidade Civil*. 6. ed. Rio de Janeiro: Forense, 2013.

——. *Responsabilidade Civil*. 3 ed. Rio de Janeiro: Forense, 2007.

RODRIGUES, Silvio. *Direito civil*: volume 6: direito de família. 23. ed. São Paulo: Saraiva, 1998.

——. *Direito civil*: volume 4: responsabilidade civil. 20. ed. São Paulo: Sraiva, 2008.

ROSA, Conrado Paulino da; CARVALHO, Dimas Messias de; FREITAS, Douglas Phillips. *Dano moral & direito das famílias*. 2. ed. Belo Horizonte: Del Rey, 2012.

ROSENVALD, Nelson. *As funções da responsabilidade civil*: a reparação e a pena civil. 2. ed. São Paulo: Atlas, 2014.

SARLET, Ingo Wolfgang. *A eficácia dos direitos fundamentais*: uma teoria geral dos direitos fundamentais na perspectiva constucional. 12. ed. Porto Alegre: Livraria do Advogado, 2015.

SAVI, Sérgio. Responsabilidade civil e enriquecimento sem causa: o lucro da intervenção. São Paulo: Atlas, 2012.

SANSEVERINO, Paulo de Tarso Vieira. *Princípio da reparação integral*. São Paulo: Saraiva, 2011.

SILVA, Clóvis do Couto e. *A obrigação como processo*. Rio de Janeiro: FGV, 2013.

——. O conceito de dano no direito brasileiro e comparado. In: *Revista dos Tribunais, ano 80: maio de 1991: vol. 667*. São Paulo: 1991.

SILVA, José Afonso da. *Curso de direito constitucional Positivo.* 29. ed. São Paulo: Malheiros Editores, 2007.

SILVA, Regina Beatriz Tavares da. *A emenda constitucional do divórcio.* São Paulo: Saraiva, 2011.

——. *Alimentos gravídicos.* 13 de novembro de 2008. Disponível em: <http://www.reginabeatriz.com.br/academico/artigos/artigo.aspx?id=171>. Acesso em 20 mai. 2011.

SCHREIBER, Anderson. *Direito civil e constituição.* São Paulo: Atlas, 2013.

——. *Direitos da personalidade.* 2. ed. São Paulo: Atlas, 2013

——. *Novos paradigmas da Responsabilidade Civil*: da erosão dos filtros à diluição dos danos. 5. ed. São Paulo: Atlas, 2013.

SCHMITT, Cristiano Heineck. *Consumidores hipervulneráveis*: a proteção do idoso no mercado de consumo. São Paulo: Atlas, 2014.

SPOTA, Alberto G. *O juiz, o advogado e a formação do direito através da jurisprudência.* 2. ed. TRINDADE, Jorge (Trad). Sergio Antonio Fabris Editor: Porto Alegre, 1985.

STOCO, Rui. Responsabilidade civil decorrente da violação da intimidade e da vida privada. *In: Doutrinas essenciais: dano moral: volume I: teoria do dano moral e direitos da personalidade.* STOCO, Rui (org). São Paulo: Revista dos Tribunais, 2015.

——. *Tratado de Responsabilidade Civil*: doutrina e jurisprudência. 10. ed. São Paulo: Revista dos Tribunais, 2014.

TARTUCE, Flávio. *Direito civil*: v. 2: direito das obrigações e Responsabilidade Civil. São Paulo: Método, 2014.

——. *Manual de direito civil*: volume único. 3. ed. São Paulo: GEN/Método, 2013.

TEPEDINO, Gustavo; BARBOZA, Heloisa Helena; MORAES, Maria Celina Bodin de. *Código civil interpretado conforme a constituição da república*: volume IV: Direito de Família: sucessão em geral: sucessão legítima e testamentária: disposições finais transitórias (arts. 1.511 e 2.046). Rio de Janeiro: Renovar: 2014.

——; ——; ——. *Código civil interpretado conforme a constituição da república*: volume I: parte geral e obrigações (arts. 1° a 420). 3. ed. São Paulo: Renovar, 2014.

——. *Temas de direito civil.* Rio de Janeiro: Renovar, 1999.

THEODORO JÚNIOR, Humberto. *Dano moral.* 8. ed. Rio de Janeiro: Forense, 2016.

TRINDADE, Jorge. *Manual de psicologia jurídica para operadores do direito.* 7. ed. Porto Alegre: Livraria do Advogado, 2014.

USTÁRROZ, Daniel. *Temas atuais de direito contratual*: a boa fé objetiva: a responsabilidade contratual e o inadimpmento contratual. Sapucaia do Sul: Notadez, 2010.

——. *Responsabilidade Civil por ato lícito.* São Paulo: Atlas, 2014.

VENOSA, Silvio de Salvo. *Código Civil interpretado.* São Paulo: Atlas, 2010.

——. *Direito civil. Direito de Família.* 11. ed. São Paulo: Atlas, 2011.

——. *Direito civil*: volume 2: obrigações e responsabilidade civil. 17. ed. São Paulo: Atlas, 2017

XAVIER, José Tadeu Neves. Anotações aos arts. 485 a 488. In: *Novo código de processo civil anotado.* Porto Alegre: Ordem dos Advogados do Brasil: Seção do Rio Grande do Sul, 2015.

WALD, Arnoldo. *Direito Civil: introdução e parte geral,* v. 1. 13. ed. São Paulo: Saraiva, 2011.

——; GIACOLI, Brunno Pandori. *Direito civil*: responsabilidade civil: volume 7. 2. ed. São Paulo: Saraiva, 2012.

WAMBIER, Teresa Arruda Alvim; CONCEIÇÃO, Maria Lúcia Lins; RIBEIRO, Leonardo Ferres da Silva; MELLO, Rogério Licastro Torres de. *Primeiros comentários ao código de processo civil*: artigo por artigo. São Paulo: Revista dos Tribunais, 2015.

Impressão:
Evangraf
Rua Waldomiro Schapke, 77 - POA/RS
Fone: (51) 3336.2466 - (51) 3336.0422
E-mail: evangraf.adm@terra.com.br